U1009195

高等院校市场营销专业系列教材

# 现代推销学

## （第四版）

易开刚　编著

上海财经大学出版社

**图书在版编目(CIP)数据**

现代推销学/易开刚编著．—4版．—上海：上海财经大学出版社，2017.1

(高等院校市场营销专业系列教材)

ISBN 978-7-5642-2643-5/F·2643

Ⅰ.①现… Ⅱ.①易… Ⅲ.①推销-方法 Ⅳ.①F713.3

中国版本图书馆 CIP 数据核字(2016)第 321408 号

□ 责任编辑 刘光本

□ 责编电邮 lgb55@126.com

□ 封面设计 张克瑶

XIANDAI TUIXIAO XUE

**现 代 推 销 学**

(第四版)

易开刚 编著

上海财经大学出版社出版发行

(上海市中山北一路 369 号 邮编 200083)

网 址：http://www.sufep.com

电子邮箱：webmaster@sufep.com

全国新华书店经销

上海叶大印务发展有限公司印刷装订

2017 年 1 月第 4 版 2019 年 10 月第 2 次印刷

787mm×1092mm 1/16 17.75 印张 454 千字

印数：33 001—34 000 定价：42.00 元

# 前　言

推销是现代营销的重要手段和环节。良好的推销理论素养、熟练的推销技巧、灵活多变的推销实战策略是个人与企业在竞争中制胜的重要因素。在互联网背景下，企业的营销环境发生了显著的变化：一方面，市场需求的发现从传统的“市场调研与预测”转变为更为科学、精确的“大数据挖掘”；另一方面，网络购物平台的大量涌现以及智能手机APP应用的普及，使产品信息集中化、价格信息透明化、销售渠道扁平化、营销手段多样化进一步加强。上述变化意味着顾客的购物习惯和企业面临的市场竞争已深刻打上互联网的烙印，顾客的购物选择余地和市场话语权已得到大幅提升。从这一层面看，互联网时代的到来对推销人员既是机遇也是挑战，推销人员必须提高自身的学习能力和综合素质，快速融入互联网环境，敢于尝试，敢于创新，在竞争中发展，与时代同步。

推销是一项以推销人员为主体的商务活动，因此，人的作用相当重要。有人喜欢这一行，有人却不喜欢这一行；有人精通这项工作，有人却不适合这项工作。因此，同样的推销工作，有人干得好，实现了自我价值；有人却四处碰壁，被困难和挫折所吓倒。虽然每个人不可能都是职业推销人员，不可能都以推销为生，但都与推销有关。善于推销自我的人总能得到更多的机会，更能展示自己的才能，更能取得一般人无法取得的成功。作为研究推销的人员，我建议每一位读者，不管以前有没有做过销售工作，从现在起，试着去向他人推销一样东西(产品也好，服务也好，思想也好)，或许能达到意想不到的效果。这期间也许会碰到冷漠，也许会碰到嘲讽，也许会受到打击，也许没能推销成功，但如果是发自内心地为他人带来快乐和满足，我相信，通过推销对我们的锻炼是巨大的、刻骨铭心的。因为战胜自我走入推销，需要莫大的勇气和魄力。

当然，推销有其复杂性，因为推销面对的是复杂多变的人，要在竞争激烈的情况下把商品卖给有限的顾客，在顾客满意的前提下实现企业的利润实属不易。我们说，推销难，难就难在寻找和识别顾客难，约见和接近顾客难，洽谈和处理异议难，而一旦与顾客建立了良好的合作关系，所有的难就转化为易，处理好顾客关系就能创造出巨大的价值。在这个过程中，推销人员不仅应该具备一定的理论知识，更重要的是具备推销的能力和素质。正如“知识不如能力，能力不如素养”，推销人员应该着力将知识转化为自己的能力，在实践中提升自己的素养，从而达到孙子兵法中“不战而屈人之兵”的境界，不用“推”便能“销”。因此，从这个意义上讲，推销人员的成长不是一蹴而就的，而是需要不断历练、不断升华进步的。

推销的境界有三：第一种境界是推销商品的使用价值和功能效用，重在满足顾客的功能需要。第二种境界是推销产品的服务，优质的服务让顾客从内心产生满足感，进而提高对产品的忠诚度。第三种境界也是推销的最高境界,是推销商品的品牌、形象与文化。这三者看似无形却有形,当一名推销人员做到"产品如人品"的境界时,推销员、企业和顾客乃至社会四者利益就能很好地结合,实现真正的共赢。

推销"有律",推销"有术",推销既是一门科学,更是一门艺术。现代推销学是一门研究现代推销活动及其规律性的学科。本书系统介绍现代推销理论和实践策略。全书内容分为两部分,共十五章。第一部分为理论篇,分为六章。作者通过对推销理论与原理进行全方位分析和论述,力求使读者对推销理论有一个清晰的认识。第二部分为实务篇,分为九章。第二部分主要为读者介绍推销过程的各个环节。通过理论与案例相结合的方式,突出推销实践中的策略和技巧应用,使读者从中受益,不断提升自己的推销能力和水平。

本书在编著过程中参阅、借鉴和引用了大量现代推销学的内容与案例,有的进行了注释,若有疏漏,还请谅解。在此对这些教材和材料的编著者表示感谢!

本书可作为普通高等院校营销管理专业本科生和研究生教材,也可以作为企业中高级推销人员和管理人员培训教材。从广义上说,人的一生就是推销的一生。推销体现个人的勇气,彰显个人的魅力,实现个人的价值。真心希望广大读者借助推销的桥梁,丰富自己的人生,不断超越,追求卓越。

**易开刚**

2017年1月于浙江工商大学

# 目　录

# 第一部分

# 理论篇

# 第一章

# 推销概述

**学习目的和要求**

1. 掌握推销的内涵
2. 掌握有关推销的原则
3. 掌握营销、促销与推销之间的联系
4. 掌握推销的职能

## 第一节　推销的内涵

### 一、推销的含义

关于推销的内涵，应该从广义和狭义的角度理解。

狭义的理解，推销是市场营销组合中的人员推销，即由推销人员所进行的寻找与识别顾客、约见与接近顾客、洽谈、顾客异议处理以及说服顾客购买某种有形商品的一系列行为活动。本概念的内涵包括：

(1)推销是一种通过推销人员直接与顾客交往的行为活动；

(2)推销的目的在于说服顾客购买；

(3)推销的商品仅限于有形商品；

(4)推销的过程是由一系列推销环节组成的活动。

广义的解释，推销则不限于有形商品交换，也不限于人员推销，而是泛指人们在社会生活中，通过一定的形式传递信息，让他人接受自己的意愿和观念或购买商品和服务。商品需要推销，服务、创意、观念，甚至一个城市、民族和国家都需要推销。就传递信息进行说服、争取理解和被接受而言，广义的推销与狭义的推销是一脉相通的。

在现行市场营销学教材中，通常将推销界定为市场营销活动中的一个重要环节，是促销组合(promotion mix)的一种形式。推销是企业推销人员与消费者通过面对面的接触，运用一定的推销手段和技巧，将商品或劳务的信息传递给消费者，使消费者认识商品或劳务的性能、特征，引起注意，激发购买欲望，实现购买行为的整个过程。

推销人员、推销对象和推销品是推销活动的基本要素。推销活动具有双重目的，一方面要满足顾客的特定需求，帮助顾客解决某些问题；另一方面要达到推销人员所代表的企业的目的。当然，从更广义的角度，即从社会营销观念的角度来看，推销还应该符合社会伦理的要求，推销行为应有利于社会的进步，不影响人类健康和可持续发展。推销活动过程既是一个向市场提供商品的供应过程，也是诱使顾客产生购买欲望的引导过程，还是一个了解顾客需要、为顾客提供服务以满足顾客需求的过程。

推销作为现代企业的一种营销活动，是一种企业的微观经营行为。任何企业都是整个国民经济大系统中的一个小系统，每个企业几乎都离不开推销活动，所有企业的推销小系统加起来，就构成了国民经济中的宏观营销系统，或称为大商业。组成这个大系统的所有企业都是互相影响的，宏观市场营销系统遵循着市场经济的基本运作机制和规律，使得各个企业的推销活动有序开展，各得其所。有的企业，有长远的营销战略，培育了优秀的以客户为中心的企业文化，同时推销开展得好，这样的企业经济效益就好一些，生命力也长一些。相反，有的企业却因缺乏相应的营销战略和企业文化，缺乏卓有成效的推销活动，而很快就被市场所淘汰。

推销的最大难度在于推销人员面对的是千千万万具有不同性格、爱好、收入水平的最富感情色彩的消费者，推销人员的工作不仅在于销售出了产品和服务，更重要的是通过推销，提高产品在消费者心目中的满意度，提升客户忠诚度，促使企业持续发展。

## 二、推销的特点

推销是一项专门的艺术，需要推销人员巧妙地融诚信、知识、天赋和才干于一身，需要推销人员根据不同的环境和所面对的顾客灵活运用多种推销技巧来满足顾客的需求。“同样一句话，不同的推销人员讲，效果是不一样的。”因此，从这个角度来讲，推销没有定势，没有标准答案。但即使是这样，大量实践证明，推销活动是有规律可循的，我们仍然可以借助心理学、社会学、经济学、成功学等方面的知识，研究出推销活动的基本特点和推销活动的基本规律，为有效开展推销活动提供理论指导。

推销活动的主要特点如下：

**(一)特定性**

推销是企业在特定的市场环境中为特定的产品寻找买主的商业活动，必须先确定谁是需要特定产品的顾客和潜在顾客，然后再有针对性地向推销对象传递信息并进行说服。这种特定性，要求推销必须从推销对象和推销品的实际出发，“一把钥匙开一把锁”，切忌千篇一律。

**(二)灵活性**

虽然推销具有特定性，但影响市场环境和推销对象需求的不确定性因素甚多，环境与需求都是千变万化的。推销活动必须适应这种变化，灵活运用推销原理和技巧，恰当地调整策略和方法。可以说,灵活机动的战略战术,是推销活动的一个重要特征。

**(三)双向性**

推销并非只是由推销员向推销对象传递信息的单向活动,而是信息传递与反馈的双向沟通过程。推销人员在向顾客提供有关产品、企业及售后服务等信息的同时,必须观察顾客的反应,调查了解顾客对企业产品的意见和要求。所以说,推销实际上是两个主体(推销员和推销对象)相互进行买与卖的互动过程。正如海尔集团总裁张瑞敏所说:"顾客在向我们购买产品,我们在向顾客购买顾客的认可和满足感。"

**(四)互利性**

传统观念认为,推销就是为了卖出商品,不在乎顾客需求的真正意义上的满足。事实上,推销的有效结果首先应该表现为顾客获得的真实利益,即满足了顾客的需求,解决了顾客的问题,其次才是企业卖出了商品,实现了盈利。成功的推销需要买与卖双方都有积极性,其结果是"双赢",不仅推销的一方卖出商品,实现盈利,而且推销对象也感到通过购买满足了需求,给自己带来了多方面利益。另外,推销员与顾客之间长期、友好、合作的忠诚关系,更是作为推销员应该着力建设和追求的,只有编织出一张企业与顾客和谐共赢的关系网络,推销员的推销事业才能有所发展。

**(五)说服性**

推销的中心是人不是物,说服是推销的重要手段。虽然,现代推销主张以顾客为中心,但并不是说推销员在推销活动中就只能处于被动地位,推销员选择适当的时机加以引导和说服也是成功推销的必备条件。为了争取顾客的信任,让顾客接受企业的产品,从而采取购买行动并重复购买,推销人员必须将商品的特点和优点耐心地向顾客做宣传和介绍。真正的说服不是强卖,要让顾客体会到推销人员的真诚和对顾客的关心,认可公司的产品和服务,使顾客乐于购买、满意购买。

**(六)差别性**

虽然在诸多质量、价格接近的竞争品中,推销人员往往是产品扩大销路的重要因素,但是并非任何产品、任何情况下都要采用人员推销。一般来说,单位价值高、技术性较强的商品,或是销售对象明显集中、一次成交量较大的商品,适于采用人员推销的方式。

## 三、推销活动的分类

**(一)按照推销商品的形态分,可分为有形商品推销、服务推销和观念推销**

有形商品推销是指针对一切有形商品而进行的推销活动。有形商品推销在所有推销活动中占据主要地位,从人们的衣食住行到企业的生产经营都与商品推销活动分不开;服务推销是指服务领域的推销活动,如交通、旅游、教育、宾馆、饭店服务等;观念推销是指为了说服某人接受自己的观念、思想、创意等进行的推销,比如,公司为了获得风险投资,就得说明该项目的前景、风险、收益及退出机制等。

**(二)按照推销活动的范围来分,可以分为广义推销和狭义推销**

1. 广义的推销活动

广义的推销是使自己的商品、服务、意图和观念获得对方认可、接受的过程。从广义上来看,推销就是获得他人理解的行为,是一种沟通行为。按照国外推销学者的观点,生活中无时无处不存在着推销,这个世界就是一个充满推销的世界,每个人都是不同意义上的推销员。例如,我们向上级领导"推销"意见和建议,向子女"推销"待人处事的学问,向朋友和同事"推销"自己的友谊与坦诚。无论你做什么工作,在什么岗位上,如果你能熟练地掌握推销方法与推销技巧,就有助于取得预期的目标。由此看来,不同职业的人也可以理解为各种类型的推销员,诸如政治家"推销"政见,科学家向社会"推销"发明创造和技术专利,教师向学生"推销"知识,演员向各界观众"推销"艺术美感。上至党政要人,下至普通百姓,无一不需要具备一定的推销意识。这是因为,人只要生活在世界上,就难免与别人发生各式各样的联系,彼此产生各种交往合作关系。在这种联系和交往中,就需要随时随地博得他人的理解、支持、好感与鼎力相助,不断地推销自己。

2. 狭义的推销活动

这里所说的"推销"是指经济领域中,商品生产者或经营者为挖掘潜在的顾客,针对其销售对象所采取的一系列人员推销活动。

**(三)按照推销活动有无推销人员的参加,可分为人员推销和非人员推销**

本书讲的推销除非特指,一般是指人员推销。人员推销主要依靠推销人员发挥主观能动作用,运用各种说服技巧来达到促进销售的目的。非人员推销包括广告宣传、公共关系等手段帮助推销,以求得广大消费者能够全面认识和正确了解企业的产品或劳务信息,使消费者实施其购买行为,这也是随处可见的推销形式。随着市场经济的繁荣发展与竞争的日益加剧,卖方市场正逐步转向买方市场,人员推销与非人员推销的手段正在不断翻新,方式方法也不断增多。

## 第二节　推销的原则

不同的推销员面对同样的顾客,同样的推销员面对不同的顾客,环境不同,对象不同,自然推销活动也就千差万别。但推销活动作为一种人类的普遍行为活动,存在着一定的基本规律,推销人员必须坚持以顾客为中心,遵循以下原则,把握好言行的尺度,建立顾客对推销员及其产品的信心和好感。

### 一、以顾客需求为中心

在卖方市场条件下,人们一直信奉"产品中心主义",先生产出企业自认为优质的产品,然后再想办法通过销售员推销产品。殊不知这已经犯了程序性、理念性的错误。现代营销观念认为,顾客才是企业生产经营活动的始端,顾客的需要和欲望是市场营销的出发点,也是推销的出发点。"客户中心主义"才是现代企业应该遵照的理念。

产品是满足人们需要的有形与无形的物质或服务的综合体。顾客之所以购买某种产品或服务,总是为了满足一定的需要。因此,推销人员必须认真了解顾客的需要,针对顾客的需要向顾客推荐最适合顾客需要的产品。顾客需求产生购买动机并导致购买行为。需要是指顾客没有得到某些基本满足的感受状态。满足需要,是顾客购买的基本动机。一位推销员若不能真切地了解顾客的内在需要,在推销品与顾客需要之间成功地架设起一座桥梁的话,推销是不可能成功的。孔子曰"己所不欲,勿施于人"。有的推销员一个劲地推销连自己都认为不怎么样的商品,这种做法无异于"搬起石头砸自己的脚",效果可想而知。

## 二、互惠互利，双赢共赢

推销固然是说服顾客采取购买行动的过程，通过推销为企业再生产顺利进行创造必要的条件，达到利润最大化的目的。但对顾客而言，通过购买也必须能满足消费需求和获得利益。推销的实质是交换，其结果要使双方有利，使买卖双方都比没有达成这笔交易前要好。互利互惠，双赢共赢原则是指在推销过程中，推销员要以交易能为双方都带来较大的利益或者能够为双方减少损失为出发点，而不能从事伤害一方或给一方带来损失的推销活动。要知道，顾客都关心自己的利益。顾客之所以进行购买，就在于交易后得到的利益大于或等于他所付出的代价。因此，推销人员在推销活动中要设法满足企业和顾客双方所追逐的目标，实现"双赢"是培养长久客户之计，是顾客不断购买的基础和条件，也是取得顾客口碑传播效果的基础和条件。要成为受欢迎、被期待的推销人员，就必须设法为客户提供利益，也就是设法使顾客从购买中得到其预期的好处。

推销人员在把握互利原则时，切不可仅仅理解为对顾客的让利或赠奖利诱。实际上，顾客的需求是多方面的，有时价格因素还不是最主要的因素，而品牌形象、服务态度和质量才是顾客所追求的。推销人员在努力实现互利原则时，必须在推销之前分析交易活动的结果能给顾客带来的利益。顾客追求的利益，既有物质的，也有精神的。不同的顾客对同一商品会产生不同标准的价值判断，需求强烈的商品，价值判断较高；反之，则相反。商品不同，带给顾客的利益也会有差异。所以不同的顾客对同一商品价值的判断会有高低，判断的角度也有不同，要求推销员在准确判断推销品给顾客带来利益的基础上找到双方利益的均衡点，开展"双赢"的推销活动。

在进行利益判断时，一名优秀的推销人员，不仅要看到当前的推销利益，而且要看到长远的推销利益；不仅要看到推销的直接利益，还要看到推销的间接利益。推销人员要多因素综合评价利益均衡点，充分展示商品或服务能给顾客带来的利益，引导顾客购买。这种展示越充分、越具体，顾客购买的可能性就越大。

## 三、信誉为本，诚信推销

孔子曰："人无信不立""言而无信，不知其可也"。诚信是古今中外任何一个民族都遵从的一种基本道德，社会上人与人之间、团体与团体之间，如果没有诚信，不讲信用，是不可想象的。在市场经济条件下，任何企业和推销人员，要想取得顾客的信任，必须以诚信为本，诚信经营被奉为中国传统的经商之道。杭州的胡庆余堂为什么能够成为百年"老字号"，主要原因便是一直秉承"戒欺"的经营理念。企业及其推销人员不讲信誉，是不可能取得推销对象的信任的。古代中国人的交易，没有什么契约，只要彼此口头一句话，便互相信任。发展到现在，人类已进入市场经济。而市场经济是契约经济，经济合同是各个经济实体相互联系和相互配合的主要纽带，合同把千千万万个经济实体的经济活动连接组织起来，形成一个市场的整体，信守合同是市场经济正常运行的关键，买卖双方必须在重合同、守信用的前提下开展各项商务活动。有专家说，诚信是市场经济条件下企业开展经营活动的前提，诚信是企业的宝贵资源。没有诚信，企业不可能获得持续的成功。

社会对推销人员的诚信要求是很高的。推销人员只有以诚待客，关心顾客，关心他们的事业和生活，并信守各项交易条款，按时、按质、按量兑现自己的承诺，推销人员的事业才能不断获得成长和突破。

## 四、以理说服，引导消费

以理说服，引导消费意指推销人员以语言和行为将自己的意见通过各种方式传递给顾客，主动引导推销过程朝推销人员的预期效果发展。

人员推销是推销员向顾客主动出击的一种销售方式，从这种意义上讲，顾客是相对被动的。一次获得圆满结果的推销，总是推销员成功地引起了顾客的注意，有效地激发了顾客对推销员及其推销品的兴趣，从而唤起了顾客的购买欲望，并及时促成顾客的购买行为的结果。在这个过程中需要推销员对顾客进行巧妙的说服劝导，使顾客自觉地参与到推销活动过程中。否则，一位有备而来的推销员与一位无备而待的顾客是不可能进行一次融洽的谈话的。

几乎所有的推销专家都认为，推销是一种十分讲究技巧与方法的活动，推销的技巧和方法又具体体现在推销员说服与劝导的能力上，通过有效的劝导，使顾客愿意接受推销员的拜访，愿意倾听推销员的推销陈述，使顾客充分了解推销员希望他了解的东西，使推销的进程能按推销员的意愿推进，经由有效说服，方能有效地消除顾客异议，建立顾客对推销员及其推销品的信心。

说服与诱导是现代推销的基本手段。在现代市场经济条件下，推销员与顾客是平等的两个交易主体，推销员既不能强迫顾客购买推销品，也不能靠乞求获得订单，更不应以欺骗的手段取得推销成果。因此，每一位推销员都要努力提高自己说服与劝导的能力。

掌握和运用以理说服、引导消费的原则要避免与顾客进行任何争论，更不能逼迫顾客做出购买决定。倾力推销者认为，一个最理想的推销员，必须能够冲破一切销售阻力，征服买主，成功地向任何人推销产品。在训练时，推销经理就是让推销员掌握这种倾力推销法，让推销员冲破各种形式的销售障碍，甚至采取最极端的做法，不择手段地去进行推销；或者，推销人员必须向顾客乞求，央求顾客发慈悲，有的甚至通过苦肉计以博得顾客的同情来增加销售。崇尚倾力推销的推销员认为，只要能把产品卖出去就可以了，至于怎么卖出去就无关紧要了。这种观点是极其错误的，随着消费者消费理性的逐步提高，消费者利益日益得到国家法律的保护，强力推销只会增加顾客对推销人员的反感，反而不利于推销。而且即使销售出去了，如果产品真的不好，顾客也会向推销人员提起索赔请求。

鉴于此，推销人员的说服诱导必须符合商业道德，这有助于增强人们对推销员的信任。推销员必须努力去做有利于顾客和他所代表的公司的事，绝不做对顾客无益的交易。任何一位正派的推销员，必须在遵守职业道德的前提下，运用对顾客负责的推销方法，坚持用诚实的态度因势利导，说服顾客自愿购买推销的商品。

# 第三节　营销、促销与推销的关系

## 一、营销与推销的关系

### (一)营销与推销的区别

营销与推销向来是人们争议的对象，经常有人将营销等同于推销。事实上，营销是一个含义比推销更广的概念。现代企业的市场营销活动，包括市场营销调研、市场细分与定位、选定目标市场、产品开发、定价、分销、促销及售后服务等。推销仅是市场营销活动的一部分。菲利普·科特勒指出，推销只是市场营销冰山上的一角，推销不是市场营销的最重要的职能。这是因为，如果企业的市场营销人员搞好市场营销研究，了解购买者的需要，按照购买者的需要来设计和生产适销对路的产品，同时合理定价，搞好分销、促销等市场营销工作，那么这些产品就能轻而易举地推销出去。正因为如此，彼得·德鲁克说，市场营销的目的在于使推销成为多余的。

营销与传统推销（现代推销和市场营销秉承共同的营销哲学和理念，在此，主要区分营销与传统推销的不同）存在着原则的区别：营销重视买方的需求，认真考虑如何更好地满足消费者需求，根据顾客的需求设计产品，讲求产品质量，增加花色品种；根据顾客的需要定价，使顾客愿意接受；根据顾客的需要确定分销渠道，处处方便顾客；根据顾客的需要进行促销，及时传播消费者需要的市场信息。而传统的推销，重视的是卖方的需要，注重的是流通环节“推”的技巧，以售出现有的产品、实现企业盈利为主要目标。可见，营销的出发点是市场，传统推销以销售企业现有的产品为中心；营销采用的是整体营销手段，传统推销侧重于推销技巧。

现代推销观念视推销为营销组合的组成部分，是动态的、系统的营销活动过程中的一个环节，但也是营销不可缺少的重要机能。

**（二）推销是市场营销不可缺少的重要机能**

不论人们对推销的地位、作用如何评说，销售毕竟是营销不可缺少的重要机能。日本著名企业家松下幸之助曾说过：“营销是为了卖得更好。”推销的重要性首先是由于销售是社会总产品的实现问题，推销使社会再生产和扩大再生产顺利进行；其次，由于生产与消费存在时间与空间的差异，生产者与消费者之间的信息沟通，既不充分也不及时，使得同一商品往往是脱销与积压并存，此处积压，彼处脱销。这就需要推销。推销能有效协调生产与消费的矛盾，推销活动成为企业生产和消费者消费之间的桥梁。

一般而言，当生产的规模不大、产量不多，甚至供不应求、流通范围很小时，生产者的主动权相对较大，只要产品质量、性能符合当地市场的需要，价格合理，是可以自诩“酒好不怕巷子深”，用不着花多大力气去推销的。然而，大生产必将形成大市场。在生产社会化高度发展的市场经济条件下，生产者力求通过大批量生产去降低成本，赢得竞争优势，流通就必须面向全国乃至世界市场，要求产品能销售到一切对它存在有效需求的地域，这无疑需要把推销作为营销组合的重要一环。只有成功的推销，才能真正做到在适当的时间、适当的地点，以买主乐意接受的价格和方式，把合适的产品送到需要的顾客手中。这种成功的推销，既可以把已生产出来的产品尽快销售出去，又可以争取到企业能够保证供给的产品订单。

从我国企业的经营现实来看，绝大多数企业的营销能力还不是很强，无法达到让推销成为多余的境界。即便是中国的著名企业，如海尔、茅台、联想等，它们也都在销售终端开展着各式各样的推销活动。况且，推销活动除了销售商品以外，推销人员为顾客提供面对面的技术与咨询服务，与顾客进行情感交流，这些都是其他促销手段无法替代的。推销员往往是企业的现场形象代言人，推销人员的素质、形象和服务水平直接影响到企业产品的销路和企业的可持续发展。所以，推销是现代企业市场营销必不可少的环节，对于那些以直销为主要营销模式的企业来说，推销更是企业成功的生命线。良好的市场营销的确能使推销变得更为省力、更为有效，但我们不能因此就断定不要加强企业推销能力的培养，事实上，推销是现阶段我国企业和个人都必须强化的一项技能。只不过，我们应该摒弃那种强力推销、野蛮推销、纯体力推销，我们应该加强现代推销、科学推销、诚信推销。

## 二、促销与推销的关系

推销是促销组合的一个重要组成部分，促销组合的其他部分还有广告、宣传和推广等。推销必须与其他促销活动协调一致。推销员必须充分了解和熟悉本企业的广告、宣传和推广的内容、时间和实质，这样，才能提高对市场和产品的熟悉和感知程度，并在推销过程中加以有效运用，将其作为推销工作中的有利因素。

广告是由企业支付费用给报刊、电台、电视台及其他公共媒体，把产品特性与利益告知准顾客，以激起顾客购买需求的沟通方式。

同推销相比，广告宣传的力量必须要在产品实现销售之前显现出来。也就是说，广告的功用在于说服潜在顾客考虑购买该产品。而且，由于顾客可以通过广告而先于推销人员的推销电话获得有关情况，从而可能会大大地减轻推销员的工作强度。当推销员找上门推销的时候，顾客通常会想到要了解这样一些信息：你是谁？你来自哪家公司？你公司的产品是什么？你公司奉行的经营方针是什么？你公司的顾客是哪些人？你公司的经营业绩如何？以及你打算向我推销什么产品？如果顾客已经通过广告了解了公司的基本信息，推销难度就随之下降了。

一般来说，只借助广告的力量而无须借助人员推销力量即可达成交易的情况比较少，出现这种情况的往往也是一些便利品。在多数情况下，广告的功用体现在吸引消费者这一点上，对此，也可以从零售店的推销工作中得出印证。在那里，广告的设计并不是为了某一种商品的推销，而是为了把顾客吸引到这家商店来，到这儿来选购更多的商品。可见，绝不可小瞧广告在辅助顾客实现合理化购买方面所起的功用。也许正因为如此，广告产品的最先消费者往往也正是那些广告受众。

由此可见，广告宣传同人员推销是互依互存的统一体。在许多情况下，广告可以起到辅助人员推销的作用，特别是当公司销售的产品需要借助中间力量时，如果推销员带着公司的广告宣传计划以及一则实例广告去拜访中间商的话，就会发现，即使是对那些处于分销网末梢最远的零售商来说，也会产生相当大的影响作用。例如，可以向某位零售商介绍你公司的广告计划，告知他某则广告将在某份杂志上刊出，从而起到激发他多购置一些存货备用的作用。在工业企业中，利用广告的宣传力量来引导消费潮流是相当普遍的做法，而这些工作大多是在推销员们的努力下完成的。

作为推销人员来说，应该了解广告的内容，知道准顾客曾看到和听到过什么，利用准顾客对所推销产品的感知程度来进行进一步的说服。如果推销员不知道广告活动的内容及准顾客的感知程度，推销的可靠性就有被破坏的可能；当然，企业在做广告时也应考虑企业推销因素，精确策划，便于推销人员的推销活动。

由于推销员是企业与顾客接触最多的一线人员，推销员最清楚该公司广告宣传在公众中的影响力如何。因为也许只有推销员才能确定大概有多少顾客确实看到过或听说过公司的广告，而通过进一步的询问，推销员还可能了解到他们对该广告的评价是怎样的。将这些材料连同推销员个人的意见，一并上报企业，就能为企业的市场营销管理工作提供一份有价值的参考资料。

推销和广告看似无关，实际上推销人员是企业的活广告，有效推销可以使企业广告效果增强；同时，良好的广告效果提高了企业品牌的知名度，有利于推销的顺利进行。所以，广告活动与推销活动互相配合、协调开展才能达到较好的促销效果。

除广告之外，其他促销手段与推销也有着互相补充、互相配合的关系。公共关系（以宣传为主）是在企业没有支付费用，而由报刊、电台、电视台及其他公共媒体发布商业性新闻或有关企业和产品情况的报道来提升企业形象、促进销售的促销手段。公共关系对准顾客的影响较之广告对准顾客的影响更加强烈，因为公共关系往往带有第三者公正评判的性质。所以，作为一名推销员同样应注意宣传报道造成准顾客心理的变化，利用宣传报道进行产品认知的强化及消除因反面宣传而产生的准顾客的顾忌和疑虑。

营业推广是一种促成准顾客对某一产品进行购买的短期性激励方法。推广的方法包括有对消费者的推广，如样品、赠券、赠品、优惠、抽奖、展览和表演活动等；有对中间商的推广，如批量折价、销售津贴、合作广告、订货会、联谊会和销售竞赛等；还有对推销员的推广，如特别奖励和额外津贴等。推广可被视为协助推销的一种催化剂，从头到尾都有助于推销。推销员了解企业所举办的各种推广活动，并利用这些推广活动作为推销的工具，有助于促成交易，使销售额迅速扩大。

总而言之，促销组合的各项活动都应是互相协调一致的，其共同目的是要增加销售。可以说，广告、公共关系和营业推广等促销活动的良好开展有助于企业推销活动的进行，共同为推销作铺垫。

## 第四节 推销的基本过程

完整的推销过程，一般包括寻找顾客、访问准备、约见与接近客户、洽谈沟通与顾客异议处理、达成交易、售后服务、信息反馈 7 个阶段。

### 一、寻找顾客

寻找顾客是指寻找有可能成为潜在和现实购买者的顾客。开展推销，首先要明确应向谁推销，这是不言而喻的。推销员应建立一份潜在顾客的名单及档案，并加以分类，作为开发与进攻的目标，据以收集有关客户的尽可能详尽的信息。客户由老客户和新客户构成。老客户即现有客户，永远是推销的重要目标，老客户是扩大市场占有率的基础和起点，也是推出新产品、新创意或推广新用途的首选目标。据统计，平均而言，将产品/服务销售给一位新顾客的成本，是销售给一位老顾客的 6 倍。一家公司每年只要将顾客保留率多提升 5%，就可提升其利润 85%，将产品/服务向一位新顾客推销的成交机会只有 15%，但是向一位曾经成交的老顾客推销的成交机会却有 50%。由此可见，留住老客户的重要性，那种边开拓客户边失去客户的做法完全是不明智的。当然，在留住老客户的同时，应该加强新客户的开拓。推销员必须不断地寻找新的潜在顾客，防止推销活动停滞不前。如果只满足于原有的数量可观、关系良好的客户，忽视新客户的开发，必然是把新市场拱手让给竞争者。选择顾客主要是找出具有支付能力和特定需求，并能做出或影响购买决策的消费者群。顾客的筛选过程如表 1－1 所示。

表 1—1 目标顾客筛选模型

| 程　序 | 标　准 | 问　题 |
|---|---|---|
| 初选:全部顾客 | 顾客的购买力 | 哪些顾客值得进一步分析 |
| 二选:一般顾客 | 市场需求 | 哪些顾客对推销品有特定需求 |
| 三选:种子顾客 | 购买决定 | 哪些顾客有购买的决定权 |
| 四选:焦点顾客 | 适合购买 | 哪些顾客适合购买特定的具体产品 |

## 二、访问准备

访问准备是指为直接推销活动做好必要的准备。推销作为一项复杂的系统工程,准备阶段就是推销活动的备战阶段。访问准备包括资料准备、策划准备和心理准备三个方面,具体又包括以下六点:

### (一)了解目标顾客

在正式推销之前,推销员必须了解推销对象的有关情况,做到心中有数,包括关于目标顾客个人的信息,如顾客的家庭状况、爱好、收入水平、职业以及在企业中的位置等。关于顾客所在企业的信息,如企业规模、经营范围、销售对象、购买量、追求的利润率、企业声誉、购买决策方式及选择供应商的要求等。

### (二)了解和熟悉推销品

推销员对推销品的信心应建立在相信它能真正满足顾客需求的基础上。对产品的了解程度是衡量一个推销员专业知识的重要标志。推销员不仅要了解产品的性能,而且要熟知产品是如何制造出来的,厂家能提供哪些配套服务,以及产品的使用和维修等知识。一些技术含量高的产品,如果推销员具备丰富的专业知识,在推销中运用得当,会收到意想不到的效果。

### (三)了解竞争者及其产品

为了适应竞争,必须对竞争者的经营策略及其产品作认真分析,学习竞争者的长处,找出推销品的优点与特色,以便在推销过程中用适当的方式表达出来。知己知彼,才能百战百胜。

### (四)确定推销目标

推销目标是企业规定推销人员在一定时期内要达到的推销任务,是推销人员开展业务活动的行动纲领和方向。确定推销目标,不仅要考虑市场的需求、企业的供货能力、经济效益的高低,还要综合分析推销人员的实际能力及实施推销策划的水平,以利于激励推销人员积极有效地去努力实现目标。

### (五)制定推销策划

除做好访问前的一般准备工作外,还需根据推销目标做周密的安排。首先是访问的路线,一般要按地区、行业、产品的类别等,做出先后安排和重点选择。其次是访问的议程,要根据产品的特点与顾客的需求,确定交谈的步骤,如顾客是否会拒绝面谈,应采取哪些应急方法使顾客转变态度;准备向顾客介绍哪些方面的情况,如产品正是顾客所需要的,应当用哪些有说服力的资料和实例让顾客产生信任感;准备选择什么时机,以什么方式向顾客谈及十分敏感的商品价格、付款方式、售后服务等问题;如顾客提出异议或其他方面的要求,应采用何种方式给予答复,是坚持己见,还是求大同存小异,或是做必要的让步;若未能达成交易,应怎样结束面谈,为今后再次接触留有余地。此外,推销员还应准备好笔记本、名片、合同等必备物品，以便于交往的方便和及时成交。

**(六)心理准备**

事实上，陌生拜访一个顾客往往不是一帆风顺的，需要我们做好充足的心理准备。当顾客不在我们怎么办？如果顾客态度不够好又该怎么办？如果顾客选择了其他竞争者的产品，该如何处理？这些问题的应对和处理，都需要良好的心理准备。

## 三、约见与接近客户

约见是推销人员征求顾客同意接见洽谈的过程。当推销人员做好必要的准备和安排后，即可约见顾客。约见是推销接近的开始，约见能否成功是推销成功的一个先决条件。接近顾客应讲究时间、地点、方式方法方面的策略，做到在恰当的时间、恰当的地点与恰当的对象做了一笔适当的买卖。

## 四、洽谈沟通与顾客异议处理

推销洽谈是推销过程的一个重要环节。洽谈也称面谈，但不一定是面对面的洽谈。推销洽谈是推销人员运用各种方式、方法、手段与策略去说服顾客购买的过程，也是推销人员向顾客传递信息并进行双向沟通的过程。一般而言，顾客在洽谈中提出自己的异议是非常正常的现象。作为推销员永远要记住，"异议既是成交的障碍，也是成交的信号"。凡是超一流的推销员都能有效地将顾客的异议转化为成交，而且与顾客建立良好的关系。顾客异议处理的能力高低是检验推销员推销水平的一个重要指标。

## 五、达成交易

达成交易是推销过程的成果和目的，无疑是推销活动中最重要的一部分。达成交易是指顾客同意接受推销人员的建议，做出购买行动的行为。只有成功地达成交易，才是真正成功的推销。在推销活动中推销人员要正确处理顾客异议，并不失时机地说服顾客做出购买决策，完成一定的购买手续。当然，成交不是推销员唯一追求的目标，在成交的同时，与顾客建立了友谊和感情，这为下一次的成交打下了坚实的基础。所以，从某种程度上来说，"成交不是推销的结束，而是下一次成交的开始"。

## 六、售后服务

达成交易并不意味着推销过程的结束，售后服务同样是推销工作的一项重要内容。对于很多商品，特别是需要售后服务的产品，如电脑、空调、软件产品等，售后服务是成交后一项重要的工作。从整体产品的角度来看，售后服务是产品的一部分，产品的价格已经包含了售后服务的价格。所以，成交以后安装调试、退换、维修、培训等工作就是厂商的应尽义务。售后服务的好坏反映了企业的经营水平和信誉程度，好的售后服务容易打动消费者的内心，提高消费者的满意度和忠诚度，提高企业的竞争能力和持续发展的能力。

## 七、信息反馈

推销人员每完成一项推销任务，不仅要搞好售后服务，进行推销工作检查与总结，还必须继续保持与顾客的联系，加强信息的收集与反馈。及时反馈推销信息，既有利于企业修订和完善营销决策，改进产品和服务，也有利于更好地满足顾客需求，争取更多的"回头客”。重视客户的信息反馈，加强企业的客户关系管理，对企业的持续成长有着至关重要的作用。

**案例一　　把梳子卖给和尚**

这是某公司创业之初发生的一个故事。为了选拔真正有才能的人才，公司要求每位应聘者必须经过一道测试：以赛马的方式推销100把奇妙聪明梳，并且把它们卖给一个特别指定的人群：和尚。这道立意奇特的难题、怪题，可谓别具一格，用心良苦。

几乎所有的人都表示怀疑：把梳子卖给和尚？这怎么可能呢？搞错没有？许多人都打了退堂鼓，但还是有甲、乙、丙三个人勇敢地接受了挑战……一个星期的期限到了，三人向公司汇报各自销售实践成果，甲先生仅仅只卖出1把，乙先生卖出10把，丙先生居然卖出了1 000把。同样的条件，为什么结果会有这么大的差异呢？公司请他们谈谈各自的销售经过。

甲先生说，他跑了3座寺院，遭到了和尚无数次的臭骂和追打，但仍然不屈不挠，终于感动了一个小和尚，买了1把梳子。

乙先生去了一座名山古寺，由于山高风大，把前来进香的善男信女的头发都吹乱了。乙先生找到住持，说：“蓬头垢面对佛是不敬的，应在每座香案前放把木梳，供善男信女梳头。”住持认为有理。那庙共有10座香案，于是买下10把梳子。

丙先生来到一座颇具盛名、香火极旺的深山宝刹，对方丈说：“凡来进香者，多有一颗虔诚之心，宝刹应有回赠，保佑平安吉祥，鼓励多行善事。我有一批梳子，您的书法超群，可刻上‘积善梳’三字，然后作为赠品。”方丈听罢大喜，立刻买下1 000把梳子。

公司认为，三个应考者代表着营销工作中三种类型的人员，各有特点。甲先生是一位执着型推销人员，有吃苦耐劳、锲而不舍、真诚感人的优点；乙先生具有善于观察事物和推理判断的能力，能够大胆设想，因势利导地实现销售；丙先生呢，他通过对目标人群的分析研究，大胆创意，有效策划，开发了一种新的市场需求。由于丙先生过人的智慧，公司决定聘请他为市场部主管。

更令人振奋的是，丙先生的“积善梳”一出，一传十，十传百，朝拜者更多，香火更旺。于是，方丈再次向丙先生订货。这样，丙先生不但一次卖出1 000把梳子，而且获得长期订货的优异成果，实现了营销工作的最优化和最大化。而对于公司而言，最大的收获还不是订货单，而是丙先生这位创建非常之功的非常人才。

**思考：**

1. 按照现代推销观，推销应该从消费者的需求出发，站在顾客的角度解决顾客的问题。和尚没有头发，向他们推销梳子类似于向不喝茶的人卖茶，向不喝酒的人卖酒，向不吃荤的人卖炸鸡，您认为符合现代推销观吗？

2. 推销的目的当然在于满足顾客需求的同时能销售出商品，本案例中，甲、乙、丙三位先生采用的方法不同，结果大为不同。特别是丙先生，您认为他采用了什么有效的推销方法？

3. 现代推销不仅在于满足顾客的现有需求(meet needs)，而且在于创造顾客的需求(create needs)。您认为我们能从甲、乙、丙三位推销员的推销差距中得到什么启示？举例说明我们如何挖掘人们新的需求？

**案例二　　　　　　　　　　卖鞋的故事**

这是一个中世纪的故事。有两位商人一起去非洲推销鞋子。当时的非洲十分落后，人们才刚刚改变以前穿兽皮、披树叶的生活，穿上了衣服，但是他们还都是光着脚走路，没有穿鞋子。两个商人向非洲居民卖鞋子，可是大家只是很好奇地围观，根本不知道鞋子为何物，更认识不到穿鞋子的好处，并且认为还是光着脚方便，可以随意走路，穿上鞋子不能够下水，还要经常换洗，挺麻烦的。

其中一位商人看到非洲人光脚走路，没有穿鞋子的习惯后，认为这里的人愚昧没有开化太落后，根本不需要鞋子，向非洲人卖鞋子根本没有市场。在这里待下去，白白浪费时间，是根本没有商业机会的。于是他就回去了。

另一位商人看到后却想：这里的人都没有穿鞋子，况且没有第二家商人卖鞋子，这是多么大的鞋子市场呀。如果所有的人都穿上我卖的鞋子，这将是我做的最大的一笔买卖。我一定留下来把鞋子卖给所有的人。于是他通过调查，认为他们和自己家乡的人是没有区别的，都是有着同样的基本需求和审美需求，只是没有认识到穿鞋子的好处罢了。他在非洲待了 3 个星期，发回了电报："这里的人不穿鞋，但有脚疾，需要鞋；不过我们现在生产的鞋太瘦，不适合他们，我们必须生产肥一些的鞋。这里的部落首领不让我们做买卖，除非我们搞大市场营销。我们只有向他的金库里进贡一些，才能获准在这里经营。我们需要投入大约 1.5 万美元，他才能开放市场。我们每年能卖大约 2 万双鞋，在这里卖鞋可以赚钱，投资收益率约为 15%。"于是这位商人就开始耐心地向非洲人讲解穿鞋的好处：不仅卫生，走路舒服不怕石子咯脚、不怕树枝和扎刺，而且十分美观。他先是向当地的土著首领免费赠送了一些鞋子。当非洲人中有人穿了鞋子并亲身感受到了穿鞋的好处后，就自然而然地替商人向他周围的非洲人作义务宣传。于是这位坚持留在非洲的商人开始做起了非洲最大的鞋子生意，并获得了很大的经济效益。

**思考：**

1. 两位商人考察了同样的市场后却得出了完全不同的结论，您觉得原因在哪里？

2. 从这个案例我们是否可以说第一位是一般的传统推销员，另一位是优秀的现代营销员？

3. 有人说："越是被一般人认为没有市场的地方，越是没有竞争对手，越是拥有巨大的市场潜力。"您认为对吗？我们能从本案例中得到什么样的启示？

## 复习思考题

1. 如何从广义和狭义的角度理解推销的内涵？
2. 推销的特点有哪些？
3. 简述推销的原则。
4. 举例说明营销、促销与推销的关系。
5. 有人说"推销总有一天会消失的"，您怎么看待这个问题？
6. 简述推销的基本过程。

# 第二章

# 推销要素与推销三角定理

**学习目的和要求**

1. 掌握推销的三要素以及对三要素的深刻理解
2. 掌握推销三要素的协调及推销三角定理

## 第一节　推销的三要素

任何企业的商品推销活动都少不了推销人员、推销品和推销对象,即推销主体、推销客体和推销对象构成了推销活动的三个基本要素。商品的推销过程,就是推销员在现代推销观念的指导下,运用各种推销术,说服推销对象接受其推销品的过程。因此,要求在推销活动中尽量协调好三者之间的关系,保证推销目标的实现。

### 一、推销人员

**(一)推销人员应具备的基本素质**

俗话说,"成功的人有着共同的特点,不成功的人有着不相同的原因。"在营销行业中,作为推销员,谁都想追求一流的销售业绩,并与顾客建立和谐稳固的关系。但现实中推销员之间的差别非常大,超级推销员往往比一般推销员更有进取心、更为勤奋,并取得很好的销售业绩。所以,不少学者和营销实干家都在致力研究出色推销员应该具备的素质。也就是说,什么样的素质能使优秀的推销员脱颖而出?什么样的素质能使干练的推销员不同于那些平庸之辈?比如世界有名的盖洛普管理咨询公司对近 50 万名推销员进行了调查。研究表明,优秀的推销员有四方面的主要素质:内在动力、干练的作风、推销能力以及与客户建立良好业务关系的能力。我国传统上习惯于用“德智体”的观点来衡量推销员的素质。这种评价推销员素质的方法确实有一定的道理，不过随着时代的发展，衡量推销员的标准也在一定程度上得到了改变。例如，现在一个很流行的观点是，智商对于推销员来说是很重要的，但比起德商和情商来说要显得次要。成功的推销员往往是德商和情商很高的人，却不是那种智商很高的人。实际上，德商，就是推销员的德行问题、品质问题、思想问题；情商，就是推销员对自我情绪和情感的调节能力；智商，就是推销员的知识结构、推销技巧和智慧。当然，除此之外，一名优秀的推销人员还必须具备强健的体魄，具备良好的身体素质。

1. 德商素质

中国是一个讲究德行和美德的民族。在孔孟之道的影响下，我国在选拔人才时几乎都把德放在第一位。因为，德不好，心术不正，对工作不热爱，对公司不忠诚，对领导和同事不尊重，即使能力很强，干得再好，对一个企业或者一个组织来说，也不会因为这种有才无德的人才而带来什么效益，甚至有可能为公司带来负面影响和负效益。正因为如此，有才无德的人才对绝大多数公司来说，是不敢重用的。

美国心理学家认为，企业管理者的德商受三大方面的影响：一是自我人格的形成经历和受教育环境，二是血型特质支配下的性格倾向，三是人生态度和诚信务实方式。

推销工作是一种创造性和责任感很强的劳动，同时也是一种艰苦的脑力和体力劳动，因此要求推销人员具有强烈的事业心、高度的责任感、坚强的意志和毅力。在推销活动中，如果一旦遇到困难，就灰心丧气，则其推销任务将永远不可能完成。

(1)强烈的事业心

作为推销员，必须树立正确的推销观念，把满足顾客消费需求作为推销工作的起点，诚心诚意为顾客着想，全心全意为顾客服务，把推销商品与解决顾客的实际问题有机地协调起来；作为推销员，应摒弃推销工作中一切不正当的推销方法与手段，杜绝推销活动中弄虚作假、坑蒙拐骗、以次充好、见利忘义等手段。作为推销员应该懂法、守法，遵循国家的政策法令，做到合法经营，不能以损害国家利益来换取个人的私利。

(2)高度的责任感

推销员是企业的推销代表，是企业的代言人，推销员的一言一行都关系到企业的声誉与形象，同时推销活动也是企业与顾客进行信息沟通的一种有效方式。因此，推销员首先应具有高度的责任感。其次，推销员除完成一定的推销任务外，也需要在推销活动中为企业树立良好的形象，与客户建立和保持良好的、融洽的关系，不能为了实现推销定额而损害企业的形象、信誉。

总之，推销员的责任体现在企业与客户两个方面，单方面地强调向某一方负责，而忽视另一方，都是不适宜的。作为一名合格的推销员，应该明白在推销过程中发生的任何事情，不论是好事还是坏事，都负有不可推卸的全部责任。推销的成功与荣誉归你享有，但失败的责任与风险同样需要你承担。

2. 情商素质

情商是“情绪商数”的简称。它主要包括两个方面，即把握自己、感知别人的能力。一位美国心理学家在《情绪智力》一书中提出了情绪商数的若干要素，后来，美国哈佛大学格尔曼教授首次将其简称为情商(emotional quotient，EQ)。结合中国实际，情商通常是指人所应具有的九种能力：直觉自知能力、理解平衡能力、控制冲动能力、自我激励能力、挫折承受能力、揣摩他人内心情感能力、人际沟通能力、人际关系的调整能力、发现人际内在联系的能力。成功的推销员都比较注重培养个人心理素养，推销活动是一种面向千百万人的工作，因而要求推销人员在心理方面具有性格外向、自信心强、良好的个性品格等素质。

人是有感情的动物，我们不论做任何事，都伴随和流露着一定的感情。也就是说，行动和感情，两者有着不可分割的关系。感情有很多种，但所有的根源都来自心灵。锻炼心志是提高情商水平的核心。

要提高推销人员的情商，首先要热爱推销工作，把它看作一项伟大光荣的事业去做，这样我们的内心就会充满自豪。在我们的周围，有不少推销员羞于将自己的职业告诉他人，他们看不起推销这一职业，当然也看不起自己。这是完全错误的，这样一来，他们的内心就会感到压抑苦闷，行动就会失去动力，工作成绩就不理想。这样就会造成恶性循环。超级推销员与普通推销员的一个明显的差别就在于，所有举世闻名的超级推销员无一不为自己的职业而感到自豪。汽车推销大王乔·吉拉德说："推销员是这个世界发展的动力，我认为，我们每一个推销员都应该以自己的职业而感到光荣，我总是这样想。"玛丽·凯说："有人说我是天生的推销员，因为我十分热爱销售工作……在他们看来，推销工作是单调乏味的苦差事，在我看来，它却是一场比赛。"热爱自己的工作，才能在工作中感到快乐，感到工作是如此的有意义有价值，而快乐的情绪就会感染顾客，感染你周围的人，这样，你的工作成绩自然会很好。这就像高尔基所说的："工作快乐，人生便是天堂；工作痛苦，人生便是地狱。"

其次，要不断地给自己鼓气，给自己加油。法国哲学家卢梭说："自信对于事业简直是奇迹，有了它，你的才智可以取之不竭。"陀思妥耶夫斯基说："神和恶魔交战，而战场就在人的心中。"对推销员来说，心中同时存在着强与弱、善与恶，一方面心中感到沮丧，想着该回家了，一方面又勉励自己，再加油再努力一会儿。两者在心中交战着，彼消此长。推销员必须战胜自己心中的弱，不然就无法神采奕奕地向前迈进，而这时，强者和弱者的差别就显现出来了。有人把推销比喻为战争，并引用一位在越南战争中失去一条腿的美国军官的话，来描述"看不见的敌人"的可怕，这个敌人就是内心的恐惧。推销员也有看不见的敌人——自己，当一次又一次面对拒绝，我们的心是否依然坚强，我们的意志、信念是否依然坚定？要想战胜这种看不见的敌人，没有其他办法，只有推销员为自己鼓气加油。这种战胜自我的伟大精神，并非人类与生俱来。我们只能说，人类天生拥有培育精神的土壤，至于它生不生长，就看个人的行为了。培养意志力，就是自我战斗，每天都是一场面对自我的孤独战斗。

再次，要以平常心对待挫折，要以不幸为师。推销就是与拒绝打交道的活动，没有拒绝也就没有推销。从推销大师们的经历中可以看出，他们是在失败、挫折中逐渐成长起来的。不遭遇困难或苦恼，或一直想逃避困难或苦恼的人，是无法尝到真正成功的快乐的。歌德说："唯有和着眼泪吞下面包的人，才能体会出人生的真味。"挫折和困难不是某个人的专有品，在漫长的人生道路上，每一个人都会遇到它，是从挫折中再站起来，还是被挫折打倒，全凭各人。有的人一陷入逆境，就会诅咒自己的命运。但是在顺境中能够学到的东西毕竟屈指可数，唯有在逆境中学到的东西，才会更多并且更为受用。正如福利伽所言：人生就是学校。比起幸福，不幸是更值得我们珍惜的老师。应牢记孔夫子的教诲，在挫折和困难中不断反省自己，分析造成失败的原因，寻找解决的对策，避免今后犯同样的过错。对失败和挫折要做好记录，这是非常珍贵的财富，是成长阶段中极为重要的事，因此，"时时孤独、沉思是有必要的”。同时，作为推销员，不要在意眼前的失败，应该朝着自己的目标持续努力才是最重要的。将努力不断地累积，相信必定会有得到回报的一天，而今天就是你迈向成功之路的第一步。歌德曾指出：只要目的不动摇，并且持续努力，最后一定能够获得胜利。就如同结网的蜘蛛，不管外力如何破坏，蜘蛛终会把网结成。因此，耐性成为戴维博士推销哲学中非常重要的一条，它包括了忍耐、一贯和决心。超级推销员都知道，他们不是为失败而推销，他们是为了战胜失败迎得成功而推销。这一次的拒绝就是下一次的赞同，这一次皱起的眉头，就是下一次舒展的笑容，“失败—总结—前进，再失败—再总结—再前进……”这是从失败走向成功的唯一道路。

最后，推销人员要打开心扉，与顾客进行心与心的交流，努力消除与顾客沟通中的障碍，与顾客建立良好的合作关系。一位哲人说过：人生的美好是人情的美好，人生的丰富是人际关系的丰富。顾客是推销员的衣食父母，推销员的工资来源于顾客的购买。有人总结了成功推销员具有的“15 条心”，其中爱心、关心、诚心、真心、热心等，都说明了推销员要敞开自己的心扉，用心去理解他人，去尊重他人。正如席拉所说：“如果你想要了解自己，就仔细观察别人的行为。如果你想要了解他人，那么，就多观看自己的心。”推销员要努力凝视自我的心灵，并且多去理解他人心中的感受，凡事站在对方的角度去思考问题。有了对顾客的真心和爱心，那么推销员的一言一行，他的微笑、他的眼神都会把这种爱传递给顾客，顾客的心扉就会向推销员敞开。当然，在推销员与顾客的沟通过程中会有许多障碍，如性格障碍、情绪障碍、理解障碍、心理定势障碍、技巧性障碍等。这些障碍破坏了沟通的正常途径，就如同道路上的陷阱，如果不加以注意，不加以调整，就会受其害。因此，推销员要善于自我控制，使自己的行为状态始终保持在成人状态，即稳定、理智、清醒的状态，对人对事要大度为怀，不斤斤计较。这样才不会被外界的因素所干扰。同时，推销员的成人状态也会影响、控制顾客的状态，使其能够理智地思考问题，修正情绪化的言行，这对成功的沟通至关重要。

3. 智力素质

智商(intelligence quotient，IQ)，通俗地可以理解为智力，是指数字、空间、逻辑、词汇、创造、记忆等能力。1916 年，心理学家 Stern 提出了“智商”的概念：如果一个小孩子的智力年龄与他的生理年龄一样，那么他的智力就一般；但如果他的智力年龄高于或低于他的生理年龄，则他的智力便是高于或低于一般水平。智商(IQ)=(智力年龄/生理年龄)×100%。不过本书中提到的智商，应当包括推销员掌握知识的深度和广度，包括将知识进行有效转化的能力，对事物判断、把握和决策的能力，还包括对新事物的感知程度、速度和对知识的吸收与否定的能力等。

推销工作不是一件轻而易举的工作，而是一项极富创造性与挑战性的工作，因而推销员除具备过硬的思想素质外，也要求具有较高的智力或知识素质。正因为此，国外把推销员称之为“推销工程师”。推销员所接触的顾客成千上万，各种各样的心态都有，要求推销员必须在较短的时间内迅速做出判断，并确定推销的方式与技巧。尽管高的文化素质并不一定意味着有好的推销绩效，但具备丰富的文化知识，获得良好推销成果的可能性要大得多。可以说，高的文化素质是良好推销绩效的必要条件。向食品店送面包、挨门挨户推销或店堂销售时，文化素质高的人未必能发挥作用，但如果推销电脑、软件和知识性强的商品，推销员的知识结构和智力水平对完成推销工作就显得格外重要。而且，推销员只是推销人员的一个总称，事实上，推销员也有层次之分，从一般推销员到推销经理，到推销副总裁甚至到CEO(首席执行管),层次越高,对人员的知识素质要求越高。国外的推销员一般都接受过高等教育,具有较高的素养,往往通过推销员之路,迈向经理的行列。

推销员的文化素质,主要表现在对以下几方面知识的掌握:

(1)企业方面的知识

其主要包括企业创建时期、发展历程、经营指导思想、有关的规章制度和惯例、企业文化、营销的战略与策略等。作为企业的一名推销员,有必要掌握企业创建与发展方面的背景材料,这样可以使你与顾客交谈时,显得知识渊博,介绍自己的公司也得心应手,便于和外界特别是和老顾客交往。另外,推销员的头脑中时刻贮存着企业发展壮大的背景知识,也有利于培养推销员自身对企业的一种自豪感与归属感,有利于在同顾客接触时集中精力,尽心尽力地做好推销工作,顾客也乐意与熟悉厂史的销售员做生意。

(2)产品方面的知识

推销员应熟悉产品的生产流程与方法。当你的顾客因价格或发货时间向你提出难题时,你就能用你所熟悉的产品生产流程和近期的企业概况,向你的顾客解释原因。

(3)市场方面的知识

推销员应接受一定程度的教育,掌握必要的理论知识与实务技能,包括市场营销理论、营销调研与预测学、推销学等学科方面的知识,了解和熟悉有关市场方面的政策、法令和法规。

(4)顾客方面的知识

推销员还要懂得消费者心理与购买行为方面的知识,因此应掌握商业心理学、公共关系学、人际关系学、行为科学和社会学等学科方面的内容,以便分析顾客的购物心理,并据此运用合适的推销手段。

(5)竞争方面的知识

要成功地实施推销,还必须掌握同行业竞争状况的信息,包括整个行业的产品供求状况,企业处于什么样的竞争地位,竞争产品有哪些优点是本企业没有的,本企业产品有哪些优点是竞争产品所无法比拟的,竞争品的价格,竞争品的销售策略等。

4. 身体素质

推销员的推销工作既是一项复杂的脑力劳动,同时也是一项艰苦的体力劳动。推销员的工作性质决定了推销员必须有强健的身体才能胜任推销工作。推销员必须经常外出推销,在必要时还得携带样品、目录、说明书等。对于上门推销的人员来说还必须日夜兼程,劳动时间长,劳动强度大;对于工业品的推销,需要推销员进行安装、操作、维修等较大强度的体力与脑力劳动。因而,强健的身体是成功推销的基础与前提。

**(二)推销员应具备的能力**

推销员具备了一定的德商、情商、智商与身体素质只是具备了当一名好推销员的基本条件,但并不一定能成为一名出类拔萃的销售人员。除此之外,还应有一定的推销能力。

1. 良好的语言表达能力

推销员的接洽工作总是以一定的语言开始的,不管是形体语言、物质载体语言还是文字语言,都要求推销员通过语言准确地表达所要推销商品的信息,同时也能使推销对象清楚地理解和明白推销商品的方方面面。如果推销员语言贫乏,词不达意,前言不搭后语,逻辑性差,思路不清,拙嘴笨舌,顾客是不可能接受这样的推销员,也不可能接受他所推销的商品的,他永远也不可能获得订单。因此,推销员应掌握推销交谈中的诀窍。

2. 较强的社交能力

推销员向客户推销商品的过程，实际上也是一种信息沟通的过程。推销员必须善于与他人交往，有较强的沟通技巧，同时也能维持和发展与顾客之间长期稳定的关系。

在当今的关系营销环境中，优秀的推销员最重要的一点就是成为解决客户问题的能手和与客户拉关系的行家。他们能够本能地理解客户的需求。全神贯注、有耐心、够周到、反应迅速、能听进话、十分真诚往往是优秀推销员的基本特征。优秀的推销员能够站在顾客的立场上，待人随和，热情诚恳，能设身处地地从顾客的观点出发，为顾客解决实际问题，取得客户的信任、理解与支持。推销员除具备推销领域所必须掌握的丰富的专业知识外，还要有广泛的兴趣爱好。合格的推销员的头脑应该是一本“大百科全书”，推销工作事实上也是对推销员社交能力的检验。当今的客户寻求的是业务伙伴，而不仅是打高尔夫球的伙伴，“优秀的推销员总是想到大事情，如客户的业务将向何处发展，自己怎样才能帮上客户的忙”，一位著名推销员如是说。

3. 敏锐的洞察能力

推销员也应该是心理学的行家，能够通过对环境的观察和分析，通过与顾客接触和交流，从顾客的手势、反应、脸色、心境的表现中，迅速做出准确判断，判断出哪些是可能的买主，哪些绝对不可能成为买主，哪些顾客具有购买力。尽管这种识别顾客的方法不一定是最好的，但现代推销的节奏不可能让你花更多的时间与精力去鉴定。因而，好的推销员应该具备洞察顾客心理活动的能力，对多数人所忽略的细枝末节有较强的敏感性，并能够针对顾客心理活动所处的阶段采取必要的刺激手段，转变顾客看法，变潜在需求为现实需求。

4. 快速应变能力

当今世界，变是唯一的不变。推销员应该逻辑缜密，思路清晰，适应能力强，反应速度快，面对困难与不利并不慌乱，善于处理这种被动的局面，变被动为主动。推销员虽然在与顾客接触前，都对其推销对象做过一定程度的分析与研究，并进行了接洽前的准备，制定了推销方案，但由于实际推销时顾客情绪容易发生变化，无法把所有顾客的可能反应都全部列出来，必然会出现一些意想不到的情况。对于这种突然的变化，推销员要理智分析和处理，随机应变，并立即提出对策，这就是应变能力。世间不可能有一劳永逸处理突变的方法，再好的方法也只是在一定条件、时间和地点下适用。所以，应变能力是推销人员必须具备并着力提升的一种能力。

5. 高超的处理异议的能力

推销员必须具备必要的处理顾客异议的能力。当推销员向顾客推销时，顾客往往会对产品的质量、价格、式样等方面的问题提出种种异议，甚至故意挑剔。对于顾客所提出的疑问，推销员应区别对待，不能统统认可或完全拒绝。一方面，如果顾客的异议是合理的，同时也是推销员能够解决的，就应该设法为其解决；但对于有些顾客根本无心购买，提出疑难只是为不买找一个借口，就不能一味迁就，为和这样的推销对象达成一笔交易而进行马拉松式的交锋，可能需要很长时间，但同样的时间你可能已找到更多的客户，做成了多得多的交易，因此从时间效应上看这种交锋是得不偿失的。

推销员应该是推销活动的中心，善于掌握主动权，创造一种宜于推销交谈的气氛，把握说话的时机和尺度，在与顾客有良好沟通的基础上激发顾客的购买欲望，进而采取购买行动。处理异议的能力甚至可以说是区别推销员推销水平与层次的主要指标，推销员必须掌握一定的处理异议的方法，在实践中提高处理异议的能力。

## 二、推销品

推销品是推销活动中的客体，是现代推销学的研究对象之一。所谓推销品，是指推销人员向被推销对象推销的各种有形与无形商品的总称，包括商品、服务和观念。商品推销活动，是对有形商品与无形商品的推销过程，是向顾客推销某种物品使用价值的过程，是向顾客推销使用价值观念与消费文化的过程。从现代市场营销学的角度看，向顾客推销的是整体产品，而不仅仅是具有某种实物形态和用途的物理学意义上的产品。

### (一)整体产品

整体产品是指能提供给顾客以满足某一需求或欲望的有形和无形的任何东西，它包括具有特定形态、体积、重量、味道、色彩、式样等能用人的感觉器官感知和触摸到的一切有形物，也包括一些不能触摸的思想、观念、主意、服务等无形的东西，它能满足顾客心理的需要和享受，为顾客打消疑虑，为顾客解决某种实际困难，使消费者买得"放心""安心"和"称心"，从而提高消费者的满意度和忠诚度。

理解整体产品时，应注意以下几点：

(1)以满足顾客需求为出发点。在产品供不应求时，生产者不注重顾客的需求，以产品生产的规模和质量为中心。随着时代的进步，消费者需求日益个性化，同一种产品品牌数量大量增加，生产者的产品设计、生产数量与质量都必须以顾客需求为起点，否则就不能得到消费者的认可。从这个角度来说，没有好与不好的产品，只有是否适合消费者需求的产品。

(2)推销品既包括有形的物质产品，也包括无形的服务，甚至包括某一种创意、某一种观念和文化。如运输、保管、安装、修配、设计、通讯、咨询、保险、金融等服务是推销品；发明创造者为获得资本家的风险投资而向资本家们推销自己的观念和创意也是推销品。

(3)就某一种产品本身来说，不仅包括其实物本身，而且也包括随同实物推销时所提供的服务与观念。如计算机厂家不仅出售硬件本身，也包括随着硬件出售所提供的安装、运输、调试技术、咨询与培训、示范操作、提供备件与配件、维修等服务。而且，在服务营销成为营销竞争焦点的背景下，服务水平是影响企业核心竞争力构建的重要因素。

根据市场营销学的观点，整体产品包括核心产品、形式产品与延伸产品三个基本层次。

核心产品是指推销品给顾客带来的基本效用或利益，这种基本效用或利益是顾客购买决策的主体驱动力。顾客购买某种商品并不是为了占有产品本身，而是通过商品或服务的使用，使顾客面临的实际困难与问题得以解决，或者心理上获得某种满足与享受。推销员应善于发现顾客购买某种商品背后的真实需要，以便"对症下药""有的放矢"。

形式产品是核心产品借以实现的具体形式。推销员推销的任何商品都具有可以为消费者所识别的外观、形式，这些外观、形式则体现在产品或服务的五个方面：质量、式样、品牌、特色、包装。由于核心产品的基本效用与利益必须通过某种形式才能得以实现，因而设计人员首先应着眼于能给顾客产生什么样的利益，从此思路出发进而寻找实际利益得以实现的形式，满足不同顾客对不同形式的需求。

延伸产品也称附加产品，是指推销形式产品时顾客所能获得的附加利益的总和，包括各种服务和观念。由于顾客需求是一个复杂的多方面的完整系统，因此，在形式产品出售的同时要向顾客提供各种必要的甚至超过顾客需求的服务，引导顾客的消费观念，给顾客当好参谋，让顾客满意。在产品功能和形式没有多大差别的情况下，延伸产品就是企业竞争的焦点。为此，推销员往往强调他所推销的推销品或劳务与同类竞争品比较，附加价值要高得多，以争取更多的顾客。

掌握整体产品的含义，应注意产品整体性与层次性的统一。所谓产品能满足顾客的需求，是指所有层次的需求都能够得到充分的满足，一个完整产品应包括上述三个方面。整体产品原理要求推销人员在推销过程中，首先，要注意分析顾客购买所追求的基本效用与利益；其次，要满足不同层次、不同类型顾客对外观、形式的追求；再次，推销商品的过程也是推销员向顾客进行服务以及对顾客进行观念宣传的过程。三者是密不可分的，应善于把商品的推销与顾客需要的满足联系起来，把推销过程视为顾客的购买过程。

**(二)产品质量概念**

产品质量是客户进行购买决策时考虑的一个重要因素，但不是唯一因素，甚至在某种情况下还不是最重要的因素。

在产品观念指导下，“质量是企业的生命”，质量越好，越容易销售并取得好的效益。产品质量是指向顾客提供的产品或服务的内在质量与外在质量的总和。正如前面指出的那样，整体产品包含三个层次，质量是形式产品之一，要使顾客的需要真正得到满足，质量是一种基础。不能设想一种让客户整天忧心忡忡、担惊受累的产品能够真正满足顾客需求。但产品“质量”内涵的理解，应从顾客的角度去考虑，由于顾客使用产品的条件、时间、场合等环境因素不同，因而每一位顾客对产品质量的内涵规定和理解都是依据自身的感觉而不是厂商的意愿来评价的，同样的产品在不同顾客心中的“质量”可能是不同的。所以，在市场营销观念指导下，顾客当然也在乎产品的质量，但更关注的是自身的需求，即与自身需求相匹配的质量。比如，对于一个不很富裕的上班族来说，对手表的要求主要在于准时、实惠，质量不需要特别高，几百元一只的手表就能满足他们的要求了；而对于富裕阶层来说，对手表要求就很高，不仅要准时，而且要外表华美，镶有钻石为佳。这样，手表不仅是计时的工具，还是象征顾客身份的饰品。因此，一只手表值几千元、几万元甚至几十万元就不稀奇了。推销员在推销时，应因人、因时、因地分析推销品的质量是否符合顾客使用的要求。

理解产品质量概念要注意区分产品质量与实用性两个不同的概念。质量是产品的内在特性或内在价值，实用性则是产品对顾客某种特殊需要的适应性。在向顾客推销时，产品实用性是比产品质量更为重要的因素，任何产品质量不管怎样，都必须符合顾客的特殊需要。如果顾客对某种产品没有需求，即使产品质量再好，也不能成为推销品，理性的顾客不会为自己根本不需要但质量很高的产品花一分钱。

当然，我们绝不是说重视顾客的需求就不重视产品的质量，事实上，产品质量是满足顾客需求的一个重要方面。在符合顾客需求且价位相同的情况下，质量显然是关键的竞争因素。而且，质量是一个实实在在的概念，存在于产前、产中和产后所有的环节和过程，既包括产品本身的质量，也包括服务质量。为提升产品质量，企业在产品的设计阶段，就应根据整体产品的三个层次，注重对顾客各方面需求的满足，认真听取和采纳推销员对产品开发设计方面的意见，生产出能够真正满足顾客深层次需求的产品。此外，推销员的推销过程本身就是给顾客服务的过程，服务体现于细节，服务质量的好坏也直接影响到企业营销竞争力的高低。

著名营销大师菲利普·科特勒曾经在中央电视台对话节目中回答企业家问题时说："对中国的企业而言，质量不是企业最关键的问题，差异化水平才是企业之间竞争最稀缺的能力。"这就告诉我们，质量好只是企业进入市场的基本条件，为顾客创造差异化的功能、服务和观念才是企业追求的目标。

**（三）推销品的效用层次理论**

从推销学的角度来看待和认识产品整体，以此把握产品的推销是至关重要的。人们购买某种物品或接受某种劳务，目的在于通过商品或劳务的消费满足个人或组织某一方面的需要，解决个人或组织在某一方面存在的困难或问题，购买商品与接受劳务只不过是达到这一目的的手段。因而，推销员不应单纯向顾客推销商品，而应借助于推销品来设置合理的诱因，利用适当的环境，想方设法唤起消费需求，促成顾客为满足现在或将来的需求而产生购买欲望，把推销商品放在次要的地位，重要的是向顾客推销产品的使用价值和使用价值观念。推销员必须善于分析各种产品的使用价值，精于把产品的基本效用与基本需要结合起来，善于巧妙地把产品的使用价值观念传递给顾客，只有这样才可能成为成功的推销员。不顾顾客本身的需要，也认识不到推销品对顾客的真实效用，一味地宣传产品理化性能和功能品质，这种推销往往是徒劳的，是难以获得成功的。

推销员究竟应该向顾客推销什么？

首先，推销产品的基本效用或者核心功效，让顾客认识到产品的使用价值。从整体产品的角度来看，使用价值是产品的核心，是产品的基本效用，是顾客购买该产品首要考虑的要素。比如，顾客希望在骑自行车时能够遮风挡雨，他就会购买雨披而不是雨伞，因为两者有着不同的使用价值。而且，即使是同一种商品，对不同的顾客使用价值也是各异的。譬如，有四名顾客同时购买汽车，但他们各自的需要和目的却大相径庭。第一位顾客可能是作为一项投资，第二位顾客可能是出于显示身份的社会需要，第三位可能是由于工作的需要，第四位可能是为了旅游享用。

其次，推销产品的服务。有的服务其本身就是商品。如理发、维修、咨询。有的服务是产品的一部分，没有服务，就不能构成完整的产品，或者产品不可能销售。如电脑、空调等。服务一般包括售前服务、售中服务、售后服务。服务具有不可分离性、可变性、不可储存性(易逝性)的特点。服务质量包括服务的技术质量、态度质量、形象质量和情感质量。服务能满足和创造需求，服务就是竞争力。我国著名的个人电脑(PC)供应商联想集团信奉"主动、向上、超越"的服务理念，依靠高水准的服务获得了巨大的成功。联想提倡主动服务，就是要想在客户前面，主动走到客户身边，发现并满足客户个性化、定制化的应用需求；向上的服务，就是要不断提升服务能力，不断推出新的服务产品及服务项目，为客户创造更多的价值；超越的服务，就是要超越客户满意度。

再次，推销产品的使用价值观念。使用价值和使用价值观念有着根本意义上的不同。使用价值是针对顾客而言的具体效用；使用价值观念属于意识形态范畴，使用价值观念是与产品使用价值相关的意识、态度和理念。比如，电脑的使用价值在于打字、排版、记忆等。但从使用价值观念来讲，电脑的使用关键在于提高办公效率，降低办公成本，提升企业的竞争能力。从这个角度来看，推销员的职责不仅在于告诉消费者产品的使用价值如何如何，更在于告诉顾客该产品能带来什么样的潜在利益。

最后，推销产品文化和企业文化。未来企业的竞争不仅是产品、服务、品牌、技术和人才的竞争，而且是企业文化的竞争。麦当劳、肯德基、可口可乐等世界著名跨国公司之所以能在全球范围内持续成长，与它们的文化建设是分不开的。文化是凝结在产品和企业之中体现产品和企业特色的无形的价值观念和意识形态。企业文化是企业的无形资产，对企业的发展发挥着巨大的作用。推销商品的最高层次就是推销公司产品和企业文化，一旦公司文化深入到消费者心中，引起了共鸣，产品就不愁没有销路，不愁打不开市场了。

## 三、推销对象

推销对象就是推销的受众，也即接受推销的公众。

推销对象可分为个体购买者与组织购买者两个层次。个体购买者购买或接受某种推销品是为了个人或家庭成员消费使用；而组织购买者购买或接受某种推销品，是为了维持日常生产加工、转售或开展业务需要，通常有盈利或维持正常的业务活动的动机。个体购买者的全体构成消费者市场，组织购买者的全体构成组织市场或称为产业市场。由于推销对象的特点不同，因而采取的推销对策也有差异。

1. 个体购买者

个体购买者是为购买者自己或家庭采购，在产品的采购上，一般都是少量购买，购买频率高，购买流动性大，属于非专家购买，一旦产生需求就希望立即得到满足。个体购买者在购买便利品时一般愿意接受替代，受推销宣传影响大，很多场合的购买都是由情境因素所引发，情感型购买（冲动型购买）占有一定比重。针对上述购买特点，推销员在向个人购买者推销时，应该首先明确推销对象是谁，如男人购买啤酒、香烟，女人购买服饰、化妆品，这种简单购买行为，购买者既是决策者又是使用者。采购者的购买行为受社会、经济、文化、心理等方面的影响，推销员应针对这种层次的推销对象实施灵活的推销技巧与策略。对于单价高，不经常购买，且冒一定风险的耐用消费品购买，则具有较为复杂的购买行为，购买者未必是决策者或最终使用者。这种类型的购买通常由家庭成员共同决策，每一个人的意见、看法都会影响某个购买决策。如家庭中钢琴的购买，首先发起倡议的可能是家庭主妇，她认为同事、邻居家的小孩都有了钢琴，她家也应不甘落后，影响钢琴购买的人则包含家庭的所有成员，他们的意见都会在一定程度上加速、延缓或停止对钢琴的购买，最终决定是否购买的可能是家庭中的户主，而采购这样一些笨重商品则可能是家庭中的年轻男性，最后使用钢琴的是家中的小孩。对于这种复杂的购买行为，推销员不但要抓住采购者，而且要善于影响发起者、使用者与决策者等对耐用消费品采购有关的人员，推销对象的范围需要适当延伸，不只是采购者一个人，而是一个决策团体。因而，个人或家庭购买者多购买的是消费品，应抓住消费者市场的特点来分析推销对象的购买行为，制定恰当的推销策略。

2. 组织购买者

组织购买者是代表一个组织采购，为组织的生产经营或业务需要而采购，因而呈现出购买数量大，购买次数少，采购人员接受过专业的培训，通常熟悉所要采购物品的性能与特点，重视产品质量与性能，价格效应、促销宣传对购买者影响相对较小，影响购买决策的人员众多，一般属理智型、专家型购买等特点。因此，向组织购买者推销时，正确地把握推销对象的特征并影响推销对象，可以起到事半功倍的效果，并形成稳定的购销关系。

组织采购决策比家庭采购决策的参与者要复杂得多，任何一个环节未能通过，都难以达成交易。组织购买者包括以下成员：

（1）使用者。即组织内部使用某种产品或服务的人员，在多数情况下都是由使用者首先提出购买倡议的，如生产线上的工人在使用某种设备或工具时，由于陈旧设备的效率低下而引发购买需求。

(2)影响者。即影响采购决策的人员，通常在产品规格、性能方面有决定性作用，如工厂中的工程技术人员。

(3)决策者。即有权决定是否购买以及购买多少的人员。

(4)批准者。即有权批准决策者或采购者所报采购方案的人员。

(5)采购者。即具有选择供应商并商定购销合同条款的人员。采购者一般协助确定产品的规格，但其主要职责是与销售人员谈判，争取买到货真价实符合需求的产品。由于组织市场的采购者往往并非使用者或决策者、批准者，在技术性能、规格型号的选择方面还要受到设计人员、技术人员的强有力的影响，在实用性、方便性上受生产工人的影响，因而向组织购买者的推销，必须要清楚：谁是购买决策的主要参与者？他们对购买决策的影响表现在什么方面？影响力怎样？决策参与者用什么标准来评估购买行为？如果购买决策参与者太多，推销员应集中力量对付那些影响购买的主要人物。如果推销对象是一个大客户，则推销员应全力以赴进行多层次的深入推销，尽可能多地接触决策参与者，加强与决策者的沟通。

组织购买者主要采购各种工业原料、半成品、材料、零部件或采购各种消费品供进一步生产和转售，推销员应根据组织市场的特点，分析组织市场采购者购买决策的参与者及其影响力，采用科学合理的推销策略。

## 第二节　推销三要素的协调与推销三角定理

现代商品的推销少不了推销员（推销主体）、推销品（推销客体）及顾客（推销对象）三个基本要素，如何实现其协调，保证顾客实际需求得以满足，企业销售任务得以完成，则成为广大推销员共同关注的问题。本节介绍推销三要素之间的协调以及推销三角定理。

### 一、推销三要素的协调

在推销的三个构成要素中，如何把握和理解三者的地位与关系？怎样看待三者对推销活动的影响？三者分别扮演了什么样的角色呢？在推销活动中，成功实施推销计划与推销战略，应该是推销三要素的有机协调，缺一不可。不过，在这三个要素中，每一个要素所扮演的角色及所处的地位是不相同的。推销员在推销活动中处于主动和支配地位，推销对象的需求在推销活动中处于中心地位，推销品连接着推销员和推销对象，只有提供满足顾客需求的推销品和推销服务，才能导致推销活动的顺利进行。

推销活动是推销员在一定推销环境里，运用各种推销技术和推销手段，说服推销对象接受推销客体（推销品）的过程。推销员在推销活动中起着关键的作用，是推销活动的主体，是联系企业与顾客的桥梁和纽带。推销员在整个推销进程中，始终处于支配地位。一方面，推销员帮助顾客确定购买商品的真正目的，为顾客解决实际问题；同时，推销员在顾客需求处于潜在状态时，通过推销员推销技术的运用，劝说顾客，使其潜在需求转变为现实需求。此外，推销员帮助顾客分析各种各样的同类商品，购买何种商品受益最大、实惠最多，以此推动顾客做出有利于公司的购买决策，说服顾客促成购买。因而，没有推销员就不可能进行有效的商品推销活动。

要成功地推销商品，推销员首先要成功地推销自己，注意推销礼仪与文明礼貌，给顾客留下良好的第一印象；其次，要树立正确的推销观念，以企业的长期目标作为行动指南，重视对长期目标的追求，而不是以短期销售额作为推销目标；再次，要掌握必要的推销技巧，有效地进行推销；最后，要以正确的态度对待顾客，树立了解顾客需要、帮助顾客解决困难的观念，使商品推销与收集信息、开展技术服务结合起来。

也可能有些顾客不需要推销员的推销就会主动购买，也许某些商品压根就不需要推销，也许顾客都是精明的购买者，他们自身善于分析自身的需要和追求的利益，也许顾客已经熟悉产品，无须过多的售后服务，但随着市场竞争的日趋激烈，买方市场的形成，推销员在推销中的主体作用将日益增强。

## 二、推销三角定理

推销三角定理又称“吉姆”公式。“吉姆”(GEM)公式也可称为“产品(goods)、公司(enterprise)、推销员(man/myself)”三角公式，如图 2－1 所示。吉姆公式所表达的意义是，作为一名推销员要有效说服顾客购买本公司的产品，推销员必须对所推销的产品、所代表的公司和自己三者同时具备 100％的信心。我们把上述三个方面定义为吉姆公式的三个要素。推销员只有对此三要素确信不疑，才会使推销活动顺利进行，不致使顾客产生任何怀疑和不信任，由此才能使推销获得成功。对自身所代表公司缺乏信任是非常危险的，对所推销的产品缺乏信心是十分有害的，而缺乏自信心则是最致命的。

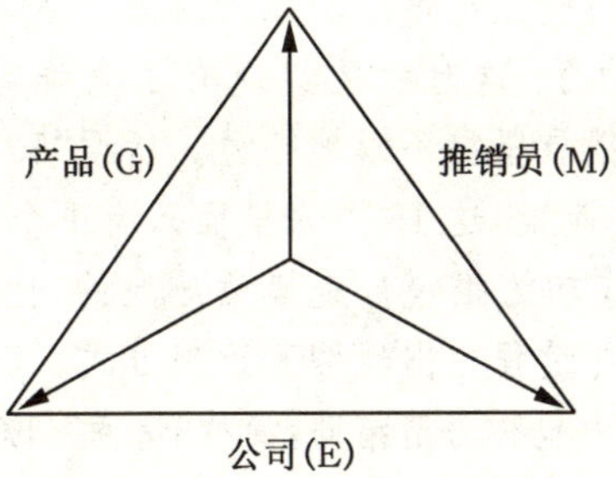


图 2－1　推销吉姆公式示意

第一，推销员应该充分相信自己，在从事推销活动时显示出良好的自信。即让推销员相信自己是合适的推销人选，自己完全有能力把自己的公司或产品介绍给顾客，应付推销工作并不困难；而且推销员还要相信公司对他也是充满信心的，自己可以放心大胆地开展推销工作。自信是开启成功大门的金钥匙。如果推销员带着可能会失败的想法开展业务洽谈，那么他在洽谈尚未开始前就已经失败了。试想一个对自己都没有信心的推销员，又如何能在陌生的顾客面前自如地介绍商品、洽谈成交？自信是推销成功的不二法宝，自信给推销员带来激情、魅力和成功的机会。

第二，推销员相信他所推销的产品。首先，推销员要在事实的基础上向顾客进行解释，用各种方法向顾客说明他所推销产品的特点与优点，并且根据不断补充和更新的资料，将自身产品与同类竞争品加以比较，使顾客清楚地知道他所推销产品的竞争优势，从而对产品的价值有一个全面的认识。其次，要深入了解他所推销产品的市场最新信息，了解他所推销的产品已成功地打入了哪些地区和市场，市场占有率如何。掌握了这些有关产品的市场信息后，推销员就可以在推销洽谈中增强信心，也有利于说服顾客。最后，推销员在推销前，应当亲自试用一下他所推销的产品，把自己的体会与顾客交流，则更能打动顾客的心。

要说服顾客购买，必须先说服自己，即自己真心地相信所推销的产品能够给顾客带来利益。作为推销员，对产品充满自信，认为顾客购买产品是幸运，而不购买产品则是损失，这样才能打动顾客。欧美的推销员提出："你买它，然后再卖它。"反之，如果你对自己推销的产品都不感兴趣，都不愿买，那又如何能激发顾客购买产品的热情呢？总之，推销员应当相信他所推销的产品是符合消费者需求的好产品，把公司产品的特点和优点充分展现在顾客面前，以便于顾客选择。

第三，推销员应当相信自己的公司。推销员不仅要相信自己的公司，还应该忠诚于自己的公司。首先，公司应当有计划地对推销员进行认真的培训与指导，使公司推销员了解公司的声誉、历史、规模、发展和企业文化；同时，推销员作为公司的员工应该以自己的行动为公司争光，不做有损公司形象的事情。推销员不仅代表自己，也代表公司。推销员的个人形象，既体现个人素质，也体现企业素质。

**案例一　　提高您的情商，让成功与您相伴**

有人说，"推销员是这个世界上承受打击、冷漠、嘲讽、压力最大的职业，经受住拒绝的考验是推销员成功的最关键因素。"据国外对推销员的行为统计研究，被顾客拒绝 1 次，10 个推销员有 5 个会从此打住；被拒绝第二次，5 个人中又少掉 2 个；再被拒绝第三次，就只剩下 1 个人会做第四次努力了，这时他已经没有了竞争对手。一位保险公司总经理用"50—15—1"原则来激励推销员坚持不懈地努力。所谓"50—15—1"，是指每 50 个业务电话，只有 15 个对方有意与你谈谈，这 15 个人里面只有 1 个人向你买保单。没有坚持不懈的精神，哪来的良好业绩。成功的推销员是屡败屡战的，他们不相信失败，只认为成功是一个阶段，失败只是到达成功过程中出现的不正确方式。而对这种失败，要求推销人员具备较高的情绪智力。情绪智力也称为情绪商，简称"情商"(EQ)。由于情商与智商(IQ)在字面上有较直观的联系，因而逐渐成为流行术语，但 EQ 不像 IQ 那样有一个具体的算术商数。对 EQ 的探讨正在深入并迅速影响了美国企业界。人们认为，IQ 决定录用，EQ 决定提升。这一说法在某种程度上反映了企业组织中的人力资源管理事实。人们用 EQ 来解释企业人员的绩效时，举出了众多的实例，如 EQ 影响产品推销员的成功、经理的业绩，甚至科研开发人员的成果等等。

EQ 理论认为，一个人的情绪智力跟智商一样，有高低之分。情绪智力可以解释为什么同样智商的人会有不同的成就。因为情商可以影响一个人其他能力的发挥极限。这一理论给我们提出了人才开发、人才培训、职业测验的新思路。在员工培训、人才开发中如果忽视了情绪智力的开发，也是不全面、不完善的。

EQ 理论指出，EQ 是习得的。它可以通过学习和训练提高。这就指出了 EQ 训练的可行性。在实践中，经理培训课程一般分为两大类：一是基础管理知识和技能课程，二是直接与各项业务有关的岗位技能课程，但这种传统意义上的培训很明显是不足取的，因为它缺少对情绪智力的培训。而低下的情绪智力将会阻碍能力的发挥，从而最终影响绩效。

一个人的能力再高,若受情绪智力低的限制,他(她)也将难有作为。通过培训,使推销经理去掉那种与下属交谈时漫不经心、自我炫耀、敷衍了事的不良习惯,从而使他们对下属的情绪感受更加敏感,更能体谅他人的想法和期望,同时使下属感到自己正在受重视。此外,通过培训可以使推销员面对顾客时能处变不惊,应对自如。总之,应当把EQ培训作为人力资源开发的重要方面进行。

**思考:**

1. 作为推销员,您觉得应该如何面对顾客的拒绝?

2. 美国成功学的创始人拿破仑·希尔有句名言:"一切的成就,一切的财富,都始于一个意念。"您觉得这句话中的"意念"与情商有什么关系?

3. EQ能够培训得来,您觉得应该如何进行EQ培训?

**案例二　　推销的苦与乐**

戴尔·卡耐基(Dale Carnegie)是美国20世纪著名的企业家、教育家、演讲口才艺术家和人生导师。他一生中写作了《语言的突破》《人生的光辉》《人性的弱点》《美好的人生》《伟大的人物》《人性的优点》《快乐的人生》七部书。这些著作是卡耐基成人教育实践的结晶,也是卡耐基哲学思想的集中体现,至今在全球畅销不衰。这些书籍和卡耐基的成人教育相辅相成,改变传统的成人教育方式,影响了千百万人的生活,也使卡耐基本人享誉世界——由一个贫民之子,成为名人和富翁。以下便是卡耐基先生推销生涯中的案例节选。

……

戴尔·卡耐基抵达南达科他后,就去拜访当地各家零售商。他与零售商们攀谈,从天气到农作物收成,接着再把话题绕到阿摩尔公司及其所提供的瘦腊肉等各种产品上。

卡耐基总是设法让对方相信他所推销的产品。"为什么你该选择阿摩尔的产品呢?"当戴尔的话题吸引了店主的兴趣后,就会采取问答的方式向他们赞赏阿摩尔公司超级优良的服务态度和产品的高质量,并且非常肯定地告诉店主,公司的货品在任何情况下都能准时送到。如此反复说明和推销,令顾客十分满意。

在整个商品宣传过程中,戴尔·卡耐基大量运用了父亲养猪和养牛的经验,并且所有的演说,戴尔都以带有鼻音及充满密苏里口音的语言发表。这使他深受南达科他商人的信赖,而不把他当作一名偶尔行经此处的游子。

戴尔·卡耐基就是凭着热情的态度和真诚的笑容,凭着坚韧不拔的意志和随机应变的能力,在南达科取得了一连串的成功。

卡耐基从事销售员工作的另一个差事是推销货车。可是,在工作几个月后,卡耐基依然不懂自己所卖的货车。尽管他曾努力要做好工作,可是那些诸如发动机、车油和部件设计之类的机械知识,无论怎么学都无法引起卡耐基的兴趣。

一天下午两点,卡耐基刚吃完工作餐,正拿着一瓶可口可乐喝的时候,公司的大胡子经理不知不觉地进来了,卡耐基慌乱中弄翻了手中的可乐,不知所措地站在一边,但经理并未对他说什么,就忙别的去了。正在此时,来了一对年轻夫妇,男的有一头金发,女的提着个红色手提箱,俊男靓女很惹人注目。卡耐基连忙上前招呼客人:

"先生,欢迎光临! 本店供应极为优质的派克自用车和货车,您看这辆车真漂亮!"

卡耐基洪亮的声音在宽敞的售货大厅里显得瓮声瓮气,两位自视甚高的顾客显出满脸不屑一顾的样子。不过,卡耐基并不生气,他照常向他们热情介绍和赞扬公司的各种产品，说得天花乱坠，似乎要打动这二位的铁石心肠。可是，那位脸蛋漂亮的小姐，数分钟后就不耐烦地拉着自己的丈夫向店外走去，还说道：

“先生，你并不懂汽车，更不懂机器，我敢肯定，让一个三岁小孩在这里面待上一天也会说得像你这么好！谢谢你的热心，我们从不和无知的人讨论，再见了！”

顾客刚出店门，大胡子老板就走了过来：“戴尔，你竟然这样不中用！我原以为那些顾客是在捏造事实呢！现在，我警告你，不要再和客人谈那些有关公司创始人密斯特尔斯和威廉·派克尔德的事迹，你只要一心一意地为我卖掉这些汽车，否则你就会像那人样！”经理一边说，一边用手指指着那边街上的一位中年乞丐。卡耐基再也说不出什么话来，只有唯唯诺诺地不断点头。

此时，他的心里是难以用语言来形容的。他在心里大声对自己说：“烦死啦！我都在做些什么呀？我怎么会如此不中用呢？堂堂的艺术学院毕业生，竟然连一个简单的工作也做不了！”突然一阵头痛袭来，他明白这是他几个月以来的老毛病又犯了，他感到疼痛欲裂，他想：“我要被解雇了！我怎么生活，怎么工作？怎样才能实现自己在学院中的梦想？家庭、社会马上就要抛弃我了，我是这个世界的废物、弃儿！”渐渐地，他想到自己悲哀的童年和后来艰难的时日，想到学院里的苦读生涯，想到自己失败的演员经历，还想到备尝艰辛、百般受辱的求职经历。

在平时就有很多问题和想法一直缠绕着戴尔·卡耐基，看来是要爆发了。在寂寞黑暗的街上，卡耐基踱着步子，忧郁地走着，满脑子都是有生以来的艰辛和痛苦，还有此时此刻的迷茫和困惑，他的头已经快要炸裂了，尽管有阵阵冷风从街角吹来，他仍然不能冷静下来，边走边踢着随处可见的垃圾、砖块或碎玻璃。

尽管附近的街区不仅肮脏而且危险，因为黑社会组织在这里强大无比。可是，今晚的卡耐基不怕了，不在乎那些黑帮分子了；实际上他是被更大的恐惧所笼罩着，生存的恐惧感、无依无靠的孤寂感就像这黑夜一样包围着他。

走着走着，卡耐基看到前面有些街头小贩在木炭火焰上烤着烧鸡和香肠，散发着香喷喷的气味，那气味也断断续续地引诱着卡耐基。他还没吃晚餐，口袋里只有2美元30美分。

微弱的木炭炉火像一些星星点点的萤火，又有点像闪烁不定的鬼火。就在这么一点亮火中，浮现出戴尔·卡耐基的脸来：淡红色的眼镜后面，有着一对深陷的眼睛，苍白过度的脸色使卡耐基显出几分未老先衰的憔悴。衣领很干净，领结打得很漂亮，灰色西服外套紧扣着。如果在白天，定能发现在那松动了的西服上的两个扣子间有些污点，膝后的皱褶仿佛每晚都烫平过似的挺直。

卡耐基慢慢向自己的公寓走去。他一步步地上着楼梯，竟然忘记自己本来是住二楼的，一下子来到三楼，也就是顶楼的阳台上。天空是灰色的，没有星星也没有月亮，就像卡耐基的心一样很难发现一点亮光。他仍然忧郁着，陷入沉思很久很久。忽然间，他问自己：“房东发现你没有？你怎么来到了三楼，忘记了要躲开房东！不然，他要向你讨房租的，今晚看来是不必睡觉了。”

卡耐基轻手轻脚地推开房门，也不亮灯了，无声无息地躺在床上。他努力想早点睡着，可刚才想过的一切又涌上脑海，还有几个新问题在反复折磨着他：

“我又得失业了，怎么办呢！头疼病老是好不了，我是不是快要死了？再过一年、二年、十年，我将会成什么样子？”

一个无眠之夜过去了。天亮的时候，卡耐基站起来，穿好衣裤，伸手取墙上的几条领带。睡眼惺忪中，一把抓过来，才发觉那些讨厌的黑点原来全是螳螂。昆虫们四处逃散，在小小的斗室里寻找墙缝、黑暗的角落藏身，但还是被卡耐基毫不留情地拍死、踩死了几只。

卡耐基想起了一个问题："人是不是虫子？我是虫子吗？在巨大的艰辛困苦中，我不是一只弱而无力的虫子吗？"

当卡耐基被忧郁的沉思包围着的时候，他的身边没有亲人，没有朋友（良师益友更缺乏），他只有自己一个人和几本书。在他小心地躲过公寓房东向工作单位走去的时候，他一直在想着自己内心深处的忧虑来自何处。突然间，他注意到有一栋尚待竣工的建筑物，那是著名的乌尔渥斯大楼，一百英尺高的哥特式富丽建筑往往使人联想起美国飞速发展的经济。但当卡耐基注目于此建筑时，却把自己内心的一个自我变成了如此高大雄伟的建筑，从很高的地方看待自己："我之所以有强烈的反抗心，是因为我在大学时期所描绘的梦想如今已化为泡影。这就是人生吗？从前我热烈憧憬充满活力的人生，如今为自己所轻蔑的工作而起早贪黑地空忙着，与螳螂为伍，吃粗陋的食物，前途没有希望……这就是我人生的一切？"

"我干着并不是很重的活计，天天只是动动嘴皮子，顶多帮顾客们推一推车，上点汽油、润滑油什么的，可我为什么还觉得很累、很烦呢？容易筋疲力尽，容易头疼不止，这其实是因为我对自己工作的评价。没有快乐和满足，只是烦闷、懊恨，一种不受欣赏的感觉，一种无用的感觉缠上了我，阴魂不散呀！"卡耐基如此地沉思着，浑然无觉地来到了宽敞的专卖店，又开始了一天的工作。

经理走来与他打着招呼："早上好，戴尔！"可是，卡耐基却没有多看多想，只是一味地点头，拘谨地望着经理，等待他的吩咐。直到现在，他的心里还是十分忧郁。

尽管如此，工作还是要干的。卡耐基按经理的吩咐来到"商联会"大厦为其儿子购买自行车。在这里，他认识了一位开升降机的年轻人，他发现那位年轻人原来是位残疾人，左手齐腕切断了。他走上前去，很亲热地寒暄，谈天说地。因为卡耐基觉得应该给予他一份同情和怜悯，更何况自己的左手也是残疾，只有4个指头！

"我是在密苏里乡下农场长大的，小时候很活泼顽皮。一次和小朋友们玩耍时被铁钉钩断了第三个指头，中指从此就没有了。我曾经以为自己会死，现在也常想到自己是个九指人。你呢，兄弟？"很自然地，卡耐基说到自己的故事。

那位叫戴尼的操作员也热心地回答道："忧郁的兄弟，我去年被轧钢机轧断了手腕。手腕和手是没有了，可我的命还在呀！"

"但是，你是否会使自己经常感到困扰呢？"戴尔·卡耐基又问道。

戴尼会心地笑了笑，说道："不会呀，我几乎忘了这回事，不过，只有在穿针缝衣服时，才会想到自己少了一只手。"

虽是短短的几句话，却给卡耐基很深的影响，当他回到公寓里时，他还在想这句话。这个叫戴尼的青年人使他深受启发：是呀！我们的精神态度对肉体能力具有莫大的影响——几乎是难以置信的影响；肉体上的某些障碍完全可以通过精神力量来弥补和克服，一旦习惯，肉体上的残疾就会忘却，而与正常人一样。

（案例来源：《卡耐基成功之道》）

**思考：**

1. 卡耐基在推销货车的过程中遇到了什么困难与障碍？请分析卡耐基推销货车不

成功的原因。

2. 从卡耐基的心理调节经验中,我们该如何面对推销中的艰辛?这对我们的推销工作乃至我们的人生有什么启示?

**案例三　　让顾客体验,重在参与**

一个成功的经营者,能够运用技巧让顾客产生参与感,形成一种强大的影响力,让顾客最后接受你的建议。

史密斯先生在美国亚特兰大经营一家汽车修理厂,同时还是一位十分有名的二手车推销员。在亚特兰大奥运会期间,他总是亲自驾车去拜访想临时买辆廉价二手车开一开的顾客。

他总是这样说:“这辆车我已经修理好了,您试试性能如何?如果有不满意的地方,我会为您修好。”然后请顾客开几公里,再问道:“怎么样?有什么地方不对劲吗?”

“我想方向盘可能有些松动。”

“您真高明。我也注意到这个问题,还有没有其他意见?”

“引擎很不错,离合器没有问题。”

“真了不起,看来您的确是行家。”

这时,顾客便会问他:“史密斯先生,这部车子要卖多少钱?”

他总是微笑回答:“您已经试过了,一定清楚它值多少钱?”

若这时生意还没有谈妥,他会怂恿顾客继续一边开车一边商量。如此的做法,使他几乎笔笔生意都能顺利成交。

其实,这种提高成功率的经营术并不仅限于推销汽车,其他方面也同样适用:假如你经营美容材料,你可以提供部分产品请顾客免费试用;推销食品则可以先让顾客品尝;经营药品不妨把统计结果向顾客公开。这种经营术就是把顾客变成主人,使顾客产生一种参与感,引起他购买的欲望。

**思考:**

1. 本案例是如何体现推销三要素的?
2. 如何有效地处理好这三者之间的关系?

## 复习思考题

1. 推销的三要素指什么?
2. 简要概括推销主体——推销员应该具备的素质与能力。
3. 如何理解整体产品、产品质量、使用价值观念等概念?
4. 如何协调推销的三要素?
5. 试述推销三角定理及其在现实推销中的应用。

# 第三章

# 推销方格理论与顾客方格理论

**学习目的和要求**

1. 掌握推销方格理论

2. 掌握顾客方格理论

3. 理解推销方格和顾客方格的协调关系，联系实际分析推销方格理论和顾客方格理论在推销实践中的应用

## 第一节 推销方格理论

随着交易式市场营销模式向合作式市场营销模式的转型，现代推销学研究的核心，已由传统的研究推销员如何用推销技巧去说服顾客达成交易变为如何去满足顾客当前需求，并挖掘顾客的潜在需求，激起顾客的购买欲望，与顾客建立和谐稳固的客户关系。一名优秀的推销人员，必须既要为顾客利益着想，尽一切努力满足顾客需求，又要有一种坚定的信念和意志去进行推销工作，赢得企业的利润。现代推销崇尚顾客、企业和推销者个人的“三赢”和“共赢”。推销方格理论充分说明了这一点。

推销方格理论(sales grid)是美国营销专家罗伯特·R. 布莱克(Blake)教授与J.S.蒙顿(Moton)教授于1970年提出的，它被认为是推销学理论研究的一大突破。其出发点在于：商品推销是一种面对面的双向交流过程，由于推销人员与顾客的立场不同，看问题的角度不同，因而对推销和购买会产生不同的认识，对彼此的关系也会有不同的看法。这些不同的认识和看法，直接影响推销效果。

推销方格理论可以帮助推销人员更清楚地认识到自己的推销心态和价值观，看到自

己在推销工作中所存在的问题，进一步提高自己的推销能力。推销方格理论还有助于推销人员更深入地了解自己的推销对象——顾客，掌握顾客的心理活动规律，以便有的放矢地开展推销活动。

推销方格理论研究推销活动中推销人员的心理活动状态和心理活动规律。掌握推销方格理论，就能较容易地做好推销工作。

一般而言，推销人员在进行推销工作时，本着两个明确目标：一是努力说服顾客，完成推销任务，获得推销利润；二是竭力迎合顾客的偏好，以求建立良好的人际关系，为以后的商品销售做准备。不同的推销人员由于不同的成长环境、不同的销售理念、不同的从业素质，因此怀有不同的销售价值观。每个推销人员对待这两个目标的态度与关心程度侧重点不同，就构成了推销价值观理论。用平面坐标图形表示出来，即推销方格，如图 3—1 所示。

**图 3—1　推销人员方格示意图**

推销人员方格中的纵坐标表示推销人员对顾客需求的关心程度，横坐标表示推销人员对推销任务的关心程度。两个坐标值都从 1 到 9 逐渐增加，方格中的各个交点，分别代表各种推销人员的不同推销态度与价值观。布莱克教授与蒙顿教授认为，在众多的价值观中，可以把推销人员分为五种典型类型，分别是：

1. 与己无关型(take-it or leave-it)

即推销方格中的(1,1)类型。处于这种心态的推销人员，严格地说就不是称职的推销人员，因为他们既不关心推销任务的完成，也不关心顾客需求的满足和顾客关系的建立。一般而言，作为公司的营销人力资源主管部门，不应该将此类人纳入推销队伍。

2. 任务导向型(push the product oriented)

即推销方格中的(9,1)类型。处于这种状态的推销人员把完成推销任务作为推销活动的第一目标，基本不考虑顾客的需求。这种类型的推销员大多是在“推销观念”的指导下开展工作的，认为只要推销技术好、口才好，就一定能把产品推销出去。事实上，在竞争日益激烈的买方市场条件下，纯粹的推销任务导向推销员是没有多大市场的，也是不能长期完成推销任务的。

3. 顾客导向型(customer-oriented)

即方格中的(1,9)类型。这类推销人员与任务导向型的推销人员恰好相反，他们非常关注顾客的反应，处处从顾客的角度考虑问题，经常让步，但却不能完成公司规定的推销任务。我们说，顾客至上，对顾客好自然没错。但我们也认为，纯粹地迁就顾客而忘记销售成果的销售人员也不是优秀的销售人员。

4. 推销技巧型(sales technique oriented)

即推销方格中(5,5)型。这类推销人员占有广大推销人员的最大比重,他们认识到满足顾客需求的重要性,同时也明白讲究推销技巧,通过良好的口才和销售技法来赢得顾客。应该说,这样的推销人员具备了推销人员的基本技能,但还不是最高层次的推销人员,因为他们不能很好地把握顾客的深层需求,更不能有效地创造顾客需求,只是被动地适应顾客需求。

5. 解决问题导向型(problem solving oriented)

即推销方格中的(9,9)型,也称为满足需求型。营销专家菲利普·科特勒说过:"顾客需要我们帮助他解决问题,而一位有效的推销员则是既知道顾客的难处,又知道如何帮助他们解决困难的人。"这种心态是理想的推销心态。持有这种心态的推销人员,对待任何推销任务都能发挥自己的主观能动性和积极性,站在解决顾客问题的角度为顾客提供实实在在的商品和服务,非常高效地完成推销任务。这一类推销人员很好地兼顾了顾客导向和任务导向之间的关系,是其他类型推销人员学习的榜样。

如何才能成为满足需求型推销员呢?

满足需求型推销员首先应该具备合格推销员必需的基本素质,如树立现代推销新观念、较强的敬业精神和时间观念、坚韧不拔的毅力、遵守职业道德等。其次要达到以下两点要求:

第一,树立客户中心主义的思想,真诚为顾客服务。有的推销员把"为顾客服务"挂在嘴边,却从未落到实处。我们说,推销从最根本意义上来说,不仅是在销售商品,更是在传播对顾客的爱,传播对顾客的关怀。顾客购买产品也不仅是为了物质的满足、功能的满足,很多时候,一句贴心话、一个微笑、一个很小的关怀行为都能使顾客下决心购买该企业的产品。当然,这不仅需要推销员树立这种真诚为顾客服务的意识,建设以客户为导向的企业文化更是十分必要。我们很难想象,纯粹意义上的物质推销、功能推销在未来的竞争中还有多少生存空间。情感推销、文化推销必将成为未来推销的主要理念。

第二,具有出色的沟通和说服能力,努力使顾客与企业达到双赢。要具有出色的沟通和说服能力,推销员必须具备坚定的自信心和成功的欲望。自信心就是推销员对自己行为的正确性坚定不移抱有充分的信心。推销员应相信自己能够胜任推销工作,相信自己能够说服顾客购买产品,相信自己能够战胜推销活动中的困难,无论是顺境还是逆境始终保持必胜的信心。自信心是推销员的精神支柱,推销员只有自己充满信心,才能感染顾客,影响顾客,改变顾客的态度,使顾客对你产生信心,进而相信并购买你所推销的产品。而缺乏信心,就会在推销活动中缩手缩脚,遇难而退,错失良机。

当人类进入以知识经济和经济全球化为基本特征的21世纪,就意味着竞争时代必然向竞合时代转型和迈进。双赢、共赢和多赢是这个时代的主题。生活在这个时代的推销员必须认清这一形势,通过沟通和交流手段,在顾客和企业之间架起一座桥梁,穿针引线,使顾客和企业达到双赢。

## 第二节　顾客方格理论

### 一、顾客方格图

顾客千差万别,不计其数。面对不同的顾客,应该采用不同的推销策略。俗话说,"一把钥匙开一把锁”。按照建立推销人员方格的办法，同样可以建立起顾客方格(customer grid)。在购买活动中，顾客至少也存在两种念头：其一是希望购买到称心如意的商品；其二是希望得到推销人员诚恳热情而又周到的服务。但是不同的顾客对这方面的重视程度是不同的，有的顾客可能更注重购买商品本身，而另一部分顾客则可能更注重推销员的态度和服务质量。布莱克与蒙顿依据顾客对这两方面问题的关心程度，建立了顾客方格图，如图 3－2 所示。

**图 3－2 顾客方格图**

横坐标表示顾客对自己完成购买任务的关心程度，纵坐标表示顾客对待推销人员的关心程度，两者都从低到高依次划分为 9 个等级。在被划分出的 81 种顾客心态类型中，存在 5 种典型类型。

1.“漫不经心”型(careless purchaser)

如图 3－2 中(1,1)所示，这种顾客既不关心推销人员，也不关心商品购买本身。这种顾客多数情况下受人委托购买，自己不承担购买后的责任和后果。因此，面对这类顾客，销售人员不必花太多心思，只需要做好本职工作即可，因为他们对购买行为本身漠不关心。

2.“软心肠”型(pushover purchaser)

如图 3－2 中(1,9)所示，存在这种心态的顾客不能有效地处理人情与交易两者的关系，他们更注重推销员对他们的态度，而对自己的购买行为则很不关心。软心肠的顾客极易被说服，一般不会拒绝推销员推销的商品。只要推销员对他们热情，表示好感时，他们便感到盛情难却，即便是一时不太需要的商品，也可能购买。因此，他们极易受推销人员的影响，较为注意推销员的言谈举止，重视建立感情，对推销气氛十分敏感，宁愿花钱买推销员的“和气”，也不愿出钱买“气”受。产生这种心理的原因，可能是由于顾客同情推销人员的工作，或出于顾客的个性心理特征。面对这样的顾客，如果推销员善于表演“苦肉计”，多讲讲推销员的辛苦，往往容易达成交易。

3.“防卫”型(defensive purchaser)

如图 3－2 中(9,1)所示，与图中(1,9)的心态恰好相反。他们对所购买的商品非常重视，百般挑剔，但对推销员的态度并不重视，大多不相信推销员的话，任凭你花言巧语，他们只相信自己对商品的判断，甚至对推销员怀有较强的防范心态，认为推销员只会欺骗顾客，不会为顾客着想，只有自身关注购买行为，才可以避免上当受骗。这种顾客一般比较固执，不易被说服，怕由此而受骗上当。这主要来自传统观念或先验性感受所带来的偏见。因此，这种顾客拒绝推销人员并不一定是因为他们不需要所推销的产品，而是他们根本不能接受推销人员所进行的推销方式和做法。针对这种类型顾客的购买心理，推销人员首先应该推销自己，要以实际行动说服和感化顾客，使顾客对推销员产生信任，打消顾客固执的偏见，而不要急于推销产品。正因为此种顾客的大量存在，强力推销就只会导致顾客的反感和不快。与其强力推销自讨没趣，不如采取迂回的措施，先和顾客交朋友，不谈推销的事情，时间长了，大家了解了，机会就来了，生意就好做了。香港金利来集团的著名企业家曾宪梓早期以推销领带为生，他的最大体验是要引起顾客的好感，避免顾客的反感，不要就领带而卖领带，而要先交朋友再卖领带。

4."理智"型(reputation purchaser)

如图3—2中(5,5)所示，这种顾客采购商品时，既注重购买商品的行为本身，又重视推销员的态度和服务。这种顾客一般较为理智，根据自己的经验和知识来选择品牌，决定购买数量。他们又兼重感情，但对推销员缺乏合作的诚意，不轻信推销员的承诺，在很大程度上受时尚、流行趋势的影响。他们一般都比较自信，购买决策往往由自己做出，其真正的购买动机是显示自己的聪明与公正，有时是为了抬高自己的身份，满足虚荣心的需要。对待这些顾客，推销员应该摆事实，相互比较分析竞争品及自身产品的优缺点，让顾客自己判断后做出购买决定，不宜在顾客面前表现出过分殷勤。

5."追求完美"型(solution purchaser)

如图3—2中(9,9)所示，其特点是注重需求满足和建立关系的完美统一，类似俗话说的"生意成仁义也在"的类型。他们高度关心自己的购买行为，明确知道自己的需要，同时也能和推销员保持良好关系，与其进行真诚合作。他们的购买往往是理智分析的结果，而不是凭感情冲动，明确知道自己需要用什么商品去解决什么问题。在购买商品之前，他们会为自己设计需求标准和需要数量，在购买中愿意接受推销员帮助与参谋，而且主动与推销员合作，寻找解决困难的途径，一般不会提出无理要求。因此，他们欢迎能够帮助自己了解情况和解决问题的推销人员。遇到这类顾客，推销员应该认真分析顾客问题的关键所在，真心真意为他们服务，推销最适合的产品去为顾客排忧解难。如果推销员知道顾客并不需要自己所推销的产品，就应该停止推销。

## 二、引起顾客的兴趣

推销活动的中心始终是人。推销过程既是买卖双方的交易过程，也是推销员与顾客之间的感情交流过程。推销员既要用理性的力量去说服顾客，又要用感情的力量去打动顾客。推销员与顾客之间的感情关系，不仅影响着一次交易能否成功，而且影响着今后这种交易关系能否得到维持与发展。在推销实践中，优秀的推销员都十分强调与顾客建立良好的感情关系。日本推销员把如何融洽与顾客的感情放在推销之道的首位。美国推销大王乔·吉拉德说："你真正地爱你的顾客，他也会真心爱你，爱你卖的东西。"美国《幸福》杂志在一篇文章中也提出"高超的推销术主要是感情问题"，深刻揭示了推销成功的真谛。顾客是人而不是机器，推销员应对"人"字抱有无限的爱意。一个不重视人际关系，不让顾客喜欢，不善于与顾客沟通感情的人，是无法在推销行业中生存的。

那么，推销员应如何引起顾客的兴趣，让顾客对推销人员产生好感呢？下面几点可供推销员参考：

1. 谈令顾客愉快的话题

推销员谈一些令顾客愉快的话题，从而创造出一种有利于推销的融洽气氛，是一个十分有效的策略。推销员要与形形色色的顾客打交道，就必须要有适合多种多样顾客的丰富话题。推销员反复拜访某一位顾客，每次都提供一个具有魅力的话题并非易事。如果准备不充分，就会出现冷场。所以，日本一位销售专家提出，推销员应具备 30 种左右的话题。话题可以是多种多样的，以下话题比较合适而且有效：气候、季节、节假日、近况、纪念、爱好、同乡、同学、同行、新闻、人性、旅行、食物、生日、经历、传说、传统、天灾、电视、家庭、电影、戏剧、公司、汽车、健康、经济、艺术、技能、趣味、姓名、前辈、工作、时装、出身、住房、家常等。

推销员在选择话题时必须要选择对方感兴趣的话题。在推销中，最重要的是顾客而不是推销员自己。自己感兴趣的事可以不提，而顾客感兴趣的事不能不提。与顾客交谈也存在一个"度"的问题，无话可谈固然不好，无话不谈也不好。该说的要大胆说，不该说的不要说，说了效果不好，反而帮倒忙。比如推销员下列话题不能谈：顾客深以为憾的缺点，竞争者的坏话，上司、单位、同事的坏话，其他顾客的秘密等。

2. 认真倾听顾客谈话

一些推销员认为，做买卖应当有个"商人嘴"，因此，口若悬河，滔滔不绝，顾客几乎没有表达意见的机会。这种观点是很片面的。一位西方哲人说过"上帝给了我们两只耳朵，却只给我们一张嘴巴"，意思是要我们多用耳朵听，少用嘴巴说，不逾越此原则，才不致违背了上帝的旨意。日本推销之神原一平说："就推销而言，善听比善说更重要。"认真倾听顾客谈话，是推销成功的秘诀之一。

依据专家的资料表明，任何一次面谈成功，约有 75%要依赖推销员倾听功能的发挥，而只有 25%是依赖发问谈话技巧来完成的。倾听（不仅仅是听）顾客谈话对推销的好处是很多的：

(1)能够赢得顾客好感。推销员成为顾客的忠实听众，顾客就会把你引以为知己。反之，推销员对顾客谈话心不在焉，或冒昧打断顾客谈话，或一味啰嗦，不给顾客发表意见的机会，就会引起顾客反感。

(2)推销员可以有充分的时间，对顾客的真实需要、疑虑问题进行准确的判定，及时捕捉各种购买信息，从顾客的述说中把握顾客的心理，知道顾客需要什么、关心什么、担心什么。推销员善于聆听就能了解顾客心理，投其所好，能很快赢得顾客注意、兴趣以及信任。

(3)可以减少或避免失误。话说得太多，总有说错话的时候，所谓"言多必失"。少说多听是避免失误的好方法。

认真倾听需要技巧，推销员要注视对方，眼光和脸部面向顾客，表现出全神贯注的神情。推销员不可左顾右盼，或死死盯住对方。无论对方谈话内容如何，都不能拉长脸，或露出鄙夷的神态。推销员身体要向顾客方向微微前倾，适当地运用一些表示恳切的微小动作，如点头、微笑、轻声附和，避免呆若木鸡的神情。推销员要让顾客把话说完，能听到最后才是会听的。不要匆忙打断对方的谈话。

面谈过程中把更多的时间留给顾客，表面上看顾客似乎是主动的意见发表者，而推销员是被动的意见接受者；前者掌握面谈的主动而后者处于不利地位。事实上，心理学家经过大量的研究证明，"说"与"听"两者相比，听者有利。原因很简单，在交谈过程中听者思考的速度大约是说者的 5 倍，显然在问题思考上，倾听的推销员要比说话的顾客更有优势。在倾听过程中，推销员应该全神贯注、专心致志，准确把握顾客所要表述的真正思想，在尊重顾客的同时赢得顾客的注意、好感和尊重。可以想象，如果你登门拜访某位顾客，或在顾客的办公室里，或与顾客共进午餐时，你总是不用心，东张西望，顾客会怎么想呢？他一定会以为你没有把他放在眼里，你的推销计划也该就此终结了。所以，如果不想引起顾客的反感，就必须用心去听。美国汽车销售大王乔·吉拉德对倾听的理解是这样的，“当你听到顾客要说什么时，你必须凑上前去以表现出急于要听的样子；当你说话时，你通常应该双眼注视着他，而当你听他说话时，你必须看着他的嘴唇，不应该东张西望；甚至在你回答问题时，也需要表情自然，双目始终注视着他。这种眼神的对视接触是重要的，它表明你在真诚仔细地听他讲述。”

3. 赞美顾客

真诚地赞美顾客，过去、现在和将来都是推销员获得顾客好感的有效方法。法国作家安德烈·莫洛亚说：“美好的语言胜过礼物。”在实际生活中，每个人都有一些自以为是的东西，常引以为豪，希望为人所知，受人称赞。推销员真诚地赞美顾客，就会满足顾客的自尊心，获得顾客好感。推销员赞美顾客时应注意以下几方面：

(1)赞美要发自内心，诚恳。

(2)赞美要具体而不可抽象笼统。

(3)要实事求是，不可言过其实。

(4)间接的赞美比直接的称赞更有效。

(5)赞美要适可而止，不可无限拔高。

(6)赞美贵乎自然，千万不可做作。

赞美推销是一种艺术，重在得体，贵在真诚。有人说，赞美就是“拍马屁”。从让对方高兴的角度来说两者确实很相似，但赞美源于真诚的内心流露，得体的赞美是促进沟通双方产生好感的催化剂。赞美必须有度，不可违心；否则，就会产生交往中的负效应。这里有一个关于赞美推销的案例。

圣诞前夕，一对夫妇在服装商场的拐角处看到时装模特披着一件非常好看的毛皮大衣，两人停下来欣赏，摸弄着那漂亮的毛皮大衣，妻子还抓住袖口查看价格标签。这时，一位女推销员走过来说：“夫人，这是一件非常好的大衣吧？”

妻子：“当然了。”

推销员：“夫人可不要只看价格标签哟？我告诉您看什么地方。”说罢就撩开大衣里子，“请看这个埃利奥特商标，真正的名牌。这件大衣用料好，做工细，且款式很长时间都不会过时。它可是既美观、又暖和。”接着，她从时装模特身上取下那件大衣说：“请试穿一下，看看大小是否合适，其他尺码的我们也有，不过我看这件最合适夫人的身材。”

妻子轻松地披上那件大衣，丈夫左瞧瞧右看看地审视着。推销员：“先生觉得怎么样？夫人穿上去显得华贵大方吧。这种大衣无论怎么说，高贵的夫人穿起来都很美观得体。”稍停顿了一下，她接着说：“别以为这件毛皮大衣贵，比买呢大衣还合算。”说完，她表情充满微笑地望着做丈夫的，手在轻轻抚摸着大衣的毛皮。

此时，妻子也把目光投向丈夫，丈夫连声说：“不错，不错。”

推销员又一边看着做妻子的，一边说：“夫人，您真幸运，许多夫人们光顾这里都对这件大衣感兴趣，遗憾的是她们的丈夫不像您那位那样与您和谐一致，没有人把这件非常漂亮的大衣给夫人买下来。”

结果可想而知，丈夫决定买下这件毛皮大衣给妻子作为圣诞礼物。

这位推销员便抓住了人们爱美的心理，在适当的时机采用了适当的赞美词给予了顾客恰如其分的赞美，激发了顾客的满足感和购买欲望，成交就自然水到渠成了。

## 第三节　推销方格理论与顾客方格理论的应用

从现代推销学角度来看待推销方格，推销人员的推销心理越接近于解决问题导向型，就越可能取得较好的推销绩效。因而从推销方格的划分可揭示出这样的观点：每一个推销员都应该加强自身修养，培养良好的个性心理品质，使自己成为解决顾客问题的行家能手，既重视顾客的利益(需要)，也关注自身的推销成绩。

从现代推销学角度来看待顾客方格，顾客是千变万化的，不仅不同的顾客有着不同的需求、兴趣、爱好和脾气性格，就是同一顾客，面对不同的推销员，在不同的时机和场合也会表现出不同的特征。有的顾客购买行为理性程度高，有的纯粹跟着感觉走；有的顾客善于和推销员搞好关系以求一点折扣、优惠或者更好的服务，而有的顾客则根本不在乎推销员，只认商品能否满足自己的需求。我们不可能指望所有的顾客都是软心肠的，也不可能指望所有顾客是追求完美型的，在这里，顾客间的差异是绝对的，相似是相对的。

从前面的论述可知，从推销心理来看，解决问题导向型的推销心理无疑是最理想的，但一来不可能所有推销员都能达到这样的顶尖水平，二来也并非只有这种推销心理的推销人员才能获得成功。比如一个顾客导向型的推销人员尽管算不上是理想的推销专家，但如果他面对的是软心肠的顾客，双方相互关心和体谅，照样可以达成交易，收到预期的推销效果。因此，客观上存在着推销心理与顾客心理的搭配协调问题，一味地强求对所有顾客都采取一种推销心理模式是牵强附会的，也是难以取得好的推销效果的。所以，要求我们的推销员一定要根据顾客的不同类型，采取相应的推销策略。

在现实的推销过程中，推销员与顾客双方心态的有效组合是使推销工作顺利进行的重要条件。只有当推销员的推销模式与顾客心理反应模式相匹配、相适应、相对接时，推销才能有效完成。推销活动是一个双向沟通的心理互动和商品交换过程，推销人员必须认真分析推销方格和顾客方格的协调关系，使推销工作顺利开展，提高推销效果。

从推销方格图来看，推销人员心态越趋于(9,9)型，其推销能力就越强，推销成绩也就越佳。有些推销人员认为自己天生不适合从事推销工作，难以成为一名优秀的推销专家，因而妄自菲薄，自暴自弃，这是一种错觉。因为推销员的推销心态是后天形成的，推销员对推销工作的态度、对顾客的态度、对所推销产品或服务的态度，都要受到自身的推销观和外部环境的影响，随着外部环境的变化和推销经验的增加而不断发展变化。只要推销员认真学习推销理论，总结自己的经验教训，完善自己的推销行为，他的推销心态必然向(9,9)的位置靠近，逐步接近理想目标。

具有(9,9)型推销心态的推销员无疑是理想的推销专家，推销成功的概率比一般推销员要高，原因在于他们善于把握顾客心理，知晓顾客需求，并采取有效措施满足顾客的需求。但这并不是说持有这种心态的推销员就一定能把任何商品卖给任何人，这只是推销的一种理想状态。如果顾客不需要这种商品，已下定决心不购买，恐怕再高的推销技术也不能成功。

现实的情况是，我们很多推销员离解决问题导向型推销员距离还很远，但也能取得一定的推销成绩。例如，(1,9)型推销员不是优秀的推销员，但当他遇到的是一位(1,9)型顾客时，由于一个对顾客特别热心，一个对推销员又特别关照，因此，可以取得圆满的推销效果；还有(5,5)型推销员碰到(5,5)型顾客也会取得较好的效果。在这里，只有(1,1)型推销员例外，因为，他们没有推销热情，无论什么样的顾客都不愿意到他们那里买东西。这类推销员必须注意自我反省，重新学习，使自己的推销心态向良好的推销心态过渡，否则是很难在推销队伍中生存的。

可见，正确把握推销心态与购买心态之间的关系十分重要。只要二者能达到有效的协调，推销都能取得成功。

布莱克和蒙顿两位教授设计了一个简单的有效组合表，初步揭示了推销员与顾客两种心态的组合与推销能否顺利完成的关系及基本规律。表中“+”号表示可以完成销售任务；“一”表示不能完成销售任务；“0”则表示处于模糊状态，既有可能顺利成交，也有可能达不成任何交易，需要结合其他条件进一步分析(见表 3—1)。

值得注意的是，由于外界与内部多种条件的影响，推销员与顾客的心态是十分复杂的，并没有绝对精确的划分。我们可以认为，世界上有多少个推销员，就有多少种推销心态；相反，有多少个顾客，就会有多少种购买心态。推销心态与购买心态也绝非是简单地受关心对方与关心商品两方面因素的影响，故推销方格与顾客方格理论只是大致上概括出两种心理的组合，仅供我们分析时参考，还应该结合实践经验的积累，不断加以充实和完善。不过，布莱克和蒙顿两位教授的方格理论还是很有价值的，而且千百次推销实践也反复证明着这样的理论：推销员的心态越好，推销效果相对越好。

**表 3—1　　推销方格与顾客方格有效组合**

| 推销人员方格 / 顾客方格 | 满足需求型(9,9) | 强力推销型(9,1) | 推销技术型(5,5) | 顾客导向型(1,9) | 事不关己型(1,1) |
|---|---|---|---|---|---|
| “漫不经心”型(1,1) | + | 0 | 0 | — | — |
| “软心肠”型(1,9) | + | + | + | + | — |
| “理智”型(5,5) | + | + | + | 0 | — |
| “防卫”型(9,1) | + | 0 | — | — | — |
| “追求完美”型(9,9) | + | 0 | 0 | 0 | — |

实践证明，在推销活动中，推销人员的主观能动作用是十分重要的，推销心态越是趋向于(9,9)型，推销效果就越佳。根据西方学者的调查证实，(9,9)型推销员的推销效果比(5,5)型推销员高 3 倍，比(9,1)型推销员高 7 倍，比(1,9)型推销员高 9 倍，比(1,1)型推销员则高出大约 75 倍。

为了帮助推销人员了解自己的心理态度，布莱克和蒙顿两位教授合编了一份推销方格题，供每一个推销人员进行自我测验。

每题分 A 至 E 5 个陈述语句。先将 6 题略看一遍然后逐题回答，将每题的 5 个陈述语句加以排列，将你认为最适合你的陈述语句给 5 分，其次的给 4 分，依此类推；最后对不适合你的陈述语句给 1 分。

推销方格自我测验题如下：

第一题

A. 我接受顾客的决定。

B. 我十分重视维持与顾客之间的良好关系。

C. 我善于寻求一种对客我双方均为可行的结果。

D. 我希望在双方相互了解和同意的基础上获得结果。

E. 我希望在我的协调下使客我双方都达到双赢和满意。

第二题

A. 我能够接受顾客的全部意见和各种态度,并且避免提出反对意见。

B. 我乐于接受顾客的各种意见和态度,更善于表达自己的意见和态度。

C. 当顾客的意见和态度与我的意见和态度发生分歧时,我就采取折中办法。

D. 我总是坚持自己的意见和态度。

E. 我愿意听取别人不同的意见和态度,我有自己独立的见解,但是当别人的意见更为完善时,我能改变自己原来的立场。

第三题

A. 我认为多一事不如少一事。

B. 我支持和鼓励别人做他们想做的事情。

C. 我善于提出积极的合理化建议,有利于事业的顺利进行。

D. 我了解自己的真实追求,并且要求他人也接受我的追求。

E. 我把全部精力倾注在我正从事的事业之中,并且也关心别人的事业。

第四题

A. 当冲突发生的时候,我总是保持中立,并且尽量避免惹是生非。

B. 我总是千方百计避免发生冲突,万一出现冲突,我也会设法去消除冲突。

C. 当冲突发生的时候,我会尽力保持镇定,不抱成见,并且设法找出一个公平合理的解决办法。

D. 当冲突发生的时候,我会设法击败对方,赢得胜利。

E. 当冲突发生的时候,我会设法找出冲突的根源,并且有条不紊地寻求解决办法,消除冲突。

第五题

A. 为了保持中立,我很少被人激怒。

B. 为了避免个人情绪的干扰,我常常以温和友好的方法和态度来对待别人。

C. 在情绪紧张时,我就不知所措,无法避免更进一步的压力。

D. 当情绪不佳时,我会尽力保护自己,抗拒外来的压力。

E. 当情绪不佳时,我会设法将它隐藏起来。

第六题

A. 我的幽默感常常让人觉得莫名其妙。

B. 我的幽默感主要是为了维持良好的人际关系,希望利用自己的幽默感来冲淡严肃的气氛。

C. 我希望我的幽默感具有一定的说服力,可以让别人接受我的意见。

D. 我的幽默感很难觉察。

E. 我的幽默感一针见血,别人很容易觉察到,即使在高压下,我仍然能够保持自己的幽默感。

在答完上述测验题后，请将每一题里每个方案的得分填写在表3－2的空格里，然后将各列的分数相加。假若你对每题的A类陈述语句都排列很高，你便接近(1,1)型；假如你对每题的B类陈述语句都排列很高，你便属于(1,9)型，依此类推。表3－2可协助你计算你的得分，将你的答案放在表中，然后加起来，每列的总计最多30分，最少6分，从每列的总计来看，每位推销员或多或少都属于某一类型，若你在(1,1)方格得30分，而在(5,5)方格得20分，则表示你接近(1,1)类型。

**表3－2**　　**心态测试**

| 推销心态 / 题目 | (1,1)型 | (1,9)型 | (5,5)型 | (9,1)型 | (9,9)型 |
| --- | --- | --- | --- | --- | --- |
| 第一题 | A1 | B1 | C1 | D1 | E1 |
| 第二题 | A2 | B2 | C2 | D2 | E2 |
| 第三题 | A3 | B3 | C3 | D3 | E3 |
| 第四题 | A4 | B4 | C4 | D4 | E4 |
| 第五题 | A5 | B5 | C5 | D5 | E5 |
| 第六题 | A6 | B6 | C6 | D6 | E6 |
| 总分 | | | | | |

**案例一**　　**王小姐适合做销售吗？**

在2012年2月底一起招聘进来的五位销售人员当中，王小姐无疑是最被所有人看好的一位：她学的是服装专业，很对口；语言表达能力强，口齿清晰，声音圆润，又写得一手漂亮的字；之前她曾在一家人才网络公司担任电话销售人员，而且自述业绩属于中上水平；她清秀美丽，是典型的江南女子的形象；从提交的简历、面试交谈以及录用后的工作当中都可以得知她还是一位有上进心的、细节取向型的团队成员；总之，大家一致觉得她非常适合做本公司的电话销售员。

起初，王小姐的销售业绩进展还算不错，经过半个月的适应和在职培训之后开始销售，她在4月完成了3笔交易，虽然金额很小，但应该是一个很好的起步。然而接下来的5、6、7、8四个月当中，虽然经过各种指导、培训和她自己的努力，但她只完成了一笔交易。最终因为达不到公司的业绩考核标准被辞退。大家都觉得很惋惜："一个各方面条件看上去这么好的人，怎么就不行了呢？不可思议。"

后来我了解到她去了一家保险公司做寿险销售，一个月后，也就是9月的一天，王小姐回到我公司来开具"退工单"，闲聊了将近半个小时，但是她一直没有主动向我提起寿险，更不用说向我推销寿险。我终于明白她为什么以前销售不成功的原因了，于是说："王小姐，你不适合做销售，或者至少可以说你在保险公司的一个月培训是失败的，因为你还是怕向我销售寿险会遭到拒绝，觉得会使你我的关系变味。"

**思考：**

试根据现代推销学方面的知识(优秀推销人员具备的特质)，对上述案例中王小姐被辞退的原因进行分析，对我们现今的推销人员有何启示？

**案例二　　带着创意拜访顾客**

张某在香港推销界已干了二十多年。在这二十多年里，他推销过多种产品，从一个门外汉变成一位推销高手。在别人请教他成功的经验时，张某说："推销员一定要带着一个有益于顾客的构想去拜访顾客。这样，你所遭遇拒绝的机会就会少，你就会受到顾客的欢迎。推销员要做建设性的拜访。"

张某在推销地板用木砖时，虽然他拥有的客户数目不少，但每个客户的订货量不大，其原因是客户因受到资金的限制无法大量购买他的产品。如何才能让顾客大量购买产品呢？经过认真调查分析和思考，张某为客户想出了一个加速资金周转的办法。他建议客户从时间上来改善，平常不必大量储存材料，而应计划安排好，在材料使用前几天内将货补齐，这样可以加速资金周转。客户采纳了他的建议后，果然不必在事前大量储存材料，节约了资金占用，加速了资金周转，终于能大量地采购张某的产品了。

张某认为，推销员应多多拜访顾客，但是，如果能做建设性的访问，访问才会有效果。张某的一位客户——一家零售店老板曾这样说："今天早晨在张某来拜访我之前，已经有15个推销员来过了。这15个推销员都只是一味地为他们的商品做广告，或谈价钱，或让我看看样品。然而，当张某把产品的陈列方法告诉我时，我宛如呼吸到新鲜空气一样，真让人高兴。"

张某把如何才能对顾客有新帮助的想法铭刻在心，从不放过任何一个能对顾客有所帮助的机会，即使是一个偶然的机会。

一次，张某与一位技术人员交谈，当时这位技术人员正计划要成立一个水质净化器制作与安装公司。张某为了能赢得顾客，便认真地去思考一个富有建设性的方法。

当张某在另外一位客户的办公室等候的时候，他看到了一本与自来水有关的技术杂志，便一页一页地翻看起来。结果发现了一篇具有经济价值的工程论文，这是论述在蓄水池上面安装保护膜的一篇论文。

于是，张某把这篇论文复印，然后带着复印材料去访问那位技术人员。他对张某提供的这份材料感到万分高兴。此后，他们的商业交往一直都进行得很顺利。

事后，张某在总结自己的经验时说："看到这本杂志后，才得到这个好运。但是能获得此佳运，也并非出于偶然。因为，如果我不是经常在想着建设性的访问目标，那么，我绝不会去翻阅那本杂志。倘若我没有看到那篇论文，我还会去寻找其他东西。对每位顾客都做建设性访问的我，随时都能对所有机会产生机敏的反应。"

张某的一个客户是一位五金厂厂长。这位厂长多年以来一直在为成本的增加而烦恼不已。其成本增加的原因，多半是该公司购买了许多规格略有不同的特殊材料，且原封不动地储存所造成的。张某在考虑如何才能帮助客户把成本降下来。一次，张某偶然去访问一家与该五金厂毫无竞争关系的客户时，产生了一个想法。然后，张某再次来拜访五金厂厂长，把自己的构想详尽地说出来。厂长根据张某的构想，把360种存货减少到254种，结果使库存周转率加快，同时也大幅度地减轻了采购、验收入库及储存、保管等事务，从而降低了费用。

尔后，五金厂厂长从张某那里购买的产品大幅度地增加。

要能够提出一个有益于顾客的构想，推销员就必须事先搜集有关信息。张某说："在拜访顾客之前，如果没有搜集到有关信息，那就无法取得成功。""大多数推销人员忙着宴请客户单位的有关负责人，我则邀请客户单位的员工们吃顿便饭，以便从他们那里得到有利的信息。”

一次，张某与客户单位的员工边吃边谈，得知该公司业务部在那一周里一直在加班，并了解到每个月他们都会如此加班，原因是所用的电脑出了问题。

“我所获得的这些资料已足够我去接近客户。”张某说，“当我访问该公司时，便针对他们问题的症结，向他们提出办公设备的事情。同时，我也提供他们实际的数据，让他们做一比较。从比较中，他们得知 6 家同业公司，都因减少加班时间，每个月至少可节省几千元的加班费。”

张某仅如此稍做一点准备，搜集到一些信息，便采取针对性的措施，打动了客户的心弦。张某正因为认真地寻求可以助顾客一臂之力的方法，带着一个有益于顾客的构想去拜访客户，所以才争取到不计其数的客户。

**思考：**

1. 案例中张某推销成功的原因有哪些？
2. 以本案例为例分析如何处理顾客导向与推销导向的关系。

## 复习思考题

1. 简述推销方格理论的内容。
2. 简述顾客方格理论的内容。
3. 结合实际谈谈如何成为一名满足需求型的推销人员？
4. 如何理解“顾客都是对的”？

# 第四章

# 顾客需求与客户关系管理理论

**学习目的和要求**

1. 掌握顾客需求的内涵、顾客需求的层次理论
2. 掌握顾客的购买行为模式
3. 掌握客户关系管理的内涵
4. 掌握客户关系管理的基本流程

## 第一节　顾客需求的内涵与分类

### 一、顾客需求的内涵

现代推销的目的就是为了满足顾客的需求，因此研究顾客的需求有着十分重要的价值。顾客需求是指顾客对有能力购买的某个具体产品的购买欲望。简单地说，需求就是建立在顾客购买力基础上的购买欲望。一般来说，人们的需要是相似的，每个人都有相同或相似的需要，但由于人的购买力不一样，人的欲望就大不相同。比如每个人都要吃饭，但有的欲望是山珍海味，而有的却只要粗茶淡饭就行。人有多种需要，如饥饿的时候有进食的需要，渴的时候有喝水的需要，在与他人交往中有获得友爱、被人尊重的需要等。

需求是与人的活动紧密联系在一起的。人们购买产品、接受服务，都是为了满足一定的需求。一种需求满足后，又会产生新的需求。因此，人的需求绝不会有被完全满足和终结的时候。正是需求的无限发展性，决定了人类活动的长久性和永恒性。

需求虽然是人类活动的原动力，但它并不总是处于唤醒状态。只有当顾客的匮乏感达到了某种迫切程度，需求才会被激发，并促使顾客有所行动。比如，我国绝大多数消费

者可能都有住上更宽敞住宅的需求，但由于受经济条件和其他客观因素制约，这种需求大多只是潜伏在消费者心底，没有被唤醒，或没有被充分意识到。

## 二、顾客需求的分类

作为个体的消费者，其需求是丰富多彩的。这些需求可以从多角度予以分类。

1. 根据需求在人类发展史上的起源分类

(1)生理性需求

生理性需求，是指个体为维持生命和延续后代而产生的需求，如进食、饮水、睡眠、运动、排泄等。生理性需求是人类最原始、最基本的需求，是人和动物所共有的，而且往往带有明显的周期性。人的生理需求，从需求对象到满足需求所运用的手段，无不烙有人类文明的印记。正如马克思所说："饥饿总是饥饿，但是使用刀叉吃熟肉来解除的饥饿不同于用手、指甲和牙齿啃生肉来解除的饥饿。"人类在满足其生理需求的时候，并不像动物那样完全受本能驱使，而是要受到社会条件和社会规范的制约。

(2)社会性需求

社会性需求，是指人类在社会生活中形成的、为维护社会的存在和发展而产生的需求，如求知、求美、友谊、荣誉、社交等需求。社会性需求是人类特有的，它往往打上时代、阶级、文化的印记。人是社会性的动物，只有被群体和社会所接纳，才会产生安全感和归属感。社会性需求得不到满足，虽不直接危及人的生存，但会使人产生不舒服、不愉快的体验和情绪，从而影响人的身心健康。一些物质上很富有的人，因得不到友谊、爱，得不到别人的认同而产生孤独感、压抑感，恰恰从一个侧面反映出社会性需求的满足在人的发展过程中的重要性。

2. 根据需求的对象分类

(1)物质需求

物质需求是指与衣、食、住、行有关的物品的需求。在生产力水平较低的社会条件下，人们购买物质产品，在很大程度上是为了满足其生理性需求。但随着社会的发展和进步，人们越来越多地运用物质产品体现自己的个性、成就和地位，因此，物质需求不能简单地对应于前面所介绍的生理性需求，它实际上已日益增多地渗透着社会性需求的内容。比如汽车的豪华程度在一定程度上体现着购买者的身份和地位。

(2)精神需求

精神需求是指与人的内心世界相关的认知、审美、交往、道德、创造等方面的需求。这类需求主要不是由生理上的匮乏感而是由心理上的匮乏感所引起的。人不仅是物质的动物，更是精神的动物。和人的物质力量相比，精神力量要大得多，随着物质社会的日益发达，人们对精神的需求程度也日益提高。

# 第二节　顾客需求层次理论与奥尔德弗ERG理论

## 一、马斯洛需求层次理论

需求层次论是研究人的需求结构的一种理论，由美国心理学家马斯洛(Abraham H.

Maslow,1908—1970)首创。他在1943年发表的《人类动机理论》(A Theory of Human Motivation Psychological Review)一书中提出了需求层次论。这种理论的构成根据三个基本假设:第一,人是有需要的动物,人要生存就一定有需求,需求影响着人类的行为。需求取决于它已经得到了什么,还缺少些什么,只有尚未满足的需求才会激发人的购买行为。换言之,已经得到满足的需求不再起激励作用,只有未满足的需求才能影响行为。第二,人的需求按重要性和层次性排成一定的次序,从基本的(如食物和住房)到复杂的(如自我实现)。第三,当人的某一级的需求得到最低限度满足后,才会追求高一级的需求,如此逐级上升,成为推动继续努力的内在动力。

**(一)马斯洛需求的五大层次**

马斯洛将顾客需求按由低级到高级的顺序分成五个层次或五种基本类型。

1. 生理需求

即维持个体生存和人类繁衍而产生的衣、食、住、行方面的需求,如对食物、氧气、水、睡眠等的需求。这类需求的级别最低,人们在转向较高层次的需求之前,总是尽力满足这类需求。一个人在饥饿时不会对其他任何事物感兴趣,他的主要动力是寻到食物。即使在今天,还有许多人不能满足这些基本的生理需求。

2. 安全需求

即在生理及心理方面免受伤害,获得保护及安全感的需求,如要求人身的健康,安全、有序的环境,稳定的职业和有保障的生活等。安全需求包括对人身安全、生活稳定以及免遭痛苦、威胁或疾病等的需求。和生理需求一样,在安全需求没有得到满足之前,人们唯一关心的就是这种需求。对许多顾客而言,安全需求表现为安全而稳定的生活环境以及有医疗保险、失业保险和退休福利等。

3. 社交的需求(也称为归属和爱的需求)

即希望给予或接受他人的友谊、关怀和爱护,得到某些群体的承认、接纳和重视。如乐于结交朋友,交流情感,表达和接受爱情,融入某些社会团体并参加他们的活动等等。当生理需求和安全需求得到满足后,社交需求就会凸显出来,进而产生激励作用。当社交需求成为主要的激励源时,工作被人们视为寻找和建立温馨和谐人际关系的机会,能够提供同事间社交往来机会的职业会受到重视。

4. 自尊的需求

即希望获得荣誉,受到尊重和尊敬,博得好评,得到一定社会地位的需求。自尊的需求是与个人的荣辱感紧密联系在一起的,它涉及独立、自信、自由、地位、名誉、被人尊重等多方面内容。有尊重需求的人希望别人按照他们的实际形象来接受他们,并认为他们有能力,能胜任工作。他们关心的是成就、名声、地位和晋升机会。这是由于别人认识到他们的才能而得到的。当他们得到这些时,不仅赢得了人们的尊重,同时就其内心因对自己价值的满足而充满自信。不能满足这类需求,就会使他们感到沮丧。如果别人给予的荣誉不是根据其真才实学,而是徒有虚名,也会对他们的心理构成威胁。

5. 自我实现的需求

即希望充分发挥自己的潜能、实现自己的理想和抱负的需求。自我实现是人类最高级的需求,它涉及求知、审美、创造、成就等内容。自我实现需求的目标是自我实现,或是发挥潜能。达到自我实现境界的人,接受自己也接受他人。解决问题能力增强,自觉性提高,善于独立处事,要求不受打扰地独处。要满足这种尽量发挥自己才能的需求,他应该已在某个时刻部分地满足了其他需求。当然自我实现的人可能过分关注这种最高层次需求的满足，以至于自觉或不自觉地放弃满足较低层次的需求。为了使工作有意义，强调自我实现的管理者，会在设计工作时考虑运用适应复杂情况的策略，会给身怀绝技的人委派特别任务以施展才华，或者在设计工作程序和制定执行计划时为员工群体留有余地。

**（二）马斯洛需求层次的特点**

（1）当低级需求得到相对满足后，高级需求就越发突出，成为行为的激励因素，所谓“衣食足而知荣辱”。但这并不说明，必须等低级需求满足后，才会产生高级需求，经常会发生例外情况。

（2）需求越到上层，越难满足，有人甚至终身也不会有“自我实现”的需求和满足感。

（3）同一时间，可以存在多种需求，从而有多种激励因素，但一般会有一种需求为主导。

（4）需求是动态变化的。需求一旦被满足，一般就不能成为一种激励力量。因此如果要更好地激励，就要善于把握需求的变化。

**（三）需求层次理论在推销中的应用与启示**

（1）人存在着不同层次内容的需求，不同层次的人对产品的需求是不同的，尤其是对档次和价格的要求不同。鉴于此，推销员在推销产品时应该首先分析顾客的需求层次，以需求层次决定需求的产品层次。

（2）随着我国小康社会的建设，人们经济收入的增加，绝大多数顾客基本的物质需要得到了满足，精神层次的需要成为他们追求的对象，比如教育、旅游、娱乐等方面的需求正在逐渐增加。此外，人们对需求商品和服务的质量要求也在提高。因此，推销员必须与时俱进，充分把握顾客的需求规律，更高层次、更深层次地满足顾客需求。

## 二、奥尔德弗 ERG 理论

马斯洛的需求理论有一定的合理因素，他在一定程度上指出了人的需求变化的一般规律，以及需求结构中各种需求之间的关系，可用于分析消费需求及消费者行为的发展趋势。但是其阐述还有某些不足之处（比如消费者需求的严格层次性就受到许多置疑），美国另一位心理学家奥尔德弗的 ERG 理论对此进行了补充。

奥尔德弗（C.P.Alderfer）于 1969 年在《人类需求新理论的经验测试》一文中修正了马斯洛的论点，认为人的需求不是分为五种而是分为三种：（1）生存的需求（existence），包括心理与安全的需求；（2）相互关系和谐的需求（relatedness），包括有意义的社会人际关系；（3）成长的需求（growth），包括人类潜能的发展、自尊和自我实现。

奥尔德弗需要论，简称为 ERG 需求理论，与马斯洛需求层次论相比较，这两种理论的不同点是：奥尔德弗经过大量调查证明，人类需求不完全是天生的。需求层次论建立在需求“满足—上升”的基础上，ERG 理论主张需求不仅体现为“满足—上升”的规律，而且也提到“挫折—倒退”这一方面。“挫折—倒退”说明，较高的需求得不到满足时，人们就会把欲望放在较低的需求上。ERG 理论认为需求次序并不一定如此严格，而是可以越级的，有时还可以有一个以上的需求。

奥尔德弗认为，人同时存在三种需求，即生存的需求、关系的需求和成长的需求。他同时还提出了三个概念：

（1）“需求满足”。在同一层次的需求中，当某个需求只得到少量的满足时，一般会产生更强烈的需求，希望得到更多的满足。由此推论，此时消费者行为不会指向更高层次的需求,而是停留在原来的层次,从量和质的方面发展。

(2)"需求加强"。较低层次的需求满足得越充分,对高层次的需求越强烈。可以推论,此时消费者的欲望将指向高一层次的需求。

(3)"需求受挫"。较高层次的需求满足得越少,越会导致较低层次需求的急剧膨胀和突出。换言之,消费者会以更多的支出投入到较低层次的需求当中。

奥尔德弗指出了这样一个事实:需求的变化不仅基于"满足—前进",而且完全可能"受挫—倒退"。它有助于我们科学地认识需求对消费者行为的影响。

奥尔德弗 ERG 理论的指导意义在于,它不仅要求推销员应当重视消费者的需求,而且提供了分析消费者需求的具体方法。推销员可以根据上述理论在推销实践中注意以下几点:

(1)在实施推销活动之前要分析、确定目标顾客的需求等级状况。消费者的需求状况是决定其购买行为的首要因素。

(2)应当注意年龄、文化程度、职业、职务、收入和社会经济发展状况等因素对消费需求的影响。推销员可根据上述社会人文因素进行市场细分,确定每个细分市场消费者群的不同需求,有针对性地开展推销活动。

(3)要抓住不同消费群体的主导需求。推销员要注意准确分析不同消费群体的主导需求是什么,也就是抓准不同消费群体必须要满足的主要需求。抓住了主要需求也就抓住了推销机会。

(4)注意发展顾客高等级的需求。随着社会的进步和经济的发展,人们低层次的需求被满足以后,高层次的需求成为消费热点。推销员在确定推销策略时,应注意开发一般消费者的高等级需求,尤其是要向成功人士推销能给他们以精神满足的产品和服务。这样,推销员将会争取到更多的成功机会。

## 第三节 顾客购买心理变化规律

心理活动是消费者行为的基础,是影响其行为诸因素中的首要因素。观念决定思维,思维决定意识,意识决定需要,需要决定动机,动机产生行为,行为产生后果。消费者在寻找、购买和使用商品与劳务的过程中,随时随地受到各种心理机能或心理要素的支配。其中某些带有共性的心理机能或要素彼此联系,相互依赖,共同作用于消费者行为的始终,由此构成一个统一的心理过程。推销员在分析、把握顾客消费需求的同时,还应当掌握消费者的购买心理。消费者购买心理是指消费者在购买商品时心理现象对客观现实的动态反映。消费者在实施购买活动时,其多种多样的心理现象无论复杂或简单,都是周围客观现象在头脑中的反映。这个心理变化的过程,可以概括为彼此有一定区别,同时又相互依赖、相互促进的三个阶段,即认识过程、情绪过程、意志过程三个方面。其中认识过程占有特殊重要的地位。

### 一、消费者的认识过程

置身于纷繁复杂的商品世界中,各种各样、形形色色的商品、服务、广告、时尚等每时每刻都在刺激着消费者,向他们传递着各种消费信息。消费者通过大脑对外部信息加以接收、整理、加工、贮存，从而形成对商品或劳务的认知，这一过程即心理活动的认识过程。这一阶段又可分为感性认识和理性认识两个阶段。消费者首先通过感官感觉到商品的个别属性，然后再通过记忆、联想、对比、思维，对感觉到的材料进行分析、比较、抽象、概括、判断、推理以至想象，从而对商品形成一个比较全面的本质的认识。经过这个从感性到理性、从感觉到思维的过程，消费者已接近做出购买与否的决定了。

认识过程是消费者心理过程的起点和第一阶段，也是消费者行为的主要心理基础。各种消费心理与行为现象，诸如消费动机的产生、消费态度的形成、购买过程中的比较选择等，都是以对商品及劳务的认识过程为先导的。可以说，离开认识过程就不会产生消费行为。

认识过程不是单一、瞬时的心理活动。消费者对商品或劳务的认识，通常经过由现象到本质、由简单到复杂的一系列过程。例如，消费者接收到某种商品信息后，首先会对色彩、形状、光亮、声音等表层信息做出直觉反应，产生外部印象；然后集中注意力，进一步观察了解该商品的内在质量和性能；最后还要运用已有的知识和经验，对已获得的商品信息进行分析、综合，去粗取精，去伪存真，在此基础上得出对该商品全面、正确的认识和结论。

## 二、消费者的情绪过程

情绪或情感是人们对客观事物是否符合自己需要而产生的一种主观体验。消费者在从事消费活动时，不仅通过感觉、知觉、注意、记忆等认识了消费对象，而且对它们表现出一定的态度。根据其是否符合消费主体的需要，消费者可能对其采取肯定的态度，也可能采取否定的态度。当采取肯定态度时，消费者会产生喜悦、满意、愉快等内心体验；当采取否定态度时，则会产生不满、忧愁、憎恨等内心体验。这些内心体验就是情绪或情感。情绪一般没有具体的形象，而是通过消费者的神态、表情、语气和行为表现出来。消费者的情绪表现在性质上，可分为积极的、消极的和双重的三大类型。

消费者在购买活动中的情绪过程大体可分为以下四个阶段：

(1)悬念阶段

在这个阶段，消费者产生了购买需求，但并未付诸购买行动。此时，消费者处于一种不安的情绪状态。如果需求非常强烈，不安的情绪会上升为一种急切感。

(2)定向阶段

这一阶段，消费者已面对所需要的产品，并形成初步印象。此时，情绪获得定向，即趋向喜欢或不喜欢，趋向满意或不满意。

(3)强化阶段

如果在定向阶段消费者的情绪趋向喜欢或满意，那么这种情绪现在会明显强化，强烈的购买欲望迅速升温，并可能促成购买决策的制定。

(4)冲突阶段

这一阶段，是消费者对商品进行全面考量阶段。由于多数商品很难同时满足消费者多方面的需求，因此，消费者往往要体验不同情绪之间的矛盾和冲突。如果积极的情绪占主导地位，就可能做出购买决定，并付诸实现。

## 三、消费者的意志过程

消费者心理过程的变化除了以生理机能为基础外，还需要以心理机能为保证。这种心理保证，能使消费者自觉地为实现其购买目的而采取一系列的行动，并使消费者在购买过程中努力排除各种外来的及内在的干扰，保证购买目的的实现。消费者的这种有目的的自觉地支配、调节自己的行为，努力克服各种困难，从而实现既定购买目的的心理活动，就是意志过程。如果说消费者对商品的认识活动是由外部刺激向内在意识的转化，那么，意志活动则是内在意识向外部行动的转化。实现这一转化，消费者的心理活动才能支配其购买行为。

在购买活动中，消费者的意志表现为一个非常复杂的作用过程，其中包括做出决定、执行决定、体验执行结果三个相互联系的阶段。

(1)做出购买决定阶段

这是消费者购买活动的初始阶段。这一阶段包括购买目的的确定、购买动机的取舍、购买方式的选择和购买计划的制定，实际上是购买前的准备阶段。消费者从自身需求出发，根据自己的支付能力和商品供应情况，分清主次、轻重、缓急，做出各项决定，即是否购买和购买的顺序等。

(2)执行购买决定阶段

在这一阶段，购买决定转化为实际的购买行动，消费者通过一定的方式和渠道购买到自己所需的商品。当然，这一转化过程在现实生活中不会是很顺利的，往往会遇到一些障碍需要加以排除。所以，执行购买决定是消费者意志活动的中心环节。

(3)体验执行效果阶段

完成购买行为后，消费者的意志过程并未结束。通过对商品的使用，消费者还要体验执行购买决定的效果，如商品的性能是否良好，使用是否方便，外观与使用环境是否协调，实际效果与预期是否接近，等等。在上述体验的基础上，消费者将评价购买这一商品的行动是否明智。这种对购买决策的体验与反省，对今后的购买行为有重要意义，它将决定消费者今后是重复还是拒绝、是扩大还是缩小对该商品的购买。

消费者的意志过程与认识过程、情绪过程是紧密结合、密不可分的。任何购买行为，都是认识、情绪和意志三者的有机统一。推销人员掌握了这一点，就能更好地了解消费者的心理。

## 第四节　消费者的购买动机分析

消费者的需要和欲望是多方面的，其消费动机也是多种多样的。消费者的购买动机可以分为以下类型：

### 一、求实动机

它是指消费者以追求商品或服务的使用价值为主导倾向的购买动机。在这种动机支配下，消费者在选购商品时，特别重视商品的质量、功效，要求一分价钱一分货，相对而言，对商品的象征意义、所显示的“个性”、商品的造型与款式等不是特别强调。比如，在选择布料的过程中，当几种布料价格接近时，消费者宁愿选择布幅较宽、质地厚实的布料，而对色彩、是否流行等给予的关注相对较少。

## 二、求新动机

它是指消费者以追求商品或服务的时尚、新颖、奇特为主导倾向的购买动机。在这种动机支配下，消费者选择产品时，特别注重商品的款式、色泽、流行性、独特性与新颖性，相对而言，产品的耐用性、价格等成为次要的考虑因素。一般而言，在收入水平比较高的人群以及青年群体中，求新的购买动机比较常见。2016 年初，日本夏普公司发布一款名为 RoboHon 的机器人智能手机。该款手机除具备通话、拍照等基本功能外，还可以通过人工智能技术与用户聊天，通过反复对话记住机主的喜好与行为模式，给出匹配的回应。此外，RoboHon 还能行走和跳舞。一经发布，该款手机就引起了以求新动机为主的手机发烧友的广泛关注和热议。

## 三、求美动机

它是指消费者以追求商品欣赏价值和艺术价值为主要倾向的购买动机。在这种动机支配下，消费者选购商品时特别重视商品的颜色、造型、外观、包装等因素，讲究商品的造型美、装潢美和艺术美。求美动机的核心是讲求赏心悦目，注重商品的美化作用和美化效果，它在受教育程度较高的群体以及从事文化、教育等工作的人群中比较常见。据一项对 400 名各类消费者的调查发现，在购买活动中，首先考虑商品美观、漂亮和具有艺术性的人占被调查总人数的 41.2%，居第一位。而在这中间，大学生和从事教育工作、机关工作及文化艺术工作的占 80%以上。

## 四、求名动机

它是指消费者以追求名牌、高档商品，借以显示或提高自己的身份、地位而形成的购买动机。当前，在一些高收入层、大中小学生中，求名购买动机比较明显。求名动机形成的原因实际上是相当复杂的。购买名牌商品，除了有显示身份、地位、富有和表现自我等作用以外，还隐含着减少购买风险、简化决策程序和节省购买时间等多方面的考虑因素。

## 五、求廉动机

它是指消费者以追求商品、服务的价格低廉为主导倾向的购买动机。在求廉动机的驱使下，消费者选择商品以价格为第一考虑因素。他们宁肯多花体力和精力，多方面了解、比较产品价格差异，选择价格便宜的产品。相对而言，持求廉动机的消费者对商品质量、花色、款式、包装、品牌等不是十分挑剔，而对降价、折让等促销活动怀有较大兴趣。

## 六、求便动机

它是指消费者以追求商品购买和使用过程中的省时、便利为主导倾向的购买动机。在求便动机支配下，消费者对时间、效率特别重视，对商品本身则不甚挑剔。他们特别关心能否快速方便地买到商品，讨厌过长的候购时间和过低的销售效率，对购买的商品要求携带方便，便于使用和维修。一般而言，成就感比较高、时间机会成本比较大、时间观念比较强的人，更倾向于持有求便的购买动机。

## 七、模仿或从众动机

它是指消费者在购买商品时自觉不自觉地模仿他人的购买行为而形成的购买动机。模仿是一种很普遍的社会现象，其形成的原因多种多样。有出于仰慕、钦羡和获得认同而产生的模仿，有由于惧怕风险、保守而产生的模仿，有缺乏主见、随大流或随波逐流而产生的模仿。不管缘于何种原因，持模仿动机的消费者，其购买行为受他人影响比较大。一般而言，普通消费者的模仿对象多是社会名流或其所崇拜、仰慕的偶像。电视广告中经常出现某些歌星、影星、体育明星使用某种产品的画面或镜头，目的之一就是要刺激受众的模仿动机，促进产品销售。

## 八、好癖动机

它是指消费者以满足个人特殊兴趣、爱好为主导倾向的购买动机。其核心是为了满足某种嗜好、情趣。具有这种动机的消费者，大多出于生活习惯或个人癖好而购买某些类型的商品。比如，有些人喜爱养花、养鸟、摄影、集邮，有人爱好收集古董、古书、古画，还有人好喝茶。在好癖动机支配下，消费者选择商品往往比较理智，比较挑剔，不轻易盲从。

以上我们对消费者在购买过程中出现的一些主要购买动机做了分析。需要指出的是，上述购买动机绝不是彼此孤立的，而是相互交错、相互制约的。在有些情况下，一种动机居支配地位，其他动机起辅助作用；在另外一些情况下，可能是另外的动机起主导作用，或者是几种动机共同起作用。因此，在调查、了解和研究过程中，对消费者的购买动机切忌作静态或简单的分析。

# 第五节　客户关系管理理论

前面几节介绍了顾客的需求规律、购买心理与购买动机，并着重对顾客购买行为本身的相关因素进行了研究。而事实上，对顾客关系进行研究也是极其必要的。

伴随人类的脚步迈入21世纪，人类生存和发展的环境有了巨大的改变。农业经济和工业经济向知识经济、信息经济、网络经济演化，区域化、地区化逐步向全球化、无边界化演化，变革和创新已经成为这一时代的主旋律。作为以谋取利润最大化为主要目标的企业组织，随着产品同质化程度的增加和买方市场的形成，企业的重心从生产转移到了市场（顾客需求的满足），企业竞争的广度、深度、力度和激烈程度都有了显著的增加，转变营销理念，创新营销战略，构建独具企业特色的营销模式已经成为企业在激烈竞争中生存和发展的法宝。客户关系管理（CRM）战略便是众多企业，尤其是具备一定规模和效益、信息化水平较高的企业竞相采用、实施和探索的一种新型应对战略，CRM几乎成了21世纪初期营销时代的代名词。随着全球经济的快速发展，CRM产品市场规模不断扩大，并涌现了Saleforce、Oracle、SAP、微软、IBM等领袖型CRM企业。高德纳咨询公司（Gartner Group）报告显示，2015年全球客户关系管理软件的市场总额达到263亿美元，比2014年的234亿美元增长了12.3%。面对这样一个CRM实施的国际浪潮，对CRM战略的内涵、实施条件、存在问题以及成功实施的对策进行理论研究，对我国企业成功实施CRM战略，更好地开展推销工作有着重要的指导意义。

## 一、客户关系管理战略的内涵、实质与产生动因

### (一)CRM 的内涵

在 1997 年,Carner Group 正式提出 CRM(customer relationship management)的概念,加速了 CRM 的产生和发展。1998 年以后随着电子商务的兴起,CRM 又开始与电子商务结合在一起,eCRM 的概念得以提出。关于 CRM 的内涵,可谓仁者见仁、智者见智,到目前还没有统一的观点。如杰伊·柯里、亚当·柯里(2003)认为:CRM 就是一门有关如何确定、吸引和维护公司最有价值客户的学问;方明、徐弘(2003)认为:客户关系管理是企业在网络经济时代提升企业竞争能力,通过争取和巩固客户以实现并提高企业价值的一种举措;管政(2002)认为,企业必须意识到作为一个企业战略,CRM 将要"管理变革"而不是"变革管理"。CRM 是指企业为了优化管理客户资源、最大化客户价值而制定的受到管理的,并得到信息技术支撑的长远规划和长远目标。中国客户关系管理研究中心(CRCC)尝试给出一个新的 CRM 完整定义:客户关系管理,是现代管理科学与先进信息技术结合的产物,是企业树立"以客户为中心"的发展战略,并在此基础上开展的包括判断、选择、争取、发展和保持客户所实施的全部商业过程;是企业以客户关系为重点,通过再造企业组织体系和优化业务流程,展开系统的客户研究,提高客户满意度和忠诚度,提高运营效率和利润收益的工作实践;也是企业为最终实现信息化、运营目标所创造和使用的软硬件系统及集成的管理方法和解决方案的总和。

上述对 CRM 的定义虽然各有特点,但共同点也是十分明显的,那就是 CRM 是在企业理念的创新与信息技术的完美融合的基础上,通过流程再造、数据分类与挖掘、提升服务等手段达到巩固老客户、拓展新客户、增加总客户目标的一种持续发展战略。全面理解这个概念的实质,我们认为,CRM 应该包括以下四个方面的内容:

1. CRM 不仅是一种管理信息系统,而且是与现代营销理念创新耦合在一起的一种有机体,两者缺一不可

仅有技术,没人执行,或者执行的人素质不够,理念没有根本转变,CRM 战略是不会取得成功的;反之,仅有理念,没有先进的技术支撑,那么也会空有理念,高昂的交易与管理成本必然会影响管理的效率,也不会有效持续地改善管理现状并提升企业的持续竞争力。

2. CRM 的执行是通过一系列具体的运作环节来完成的

流程再造、呼叫中心、客户接触点的建设(如呼叫中心)、数据分类与挖掘、快速响应与导向的售前售中售后服务等都是 CRM 过程中必须经过的流程和环节,从这个角度来说,CRM 是一项实实在在的管理工作,绝非花拳绣腿,概念一个。

3. CRM 有着明确的目标,那就是巩固老客户、拓展新客户、增加总客户,通过客户自身价值(购买商品后的总收益减去总成本)的最大化带来企业价值的最大化。当然,能够带来客户自身价值最大化的手段是多种多样的,但从根本上来说,那就是满足客户的深层次需求,通过客户满意度的提高来提升客户的忠诚度。

4. CRM 战略一定是企业发展的持续性战略

客户忠诚可以说是企业最宝贵的资源,在消费者选择余地成倍增大的买方市场条件下,客户忠诚将成为同质企业竞争和争夺的焦点,凡是着眼于持续发展的企业,CRM 战略无疑都是使其生生不息、充满活力的法宝。

**(二)CRM 产生的动因**

CRM 作为一种管理理念,起源于西方的市场营销理论。1990 年前后,许多美国企业为了满足日益竞争的需要,开始开发销售自动化系统(SFA),随后又着力发展客户服务系统(CSS)。1996 年后一些公司开始把 SFA 和 CSS 两个系统合并起来,再加上营销销售策划(marketing)和现场服务(field service),并集成计算机电话集成技术(CTI),形成集销售和服务于一体的呼叫中心,这就是 CRM 的雏形。

深层挖掘 CRM 的产生动因还是得从生产力的发展说起。随着现代化大生产的出现,大量的积压产品使企业面临危机,如何销售产品成为每个企业最为关心的问题。对应地,"产品中心"论就自然转到了"销售中心"论、"市场中心"论,而"市场中心"论的实质就是"客户中心"论。客户关心产品的中心已经不断地从产品的功能转移到产品的外表、气质和为消费者带来的一种无形的感受。正如美国管理学家利维特(Levitt)指出:"新的竞争不在于工厂里制造出来的产品,而在于工厂外能否给产品加上包装、服务、广告、咨询、融资、送货或顾客认为有价值的其他东西。"

此外,以互联网为代表的高新技术在知识经济时代体现出了巨大的力量,甚至可以说改变了整个世界。信息化水平的高低成为衡量一个国家、一个民族、一个企业甚至一个人的现代化程度的标准。于是,在全球刮起了一股巨大的企业管理信息化浪潮,CRM 战略也是管理信息化浪潮的直接产物。供应链管理(SCM)—企业资源计划(ERP)—客户关系管理(CRM)三者构成了整个企业信息化的链条。供应链管理(SCM)通过对上游企业的信息对接与传输,改善企业在采购方面的效率和秩序;企业资源计划(ERP)通过企业内部资源的重整、数据集成,进而提高整个企业的成本控制能力、有序组织层级和经济效益水平;客户关系管理(CRM)则通过客户终端信息的采集、客户数据库的建立、数据分类与挖掘等工作来提升整个企业的客户服务质量与水平,从而提升整个企业的竞争优势。

随着"交易式"市场营销模式被"合作式"市场营销模式逐渐取代,"一对一营销"、"数据库营销"和"个性化营销"逐渐成为新营销模式。企业之间竞争的焦点将更多地集中于谁能拥有更多更有价值的顾客群(顾客终身价值的大小),谁能与顾客建立持久、诚信和良性的客户关系,谁能在整合企业上游、中游、下游各方面资源上拥有更高的效率,客户关系管理的好坏和信息化水平决定着企业未来竞争的成败。

**(三)CRM 的实质与功能**

从营销哲学的角度来看,企业发展的终极目的是在利他、关怀他(顾客)的同时利己(企业),企业和顾客之间是鱼和水的关系,没有企业,顾客将无法生存,没有顾客,企业更是无源之水、无本之木。客户关系管理的终极目的就是企业和顾客通过富有意义的交流沟通,理解并影响客户行为,在解决顾客问题使顾客满意的基础上最终实现提高客户获利、客户保留、客户忠诚和客户创利的目的。

实施客户关系管理战略的核心工作,在于利用现代计算机技术、互联网技术和营销管理技术打造一个信息化高度集成式的客户管理平台,其主要目的就是提高老客户的顾客忠诚度,同时尽可能多地争取更多的新客户。一个全面贯彻和实施 CRM 思想和系统的企业,指导思想就是将顾客需求作为企业进行产品开发或服务设计的源头,在产品功能设计、价格设定、分销促销环节建立以及完善售后服务系统等方面以顾客需求为导向,最大限度地使顾客感到满意。

CRM 所对应的关系营销注重的是高准确瞄准的营销活动,当然它的沟通回应率也会相应提高，其主要功能体现在以下几个方面：

(1)客户的成本较低——节省了市场营销、约见和接近客户、对客户调查、售后服务等方面的开支。

(2)在客户数量相对稳定的情况下保持业务量的持续增长。

(3)减少销售成本——减少广告、促销活动的成本。

(4)更多的客户创利能力——更多的后续销售，更多的来自满意客户的推荐。

(5)提高客户的保留度和忠诚度——客户留得越久，购买的总体价值就越多。

简而言之，CRM战略的实质就是通过信息化手段在保留和巩固客户的基础上获得企业和客户的双赢。

## 二、我国CRM战略实施的现状

从国内外对CRM研究现状来看，一个普遍性的结论是：尽管存在诸如有的客户不希望自己的资料被厂商完全知道和掌握，实施CRM对提升企业运作效率和效益未必能起到立竿见影的效果，但实施CRM将是未来企业决胜营销主战场的必要条件和竞争利器，是不可逆转的大趋势。在美国等西方发达国家，CRM的实施已成为很多企业(尤其是中小企业)借以提高运作管理水平和持续成长能力的营销战略，CRM已经成为在理论界和企业界比较成熟的概念和操作性策略。随着CRM及其战略在我国的传播，很多企业开始接受了这一新的理念和运营战略，有的企业也取得了一定的成效，但从总体来看，大多数企业对CRM战略还处于了解摸索阶段，实施CRM战略的企业也很少取得较好的经济效益，甚至有的企业已经开始怀疑CRM战略的先进性和有用性。鉴于此，找出我国现有企业实施CRM战略中存在的问题，对于解决这些问题，找出对策有着重要的现实意义。

1. CRM的理论研究落后于实践，特别是基础理论研究落后于应用问题研究，且研究缺乏深度，内容不成体系

从现状来看，我国现有的CRM研究基本上是对国外的CRM理论加以翻译，没有原创性研究，加之缺乏对国内实施CRM战略的环境、行业等因素的调查，所以严重缺乏真正适合我国企业的CRM理论，这势必影响我国CRM战略的实施方向和效果。

2. 缺少科学合理的CRM战略规划

CRM作为一个企业战略，必须要有明确的远景规划和近期实现目标。如何将CRM的实施与企业的中长期战略结合，设计适合于企业持续发展所需的CRM信息系统框架和适应于公司发展的CRM业务流程及组织机构，确定较为详细的实施计划，对成功实施CRM战略显得十分重要。但从笔者的调查来看，很多实施CRM战略的企业以及即将要实施CRM战略的企业普遍缺少合理的规划，对风险估计不足，不能很好地指导CRM项目的成功实施。

3. CRM软件设计不甚科学，可操作性不强，管理难度大

一是过分追求软件功能的大而全，有些国产软件在功能上试图把市场、销售、服务全部捆绑在一起，但这样做反而造成软件的针对性不强，每个模块的功能都过于简单，有的缺乏通信能力。CRM最主要的功能就是将WEB、邮件、电话和传真等集成到一个统一的系统进行管理，而目前国内的CRM产品在做到与客户的即时沟通上还有所欠缺。二是没有与客户的互动渠道。CRM最精髓的内涵就是建立一个与客户互动的良好渠道，而目前国内的CRM产品通常为企业提供的是一个封闭的管理模式，既不能通过网络收集客

户信息，也不能将系统资源对客户开放，这从根本上背离了 CRM 的思想。

4. 缺乏实施 CRM 战略的良好文化土壤

审慎分析中国企业管理所处的阶段，如同一位管理学家所说，中国大多数企业还处于强化基础管理向科学管理迈进的初、中级阶段，与文化管理阶段相比，还有很大差距。一方面，重视企业文化建设的不多，落到实处、见到效益的更少；另一方面，即使有的企业建立了企业文化系统，但很多还是培养产品至上的产品文化，离建立客户服务文化还有很大差距。在这种情况下，实施 CRM 战略就缺乏必要的文化土壤，实施起来就会有较多的困难和障碍。

## 三、未来企业成功实施 CRM 战略的对策探讨

从理论上分析，成功实施 CRM 战略最根本的两点是：企业整体营销和管理观念的转变以及企业信息化水平的提升。从国外企业的经验来看，成功的 CRM 实施所关注的不仅是 CRM 系统的安装、调试、培训等工作本身，而是把更多的精力放在理念贯彻、思想融合，即企业文化体系的改造及贯彻上。具体来说，可从以下几方面着手：

1. 真正树立客户中心主义指导思想，建立客户导向的经营组织结构

客户中心主义的理念是买方市场条件下，企业同质化竞争的结果。以顾客为中心，帮助顾客解决问题是企业能够获得市场份额、提高效益的唯一途径。像 TCL 电器的“为顾客创造价值”、金蝶软件的“帮助顾客成功”，这些都体现了这一经营理念。

传统企业以亚当·斯密《国富论》的分工原则，设计企业经营组织。这种经营组织以产品、内部管理为中心，属“生产导向”或者“产品导向”型组织，有利于合理利用企业内部资源，但在执行管理指令时，往往忽略了客户的需求。“以客户为中心”，建立“客户导向”的经营组织，将焦点关注于以客户为主的企业外部资源，这样，才能使企业的每一位员工清醒地知道企业的处境，使企业的每一个组织部门围绕着客户来协调运作。唯有将客户置于企业组织的中心，以最大限度地满足客户需求作为企业运营的最大目标，才能使企业在新经济时代立于不败之地。因此，实施 CRM 战略的企业进行客户导向的组织重构是极为必要的。

2. 积极推行整合营销策略，集合企业力量为顾客服务

传统企业在特定的经济环境和管理背景下，已经形成一些具有共性的企业文化，这种企业文化的突出表现就是企业管理的着眼点在内部资源管理，即企业管理后台部分。而对于直接面对以客户为主的外部资源的前台部分，缺乏相应管理。CRM 作为一个专门管理企业前台的管理思想和管理技术，提供了一个利用各种方式收集和分析客户资源的系统，也提供了一种全新的商业战略思维。它可以帮助企业充分利用以客户为主的外部商业关系资源，扩展新的市场和业务渠道，提高客户的满意度和企业的盈利能力。

企业是各项经营要素的集合，市场营销、生产研发、技术支持、财务金融、内部管理各个经营要素在企业价值中分别具有不同的作用。企业利用并整合这些要素，在集合企业所有力量的基础上为顾客提供高效便捷的服务，这样，企业的整体价值就能释放出来，企业就容易获得顾客的满意和忠诚。

3. 塑造客户导向的企业文化，让文化为 CRM 战略导航

企业在以前的市场竞争中，往往会形成一种以企业本身利益最大化为唯一目标的企业文化，这种企业文化因为能够有效地使企业各项资源围绕企业如何获取更多利润而展

开,在很长一段时间内为企业的发展带来了帮助。于是“以营利为唯一目标”成为企业经营所恪守的一条定律,在这一思想指导下,许多企业为获利自觉不自觉地损害客户利益,客户对供应商或品牌的忠诚普遍偏低。然而开发一个新客户的成本是保留一个老客户成本的5倍,企业这种以自身利益为唯一目标的做法极有可能导致老客户不断流失,企业的利益也会因此受损。

在重视客户利益、塑造客户导向的企业文化方面,日本企业做得比较成功。当西方企业还在产品质量的竞赛中冲刺,日本企业已开始将重点转移到如何让客户满意上来。日本企业家认为,让客户满意其实是企业管理的首要目标。日本日用品与化妆品业龙头花王公司的年度报告曾经这么写道:“顾客的信赖,是花王最珍贵的资产。我们相信花王之所以独特,就在于我们的首要目标既非利润也非竞争定位,而是要通过实用、创新、符合市场需求的产品,来增加顾客满意度。对顾客的承诺,将持续主导我们的一切企业决策。”丰田公司注重改造自己的企业文化,使企业的各组织部门和员工,能够将视线关注于如何在接到订单一周内向客户交车,以便缩短客户等待交货的时间,让客户更为满意。日本企业的做法,使日本品牌的产品在日本的占有率远远高于世界其他地区,以汽车品牌为例,欧洲车在欧洲的品牌忠诚度平均不到50%,而丰田车在日本的忠诚度高达65%。由此可见,重视客户利益,让客户满意是提高客户对企业忠诚度的有效方法。企业由于客户的忠诚度,不仅可以低成本地从老客户身上获取利益,而且可以因客户推介而提升新增客户销售额。

企业文化虽然不同于企业制度那样对员工具有强制约束力,但作为企业全体成员共同遵循的思维和行为习惯,对企业的影响力却非常大。成功地实施及应用CRM系统,必须要有与之相适应的企业文化做支撑,否则实施工作中必定遭遇障碍,并且,即便是靠实施人员的推动使CRM系统实施成功,以后的应用仍然会存在问题。企业文化为CRM战略的实施起着导航和护航的作用。

4. 理念与技术的完美融合是CRM战略成功实施的关键

从信息化的角度讲,CRM首先表现为一套管理软件。它综合集成了数据库与数据仓库技术、数据挖掘技术、在线分析处理、Internet技术、面向对象技术、客户机/服务器体系、销售自动化技术以及其他相关技术成果,能够为企业的销售、客户服务和决策支持等领域提供一个业务自动化的解决方案,使企业具有一个面向客户的前台。然而实施CRM,IT技术的实施与应用,只是解决CRM实施的表面问题,怎样才能使上至最高行政总裁下至普通员工都能从思维和行为习惯上真正地聚焦在客户身上,是实施CRM的精髓。所以这就需要CRM战略必须做到理念和技术的完美结合,在系统的模块设计、数据分类与挖掘、信息集成与共享等方面都必须适时地根据客观环境的变化给予适当的调整,让CRM战略的实施始终保持理念和技术上的先进性,给企业的发展带来强大的动力与活力。

在客户经济时代已经到来的今天,提升客户价值已经成为企业经营的神圣使命,建设CRM系统,实施CRM战略,不断提升客户满意度和忠诚度,塑造企业与客户双向沟通、多赢共赢的企业文化将是企业持续成长与发展的关键。

深刻理解并结合推销实践应用CRM理论,对更加科学、高效地完成推销工作,有着极为重要的推动作用。

**阅读材料** **顾客固定化策略**

所谓顾客固定化策略，其实是一种非常有效的实用技术，也是一种推销大智慧。采用这种策略的目的在于实现顾客固定化，使过路客变成回头客，使“稀客”变成“常客”，使准顾客变成正式顾客，从而大大提高推销效率，降低推销成本，增加营业收入和利润。

有好的思想，还要有好的方法。顾客固定化策略是一种战略思想，要付诸实施，还必须制定具体的方案和计划。推销之路难，推销之路多。顾客固定化策略既是一种崭新的思想，又是一种古老的做法。根据现代市场销售理论和技术，结合实际推销工作，分析古今中外的推销案例，下面分别举例论述实施顾客固定化策略的一些有效的具体方法和步骤。

一、建立顾客组织

把现有顾客组织起来，并不断扩大顾客组织，这是实施顾客固定化策略的一种行之有效的方法。例如，日本东芝电器公司组织了顾客沙龙会，松下电器公司组织了顾客“暮之家会”，资生堂等化妆品公司成立了“花椿会”和“钟会”等顾客组织，他们称这种做法为“友之会制度”。这种顾客组织化的方式，常常使消费者产生一种企业或品牌的认同感，顾客会以为自己“最受重视和欢迎”。而且参加了某某“友之会”组织的会员，会在有意无意之间帮助企业宣传产品，充当“义务推销员”的角色。近些年来，中国企业界也开始自觉或不自觉地采用这种顾客固定化方法，成立了许多类似的顾客组织，例如，各种产品用户协会、客户学校、顾客联谊会、客户俱乐部、客户沙龙等。

组织是一种相对比较稳定的联系，顾客组织化有助于建立比较稳定的主顾关系，使短期联系变成长期联系，使松散的联系变成紧密的联系，使偶然的联系变成必然的联系，使暂时的联系变成固定的联系。从而有利于发展顾客关系，开发顾客资源，实现顾客关系的固定化。

二、培养顾客精神

成功的企业不仅创造了独特的企业文化，从而用共同的企业精神来团结和激励员工，而且创造了相应的产品文化，从而用共同的顾客精神来吸引顾客，稳定和发展顾客关系。

任何一种产品都体现着某一种精神和文化，商品本身便是人类知识的结晶，物质文明与精神文明具有密不可分的必然联系。精神消费活动的物质化和物质消费活动的精神化，是当代国际消费革命发展的一个基本趋势和显著特征。

事实上，精神的东西比物质的东西更为长久，具有更强的生命力，更容易吸引和影响顾客，更有利于维系和发展主顾关系。

培养顾客精神，创造消费文化，中国自古有之。街头小店，深巷酒家，乡村手艺人，小镇老字号，所有这些既是一种生意，又是一种生活；既是一种商业文化，又是一种社会文化。而可口可乐、丰田汽车、松下电器、迪士尼乐园、奔驰汽车、中国瓷器和丝绸等，已经成为世界文化的重要组成部分。

因此，现代企业销售人员不仅要善于推销产品本身的物质使用价值，而且还应该学会推销产品本身所附加的精神使用价值。创造科学美好的消费文化，培养良好的顾客精神，就能够使顾客产生认同感，从而长久地吸引顾客。

三、制定顾客优惠制度

顾客组织化是一种群体认同，顾客精神化是一种文化价值认同，而实行优惠制度则是一种价格竞争和利益认同。尽管各种非价格竞争活动已经大大发展，价格竞争仍是现代企业市场竞争的一个焦点。无论是绝对的价格竞争还是相对的价格竞争，都是现代企业及其市场销售人员争夺顾客的一种主要手段和方式。

要使顾客回头，就应该给顾客一些甜头。优惠老顾客的方式很多，例如，给老顾客发放各种购买优惠证、优惠卡，对持优惠卡的老顾客实行不同比例的折扣优待，还可以经常为老顾客提供一些优质低价的新产品，免费为老顾客送货上门，免费为老顾客提供一些与本产品无关的其他各种服务。

顾客反正是要买东西的，不买你的，就买他的。但总要比较一下，货比三家是从前的事了，而今也许要比上几十家。比来比去，免不了要比一比价格，买的要放心，也要合算。因此，在价格上你不能玩花招，顾客的眼睛是雪亮的，你骗他一回，他记你一生。那种"屠刀高悬，进门便宰"的"君再来"酒店，有谁愿意再来呢？

### 四、实行顾客信用制度

花钱容易，挣钱难。顾客需要的东西太多，而手中钞票又太少。怎么办呢？实行消费信用制度，便可以有效地吸引顾客、维系顾客关系。这种制度既可以促进一时的销售工作，又可以形成稳定的主顾关系。

长期分期付款是一种可行的顾客信用制度，在西方发达的市场经济国家里已经得到广泛的应用。通过长期分期付款，就可以使现有顾客成为长期顾客，经常发生市场联系，实现顾客关系的固定化。

消费信用卡也是一种有效的促销手段和可行的顾客信用制度。现代企业及其销售人员可以根据实际情况，为不同类型的顾客发放各种额度的消费信用卡，持卡顾客可以先付部分定金或完全不付任何费用，而先消费后付款。这样就会使顾客先不必为付款多少而发愁，大大方便顾客购买和消费活动，同时还让顾客得到一种精神上的享受，因为他可以不必马上付款就买到自己想要的东西，确实妙不可言。

记账制度和赊销方法是中国商人常用的顾客信用方式。天天记账，月底或年终结算付款；先拿东西，以后讨账；等等，这些做法都有利于形成良好的主顾关系，提高商业信誉，树立店家形象，稳住现有顾客。

当然，要实行顾客信用制度，就要严格审查顾客信用状况，尽量避免或减少因此而造成的资金周转困难和损失，这一点也至关重要。

### 五、实行顾客跟踪服务

跟踪服务是推行顾客固定化策略的重要措施和基本保证。成交之后，推销工作又重新开始。要想顾客不忘记你，首先你要记住他。主动为顾客提供各种售后服务，及时解除顾客的后顾之忧，顾客就会回头再来购买你的东西。经常走访用户，既可以征求顾客意见，又可以及时为顾客提供必要的特别服务。例如，针对网上购物后的维修难题，诸多品牌电商为客户推出了特色延长保修服务，如苏宁的"阳光包"、国美的"家安保"、京东商城的"京东服务管家"等。这些延长保修服务不但保障了客户的产品后续使用安全，也为电商创造了新的业务增长点。

举行用户恳谈会，也是一种好办法，既可以加深主顾感情，又可以及时发现问题，处理顾客异议。

服务顾客的过程，便是继续推销的过程。良好的销售服务，必将提高企业及其推销人员的信誉，促进顾客固定化策略的实现。

### 六、建立顾客档案

顾客情报资料是重要的推销工具和条件。优秀的推销人员往往善于搜集、整理、保存和利用各种有用的顾客资料。要实现顾客固定化，首先必须知道现在已有多少顾客，还要了解这些基本顾客的有关情况，这就需要建立顾客资料档案，做到心中有数。

制作顾客资料卡片，是建立顾客档案的一种简便易行的方法。顾客资料卡的形式和内容可以不同，一般应包括顾客的名称、姓名，顾客等级，顾客的通讯地址、电话、传真，顾客的购买情况，顾客的服务记录，等等。在移动互联网时代，企业对顾客档案的建立和管理也日渐智能化。例如，移动办公平台分享销客(2016 年 3 月更名为“纷享逍客”)在客户管理方面应用信息技术进行了创新，包括一键扫描名片即可完成客户录入，支持语音、文字、图片和地理位置记录客户动态，帮助企业构建全景式的客户服务轨迹等。利用电子计算机，制作电脑顾客资料卡片，或建立计算机顾客信息管理系统，是现代企业及其推销人员可以采用的先进手段。

随时做好推销记录或日记，建立顾客资料库，应该成为现代推销人员的职业习惯。随着现代商战的发展，顾客情报日益重要，传统的记忆式推销正在向新型的记录式推销发展，拥有自己的顾客信息管理系统或顾客资料库。完备的顾客档案既有助于推销人员了解顾客，接近顾客，说服顾客，也有助于企业及其推销人员推行顾客固定化策略。

### 七、开展顾客外交

推销人员是联系企业主顾的重要媒介，要使这种联系长期固定化，就必须积极开展经常性的企业外交活动。顾客关系是企业公共关系的一个主要组成部分，直接关系到企业的生存和发展。对于现有顾客开展推销外交，有利于加深相互了解和信任，争取顾客的理解和谅解，发展主顾关系，增进友谊和合作。

有条件的企业和销售人员可以向自己的大客户派出外交人员，例如设立驻客户办事机构，派出办事人员或客户经理等，以便经常保持与客户的联系，及时向客户通报公司业务进展情况并了解客户的问题和要求，帮助客户解决困难，为客户提供良好的售后服务，等等。必要时有关企业或推销人员还可以主动邀请客户参观生产现场或其他客户使用产品的实际情况，定期发布企业经营公告，举行记者招待会、信息发布会、展览会，举办客户经验交流会、客户酒会、舞会、电影晚会、招待会，组织客户观光旅游，发布企业形象广告，寄送企业公共关系资料，等等。礼尚往来，乃外交之道。大行其道，则大收其效。

开展积极主动的市场外交活动，必将大大促进企业交往，不断改善、巩固和发展主顾关系，实现顾客固定化。

### 八、开展顾客教育

优秀的推销人员应该成为顾客的良师和顾问，帮助顾客解决各种难题。事实上，教育顾客的过程，也是一个继续推销的过程。好学生绝不会忘记恩师。推销人员可以利用产品知识这条纽带把顾客维系起来，不断为顾客提供新的知识，帮助顾客解决新问题，从而不断地加强市场联系，实现顾客固定化。

设立顾客学校，这是开展客户教育的一种好方式。例如，广东某公司就在深圳建立了一所用户培训中心，定期对现有客户的有关技术人员和生产人员进行业务培训，既有利于延长产品使用寿命，提高企业信誉，又有利于实现顾客固定化，促进产品销售。

举办用户讲习班，向客户派出技术服务人员等，也是开展顾客教育的有效办法。

### 九、建立顾客联系制度

要想实现顾客固定化，就必须经常与顾客保持联系。一旦成交，推销人员就应该注意建立顾客档案，制定一套行之有效而又简便易行的联系办法。

给老顾客寄推销信函、贺卡、生日卡、调查表、小礼品等，是保持联系的好方式。登门拜访老顾客，电话问候老顾客，也是加深感情的好形式。关键是要经常提醒顾客，你是他的好朋友。真正的推销员并不是推销员，真正的顾客也不是顾客，而是知心朋友。

懒惰和拖延是推销人员的通病和顽疾，只有克服这些毛病，养成“马上就做”的良好习惯，才能经常保持与顾客的联系，不断增加对顾客的感情投资，提高顾客回报率。

**十、实行顾客分级管理**

无论是对于一个企业而言，还是对于某一位推销人员来说，几乎所有的人都可能成为其潜在的顾客。但是，实际上每一个企业或推销员所拥有的顾客的数量都是极其有限的。要想提高推销效率，要想实现顾客固定化，就必须对现有顾客进行分级管理，开展重点推销。

ABC方法是一种国际上通行的顾客分级方法，推销人员可以根据实际情况的需要和可能，分别以顾客的购买概率、购买频率、购买数量等指标作为划分标准，将现有顾客划分为A级顾客、B级顾客、C级顾客等。也可以对现有推销区域进行分级，划分为A级推销区、B级推销区、C级推销区等。还可以采用其他各种顾客分级标准和分级方法。使用ABC方法来管理客户，就可以使日常推销工作程序化、条理化、系统化、计划化、经常化，有助于推销人员掌握重点客户，开展重点推销和目标管理，推行顾客固定化策略。

**十一、制定顾客发展战略**

实行顾客固定化策略的目的，在于长久地稳定和发展主顾关系，留住老顾客，促进企业的销售工作。然而，顾客并不是一成不变的。顾客不会满足于现状，顾客永远都会不断地提出新的问题，产生新的需要。

顾客在变化，企业和推销人员也要不断适应新情况，跟上新潮流，开发新产品，提供新服务，满足老顾客的新需求。保守落后的企业往往会错失良机，丢掉大批老顾客。而不断创新的企业则会为自己的老顾客提供新的感受和新的满足，从而吸引和留住更多的顾客。当然，成功的企业和优秀的推销人员并不仅仅是顾客的追随者，还应该是顾客的导师和领袖，要善于不断发现顾客的问题和需要，不断创造新产品和新市场，领导消费潮流，指导顾客消费，带领顾客共创美好的生活方式。

**十二、树立“顾客为本”的观念**

企业的使命就在于服务社会，说到底，就是服务顾客。顾客是企业之本，是推销之本，是市场之王，也是财富之源。没有顾客之本，也就没有企业之花。从大营销理论上讲，学生是学校的顾客，读者是作者、编者、出版发行者的顾客，病员是医院的顾客，选民是总统竞选人的顾客，如此等等。没有顾客，也就没有企业和市场，也就没有收入和利润。

在西方市场经济发达的国家里，消费者是“国王”，顾客是“上帝”，几乎所有的企业和推销人员都要花大力气来吸引顾客、管理顾客，推行顾客固定化策略。无论是对书客、旅客、游客、住客、商客、房客，还是对食客、喝客、赌客或其他“客人”，都要极力讨好，不敢轻易得罪一位顾客。有些企业设立顾客投诉制度，宁肯将自己的员工除名，也不愿让顾客生气而失去顾客。

中国要搞社会主义市场经济，顾客仍是企业和推销之本。我们也要坚持“顾客至上”的原则，确立正确的企业经营观念，牢固树立“顾客为本”的市场营销宗旨，全心全意地为用户服务，并且要具有远见卓识，制定科学的顾客管理制度和长远的顾客发展战略，采用各种正当的竞争手段和方式，推行顾客固定化策略，从而不断完善和发展企业与顾客的关系，提高推销效果，促进社会共同进步和人类幸福。

得顾客者昌，失顾客者亡！在市场上，顾客是选民，企业和推销人员是竞选者，顾客会把手中钞票投向值得信赖和喜爱的候选人！

**思考：**

1. 顾客固定化是一项很重要的客户关系管理策略，你认为这种策略的本质是什么？如何开展和实施该策略？

2. 举例说明如何做到“以顾客为本”？如何培植“客户导向的企业文化”？

**案例** **老太太与小贩**

老太太离开家门，提着篮子去楼下的菜市场买水果。她来到一个小贩的水果摊前，问道：“这李子怎么样？”“我的李子又大又甜，特别好吃。”小贩回答。老太太摇了摇头，向另外一个小贩走去，问道：“你的李子好吃吗？”“我这里有好多李子，有大的，有小的，有国产的，还有进口的，您要什么样的李子？”“我要酸一点儿的。”“我这篮李子又酸又大，咬一口就流口水，您要多少？”“来一斤吧。”老太太买完水果，继续在市场上逛。这时她又看到一个小贩的摊上也有李子，又大又圆，非常抢眼，便问水果摊后的小贩：“你的李子多少钱一斤？”“老太太，您问哪种李子？”“我要酸一点儿的。”“其他人买李子都要又大又甜的，您为什么要酸的呢？”“我儿媳妇要生孩子了，想吃酸的。”“老太太，您对儿媳妇真体贴，她想吃酸的，证明她一定能给您生个大胖小子。您要多少？”“我来一斤吧。”老太太被小贩说得高兴，便又买了一斤。

小贩一边称，一边问老太太：“您知道孕妇最需要什么营养吗？”“不知道。”“孕妇特别需要补充维生素。您知道什么水果富含维生素吗？”“不清楚。”“猕猴桃有多种维生素，特别适合孕妇，您要是给儿媳妇天天吃猕猴桃，她一高兴，说不定能生出一对双胞胎。”

“是吗？好，那我就来一斤猕猴桃。”

“您人真好，谁摊上您这样的婆婆，一定有福气。”小贩开始给老太太称猕猴桃，嘴里也不闲着。“我每天都在这里摆摊，水果都是当天从批发市场找新鲜的批发来的。您媳妇要是吃得好了，您再来。”

“行。”老太太被小贩夸得高兴，一边付账一边应承着。

**思考：**

三个小贩都向老太太兜售自己的李子，他们围绕着老太太进行销售，但销售结果完全不同，为什么？

## 复习思考题

1. 简述顾客需求与欲望、需要之间的联系和区别。
2. 简述马斯洛和奥尔德弗需求层次理论的异同点，它们对现代推销有何启示？
3. 试分析顾客的购买心理过程和购买动机。
4. 简述客户关系管理的内涵与产生动因。
5. 简述我国企业客户关系管理战略的实施现状和存在的问题。
6. 联系实际谈谈我国企业实施客户关系管理战略的对策。

# 第五章

# 推销模式理论

学习目的和要求

1. 掌握埃达(AIDA)模式的由来和含义、内容和应用
2. 掌握埃德帕(IDEPA)模式的由来和含义、内容和应用
3. 掌握费比(FABE)模式的由来和含义、内容和应用
4. 掌握迪伯达(DIPADA)模式的由来和含义、内容和应用

## 第一节　埃达(AIDA)模式

### 一、埃达模式的由来和含义

埃达模式是欧洲著名推销专家海因兹·姆·戈德曼于 1958 年在其著作《推销技巧——怎样赢得顾客》一书中概括出来的。埃达推销模式是推销模式中四个具体步骤的概括,即引起消费者注意(attention)、诱发他们的兴趣(interest)、刺激他们的购买欲望(desire)以及促成他们的购买行为(action)。

上述四个单词的第一个字母分别是 A、I、D、A,因此,简称为埃达(AIDA)模式。埃达模式被认为是推销成功的四大法则。埃达模式从消费者心理活动的角度来具体研究推销的不同阶段,对具体的推销实践具有一定的指导意义。埃达模式的具体内容可以用下面一句话来概括:一个成功的推销员必须把顾客的注意力吸引或者转移到所推销的产品上,使顾客对所推销的产品产生兴趣,这样,顾客的购买欲望也就随之产生,然后再促使顾客做出购买行动。埃达模式适用于店堂销售、大型展销和陌生拜访等推销场合。

在业务洽谈的时候，如果顾客表现主动，推销人员当然就没有必要使用埃达模式的四个阶段了。如果顾客有极大的购买欲望，那就不需要推销人员去做说服工作来唤起他的兴趣，他自然会全神贯注地倾听推销人员的销售谈话。这时推销员要做的更多的是服务，而不是一味地推销。

事实上，推销员在完成推销活动过程中，埃达模式的四个发展阶段的区分并不是很严格，各阶段的完成时间是不固定的，四个阶段的先后次序也不是一成不变的。有时候，这个模式的四个阶段的先后次序可以颠倒，有时候也可以省掉其中的某一个阶段。不同的商品，不同的对象，不同的市场环境，完成推销的时间相差很大。有的推销过程可能需要3个月甚至半年或1年的时间才能完成，而有的可能只需要几分钟就能完成。在一般的消费品推销中，顾客注意力阶段一结束，购买兴趣阶段在几十秒钟之内即告开始，而购买欲望阶段则可能需要好几个小时甚至好几十个小时。

每一个推销员都应该根据埃达模式，检查一下自己的销售谈话内容，并向自己提出下面四个问题：

(1)我的销售谈话是否能立即引起顾客的注意；

(2)我的销售谈话能否引起顾客的兴趣；

(3)我的销售谈话能否使顾客意识到他需要我所推销的产品，从而促使顾客产生购买所推销产品的欲望；

(4)我的销售谈话是否使顾客最终采取了购买行动。

## 二、埃达模式的具体内容和应用

### (一)引起消费者注意

在现实生活中，人们每天会接触到大量的商品信息。商品信息能否在市场竞争中引起消费者的注意，是决定推销能否成功的重要前提。运用埃达模式开展推销，无论是在店堂销售、展销会销售，还是上门推销生活用品、办公用品，推销人员的第一个步骤就是要引起目标顾客对推销的注意。在推销人员和目标顾客互相陌生时更是如此。当消费者注意到了推销人员提供的商品信息时，其推销活动才可以进行下去，否则这种推销活动即告失败。

所谓注意，是人们心理活动对一定客体的指向和集中，以保证对客观事物获得清晰的反应。消费者的注意有无意注意和有意注意两种。当推销人员进入目标消费者所在的现场时，目标消费者有可能会像对其他介入者一样对推销人员产生无意注意。而推销的原则要求推销人员一定要尽力强化刺激，引起顾客的有意注意。因而，这里所说的引起消费者注意主要是指引起消费者的有意注意，使消费者把注意力、时间和精力都从其他事物上转移到推销上来。所以，引起消费者注意就是推销人员以诚恳的态度，引人入胜的语言，或具有特色的商品，使消费者腾出时间和精力关注推销人员及其所推销的商品，为下一步的推销活动奠定基础。如果消费者注意到了推销人员提供的商品信息，则说明该推销活动有可能进行下去；反之，说明这次推销已告失败。要引起消费者的注意，任何推销活动都必须有一个良好的开头。

上门推销，由于受到场所、时间和空间的限制，推销人员必须在极短的时间内，有时甚至是一瞬间，用最有效的手段引起消费者的注意。据统计，根据人的心理学规律，推销员在30秒内甚至7秒以内一定要给顾客留下良好的印象，否则很难继续进行推销活动。

如日本著名推销大师原一平，15年保持保险推销冠军称号的一个秘诀就是，采用各种各样的方法吸引消费者的注意。一次，为了与一位顾客见面，他专门到那位顾客以往定做西服的裁缝那里订制了一套与该客户一模一样的西装，并佩戴了同样的领带和饰物，结果大获成功。他认为，推销人员的外表决定了消费者对推销人员的第一印象，因此，他对服装的款式极为重视，也很注意走路、站立及座谈的姿势，并把这些都视为创造推销人员魅力的秘密。

**(二)唤起消费者的兴趣**

一次推销活动，如果已引起了消费者的注意，就说明完成了推销的第一步，在此基础上，推销员还必须设法使消费者对推销的商品发生好感和兴趣。

唤起消费者兴趣的关键在于使顾客清楚地意识到他们在接受推销产品后可以得到何种利益。为尽快引起顾客的兴趣，推销员可以在洽谈一开始就向顾客说明产品的品质、功能等方面的优点，并且与市场上同类产品相比较，设法使顾客感觉到所提出的产品、价格、服务等方面对他都有利。不少成功的推销人员，都把示范看作通往成功推销的必经之路。因为他们知道，陈述事实不同于证实事实，重复自己说过的话也不同于用事实证实自己的话。推销人员可以通过展示和示范，向顾客证实推销的产品确实具有某些优点。通常人们都认为产品的实体展示和产品的使用示范比推销的言辞更具有真实性，更令人信服。因此，熟练地示范推销的产品，往往能够吸引顾客的注意力，使其对产品产生直接兴趣。而且，示范可以加深和强化认识与记忆。当然，从心理学上，强化有正强化和负强化两种，示范得不好也可能给顾客带来不好的印象。一般而言，示范比任何演讲和说明都更能为顾客留下深刻的印象。埃达模式中唤起消费者兴趣的阶段就是示范的阶段。推销员要尽可能地向顾客示范所推销的产品。在所推销的产品不便随身携带时，推销员可以借助产品的宣传资料、数据和其他一些器具，向顾客宣传介绍所推销的产品。如有可能，推销员应尽量让顾客亲自检验产品的质量，事实胜于雄辩。让顾客亲眼看一看，亲手摸一摸，这比其他任何一种方法都更具有说服力。

在这个阶段推销员要做的具体工作主要有两项：

一是向顾客示范所推销的产品。为了使顾客消除疑虑产生购买欲望，推销员可采用的一个效果良好的方法就是实际演示所推销的产品，让顾客亲眼看到产品所具有的功能、性质、特点和使用效果。如推销员在推销钢化玻璃杯时，让顾客把钢化玻璃杯摔在坚硬的地面上，看他是否能把钢化玻璃杯摔坏。这种方法比任何口头宣传都有用，如果推销员想说服顾客安装空调设备，让他到两间不同的办公室走走，体验一下，其中一间安装了空调设备，室内空气清新，凉爽宜人；而另一间没有安装空调设备，室内空气混浊，令人大有窒息之感。

二是了解顾客的基本情况。了解顾客的情况是作示范的一个重要先决条件。埃达模式的兴趣阶段要求推销员一开始就要对顾客的情况进行了解。如何设问，如何运用自己手头掌握的资料让顾客产生兴趣是推销成功的重要问题。这些问题处理得越好，就越有可能直接与顾客交换意见和看法，成交的可能性也就越大。

推销员作示范激起顾客的兴趣，应当注意以下几点：

(1)推销任何产品，都要向顾客进行示范

产品越复杂，技术性能要求越高，就越有必要通过示范使其具体化。即使顾客对推销员的示范表示兴趣不大，或对所推销的产品有所了解，推销员也要作示范，而且示范得越早，效果就会越好。这是成交的一种保证。

(2)产品不便携带时推销员可利用模型、样品、照片和图片作示范推销员要能熟记和灵活运用有关产品的所有数据，并能及时随手画出示意图和图表。这种才能的运用，有助于使顾客产生形象概念，百闻不如一见，给顾客留下栩栩如生的感官印象。

(3)在使用产品中作示范

顾客看到产品实体只能对产品的外观形态有所了解，而不能了解产品的实际功能，这就需要推销员示范怎样使用产品。这种示范可以带有简要的说明，但要深入浅出地说明产品性能或工作原理，而不能用深奥的专业原理吓跑顾客。在示范过程中，增添幽默感和戏剧性，会使顾客感觉新鲜而提高注意力。如在推销电脑产品时，可以让顾客亲自在电脑上操作，这样可以大大增强顾客的兴趣，使顾客乐于成为产品的主人。

(4)慎重使用宣传印刷品

通常顾客在接到宣传小册子时，会以为只是宣传企业形象而已，于是起身用客气话礼送推销员，告知“有需求时再与您联系”。所以，推销员在发宣传小册子时，应对宣传的主要内容进行必要的解释，确保顾客对其内容有全面的了解。

(5)帮助顾客从示范中得出正确结论

每一次示范都应该有具体的目的，必须清楚地知道这一次示范是为了证明什么。检验推销员示范效果的标准是顾客的信服程度，因而推销员不能忽视示范的影响，而要注意观察顾客的反应。

此外，推销员不能强迫顾客下决心，特别是在他们进行抉择时，介绍产品情况应突出重点、掌握节奏，内容不要太多，以免顾客在第二个阶段就有厌烦感觉。

**(三)激起消费者的购买欲望**

购买欲望是指人们在需要和感兴趣的基础上所产生的购买冲动，这是埃达模式的第三阶段，也是推销过程的一个关键阶段。通过推销人员的努力，顾客对产品产生了兴趣，如果兴趣能够同他的需要联系起来，就会激发购买欲望，形成购买动机。顾客对推销提议和推销产品产生兴趣后，就会权衡利弊。权衡利弊时顾客充满许多疑问，既不想失去机会，又害怕上当，举棋不定，处在犹豫不决中。消费者在此阶段往往存在着较为激烈的思想斗争，尤其是在购买耐用品、价值高的贵重物品时，推销员应该给顾客一定的考虑时间和自由决策空间。

在这一阶段，推销员要使顾客充分认识推销物品和购买利益。认识是信任的基础，引导顾客加深对产品利益的认识，能够形成积极肯定的购买态度。要使顾客认识到他具有一种需求，而推销品又能够满足他的需求，顾客意识到这种需求之后，就会有意识地去寻求满足。而推销人员有针对性地介绍商品，能够刺激需求发生，进而导致购买欲望。接着，提出有吸引力的建议，使顾客认识到购买将使他得到乐趣，其购买欲望通过感情刺激形成。最后，陈述道理，以理服人，使顾客认识到他的购买决定不仅在感情上是合理的，而且在理智上是正确的。

**(四)促成消费者的购买行为**

埃达模式的最后一个步骤，也是全部推销过程与推销努力的目的所在，它要求推销员运用一定的成交技巧来促使顾客采取购买行动。在一般情况下，顾客即使对推销品发生了兴趣并有意购买，也会处于犹豫不决的状态。这时推销人员不应悉听客便，而应不失时机地促使顾客进行关于购买的实质性思考，进一步说服顾客，帮助顾客强化购买意识，促使顾客实际进行购买。促成消费者的购买行为是在完成前三个推销阶段后的最后冲刺，或者让顾客实际购买，或者虽然没有成交但洽谈暂时圆满结束。有人把这个阶段称为足球比赛中的“临门一脚”。推销员应该提高这种“临门一脚”能力，提高成交的比率，防止“煮熟的鸭子却飞走了”的结局。如果暂时没有成交，推销员也应做到：分析顾客不能做出购买决定的原因，并针对这些原因做好说服工作；将样品留给顾客使用；给顾客写确认信，用以概括洽谈过程中达成的协议，重申顾客购买产品将得到的利益。

# 第二节 埃德帕(IDEPA)模式

## 一、埃德帕模式的含义

埃德帕(IDEPA)模式是迪伯达(DIPADA)模式(将在后面第四节讲到)的简化形式，是海因兹·姆·戈德曼根据自己的推销经验总结出来的，它主要包括五个步骤：

第一步，I 为 Identification 的缩写，即确认顾客需要，把推销的产品和顾客的愿望联系起来；

第二步，D 为 Demonstration 的缩写，即向顾客示范合适的产品；

第三步，E 为 Elimination 的缩写，即淘汰不宜推销的产品；

第四步，P 为 Proof 的缩写，即证实顾客已做出正确的选择；

第五步，A 为 Acceptance 的缩写，即促使顾客接受推销产品，做出购买决定。

一般来说，埃德帕模式适用于对有着明显的购买愿望和购买目标的顾客进行推销。当顾客主动与推销人员接洽时，都是带有明确的需求目的，他们可能会明确提出要购买的商品，或者手里拿着购货单，在这种情况下，使用埃德帕模式进行推销就变得非常有效。

## 二、埃德帕模式的具体内容

埃德帕模式把推销过程分为五个步骤：

第一步，确认顾客需要，把所推销的产品和顾客的愿望联系起来。

推销员应当准确地发现顾客有哪些需要，针对有明确购买目标的顾客，直接提示哪些产品符合顾客的购买目标，即把所推销的产品和顾客的愿望联系起来。这样做，开门见山，可以节约买卖双方的时间，降低交易成本。

第二步，向顾客展示和示范产品。

应做到边示范边解释，帮助顾客了解产品的性能和用途。

第三步，淘汰不合适的产品。

不合适产品就是不符合顾客需求的产品，对于那些不适合顾客需求的产品，应该大胆淘汰并告知消费者，让消费者相信，“我们是绝不会将不合适的产品卖给消费者的。”

第四步，向顾客证实他的选择是正确的。

一般来说，可以利用顾客购买后的切身感受、广告、公司获得的荣誉证书等向顾客证实顾客的正确购买选择。而且，对直接顾客和中间商的证实重点不一样，对一般消费者主要证实产品的质量、款式、功能等符合消费者的需求，而对中间商来说，主要向中间商证实某个产品在某个市场或由某个商人销售得很好，年利润不少。因为，中间商关心的主要是销售与利润率。

第五步，促进顾客接受产品。

顾客接受商品最关键还在于顾客买到了自认为物美价廉满足自身需求的商品。从某种程度上来讲，如果我们的产品很好，服务也很到位，不用怎么推销，顾客也是会主动购买产品的。对于中间商来说，更是如此，只要购买能产生利润，中间商就会采取购买行动。推销人员应针对顾客的具体特点开展工作。

## 第三节 费比(FABE)模式

### 一、费比模式的含义

费比(FABE)模式是面对面推销中最常见的推销模式。费比是英文FABE的中文译音，而FABE则是英文单词Feature、Advantage、Benefit和Evidence的第一个字母。这四个英文字母表达了费比模式的四个步骤：

第一步，介绍产品的特征(Feature)和特色；

第二步，阐述产品的优点(Advantage)和优势；

第三步，分析产品给顾客带来的利益(Benefit)和价值；

第四步，以“证据”(Evidence)说服顾客购买。

### 二、费比模式的内容

**(一)介绍产品的特征和特色**

F代表Feature，意为特征。该模式要求推销人员在见到顾客后，要以准确的语言向顾客介绍产品的特征和特色，使用的方便性及性价比等。

**(二)阐述产品的优点和优势**

A是Advantage的首字母，意为优点。费比模式要求推销人员在短时间内重点介绍产品与竞争产品相比所具有的特色和竞争优势。一般而言，消费者是非常在乎他所购买产品的独特性能和品位的，如果推销人员介绍客观和真实，言简意赅，就能很好地给消费者带来购买前的参考。

**(三)分析产品给顾客带来的利益和价值**

B为Benefit，意为利益，这是费比模式中最重要的一个步骤。事实上，顾客为什么购买这个产品，最关心的就是这个产品能给消费者带来的价值和利益，没有价值的东西即使免费也是没有意义的。因此，推销人员应该站在顾客的角度，帮助解决顾客真正关心的问题，只有这样才能有效促进消费者的购买。

**(四)以“证据”说服顾客购买**

E为Evidence的首字母，意为证据。事实上，消费者都有一种“买得值，怕后悔”的心理，为了打消顾客的后悔心理，就应该列出一些数据、证明和实例为消费者的正确购买提供证据。

费比模式简化的表达就是“这种产品具备什么(特点)，意味着有什么样的(优势)，将给您带来的真正(利益)是什么，(证据)是什么”。以E100分真人发音英语学习机的销售为例，用FABE推销方式来销售：

第一步：向顾客介绍E100分所具的真人发音功能。我们的E100分的发音是由真人发音的，由语言家的真人发音，而不同于市场上其他产品的电子发声。

第二步：向顾客介绍真人发音的优点。E100 分由于使用语言家（中央电视台著名播音员）的标准英语发音，语音准确、清晰。

第三步：向顾客说明真人发音带来的好处。便于学习者跟读、模仿以及矫正自己的不正确的发音。

第四步：让顾客亲自操作，感受真人发音的效果，从而说服顾客购买。点击出发音较长的句型，让顾客试听真人发音的效果，劝其购买，达成交易。

# 第四节 迪伯达(DIPADA)模式

## 一、迪伯达模式的含义

迪伯达模式是国际推销专家海因兹・姆・戈德曼根据自身推销经验总结出来的一种推销模式。它被认为是一种创造性的推销，是现代市场营销在推销实践活动中的突破与发展，是以需求为核心的现代推销学在实践中的应用。

"迪伯达"（DIPADA）是 Definition、Identification、Proof、Acceptance、Desire、Action 六个单词首字母的组合。迪伯达模式的六个推销步骤为：

第一步，D，英文为 Definition，意为确定、界定，引申为准确地发现顾客的需要与愿望；

第二步，I，英文为 Identification，意为结合，为把所推销的产品与顾客的需要和愿望结合起来；

第三步，P，英文为 Proof，意为证实、证明，引申为证实所推销的产品符合顾客的需要和愿望；

第四步，A，英文为 Acceptance，意为接受，引申为促使顾客接受所推销的产品；

第五步，D，英文为 Desire，意为欲望，引申为刺激顾客的购买欲望；

第六步，A，英文为 Action，意为行动，引申为促使顾客做出购买和成交决定。

迪伯达模式适用于生产资料的推销；适用于对老顾客及熟悉顾客的推销；适用于保险、技术服务、咨询服务、信息情报、劳务市场上无形产品的推销以及开展无形交易；适用于顾客属于有组织购买即单位（或集团）购买者的推销。

迪伯达模式是埃达模式的具体操作步骤，充分体现了推销洽谈的需要性原则和说服规劝原则。推销人员，尤其是推销新手，按迪伯达模式推销将十分有助于推销员训练和提高说服规劝能力，提高推销能力和水平。迪伯达模式充分体现了现代营销观念以满足顾客需要为目的的思想，把推销成功建立在满足顾客需求的基础上，具有广泛的适用性。

运用迪伯达模式指导推销洽谈需要认真把握六个步骤之间的逻辑关系及其作用，除非顾客已明确表现出进入了下一个步骤，否则，绝不可随意跨越其中任何一个步骤，不然的话，推销洽谈失败的可能性会大大增加。

## 二、迪伯达模式的内容和在洽谈中的运用

### （一）准确发现顾客的需要和愿望

从大量的推销实践来看，真正的推销障碍来自需要和欲望得不到满足，顾客的需要既有

明显的、可言说的，又有隐蔽的、不可言明的。这一情况在推销对象是某一组织时，表现得更为突出。因为，在这种情况下，推销对象有两个层次，一是组织本身，二是组织的代表，即推销员直接与之洽谈的某组织的具体的人。这两者在购买的需要和愿望上既有共性，也有差异，而且前者的需要往往是可以明说的，而后者的需要多半不会明说，需要推销员去认真推敲、揣摩。推销员要有效说服顾客，必须准确地发现具体顾客的具体需要与愿望。

总之，准确发现顾客的需要和愿望是有效说服顾客的基础和保证，是使洽谈走向成交的根本所在，是准确建立说服要点，提高洽谈效率的根本办法。否则，洽谈将陷入无效的讨论陷阱中。

**(二)把顾客的需要与推销的产品紧密联系起来**

准确发现顾客的需要与愿望是说服顾客的起点，把顾客的需要和愿望与推销的产品联系起来，则是说服顾客的基础，是促使顾客采取购买行为的伏笔。

把顾客的需要与推销的产品结合起来是运用迪伯达模式的关键。结合的方法很多，可归纳为以下三类：

(1)需要结合法

需要结合法是在对顾客的需要和愿望进行充分讨论并做出准确判断的基础上，以推销品和推销员的推销活动正好满足顾客的需要为题进行结合。顾客购买产品时，通常都会提出价格要低、质量要好、功能要全、售后服务要周到的要求。然而，在多数情况下，这些要求可能都不是顾客真正关心的，因而在结合时，推销人员必须能准确无误地从顾客的真正需要出发，提供给顾客能满足其需要的产品，向顾客表明接受推销品是他明智的选择。需要结合法是以顾客的关心焦点为基础，从顾客的立场和角度进行结合的方法。

(2)逻辑结合法

逻辑结合法是从顾客面临的问题及其看法出发，以逻辑推理方法进行结合。一般而言，顾客之所以购买，总是为解决一定的问题，而任何一位顾客，都会因为自己的知识和经验所限而对解决问题的方式方法产生固定的看法。这种固有的看法无论是否正确，推销人员都应该设法通过恰当的逻辑推论使之得到合理解决。

(3)关系结合法

关系结合法是通过各种人际或工作关系把顾客的需要与推销品联系起来。任何单位或个人都在有意无意地编织着自己的社会关系网，任何关系网都离不开人际关系和工作关系。就个人而言，每个人都有自己的亲朋、同事、同学、上下级等关系。就组织而言，每个组织都要与银行、主管部门、供应商、分销商等发生关系。借助于这些关系，推销员就可把顾客的需要与推销品结合起来。

**(三)证实推销品符合顾客的需要和愿望**

在介绍埃达模式时，已经讨论过向顾客证实其购买推销品的必要性。但是，在使用迪伯达模式时，推销员往往忽略向顾客证实顾客对推销品的真实需求，这是因为推销员过分相信迪伯达模式第二阶段所起的作用。

为了有效地激发和强化顾客对推销品的兴趣，推销员必须以一定的方式向顾客证明推销品是符合其需要和愿望的，从而为其做出购买决策找到足够的理由。“证实”意味着推销人员必须提供有说服力的证据。“证实”的重要原则是：必须从顾客的角度，而不是从推销员的角度来判断证据是否真实可信。

证实的方法主要有人证、物证和例证。

(1)人证法,即通过社会知名人士对推销品的评价进行证实的方法。采用人证法时,推销员提供的人士应是专业权威人士,再就是顾客所信赖的人士。

(2)物证法,即借助产品实物、模型,或有关职能与权威部门提供的证据进行证实的方法。产品的使用演示、质检或测试报告,获奖证书、照片、报刊的报导等均可作为物证。

(3)例证法,即借助典型实例进行证实的方法。与当前顾客情况类似的其他顾客购买推销品后取得较好的效果是说服顾客的较好例证,尤其是当推销员提供的是顾客所熟知的例证时,证实效果会更好。采用例证法时,证据一定要真实可靠,一旦让顾客感觉有虚假信息,对销售将会带来严重的负面效果。

**(四)促使顾客接受所推销的产品**

无论是结合还是证实,一般都不会必然使顾客产生对推销品的购买欲望。推销员的证实和顾客的接受之间,有着不可忽视的差异。接受推销品是顾客在思想上认可推销品,是推销员进行结合与证实的结果,也是顾客对推销员进行的结合与证实表示赞同的表现。

促使顾客接受推销品必须坚持"顾客为本"的原则。首先必须明确,"接受"的主体是顾客,也只有顾客的"接受"才有意义,至于推销员自己如何看待自己的推销品,那是另外一回事。其次,要避免硬性推销、急于求成的做法,不能试图强迫顾客接受。

因为迪伯达模式的第五个步骤——刺激顾客的购买欲望,第六个步骤——促使顾客做出购买决定与埃达模式的第三、第四阶段相同,故不再重述。

以零售商的零售为例,零售商接待的顾客大多是自己主动到商店来购买商品的顾客。一般来说,这些顾客或多或少都知道他们需要购买哪些产品,无须零售商向他们推销。有时,也会出现例外情况,如"额外销售",即推销员向顾客推销一些他们本不打算购买的产品。另外还有一些顾客只是到商店逛逛,并不准备购买什么东西。零售商可以抓住这一机会向闲逛的顾客推销,刺激他们的购买欲望。

总之,推销人员不管是向零散的顾客小批量推销,还是向中间商大批量推销,或是向组织采购者成批推销,只要是顾客主动与推销员接洽,推销员在业务洽谈时都应使用迪伯达模式的简化形式。不管是顾客主动找上门来,还是推销员上门推销,最重要的一点是,推销员应当准确地发现顾客的需要和愿望,只有这样,在业务洽谈时,才有可能达成交易。

上述四个推销模式影响较大,在实际推销中用的较多。其中,埃达模式产生最早,最具有代表性,它注重利用顾客的心理变化规律,为其他模式的设计提供了思路;迪伯达模式是对埃达模式的补充和修正,它把埃达模式前两个阶段的内容更加具体化了,应该说前进了一步,被称为现代推销模式;在顾客主动的情况下,使用埃德帕模式既简便又有效。此外,还有许许多多的推销模式,如吉姆模式、希斯模式、韦伯斯特—温德模式等,这里不再一一介绍。俗话说,"兵无常势,水无常形"。推销更是如此,没有永恒的唯一的模式,任何推销人员都不能盲目照搬这些模式,生搬硬套只会适得其反。我们应该坚持现代推销的基本理念,针对不同的顾客在不同的环境下,用我们的热情和真诚,把最适合顾客需求的产品提供给顾客,真正与顾客达到双赢。

**案例一　　埃达模式的运用**

推销员:"您好,我是喜乐公司的王涛,我带来了一种新型的调料盒,您看,就是这种。"

顾客:"调料盒? 我家有,不买!"

推销员："那您的调料盒一定有好几件喽？"

顾客："那当然。你看，这是花椒盒，这是味精盒，这是……"

推销员："真不少，看来您对烹调很内行啊，光调料盒就排了这么一大溜，挺占地方吧？"

顾客："为了吃得可口，没办法。"

推销员：（开始示范产品）"您看，这种调料盒，能分装十种调料，可以挂起来，对，就挂这。您看，既卫生，又好看，不占地方，用着特别方便，如果用它，您的厨房就更利索了。"

顾客："是不错，多少钱？"

推销员："5元钱，一个调料盒仅5元钱，挺便宜的。"

顾客："确实不贵。"

推销员："那就把这套给您留下吧？"

顾客："好。给你钱。"

（引自孙安彬：《企业管理》，2001年第10期）

**思考：**

**请具体分析案例中埃达模式是如何被应用的？**

**案例二　　迪伯达模式的应用**

某手表生产商对一些手表零售商店的销售状况进行了调查，发现商店的售货员对推销该厂的手表不感兴趣，手表零售商的销售策略也有问题。厂方决定开办一所推销技术学校，并派出厂里的推销代表（包括萨姆纳·特伦顿在内），到各手表零售商店进行说服工作，目的是使他们对开办推销技术学校产生兴趣和积极配合，如安排人员参加学习等。特伦顿来到了一家钟表店，运用迪伯达模式对表店的负责人进行了成功的推销。

下面是特伦顿与表店负责人迪尔的对话：

特伦顿："迪尔先生，我这次来这里的主要目的是想向你了解一下商店的销售情况。我能向你提几个简短的问题吗？"

迪尔："可以。你想了解哪方面的情况？"

特伦顿："你本人是一位出色的推销员……"

迪尔："谢谢你的夸奖。"

特伦顿："我说的是实话。只要看一看商店的经营状况，就知道你是一位出色的推销员。不过你的职员怎样？他们的销售业绩与你一样吗？"

迪尔："我看还差一点，他们的销售成绩不太理想。"

特伦顿："完全可以进一步提高他们的销售量，你说呢？"

迪尔："对！他们的经验还不丰富，而且他们当中的一些人现在还很年轻。"

特伦顿："我相信，你一定会尽一切可能帮助他们提高工作效率，掌握推销技术，对吗？"

迪尔："对。但我们这个商店事情特别多，我整天忙得不可开交，这些，你是知道的。"

特伦顿："当然，这是难免的。假如我们帮助你解决困难，为你们培训商店职员，你有什么想法？你是否愿意让你的职员学习和掌握怎样制定销售计划、赢得顾客、增加销售量、唤起顾客的购买兴趣、诱导顾客做出购买决定等技巧。使他们像你一样，成为出色的推销员。"

迪尔:"你们的想法太好了。谁不愿意有一个好的销售班子。不过如何实现你的计划?"

特伦顿:"迪尔先生,我们厂为你们零售商店的职员开办了一所推销技术学校,其目的就是训练这些职员掌握你希望他们掌握的技能。我们特别聘请了一些全国有名的推销学导师和高级推销工程师负责学校的培训工作。"

迪尔:"听起来很不错。但我怎样知道他们所学的东西正是我希望他们学的呢?"

特伦顿:"增加你的销售量符合我们的利益,也符合你的利益,这是其一。其二,在制定训练计划时,我们非常希望你能对我们的教学安排提出宝贵的意见和建议。"

迪尔:"我明白了。"

特伦顿:"给,迪尔先生,这是一份课程安排计划。我们把准备怎样为你培训更好的销售人员的一些设想都写在这份材料上了。你是否把材料看一下?"

迪尔:"好吧,把材料交给我吧。"(特伦顿向迪尔介绍了计划)

特伦顿:"我已经把你提的两条建议都记下来了。现在,你还有什么不明白的问题吗?"

迪尔:"没有了。"

特伦顿:"迪尔先生,你对我们这个计划有信心吗?"

迪尔:"有信心。办这所学校需要多少资金,需要我们分摊吗?"

特伦顿:"你只需要负担受训职员的交通、伙食、住宿费用。其他费用,包括教员的聘金、教学费用、教学工具等,统统由我们包了。我们初步计算了一下,每培训一个推销员,你最多支付45英镑。为了培养出更好的推销员,花费45英镑还是值得的。你说呢?假如经过培训,每个受训职员的销售量只增加了5%的话,你很快就可以收回所支付的这笔费用了。"

迪尔:"这是实话。可是……"

特伦顿:"假如受训职员的推销水平只是你的一半……"

迪尔:"那就很不错了。"

特伦顿:"迪尔先生,我想你可以先派3个有发展前途的职员参加第一届训练班。这样,你就知道训练的效果如何了。"

迪尔:"我看还是先派2个吧。目前我们这里的工作也比较忙,不能多派了。"

特伦顿:"那也是。你准备先派哪两位去受训呢?"

迪尔:"我初步考虑派……不过,我还不能最后决定。需要我马上做出决定吗?"

特伦顿:"不,你先考虑一下,下周一告诉我,好吗?我给你留两个名额。"

迪尔:"行,就这么办吧!"

**思考:**

请具体分析一下案例中迪伯达模式是如何被应用的?

**阅读材料**　　　　**顾客让渡价值分析**

一、顾客让渡价值的内涵

由于社会的不断发展,商品生产能力极大提高,从而使如今的消费者面临着纷繁多样的商品和品牌选择,这就使企业必须关注顾客是如何做出选择的。显然,从经济学的观点看,消费者既然是社会经济的参与者和商品价值的实现者,他必然按"有限理性者"行事,亦即顾客是按所提供的最大价值进行估价的，因而，现代营销理论的前提是买方将从企业购买他们认为能提供最高顾客让渡价值的商品或服务，而顾客让渡价值（customer delivered value）是指整体顾客价值（total customer value）与整体顾客成本（total customer cost）之间的差额部分。整体顾客价值是指顾客从给定产品中期望得到的全部利益，这包括产品价值、服务价值、人员价值和形象价值。整体顾客成本则是顾客在购买商品和服务过程中所耗费的货币、时间、精力和精神成本。

顾客让渡价值概念的提出为企业经营方向提供了一种全面的分析思路。首先，企业要让自己的商品能为顾客接受，必须全方位、全过程地改善生产管理和经营，企业经营绩效的提高不是行为的结果，而是多种行为的函数，以往我们强调营销只是侧重于产品、价格、分销、促销等一些具体的经营性的要素，而让渡价值却认为顾客价值的实现不仅包含了物质的因素，还包含了非物质的因素；不仅需要有经营的改善，而且还必须在管理上适应市场的变化。其次，企业在生产经营中创造良好的整体顾客价值只是企业取得竞争优势、成功经营的前提，一个企业不仅要着力创造价值，还必须关注消费者在购买商品和服务中所付出的全部成本。由于顾客在购买商品和服务时，总希望把有关成本，包括货币、时间、精力和精神降到最低限度，而同时又希望从中获得更多实际利益。因此，企业还必须通过降低生产与销售成本，减少顾客购买商品的时间、精力与精神耗费从而降低货币和非货币成本。显然，充分认识顾客让渡价值的含义，对于指导工商企业如何在市场经营中全面设计与评价自己产品的价值，使顾客获得最大程度的满意，进而提高企业竞争力具有重要意义。

二、顾客购买的整体价值

使顾客获得更大"让渡价值"的途径之一是改进产品服务、人员素质与企业形象从而提高产品或服务的总价值。其中每一项价值因素的变化都对总价值产生影响，进而决定了企业生产经营的绩效。

（一）产品价值

产品价值是由产品的质量、功能、规格、式样等因素所产生的价值。产品价值是顾客需求的核心内容之一，产品价值的高低也是顾客选择商品或服务所考虑的首要因素。那么如何才能提高产品价值呢？要提高产品价值，就必须把产品创新放在企业经营工作的首位。企业在进行产品创新、创造产品价值的过程中应注意：

(1)产品创新目的是为了更好地满足市场需求，进而使企业获得更多的利润。因此，检验某些产品价值的唯一标准就是市场，即要求新产品能深受市场顾客的欢迎，能为企业带来满意的经济效益，这才说明该产品的创新是有价值的。

(2)产品价值的实现是服从于产品整体概念的，现代营销学认为产品包含三个层次的内容：核心产品（主要利益）、形式产品（包装、品牌、花色、式样）和附加产品（保证、安装、送货、维修）。与此相对应，产品的价值也包含三个层次：

内在价值，即核心产品的价值；

外在价值，即形式产品的价值；

附加价值，即附加产品的价值。

现代的产品价值观念要求企业在经营中全面考虑产品的三层价值，既要抓好第一层次的价值，同时也不能忽视第二、第三层次的价值，做到以核心价值为重点，三层价值一起抓。

（二）服务价值

服务价值是指企业向顾客提供满意所产生的价值。服务价值是构成顾客总价值的重要因素之一。从服务竞争的基本形式看，可分为追加服务与核心服务两大类。追加服务是伴随产品实体的购买而发生的服务，其特点表现为服务仅仅是生产经营的追加要素。从追加服务的特点不难看出，虽然服务已被视为价值创造的一个重要内容，但它的出现和作用却是被动的，是技术和产品的附加物。显然高度发达的市场竞争中，服务价值不能以这种被动的竞争形式为其核心。核心服务是追加服务的对称，核心服务是消费者所要购买的对象，服务本身为购买者提供了其所寻求的效用。核心服务则把服务内在的价值作为主要展示对象。这时，尽管存在实体商品的运动，两者的地位发生了根本性的变化，即服务是决定实体商品交换的前提和基础，实体商品流通所追求的利益最大化应首先服从顾客满意的程度，而这正是服务价值的本质。

（三）人员价值

人员价值是指企业员工的经营思想、知识水平、业务能力、工作效率与质量、经营作风以及应变能力等所产生的价值。只有企业所有部门和员工协调一致地设计和实施卓越的竞争性的价值让渡系统，营销部门才会变得卓有成效。因此，企业的全体员工是否就经营观念、质量意识、行为取向等方面形成共同信念和准则，是否具有良好的文化素质、市场意识及专业知识，以及能否在共同的价值观念基础上建立崇高的目标，作为规范企业内部员工一切行为的最终准则，决定着企业为顾客提供的产品与服务的质量，从而决定顾客购买总价值的大小。由此可见，人员价值对企业，进而对顾客的影响作用是巨大的。

（四）形象价值

形象价值是指企业及其产品在社会公众中形成的总体形象所产生的价值。形象价值是企业各种内在要素质量的反映。任何一个内在要素的质量不佳都会使企业的整体形象遭受损害，进而影响社会公众对企业的评价。因而塑造企业形象价值是一项综合性的系统工程，涉及的内容非常广泛。显然，形象价值与产品价值、服务价值、人员价值密切相关，在很大程度上是上述三方面价值综合作用的反映和结果。所以形象价值是企业知名度的竞争，是产品附加值的部分，是服务高水准的竞争，说到底是企业“含金量”和形象的竞争，它使企业营销从感性走向理性。

三、影响顾客购买的成本因素

要实现最大程度的顾客让渡价值，仅仅创造价值是远远不够的，与此同时，还应该设法降低顾客购买的总成本。顾客总成本不仅包括货币成本，而且还包括时间成本、精力成本等非货币成本。通常情况下，顾客购买商品首先要考虑货币成本的高低，因而货币成本是构成整体顾客成本的主要和基本因素。除此之外，顾客在购买商品时所耗费的时间、精神和精力也将成为其购买决策的重要影响因素。因此，企业要想创造最大的让渡价值，使顾客能充分满意，就必须解决如何帮助顾客降低非货币成本的问题。

（一）时间成本

时间成本是顾客为想得到所期望的商品或服务而必须处于等待状态的时期和代价。时间成本是顾客满意和价值的减函数。在顾客价值和其他成本一定的情况下，时间成本越低，顾客购买的总成本越小，从而顾客让渡价值越大，反之让渡价值越小。因此，为降低顾客购买的时间成本，企业经营者必须对提供商品或服务要有强烈的责任感和事前的准备，在经营网点的广泛度和密集度等方面均需做出周密的安排，同时努力提高工作效率，在保证商品服务质量的前提下，尽可能减少顾客为购买商品或服务所花费的时间支出，从而降低顾客购买成本，为顾客创造最大的让渡价值，增强企业产品的市场竞争力。

（二）精力和精神成本

精力和精神成本是指顾客购买商品时，在精力、精神方面的耗费与支出。在顾客总价值与其他成本一定的情况下，精力与精神成本越小，顾客为购买商品所支出的总成本越低，从而让渡价值越大。因此，企业如何采取有力的营销措施，从企业经营的各个方面和各个环节为顾客提供便利，使顾客以最小的成本耗费，取得最大的实际价值是每个企业需要深入探究的问题。

四、顾客让渡价值系统的建立

顾客让渡价值系统建立的实质是设计出一套满足顾客让渡价值最大化的营销机制。

（一）利用价值链实现网络竞争优势

企业通过顾客让渡价值最大化来体现其竞争优势，竞争优势来自于一个企业在设计、生产、销售、发送和辅助其产品过程中所进行的互相联系的活动。这些活动的每一项都有助于企业提高顾客让渡价值，实现竞争优势。哈佛大学的迈克尔·波特教授把一系列活动称为价值链。竞争者价值链之间的差异是企业竞争优势的一个关键来源。

企业的价值链不是一系列相互独立的活动，而是一个由相互依存的活动组成的一个系统。企业的价值链不仅在其内部是互相联系的，而且与其供应商和销售渠道的价值链密切相关。因此，供应商和销售渠道的活动影响着企业的成本和效益，也影响着企业实现顾客让渡价值最大化。

由于社会分工越来越细化，产业间的协调与联系也随之越来越重要，竞争的加剧，使企业单独作战很难体现竞争优势，所以，企业必须与其供应商及销售渠道建立密切的价值链关系，从而实现网络竞争优势。企业利用价值链之间的纵向联系，加强与供应商及销售渠道的合作，可以提高顾客整体价值，降低顾客购买成本，实现顾客让渡价值最大化。因此，利用价值链实现网络竞争优势是建立企业顾客让渡价值系统的一个重要内容。

（二）实行核心业务流程管理

虽然根据价值链的原理，企业内部各部门应协调一致、追求公司整体利益最大化。但是在现实生活中，企业业务部门往往把部门利益放在第一位，而不是首先考虑公司和顾客利益的最大化。为了解决这个矛盾，需要实行核心业务流程的流畅管理。

一般来说，企业的核心业务流程有以下几种形式：

一是新产品的实现流程，它包括发现、研究，以及成功制造新产品的所有活动。这些活动必须快速、高质量，而且要达到预期成本目标。

二是存货管理流程，它包括开发和管理合理储运地点的活动，以使原材料、半成品和成品能实现充分供给，而不至于因为库存过大或库存不足造成成本上升。

三是订货—汇总流程，它包括接受订货、核准销售、按时送货以及收取货款等活动。

四是顾客服务流程，它包括顾客在公司内很顺利地找到适当的当事人，以得到迅速、满意的服务、回答以及解决问题的活动。

上述四种核心业务流程对于企业实现内部协调，提高顾客让渡价值具有重要作用。其中，新产品的实现流程可以根据顾客的需求及时生产出高质量的产品，从而提高企业的产品价值；存货管理流程可以最大限度地降低企业的生产成本和储运成本，从而降低顾客购买时的货币成本；订货—汇总流程和顾客服务流程可以及时准确地发送货物、收取货款、为顾客提供满意的服务，从而提高企业的服务价值，降低顾客采购成本，实现顾客让渡价值最大化。

（三）实行全面质量营销

企业提高顾客让渡价值，建立顾客让渡价值系统的工作不可能由企业的营销部门单独完成，这需要企业的市场营销部门必须与企业的其他部门很好地协调，在企业内部实行全面质量营销。

美国质量控制协会对此所下的定义是：质量是一种产品或服务的性能和特征的集合体，它具有满足现实或潜在需求的能力。

我们认为，这是一种以顾客为中心的质量定义。顾客有一组需求、要求和期望，当卖方的产品和服务符合或超过了其期望，我们可以说卖方在传递质量。

一个具有竞争力的企业必须是建立顾客让渡价值系统的企业，而企业要建立顾客让渡价值系统，必须首先树立全面质量营销的观念。那么，如何理解全面质量营销呢？

第一，质量一定是由顾客所理解的。质量工作开始于顾客的需求，结束于顾客的理解。因此质量改进只有建立在顾客理解的基础上才是有意义的。也就是说，制造商必须将顾客的声音贯彻到整个设计、工程、制造和配送过程之中。

第二，质量必须反映在公司的每一个活动之中，而不仅仅反映在产品中，质量要求全体员工的共同参与。成功的公司是那些消除了部门间壁垒的公司，他们的员工像团队一样协同工作，不仅仅在提高产品的质量，而且在提高广告、服务、产品说明、配送，售后支持等活动的质量都协同工作。

第三，质量要求有高质量的合作伙伴，即要实现价值链之间的纵向联系。

第四，质量是要能不断改进的，而且质量的改进有时要求量上的飞跃，即制定数量改进的目标，小的改进常可以通过努力工作来实现，但大的改进要求有崭新的措施和方法，需要更灵巧的工作。

第五，质量并不花费更多的成本。也就是说，质量可以通过认识到“第一次就把事情做好”而得到确实的改进，当企业第一次就把事情做正确时，很多成本就被节约了。

第六，质量是必要的但也许还是不够的，高质量可能并不能赢得竞争优势，尤其是当竞争者也或多或少提高了相当程度的质量。

（四）重视内部的服务管理

随着市场竞争的日益激烈，企业的优势已不再局限于产品或服务本身，与产品和服务紧密相关的企业内在服务质量已受到了越来越多的重视。这是因为从企业利润产生的全过程看，企业获利能力的强弱主要是由顾客的忠诚度决定的。调查发现忠诚度顾客每增加50％，所产生的利润增幅可达25％～85％。显然，忠诚顾客的多少在很大程度上决定了市场份额的质量。而忠诚顾客的塑造却依赖于企业为顾客实现让渡价值的大小，企业员工是让渡价值的实现者，他们的工作效率和员工的工作水平又是由企业内部服务管理的质量决定的。如果一个企业能够加强企业内部管理，更好地为自己的员工服务，就可以实现员工满意，员工满意可以创造出最大的顾客让渡价值，从而实现顾客满意和顾客忠诚，最终使企业获得利润。

**思考：**

1. 何谓顾客让渡价值？谈谈全面质量营销在当今营销活动中的重要性。

2. 如何从顾客让渡价值的角度提升顾客的满意度和忠诚度？

## 复习思考题

1. 何谓埃达(AIDA)模式？结合实际谈谈埃达模式的应用策略。
2. 何谓埃德帕(IDEPA)模式？结合实际谈谈埃德帕模式的应用策略。
3. 何谓费比(FABE)模式？结合实际谈谈费比模式的应用策略。
4. 何谓迪伯达(DIPADA)模式？结合实际谈谈迪伯达模式的应用策略。

# 第六章

# 现代推销理念的演进与创新

**学习目的和要求**

1. 了解现代推销理念的内涵及其演化趋势
2. 能运用现代推销理念联系实际进行有效的推销活动

## 第一节　现代推销的背景与趋势

推销，一个商业活动中的永恒话题。互联网的普遍应用、大数据时代的崛起、知识经济的加速发展、全球化浪潮的回溯，都昭示我们的推销环境正在并将要发生巨大的变化，如何适应巨变的环境，制定适宜企业发展的营销与推销战略，实施科学合理的推销计划与策略，是企业在激烈的市场竞争中脱颖而出，持续成长的关键。市场经济强调，"适者生存，强者发展"。我们如何能做市场的适者和强者呢？如何能使企业成为持续成长与发展的百年企业呢？原因固然是多方面的，但创新却是应对这一挑战的最关键最有效的法则，这其中又以理念创新为先导，理念创新决定了制度、科技、管理、组织等创新。

前伦敦商学院战略及国际管理教授、Strategos 公司的董事长暨创办人、被《经济学家》誉为"世界一流战略大师"的加里·哈默尔在其新作《领导企业变革》一书中指出："变革时代的经营理念创新将是独特的竞争优势。经营理念的创新是使用各种方法重构现存经营模式的能力，它可以为客户创造新的价值，令竞争者措手不及并给投资者带来新的财富。对于新创企业来说，经营理念的创新是在面临巨大资源劣势时获取成功的唯一途径；对于领先者来说，这也是将成功进行下去的唯一途径。"理念创新是一种创新的想象力，这种想象力能够生动地想象出新的经营模式或新的方法，而新的经营模式或新的经营方法使得现存经营模式或经营方法变得过时，并在一个产业内或竞争领域内引入更多的战略性变化，从而改变一个产业或一个领域内的竞争基础，创造出新的财富。有专家分析说，IT 业辉煌时，美国的硅谷每天会创造出 60 个百万富翁。而加里·哈默尔认为，硅谷的真谛不是“e”，而是“i”，即不是电子商务(e-business)，而是创新和想象力(imagination)。在 21 世纪的经济中，成功与失败取决于“i”的力量，而非取决于“e”的力量。

具体到推销领域，创新仍然是推销事业发展的动力和源泉。我们从营销理念的演化中可以得知，经济的发展和社会的进步促使了营销观念从生产观念向产品观念、传统推销观念、市场营销观念和社会营销观念演进。事实上，推销也存在着传统推销向现代推销的演进，强力推销向关系推销、绿色推销、互动推销和顾客份额推销等新型推销理念演进，推销将是一个让“真善美”得到极致体现的活动。

审慎分析我国现代推销的大背景，可以发现具备如下主要特点和趋势：

1. 推销视角放大，全球化和一体化成为企业推销发展的新视角

经济的发展，国家边界对经济发展的界限划分显得不起丝毫作用，“无边界化”经济正在成为现实。国内市场商品和服务的竞争已趋白热化，尤其是在竞争激烈的彩电、冰箱、洗衣机等家电行业，宁让利润，不让市场，几乎到了你死我活的地步。国际竞争国内化、国内竞争国际化趋势日益强烈，想逃避国际化竞争的企业几乎没有生存空间，不可能得到发展。

推销的实质是交换，在全球一体化的大市场中，国内推销与国际推销的区分已经没有任何意义，只有不断创新推销理念、方式、手段，才能在激烈的推销竞争中占得先机，赢得主动。对于致力于持续成长与发展的企业来说，全球化和一体化的推销视野对企业的发展显得至关重要。

2. 居民消费多样化、高档化、理性化

随着我国经济的持续快速发展，居民消费已逐步进入新一轮消费周期，主要标志是家电在农村普及，住房、轿车、电脑逐步进入城市家庭。即农村从百元级向千元级、万元级消费发展；城镇居民消费从千元级向万元级、十万元级消费发展。城镇居民的消费重点由衣、食、用为主转向住、行为主，农村居民则由食、衣、住为主转向用、行为主；由简单消费转向包括服务在内的复杂消费；由大量的普及性消费转向追求时尚、个性化消费。消费观念和行为从从众到选择，从盲从到理性，许多消费者已经建立起了成熟的消费观念和消费行为。具体来说，一是理性消费占主导。是否真的需要、商品质量和服务的好坏、价格的真实度，成为消费者选购商品的首要条件。中国人的消费观念已经与国际流行的消费观念越来越接近。二是个性消费盛行。事实上，中国消费者在经历了量的消费时代和质的消费时代后，带有感性色彩的个性消费理念将逐渐占上风。三是信贷消费兴起。2010 年，中国消费信贷规模为 7.5 万亿元，2015 年末达到 19.0 万亿元，5 年间增长了 1.5 倍。信贷消费的核心是“花明天的钱，圆今天的梦”，这无疑是对中国千百年来消费观念的深刻变革。这种变革带有历史的必然性。

3. 营销方式现代化

与传统市场营销相比，现代市场营销实现了五个根本性转变，即从以市场为中心转变为以消费者为中心；从以销售产品为主转变为以消费者满意为主；从质量竞争转变为服务竞争、品牌竞争；从以推销产品的宣传为主转变为与消费者互动沟通为主；从单纯追求企业利润转变为兼顾造福于环境和社会。与此相适应，整体营销、服务营销、关系营销、定制营销、形象营销、绿色营销、网络营销、体验营销、互动营销、直接营销等方式层出不穷。

4. 信息化浪潮催生营销管理的信息化

20世纪最伟大的技术革命要数互联网技术的诞生了，互联网改变了整个世界，大大突破了企业经营和人类生活的时空限制。从供应链管理(SCM)到企业资源计划(ERP)到客户关系管理(CRM)，三者构成了整个企业信息化的链条。客户关系管理(CRM)便是营销管理信息化的产物，通过客户终端信息的采集、客户数据库的建立、数据分类与挖掘等工作来提升整个企业的客户服务质量与水平，从而提升整个企业的竞争优势。企业必须顺应信息化浪潮，通过电子网络系统，建立起市场信息快速反应机制，通过多渠道搜集与营销有关的环境信息、技术信息、企业信息、产品信息、需求信息，为企业产品开发、技术改造和营销决策提供第一手准确而及时的信息。

5. 客户关系网络成为企业发展最重要的资源

在激烈竞争的市场竞争条件下，没有客户，就没有企业生存的价值和空间。有多少客户，有多少有价值的客户，就有多大的生存空间。这已经是企业界普遍达成的共识。实施客户关系管理战略，提升客户价值成为企业发展的战略选择。在市场营销观念指导下，提高表面的市场或顾客份额已经不怎么重要，关键在于增加顾客购买的频率和每次购买的价值，进而提高企业在顾客终身购买价值(有人简称"顾客终身价值")中的所占份额。此外，随着国民生活水平的不断提高，人们消费观念已经发生了很大变化，追求商品物美价廉、持久耐用的消费观念正在逐步向个性消费和高服务消费观念转变，越来越多的顾客变得对价格不甚敏感，对服务质量和购买感受变得日趋关注，顾客消费的理性程度显著提高。随着顾客可供选择的商品品牌数量的增加，顾客购买理性的增加，真正能让顾客做出购买选择的就只有那些赢得顾客忠诚的品牌，顾客忠诚成为企业争夺消费者最重要的判断砝码。建设企业自己的和谐稳固的客户关系网将是企业核心竞争力所在。

## 第二节　现代主要推销理念

推销理念是指如何引导、组织和控制推销活动，以及在推销活动中如何协调组织、消费者和社会利益关系的观念、思想和价值取向。推销理念是企业推销管理活动的导向，并随着市场形势的变化而发展变化。

推销理念的创新是现代企业根据新的推销环境的客观变化而进行的经营指导思想的创新，它是企业推销创新的先导，从方向上综合支配企业推销创新的各项活动。企业经营管理者和员工只有首先进行理念创新，解放思想，才能积极有效地推动企业的推销创新活动。

### 一、关系推销理念

#### (一)关系推销的内涵分析

推销有两种最基本的类型：交易式推销和关系式推销。交易式推销以完成交易、获得利润为目标，采取一切能促成交易的手段完成推销活动；而关系式推销以建立客户关系为目标，注重与顾客的情感交流和热诚服务，站在顾客的角度通过推销满足顾客真正的需求，成交只是通过与顾客的沟通培育良好顾客关系的产物。顾客是关系推销的立足之本，关系推销不仅将注意力集中于和顾客的关系，而且扩大了推销的视野。所涉及的关系包含了企业与其利益相关者之间发生的所有关系。

交易推销与关系推销的区别如表6－1所示。

表6－1 交易推销与关系推销的区别

| 交易推销 | 关系推销 |
|---|---|
| 关注一次性交易 | 关注保持顾客 |
| 较少强调顾客服务 | 高度重视顾客服务 |
| 有限的顾客承诺 | 高度的顾客承诺 |
| 适度的顾客联系 | 高度的顾客联系 |
| 质量是生产部门所关心的 | 质量是所有部门所关心的 |
| 以达成交易为直接目标 | 以建立顾客关系为直接目标 |

**(二)关系推销的本质特征**

关系推销是企业与顾客、企业与企业间双向的信息交流；是企业与顾客、企业与企业间的以合作协同为基础的战略过程；是关系双方以互利互惠为目标的推销活动；是利用控制反馈的手段不断完善产品和服务的管理系统。

**(三)关系推销的中心——顾客忠诚**

在关系推销中，怎样才能获得顾客忠诚呢？发现正当需求——满足需求并保证顾客满意——营造顾客忠诚，构成了关系推销中的三部曲：

(1)企业要分析和创造出顾客需求，并生产和销售能满足顾客真正需求的产品和服务。满意的顾客会对企业带来有形的好处(如重复购买该企业产品)和无形利益(如宣传企业形象，为企业做免费“广告”)。

(2)提升顾客满意度。推销学者提出了导致顾客全面满意的七个因素及其相互间的关系：欲望、感知绩效、期望、欲望一致、期望一致、属性满意、信息满意；欲望和感知绩效生成欲望一致，期望和感知绩效生成期望一致，然后生成属性满意和信息满意，最后导致全面满意。从模式中可以看出，期望和欲望与感知绩效的差异程度是产生满意感的来源，所以，企业可采取下面的方法来取得顾客满意：提供满意的产品和服务；提供附加利益；提供信息通道。

(3)顾客维系。市场竞争的实质是争夺顾客资源，维系原有顾客，减少顾客的叛离，留住老顾客要比争取新顾客更为有效。

**(四)关系推销的核心战略——提升客户价值**

1. 客户价值的科学内涵

关于客户价值(customer value)的含义，学术界有着不同的看法。但基本上可以归结为两种：一种是从消费者的角度而言的，客户价值是指客户在从事购买活动中获得的净收益，即：

$$客户价值=客户购买总收益-客户购买总成本$$

客户购买总收益一般包括产品的核心价值(使用价值)、形象价值、服务价值、文化价值等；客户购买总成本包括购买的货币成本、时间成本、精力成本和其他耗费等。不难看出，对这些收益和成本进行精确的定量计算是有一定难度的，或者说根本就不可能，因为很多收益和成本涉及人的内心满足感，而满足感很难估算。从这个公式不难看出，企业只有真正树立为顾客服务的观念和意识，努力使客户价值最大化，才能从根本上赢得顾客的满意度和忠诚度。

不过，CRM研究中用得较多的定义不是上一种描述，而是从企业的角度来定义客户价值。美国西北大学凯洛格学院对“客户价值”的定义是：所有用户未来为企业带来的收入之和，减去产品和服务的成本、营销成本，加上满意的顾客因向其他潜在客户推荐而带来的利润。笔者认为，从企业的角度来看，客户价值是指企业在一定时期内通过消费者的购买行为从消费者身上所获得的价值（主要是用货币计算的价值）与获得客户的成本（应该包括产品成本、服务成本、营销成本等）的差额。说得更清楚些，就是客户生命周期内消费者向该企业通过购买行为支出货币的多少减去获得客户所花的成本。从长期或者持续的角度来观察客户价值（也有人称为“客户持续价值”。本书为统一起见，均称为客户价值），客户价值公式还应予以修正，即：

客户价值（即客户持续价值）＝客户生命周期内预计交易次数×平均每次购买金额－获得客户的成本＋推荐客户的净收入（也可以说是客户延伸价值）

从这个公式可以明确看出，企业的利润来源就在于客户价值与所花成本的差额，提高利润的途径要么在成本一定的情况下提升客户价值，要么在客户价值相对固定时降低获得顾客的成本。一般来说，获得顾客的成本随时间的推移呈下降趋势，而客户价值的总量随时间的推移因推荐客户数量和客户自身购买数量的增加而呈现逐步增加趋势。这一减一增正好印证了企业发展中的利润增长机制。

深刻理解客户价值，应该把握如下几点：

（1）客户价值是能够衡量的货币化价值

为研究的便利，我们把客户价值限定为可以货币化衡量的价值，不包括客户给企业带来的无形价值和企业付出的无形成本。但值得强调的是，衡量客户价值的指标不是唯一的，在以消费者购买数额衡量客户价值的基础上，我们还应该对不同客户进行多方位的综合的价值分析、管理。这也就对CRM系统的管理水平提出了更高的要求，要求CRM系统具备强大的数据分析、挖掘功能。

（2）客户价值的构成呈现“金字塔”特征

不同客户对企业客户价值的贡献度是不一样的，从抽象和通用的意义上讲，多数企业的客户价值分布是适合19世纪意大利经济学家帕累托发现的“二八法则”的，即20％的客户创造了80％的利润。越到金字塔的顶端，客户创造的价值越大，客户的质量越高（企业获利性越强），对企业的贡献越大。

（3）客户价值呈现生命周期规律

客户价值是变化的、动态的。一个客户从目标客户演进到潜在客户，再发展到有现实购买要求且具备购买能力，到客户下单成为企业用户，客户与企业的关系有了质的变化，同时也意味着新关系的开始。由于不同客户所处的环境不同，需要的数量与品质不同，需要的时机也不同，所以与客户交往要把握客户的生命周期。在客户处于“休眠期”（即不太需要购买时），企业应着重进行客户培训、客户咨询、客户交流等工作，培养感情，建立忠诚度；而在客户需求旺盛期时，企业就应该按期交货，提供周到的安装调试，实施培训和售后服务，提升服务水平满足客户需求。

（4）研究客户价值的目的在于通过提升客户价值，促使企业的持续成长

营销大师菲利普·科特勒在其营销新著《如何创造、赢取并主宰市场》中，将营销定义为“发展、维系并培养具获利性顾客的科学与艺术”，并强调分析“客户终身收益”与“客户获得成本”。客户价值的提升与企业的持续成长之间是手段与目的、相辅相成的关系，提

升客户价值有助于企业的持续发展，同时，企业的持续发展又有助于更高层次的客户价值提升。

2. 提升客户价值与企业持续成长的关系

在主流经济学中，企业被假定为谋求利润最大化的经济组织。在经济发展的不同阶段，企业所处的环境不同，企业经营的指导思想不同，企业获利的途径和手段也各有差异。在人类生产力还不甚发达的卖方市场时期，生产观念和产品观念指导着企业的生产和销售，企业关注的焦点在于产品的质量和生产数量的多少，几乎不考虑客户的需要也能获取利润。随着产品的逐渐丰富，同质化产品数量日益增加，推销观念指导着企业的经营和发展，推销技术和技巧成为影响销售的主要因素。但当生产力高度发展，"推销战"和"价格战"不能解决问题时，如何以客户需求为中心，通过满足顾客需求并与顾客建立稳固和谐的忠诚关系网来销售商品，便是企业竞争制胜的法宝。这种以客户为中心，以市场为导向的营销观念，我们称为市场营销观念，如果还加上社会效益、生态环境等方面的考虑，那就是人们常说的社会营销观念。

那么究竟提升客户价值与企业持续成长有什么关系呢？企业持续成长是每个企业追求的目标，持续意味着长久、生命力和竞争力。人才、资金、技术、企业家、企业文化、客户等都是影响企业持续成长的重要因素，但笔者认为，能和客户共同成长、共同发达的企业才是真正赢得持续动态发展竞争力的企业。

首先，客户的需求决定了企业成长的可能性和持久性。从广义的角度来看，客户不需要企业的产品了，企业就没有生存的价值了，企业也就没有生存的可能。企业能否并且持续创造出满足顾客甚至超额满足顾客需求的价值，决定了企业能否持续发展。我们遗憾地看到，全国很多企业都是红红火火三五年，你方唱罢我登场，缺乏持续经营的能力，一颗颗冉冉升起的新星就那样无声无息地陨落了。据统计，中国企业的平均寿命只有3～5年，而国外企业的平均寿命达到15～20年，如何提高企业的持续成长能力已是每个企业重点关注的问题。现代市场营销理论告诉我们，客户才是企业的利润源，善待客户、维护客户关系、提升客户价值是企业义不容辞的责任。

其次，企业客户群价值的高低决定着企业的持续竞争力。从根本上说，企业利润的高低关键取决于企业客户群为企业创造价值的高低。我们看到，很多企业正是由于拥有了长期稳定、价值力很高的客户群，才得以优胜劣汰，脱颖而出，走向持续成长之路。一般来说，高科技产品的客户群为企业带来较高的利润回报，相反，一般的传统产品就只能靠量取胜，单位客户的利润率是极其有限的。

最后，从哲学的角度来看，企业为客户创造价值，提升客户价值，在满足客户需要的同时也满足了自己的需要。企业不能满足客户的需求当然也不能满企业自身发展的需要，企业满足客户需求程度越高，企业的自身发展也就表现得越好。所以，从这个角度来说，提升客户价值既是实现企业自身持续发展的目的，也是实现企业自身持续发展的手段。两者之间的关系还可通过图6—1来表示。

从图6—1中可以看出，企业通过提高产品质量和服务水平等手段提升客户的满意度和忠诚度，进而提高客户的购买频率和单次购买金额（即客户价值），通过客户的口碑传播和示范消费提升客户的延伸价值（推荐客户购买后产生的价值），并通过建立企业和顾客双向沟通机制，加强情感交流和思想沟通，织就稳固、和谐、忠诚的客户关系网，提高企业的持续盈利能力和持续发展能力。企业持续发展能力的提高，给企业为客户

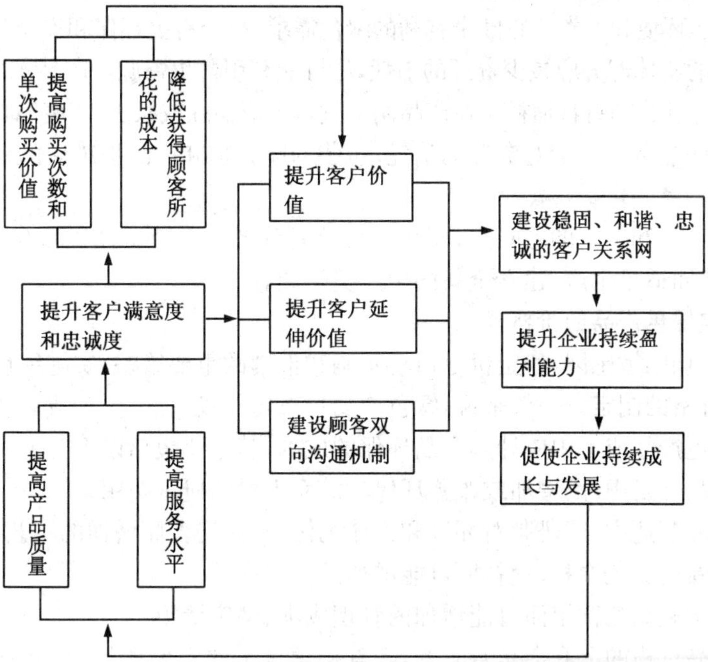


**图 6—1　提升客户价值促使企业持续发展的机制示意**

提供更优质的产品和服务打下了坚实的基础，这样就形成了“企业持续竞争力提高—改善产品与服务—提升客户满意度和忠诚度—提升客户价值—增强企业持续竞争力”的良性循环。

## 二、绿色推销理念

所谓绿色推销，是指以保护环境和回归自然为主要特征的一种生态型、环保型推销活动。随着工业的发展，人类生存环境受到了越来越严重的破坏，生态的失衡使越来越多的人环保意识增强，引发了追求人与自然和谐共处的环保运动，促使了可持续发展道路的确立和可持续发展战略的实施，迫使企业彻底改变对自然界的传统态度和理念，树立“生态中心主义”思想，由此，绿色推销的理念随之诞生。

当今，人们对大量废弃型社会中存在的问题以及向循环型社会转变的必要性已经有了共同的认识。摒弃传统的发展模式，减少和消除使发展不能持续的生产行为和消费行为，是现代企业推销面临的最大、最深刻的环境变化因素，是不可逆转的全球性潮流，也是我国未来相当长的一段时期内社会经济发展政策的基本取向。健康、环保、生命等已逐渐成为人类最为关注的主题，爱惜绿色、保护绿色、生产绿色、推广绿色将是每一个公民应尽的义务和责任。对于企业和推销人员来说，我们必须在以下方面加以努力：

**（一）设计绿色产品**

产品策略是市场营销的首要策略，是推销的三大要素之一。企业实施绿色营销必须以绿色产品为载体，为社会和消费者提供满足需求的绿色产品。所谓绿色产品，是指对社会、对环境改善有利的产品，或称无公害产品。这种绿色产品与传统同类产品相比，至少具有以下特征：

(1)产品的核心功能既要满足消费者的传统需要,符合相应的技术和质量标准,更要满足对社会、自然环境和人类身心健康有利的绿色需求,符合有关环保和安全卫生的标准。

(2)产品的实体部分应减少资源的消耗,尽可能利用再生资源。产品实体中不应添加有害环境和人体健康的原料、辅料。在产品制造过程中应消除或减少“三废”对环境的污染。

(3)产品的包装应减少对资源的消耗,包装的废弃物和产品报废后的残物应尽可能成为新的资源。

(4)产品生产和销售的着眼点,不在于引导消费者大量消费而大量生产,而是指导消费者正确消费而适量生产,建立全新的生产美学观念。

**(二)制定绿色产品的价格**

价格是市场的敏感因素,定价是市场营销和推销的重要策略,实施绿色营销不能不研究绿色产品价格的制定。一般来说,绿色产品在市场的投入期,生产成本会高于同类传统产品,因为绿色产品成本中应计入产品环保的成本,其主要包括以下几方面:

(1)在产品开发中,因增加或改善环保功能而支付的研制费用。

(2)在产品制造中,因研制对环境和人体无污染、无伤害而增加的工艺成本。

(3)使用新的绿色原料、辅料而可能增加的资源成本。

(4)由于实施绿色营销而可能增加的管理成本、销售费用。

但是,产品价格的上升会是暂时的,随着科学技术的发展和各种环保措施的完善,绿色产品的制造成本会逐步下降,趋向稳定。企业制定绿色产品价格,一方面应考虑上述因素,另一方面应注意到,随着人们环保意识的增强,消费者经济收入的增加,消费者对商品可接受的价格观念会逐步与消费观念相协调。所以,企业营销绿色产品不仅能使企业盈利,更能在同行竞争中取得优势。

**(三)绿色营销的渠道策略**

绿色营销渠道是绿色产品从生产者转移到消费者所经过的通道。企业实施绿色营销必须建立稳定的绿色营销渠道,策略上可从以下几方面努力:

(1)启发和引导中间商的绿色意识,建立与中间商恰当的利益关系,不断发现和选择热心的营销伙伴,逐步建立稳定的营销网络。

(2)注重营销渠道有关环节的工作。为了真正实施绿色营销,从绿色交通工具的选择,绿色仓库的建立,到绿色装卸、运输、贮存、管理办法的制定与实施,认真做好绿色营销渠道的一系列基础工作。

(3)尽可能建立短渠道、宽渠道,减少渠道资源消耗,降低渠道费用。

**(四)搞好绿色推销和其他绿色促销活动**

绿色促销是通过绿色促销媒体,传递绿色信息,指导绿色消费,启发引导消费者的绿色需求,最终促成购买行为。绿色促销的主要手段有以下几方面:

1. 绿色广告

通过广告对产品的绿色功能定位,引导消费者理解并接受广告诉求。在绿色产品的市场投入期和成长期,通过量大、面广的绿色广告,营造市场营销的绿色氛围,激发消费者的购买欲望。

2. 绿色推广

通过绿色营销人员的绿色推销和营业推广,从销售现场到推销实地,直接向消费者宣传、推广产品绿色信息,讲解、示范产品的绿色功能,回答消费者绿色咨询,宣讲绿色营销的各种环境现状和发展趋势，激励消费者的消费欲望。

同时，通过试用、馈赠、竞赛、优惠等策略，引导消费者兴趣，促成购买行为。

3. 绿色公关

通过企业公关人员参与一系列公关活动，诸如发表文章，演讲，影视资料的播放，社交联谊，环保公益活动的参与、赞助等，广泛与社会公众进行接触，增强公众的绿色意识，树立企业的绿色形象，为绿色营销建立广泛的社会基础，促进绿色营销业的发展。

绿色推销是在消费者绿色需求的条件下产生的，所以，绿色需求是绿色推销的动力。因此企业应当注重培养绿色文化意识，从而形成绿色推销的文化环境；在产品设计、制造和服务过程中，不断研究和创造有利于保护生态环境、消费者身心健康的科学技术成果，形成绿色推销的科技环境；提高推销人员的整体素质，提高企业的绿色推销质量和水平。

### 三、互动推销理念

互动推销强调企业和消费者之间互动式交流的双向推动，改变了传统推销中企业对消费者的单向推动。传统的媒体广告、产品目录等只是企业单向地把产品信息输送给消费者，消费者完全被动地接收商品信息，而企业也不能及时获得消费者的反馈信息，使得距离成为企业与消费者之间交流的障碍，企业难以及时、准确地了解顾客个性化的需求。随着居民收入的提高、消费意识的成熟以及消费理念的转变，差异消费、个性消费成为时尚，人们越来越注重消费的参与性和满足感。网络推销和体验推销可以说是互动推销的两个代表。

强大的网络通信能力和电子商务系统，不仅缩短了企业与消费者之间的实际距离，而且促使消费者不再满足于传统的购买、使用、投诉等市场行为，使消费者亲自参与产品的设计、生产、评测等各个企业经营活动成为现实。在全球互通的网络环境下，通过电子商务这种手段，企业将信息以多媒体方式在网上传播，并以门户网站、智能搜索、组合查询方式，方便消费者主动在网络上搜索信息，这样企业可以直接面对消费者，与消费者彼此沟通、交流，从而共同创造新的市场需求。互动式推销通过消费者积极参与生产的全过程，使企业既可获得大批量生产的规模经济，又能使其产品适应单个消费者的独特需求，既满足了大众化的需求，又满足了个性化的需求，从而实现最大限度地提高消费者对产品的满意度。

此外，人们在购物中越来越关注购物的享受和便利，体验推销随之诞生。北京有一家汽车销售公司为了推销汽车，建起了一个很大的汽车公园，供买车的人试乘试驾，甚至还可以参加汽车越野比赛。这种体验式的推销模式得到了大量汽车爱好者的青睐。再如世界著名娱乐公司迪士尼乐园就是一个很好的体验营销的例子。

除关系推销、绿色推销和互动推销新型推销理念外，还有直销、文化推销、战略联盟推销等，这些都是推销理念的创新成果，推销员应紧跟推销理念创新的步伐，加强实践，实现自己的推销理想。

## 第三节　现代推销的“真、善、美”

“真、善、美”一直是人类社会永恒的话题。人类自诞生以来，对“真、善、美”的追求就始终没有停止过,并且随着时间的推移、社会的发展,“真、善、美”本身也被赋予了新的时代意义。企业作为人类经济活动及其他各种活动综合发展的主体,其存在的本质意义在于为社会创造价值,促进社会的发展。我们在前面已经作了论述,推销的终极意义在于为人类传播爱和文明,带来快乐。我们不难想象,当一个推销员把我们梦寐以求的东西送到我们面前时我们心里的那种愉悦、兴奋和满足。推销是一项伟大而神圣的事业,现代推销必须贯彻“真、善、美”的推销理念。

在市场推销中,“真、善、美”除了具有一般意义上的内涵之外,还被赋予了特定的含义。真,即科学推销,要求企业的推销过程必须讲求科学,在“认真”两个字上狠下功夫,为消费者提供高质量的产品和完善的服务。善,即伦理推销,要求企业在推销活动中要做到道德经营,诚信经营,不欺骗消费者。美,即艺术推销,要求企业讲求推销技巧,灵活运用各种推销方式,对产品和服务的形象进行巧妙精心的设计和包装,以实现其推销目的。

现代推销理念的核心是为顾客创造价值,因此,“真、善、美”推销的最终落脚点必须回归到“顾客满意”上来。只有这样才能提高顾客的忠诚度,从而在激烈的市场竞争中立于不败之地。

### 一、“真”——科学推销

质量是企业的生存之本。20世纪50年代以前,日本生产的“东洋货”曾是劣质产品的代名词。当时美国著名的质量管理专家爱德华·戴明曾为日本企业算过这样一笔账:如果100个产品中有5个次品,那么实际上是用生产100个产品的钱只生产了95个产品。也就是说,生产劣质品不但增加那些合格品的制造成本,而且还会增加为了消除这些次品带来的负面效应所付出的额外成本。消费者买到次品后不但自己会对该产品产生厌恶感,而且还会告诉他的亲朋好友。正如一位日本企业家说的“一个顾客的身后还至少有二十个潜在顾客”,所以一件不合格的产品令你输掉的不仅是一个顾客而是二十个甚至更多的顾客。反过来一个满意的顾客则可能采取以下行动:

(1)继续购买本公司的产品,直到出现不满意为止;

(2)购买本公司的其他产品及新产品;

(3)将自己从产品和服务中获得的满足感讲给身边的人听;

(4)慢慢树立起对公司及品牌的忠诚度;

(5)较少注意到其他品牌和广告。

在我国,产品的质量问题正在逐渐得到应有的重视。改革开放初期,经济处于短缺阶段,许多商品供不应求,这给了企业一个绝好的发展机会。聪明的商人们抓住了这个商机,迅速占领了市场,然而由于厂商目光短浅、利欲熏心,其产品中有很多质量不过关,结果“聪明反被聪明误”,货物不但未能为自己创出好名声,反而砸了自己的招牌。由此可见,对于一个企业、一种产品乃至一个品牌而言,出色的质量才是赢得顾客、占领市场的敲门砖。

### 二、“善”——伦理推销

伦理推销又称道德推销。“君子爱财,取之有道。”诚实经营、公平买卖这是对企业经营道德的基本要求。日本美津农公司在推出运动服系列时,发现所制造的茶色运动服总爱褪色,无论采用何种工艺均不奏效,于是公司就在每一件茶色运动衣的口袋里装一个字条："茶色染色工艺目前还没有达到完全不褪色的程度，本产品穿到后来会略有褪色，请选择时谨慎。"这一招以诚待客虽然使茶色运动衣的销量略有下降，但其他颜色的运动衣则大大畅销。这是因为企业诚实地反映了产品的信息，使公众对企业产生了信赖感，从而成了企业的顾客。

"伦理"一词来源于古希腊文"伊索思"，用来表示某种现象的本质或实质。几经演变之后，人们逐渐用这个词来表示一个民族特有的生活习惯，相当于汉语的"风尚""习俗"等意思，又有"性格""品质""德行"等意思。"伦理"一词在中国最早则见于《乐记》："乐者，通伦理者也。"意指音乐同伦理是相通的。这里所指的"伦理"已含有人们之间关系的基本意思。东汉经学家郑玄认为：在汉语"伦理"二字中，伦，犹类也；理，犹分也。"伦理"合起来则指人与人之间相处应遵守的道理，或者说处理人与人之间相互关系的道理。

推销伦理就是推销人员在进行团体或个体推销时，所应遵守的人与人之间的道德规范。包括一是企业整体道德规范，二是推销人员个人的道德规范。伦理推销就是推销人员在伦理规范的约束下进行的推销。

如果说"真"与"善"是求实的两个层次，那么"善"应该是更接近于"顾客满意"这一终极目标。因为"善"更注重顾客的利益，更好地体现了顾客至上的推销理念。企业绝不能为了自身利益而强行推销或是简单地去生产出售顾客喜好之物，而是应该生产销售那些对顾客真正有益的东西。在德国的超市收款处，当人们排队付款时，他们的孩子会不由自主地从货架上取下点心、糖果或是玩具，并坚持让家长们买下来。对此，家长们怨声载道，并提出了"敦促市场不要引诱儿童"的抗议。各个大小商店对此做出了积极的回应，德国最大的两家超市和100多家商店同意了消费者关于"不要在收款处的货架上摆放儿童食品和用具"的要求，制定了有效的措施，为带小孩来购物的顾客另设收款处，从而赢得了顾客的心，业务蒸蒸日上。

推销活动的两大伦理原则是，顾客至上和三利得兼。

一是顾客至上的原则。现代企业的推销观，是在买方市场的经济条件下产生的一种如何更好地解决推销人员与推销对象之间的矛盾的推销思想，这种推销观的核心，要求从市场出发，围绕消费者的需求和满足展开工作，一切为顾客着想，奉行顾客至上的推销原则。

顾客至上的推销原则不是一句空洞的口号，而是企业经营活动的一种实践原则。它的主要内容是：企业的推销活动要以消费者的需求为导向，尽力满足消费者的利益，推销人员最大限度地满足顾客的需求。

二是消费者、企业和社会三利得兼的原则。市场经济之所以是利益经济，很大程度上是因为它的具体承担者——企业是一种以提供社会需求产品和劳务的方式获取利润的组织，因此，推销追求企业利润最大化是没有错的，否则企业就没有存在的动力和积极性。但企业的获利必须在一定的伦理规范下展开，不能危害消费者和社会的利益。那种不为消费者着想，反而以欺骗手段损害消费者而获得的利益是短期的，不可能得到持续发展。

诚信是现代企业极其宝贵的资源，没有了信誉，何来顾客，何来利润，又何来企业的发展呢？现代推销要求企业在抓住顾客消费心理的基础上，提高产品质量，打出产品品牌，作好推销前的准备工作，让推销对象充分了解所推销产品，从而使被推销人员在充分了解产品的情况下购买他所需要的产品，而不存在任何欺骗行为，认真履行对用户的各种承诺和契约，维护本企业的形象。这实际上就是为人之道的诚信原则在经营活动中的实行。

## 三、"美"——艺术推销

同音乐、绘画、舞蹈等一样，推销也是一门艺术，做到了"真"和"善"的推销员也许只能称为匠人，而只有达到了"美"才可誉为大师。艺术化的推销不仅能使顾客和企业获得满足，而且还会同艺术品一样为大家带来一种美感。当推销上升到审美境界，这种推销就完全跨越了简单的商品推销，推销变成了人们享受人生、传播美的媒介和工具。

一名经理在东京出差时，投宿某饭店，由于他习惯使用某一特定品牌的洗发水，于是就请求总台给他更换浴室里洗发水的品牌，这一要求被迅速满足了。后来当他去大阪公干时，出于上次的经验，他习惯性地来到那家饭店在大阪的连锁店住宿，令他惊奇的是，当他来到房间时，发现浴室里的洗发水已被换成了上次他所要求的品牌。这使他由衷地产生了一种受到重视的感觉。从此，以后每到外地，他住处的首选便是该饭店的连锁店。这家饭店通过建立顾客的资料库，将顾客的每一个小要求都记录下来，抓住顾客的个性特征，从而超越了顾客期望的服务，抓住了顾客的心。

同样地，打破常规，以"乱"取胜的例子也是比比皆是。在纽约的闹市中有一家专卖妇女用品的商店，门口总是堆放着散乱的货物，吸引了许多女顾客。有人不解其意，问老板为何不将货物摆放整齐。老板一语道破天机："如果这样的话，这些女士就不会有如此的兴致和精力了，这是因为女性购物通常很挑剔，不把这些乱堆的货物翻个底朝天，她们就不会得到这样一种满足——我挑到最好的用品了。"这个老板有悖于人们偏爱整齐的常理，以逆向思维达到了乱中取胜。

以上两个案例无一不体现了一个"巧"字，可算得上是推销中的艺术精品。

现代的市场推销是一个生机勃勃、富有挑战性和创造性的领域，然而无论市场推销发展到哪个阶段，被冠以何种形态，推销人员对"真、善、美"的追求，通过推销实现自我、超越自我、传播爱与文明的目标是不会改变的。"真、善、美"的推销理念是众多推销理念中的常青树，它将帮助企业采摘到"顾客满意"这一胜利的果实，达到基业长青；帮助推销员实现推销理想，到达成功彼岸。

**案例一　　学生会里"副主席"多**

一所高校冒出近百名"学生会副主席"！11月18日《中国青年报》报道：近日，应届高校毕业生开始填写"就业推荐表"。记者调查发现，不少毕业生在自荐时"注水"现象十分严重，一所高校居然冒出了近百名学生会副主席。在南京某高校，记者看到，数百名应届毕业生在填表时，"在校期间担任的主要职务情况"一栏中，竟然都填写着诸如"学生会副主席""某某部副部长""班长""学习委员"等，个个身居要职，人人权倾校园。

你不能不感叹当今大学生眼界阔、智商高、能力强，在世事洞明的前提下精心包装自己，在激烈竞争的态势中竭力推销自我。似乎有必要成立一个"大学毕业生包装学会"，来好好地研究这件事，可以发表许多实用型的论文，有可能的话还出售研究专利，进行经济开发，最终弄出一个"毕业生包装产业"来也说不准。我在这里冒昧提一些研究的思路，免费提供参考。

其一，融入历史学，可以与历史进行比较研究。远的就不说了，笔者是20世纪80年代初的大学生，不好意思，我那会儿还真是学校的学生会副主席，那时副主席一共才3人；毕业分配不是很看重是否有官职，一个普通学生也能分配到当地党政机关的核心部门工作，现在的历史发展变化太快，值得研究。

其二，融入政治学，我看可以把重点放在“官本位”上。“官本位”熏陶了国人几千年，现在已经全面向学校渗透了，不管是虚是实，当今大学校园里学生官位像春日旺发的水草，实在长势喜人，难道不值得研究吗？

其三，融入美学，重点当然是美学的一个新分支——“包装美学”了。有很现实的一些事例可资研究，比如不少大学生在毕业前去做了整容手术，小的割个双眼皮，中的隆一下鼻梁骨，大的就不好说了，反正是伤筋动骨的。这些是有形的“包装美学”，至于无形的，这“人人都是副主席”，该算是典型了吧。报道还说，该高校附近一家复印店的老板告诉记者，很多毕业生为求职纷纷来此制作假奖状，从“某某地区作文大赛一等奖”到“某某发明科技奖”，还有的毕业生甚至连“某娱乐场所卡拉 OK 一等奖”的奖状也制作得很精美。

其四，融入社会学，可以从社会的视角反观学校，在毕业生的社会需求中，有一种越来越微妙的社会心理在起着微妙的作用，不可不研究。

当然，最重要的还是教育学本身要融入。据说大学教育是培养对社会有用的人格健全的公民，不是生产或出售商品，我看这个老观念要改一改了，因为现实就是在培养一个个产品卖给社会嘛！现在生产大学生的批量越来越大了，谁能保证在生产过程中出现的全是优等品、一等品？最近有报道表明，继花钱请“枪手”代考之后，眼下一些校园又流行大四学生花钱请低年级学生代听课，而且还有“中介”！如此这般，教育流水线上产品没有大的变化和质的提升，而卖给社会的“就业市场”又不容乐观，那么在外包装上下功夫，不是无本万利、一蹴而就的事吗？就像过去的绣花枕头和现今的许多营养品，哪一个不是包装得花枝招展的？

**思考：**

1. 如此推销的大学生能得到社会的重用吗？请分析这种自我推销观念产生的原因。
2. 结合本章的伦理推销，阐述当今大学生推销自我中存在的问题和解决对策。

### 案例二　如此推销为哪般

近日，我与朋友一起到某景点游玩。这次旅行除了让我见识了大自然的神奇外，景区内的人员还给我上了一堂生动的推销课。

游玩过半，即将进入一个新的游玩点，过道中坐着一位工作人员，他请我们稍等，说是要交代蜡像馆游玩的注意事项。他快将注意事项讲完之时，突然从口袋里摸出二枚吸水石。他的原话如下：“吸水石是由这个景点特有的石头制成的，其功能……前几日有游客投诉此吸水石价格过高，说一个吸水石要价 100 元，我现在提醒大家在游玩途中如购买吸水石千万不要上当，其价格只有 10 元钱，务请大家不要购买 100 元一个的吸水石，如遇此种情况，请大家积极举报……”介绍完后，游客进入新的景点，果然看见旁边有出售吸水石的，一问价格，每个吸水石都是 10 元。哗啦一下，大家一拥而上。把那个小摊围了个水泄不通。我也不例外，你想，这么好的东西，前几日别人买的时候，需要 100 元，现在 10 元一个，此时不买更待何时，忙匆匆选了几个，又匆匆把钱塞给了卖石人，仿佛怕他马上涨到 100 元似的。这以后，一路游来，心里美滋滋的，好像捡了什么大便宜，我想其他游客心里应该跟我差不多。

快出景点时，那边远远喊着“吸水石，10 元钱 3 个，来……”叫卖声吸引了游客的注意。但我很快想到“可能这是假冒的吧，导游不是说最便宜的吸水石要 10 元钱嘛”，不过我还是禁不住上前去看，发现其质地、光彩跟刚才买的都差不多，脑袋里不由打了个问号。出了新景点，景点外面有更多出售吸水石的小摊，纷纷叫喊着，“正宗吸水石，10 元钱 5 个”，这下疑问更大了，我百思不得其解。回到学校，问了一下出生在那里的同学，他笑着告诉我，那里出售的吸水石没有假的，都是真的，一般几毛钱一个就够了。这一次，让我开了眼界。

**思考：**

本案例用了什么样的推销方法？有什么不合理之处？对我们未来从事推销工作有何启示？

**案例三　　青啤的文化促销**

现代消费讲究品位，崇尚文化，即便是物质形态的消费也不单单局限于物质本身，消费的对象还包括蕴藏在物质形态中的无形价值——文化品位。现在的消费者追求文化品位，具有渴望获得别人尊重的心理需求。所以，想成功地闯出一片属于自己的天地，就必须懂得迎合消费者的文化与心理，巧妙地运用文化促销的方式。

美国是一个饮料大国，这是一个不争的事实。因此，各国的饮料能挤进美国市场并站稳脚跟相当不容易。由于文化背景、价值观念等方面的差距和影响，亚洲产品欲进入美国市场更是难上加难，啤酒就是一例。十几年来，尽管亚洲啤酒经过努力终于使市场份额有所提高，但成效并不显著。日本的 SAPPORO 和中国青岛啤酒一直是在美国销售得最好的两种亚洲品牌，在美国市场中占整个亚洲啤酒 75%的份额。这其中很重要的一个原因就是青岛啤酒独特的促销手段运用。

当青岛啤酒刚进美国市场的时期，促销人员在如何开拓市场做了许多策划。在广告形象等方面进行了大量调查后，促销人员认为筷子不仅代表了中国的历史，代表了中国的餐饮，代表了中国的吉祥，而且还代表了中国人独特的进食方法，其作用与西方人惯用的刀叉相当。如果将筷子与青岛啤酒合二为一，一定会有助于更好地宣传中国餐饮的形象。基于此，公司设计了一双筷子与青岛啤酒构成的招贴画，广泛地张贴在美国的各种餐馆、超市以及部分酒吧，引起了强烈的视觉冲击。这一创意不但在美国的中国餐馆引起了轰动，而且在美国人居多的餐馆、超市和酒吧也引起了很大的冲击。美国人本来就对中国人使用筷子的技巧感叹不已，而且怀有浓厚的兴趣和尝试心理，由此，他们同样爱上了青岛啤酒。

除了啤酒的风味和品质能迎合美国众多消费者的口味和爱好之外，青岛啤酒着力在文化上做文章，成功运用了文化促销，取得了市场的成功。

在青啤公司的手中，产品成了一种文化的结晶。这使青啤公司在与外国消费者打交道时形成了有效的沟通。在文化促销中，有时文化上的差异反而能够成为引起消费者好奇心从而产生购买欲望的动因。“越是民族的就越是世界的。”青啤公司正是利用美国人对东方的神秘感，为自己的产品蒙上了一层独特的魅力，从而在激烈的市场竞争中占有了一席之地。这一点非常值得我国的一些民族品牌学习借鉴。

文化促销就是运用文化理念、文明与传统、道德与法制、文化产品与品牌等进行商品销售的艺术，运用得好就能迅速开拓市场，扩大社会需求。在利用文化促销的过程中，不能为了文化而文化，不能生搬硬套，而应结合消费者的需要，培育出既能体现企业自身特色又能满足消费者需要的具有竞争力的企业文化来，把企业文化与竞争战略联系起来。提高企业文化促销艺术，需要企业因地制宜，不断创新。应当充分看到文化促销的巨大魅力，要制定企业文化经营策略，对世界文化进行研究，有针对性地采取文化促销方略，不断创新文化产品与文化经营，提高国际竞争力。在当今全球化经营与竞争日益激烈的时代，企业创新和运用文化促销的经营艺术，将起到积极的作用。企业在选择文化作为促销方式时应注意企业自身文化所处的大环境，尽可能多地引起消费者共鸣。当然在利用文化进行促销活动时也应尽量避免走极端，否则会引起消费者的反感，对产品的销售带来消极的影响。

**思考：**

青啤成功实施文化促销的原因是什么？结合实际谈谈其对现代推销活动的启示。

**案例四**　**从“有点甜”到“大自然的搬运工”**

——记农夫山泉绿色推销

农夫山泉股份有限公司成立于1996年，为中国饮料工业“十强”企业之一。1998年，农夫山泉550毫升运动装在全国各地做推广，借助全国热点媒体的传播，“农夫山泉有点甜”的广告语迅速传遍大江南北，农夫山泉的红色风暴也开始席卷全国各地。2001年，农夫山泉率先在长白山建厂，从一期工程到2013年的四期工程，12年间秉承“水源地建厂、水源地灌装”的原则，农夫山泉股份有限公司已在长白山建立了迄今为止亚洲最大的瓶装水生产基地。为了更好地保护水源，在农夫山泉股份有限公司的倡导下，当地政府在农夫山泉水源地周围建立了10平方公里的水源保护区。农夫山泉的工厂做到了真正建立在原始森林里。

2008年，农夫山泉股份有限公司加强健康水的宣传，强化水源概念，强化由水源带来的天然、健康、绿色、环保差异，并提出了“我们不生产水，我们只是大自然的搬运工”的广告词。从“有点甜”到“大自然的搬运工”，农夫山泉在推销理念上的“绿色观”愈加显著。该广告与之前农夫山泉一直传播的“水源地建厂、水源地灌装”完美结合，并进行了新的阐释——农夫山泉是健康的天然水，不是加工出来的，不是后续添加人工矿物质生产出来的。差异化策略让农夫山泉和竞争对手拉开了距离。（摘自《广告人案例库》网站）

有专家对农夫山泉“大自然的搬运工”广告点评道：农夫山泉以与众不同的定位，把握了现代工业社会里的人们对自然界的向往，以天然、健康为核心诉求，向消费大众宣传真正的优质水源，给人留下了自然、绿色的印象。诉求类型单一，表现清晰。尤其是“我们是大自然的搬运工”的广告语，简洁有力而富有内涵，以感性的文笔突出农夫山泉的产品属性，真正洞察消费者内心而引起共鸣。

**思考：**

农夫山泉广告语的变化，对现代推销活动有什么启示？

## 复习思考题

1. 简述现代推销大背景的特点。
2. 简述关系推销的实质及其与交易推销的区别。
3. 何谓客户价值？简述提升客户价值与企业持续成长的关系。
4. 简述绿色推销和互动推销理念。
5. 简述现代推销中“真、善、美”的科学内涵。
6. 结合实际谈谈遵循现代推销伦理的重要性。

# 第二部分

# 实务篇

# 第七章

# 推销信息的采集与推销环境分析

**学习目的和要求**

1. 掌握推销信息的内涵、作用及采集推销信息的方法
2. 掌握推销环境分析及如何适应推销环境

## 第一节　推销信息的采集

在信息经济和知识经济时代，市场竞争的内容已经由质量的竞争转向了速度的竞争、信息的竞争和知识的竞争，市场竞争的范围也由地区扩展到全球范围。面对知识经济大潮的冲击，企业如果不能及时调整自身发展战略，抢占信息化的制高点，将失去在新的局面下持续发展的动力；对于推销员来说，如果不能把握瞬息万变的市场信息，及时调整推销战略与策略，就很难帮助企业实现良好的经济效益，自身也无法向超级推销员、高级推销员与营销管理人员迈进。

### 一、推销信息的特征和作用

#### (一)推销信息的特征

信息有狭义和广义之分。狭义信息，是指通过加工处理后对于接受者具有某种使用价值的数据、消息、情报和知识的总称；广义信息，是指信息源发出的各种信号和消息及其所揭示的内容，一般通过声音、语言、文字、符号、图像、磁介质、光盘等形式表现出来。

推销信息属于商业信息的范畴，反映一定时间、范围等条件下与推销活动有关的商品供应、需求及消费方面的各种信息、情报、数据、资料和知识的总称，它依附在印刷、电声、口碑等载体形式上，通过传播，为人们所理解和接受。推销信息是一种稀缺资源，具有以下主要特征：

1. 可识别性

信息对于人类来说可以通过人的眼、耳、鼻、舌等感觉器官来识别,更需要运用最新的科学技术手段加以收集、处理、传递、存储、检索和分析,提高推销人员鉴别和运用市场信息的能力。尽管与推销活动有直接或间接影响的信息对所有推销人员都是公开的、平等的,但信息的可识别性的特征并不能保证所有的人都能提炼出推销活动所需要的信息,因为每一个人对信息的敏感性、运用人脑和设备加工处理信息的能力是不一样的,客观上就影响了推销员的推销绩效。这如同即使"天上掉下了馅饼",但要得到这个馅饼还必须有识别馅饼、把握馅饼的能力。

2. 可转换性

信息可以在各种信息介质之间相互转化,目的是为了更好地实现信息的沟通,使信息资源得到有效传递和充分利用。如文字、图表与图像等形式与计算机代码、通信信号之间是可以互换的,还可加工处理以满足新的需要。因而推销人员必须了解各种信息存在的方式,并善于利用信息的内容。把小说改编成电视剧,把人的讲话录音变成稿子等就体现了信息的可转换性特点。

3. 可处理性

人类可以按照既定的目标要求,对信息进行收集、加工、整理、归纳、概括,通过筛选和处理,去粗取精,去伪存真,由此及彼,由表及里,使信息浓缩或放大,变成对人类有用的情报。由于人的主观意识的原因,每个人对原始资料的加工处理都可能带有一定的主观性,因而推销员在接收和使用信息时应考虑到这种因素的影响。

4. 可传播性

信息是可以通过口碑或特定传输设备和介质进行传播的。由于信息的可传递性的特征,推销员可以利用各种传播媒体及人际关系渠道传播有关商品和劳务的信息,特别是现代通信技术的发展,扩大了信息传递的广度和深度,加深了推销员对市场的了解,同时也大大方便了买主。

5. 共享性

同一信息可以被多个企业所利用,也可以被同一企业的若干推销员所共同使用。如某地市场对某种商品的需求大,可能很多企业都知道此信息,大家都共享这一资源,并向此市场推销符合其需求的产品,占领此市场。从信息经济学的角度来看,信息共享的人越多,价值体现得越充分,价值就越大。但是由于竞争的原因,竞争对手之间往往会限制某些信息的传播。

6. 时效性

信息是客观事物动态性的反映,信息时效性是指其价值作用的发挥有一定的时限,超越此界限,其情报价值就将丧失效用,甚至起负效应。推销员必须善于捕捉最新的市场信息,并将其运用到推销活动中,而不能完全依靠经验和历史数据来判断市场形势、制定推销决策。谁首先获取信息并在推销过程中加以运用,谁就有可能占得先机。

7. 依附性

信息既不是物质,也不是能量,不能够单独存在,必须借助于某种物质载体才能存储、传递和检索。除了运用人脑存储有限的信息外,还有必要运用各种容量大的介质将信息贮存起来,供检索和决策使用。比如磁盘、光盘等就是信息载体。

**(二)推销信息的作用**

推销活动涉及对象复杂,范围广泛,几乎每一个推销环节都涉及信息的采集、处理与应用,推销信息在推销活动中发挥着以下几方面的作用:

1. 推销信息是制定和实施推销决策的基础与前提

推销决策包括推销目标的确定、推销队伍的建设和推销对象、推销品、推销方式的选择等,只有通过对推销环境的研究,掌握推销人员所面临的宏观环境和竞争对手情况,明确消费者的需求、心理、行为等信息,才能因地制宜地制定相应的推销对策。

2. 推销信息的采集有利于发觉与鉴别推销机会

一名推销员在一定时期内走访客户的数量是有限的,通过推销信息的采集和处理,可以发掘众多的可能买主,并确定其购买的可能性,从而使推销员推销走访的目的性增强,推销效率提高,减少或避免无效的走访。

3. 推销信息的掌握有利于提高成交率

推销前应了解客户使用本产品的目的、条件等,以便在洽谈中运用恰当的策略陈述产品;了解客户对价格、交货速度与方式、服务等方面的要求,使推销员在交谈中掌握主动;了解客户先前的供应商是谁,为何解除了双方的供销关系,作为前车之鉴;了解从事购买和决定的主要人员是谁,以便在洽谈中集中精力影响主要决策者,使之做出有利于购买的决策。总之,推销准备工作做得越充分,客户信息掌握得越多,洽谈成功率也就越高。

4. 提高推销信息的处理能力是提高企业竞争力的有效途径

通过对推销的可行性研究,能了解企业自身的优势与劣势,能够识别和发现现实的竞争者与潜在的竞争者,能够掌握竞争品与自身产品之间在性能、价格等方面的差异。掌握这些方面的信息,并进行科学合理的处理,过滤出对推销有用的信息,推销员就能做到有的放矢,在推销活动中恰如其分地向购买者进行信息沟通,正确掌握宣传的尺度,真正做好顾客的"参谋",并把竞争的外部压力转化为推销员自身的动力,使企业竞争能力日渐增强。现代企业的竞争不仅表现为商品质量、价格、服务方面的竞争,也表现为信息采集、处理与应用能力方面的竞争。

5. 推销信息的高效处理与应用有利于提高推销效益

通过推销可行性研究,推销员才能预见到自己可能面对的推销环境、推销对象以及推销活动可能产生的困难,并自觉地去做好接洽前的准备工作,尽量在实际走访前排除可能障碍,节省走访的次数、时间,提高推销的效率和效益。推销效率和效益的提高必然带来企业经济效益的提高。

总之,掌握信息的本质就是减少推销活动中的不确定性,提高推销成功率。推销可行性研究越充分,占据的信息越多,对推销活动可能出现的困难考虑越充分,推销过程中排除困难的信心就越强,推销效果也就越好。

**(三)推销信息的类别**

按照推销信息的内容,可以将推销信息分为以下四类:

1. 企业所处的一般环境信息

一般环境主要是指企业所处的国内外经济、政治、人口、法律、技术、自然、社会文化环境等。这就需要企业的推销人员加大对环境信息的采集和分析力度,更好地掌握企业所处环境的基本特征。

环境信息也是因时因地而变化的,企业必须形成一个独特的环境适应系统,提升适应环境的能力，才能在激烈的市场竞争中立于不败之地。

2. 市场供求信息

主要是指企业所处的国内外市场的供求特征、数量和变化趋势等，也就是我们一般所说的市场行情。市场供求信息几乎是推销人员最关心的信息，因为行情的好坏直接关系到销售价格的高低，关系到销售量的多少，关系到销售的难易程度和销售速度。我们应该借助调查、观察、实验等方法尽可能地掌握准确的市场供求信息，信息一旦失真，对企业的战略决策和经济效益影响都是非常巨大的。

3. 企业竞争对手方面的信息

作为一名推销人员，应该非常清楚地认识到本企业所处行业的竞争格局和特征，是完全竞争、垄断竞争、寡头垄断还是完全垄断。不同的市场结构影响着企业的各项市场决策。如果，企业所处的竞争格局是完全垄断，推销员的工作难度就会相对降低；反之，如果是在完全竞争的情况下，推销员面临的竞争就十分激烈，推销难度就大大增加。

4. 企业自身信息

作为一名推销人员，必须对企业的发展史、经营状况、经营特色、营销网络、企业文化等信息全面熟练掌握，以备不时之需。对企业自身的了解实际上是"知己"的过程。孙子兵法说："知彼知己，方能百战不殆。不知彼而知己，一胜一负。不知己不知彼，百战皆殆。"要做到知己，就应该对企业自身的实力、特色、目标、不足等情况进行全面深入地剖析，敢于找出自己和其他企业的差距，和市场需求之间的差距，只有这样，企业才有可能给自身有一个清晰明确的定位，真正做到知己知彼，百战不殆。

## 二、推销信息的采集和利用

### (一)采集推销信息的方法

采集推销信息的方法，是指推销员在实地调查过程中向被调查对象搜集第一手信息资料的各种具体办法的总称。主要有三大类：询问法、观察法和实验法。实际应用时，应根据调查目的、调查内容与被调查对象的特点来选取。

1. 询问法

询问法是调查者通过口头、电话或书面等信息传递形式，向被调查者了解情况、搜集资料等各种调查方法的统称。采用询问法进行实地调查时，通常要事先设计好调查表，以便围绕着调查主题有序地进行提问。按调查者与被调查者之间询问的方式不同，访问法又可分为：人员访问法、电话调查法、邮递调查法与留置调查法。

(1)人员访问法

人员访问法，是指调查者与被调查者面对面地进行交谈，由调查者根据事先拟好的调查表提出问题，让被调查者回答，并予以记录的方法。

人员访问法可分为个人访问与群体访问两种。个人访问，便于调查者说明调查的目的要求，双方沟通信息，访问过程中调查者还能够观察到被调查者态度、心理等的变化，判断其回答的真实性，更重要的是个人访问能够保证调查方案的实施，提高回收率。群体座谈访问的形式，适合于集思广益的讨论式调查，相互启发能使调查问题较为深入，而且节省调查费用，但被调查者之间也可能互相影响，不易发挥主观能动性。群体座谈访问邀请的人数不能太多，一般以 3～5 人为宜。

人员访问法的优点是：

①可察性。访问人员不仅能够收集到问题的答案，而且能够根据被调查者交谈时的心态，判断资料的可信程度。

②可控性。被调查对象众多复杂，文化教育程度各不相同，对问卷中问题的理解能力也不一致，访问员可以根据特定的被调查者调整问卷中提问的先后次序。

③灵活性。通过与被访问者的交流，可能会收集到一些事先并未想到但却很重要的资料，因而访问员可临时决定多收集一些项目。

人员访问法的缺点是：对调查人员的素质要求高，调查结果的准确性受调查人员调查技术、知识、经验等的影响较大，调查范围较广时，费用较高。

(2)电话访问法

电话访问法，是指调查人员根据抽样设计的要求，用电话向被调查者了解情况的一种调查方法。这种调查方法主要适用于探测性研究，或与其他的调查方法结合运用，一般旨在了解问题的初步原因。

电话访问法的优点是：搜集资料的速度快，调查费用少，能按电话号码簿进行抽样调查，便于对那些远距离的被调查者进行调查，一些不便当面回答的问题，也可通过电话获得答复。其缺点是：受通话时间限制，只能对简单问题进行调查，调查的范围也仅限于有电话的家庭，如果所调查的内容不是被调查者所注意和感兴趣的问题，可能得不到被调查者的合作。

(3)邮寄访问法

邮寄访问法就是由调查者将设计好的问卷邮寄给被调查者，由其填好后寄回，经过统计整理得到调查结果的方法。

邮寄访问法的优点是：调查范围较广，被调查者有充裕的时间回答问题，调查费用较低，而且也便于调查结果的统计整理。其缺点是：问卷回收率较低，影响调查结果的代表性，调查的周期较长，被调查者也可能曲解问卷中的问题，或答非所问。

(4)留置调查法

留置调查法是指调查人员将调查表当面交给被调查者，并详细说明调查目的和要求，由被调查者事后自行填写回答，再由调查人员在规定时间收回的一种调查方法。

这种调查方法介于人员访问法与邮寄访问法之间，兼具这两种方法的优点，可以当面解释被调查者的疑难问题，而且又给被调查者充分时间独立思考，可以发挥自身的主观能动性，能在一定程度上提高问卷的回收率。其缺点是调查范围有限，费用较邮寄调查高。

2. 观察法

观察法是在不向当事人提问的条件下，通过调查者自身的感官或专用的仪器设备记录被调查对象的行为、反应或感受，然后对收集到的资料进行分析，以掌握有关推销信息的方法。推销人员在市场调查中常用的观察法有：

(1)个人观察法，即调查者以普通消费者的身份亲临现场，以自己的体验和观察作为调查结果的方法。如为了了解消费者购买某一件商品的决策过程，就可以通过观察法来完成。

(2)痕迹测量法，即依据事件发生后所留下的实际痕迹进行观察、测量，以获取信息资料的一种调查方法。

(3)机器观察法，即在调查现场安装收录摄像及其他监听、监视的仪器设备，调查人员不必亲临现场就可对被调查者的行为和态度进行观察、记录和统计的方法。如对中央电视台某节目收视率的调查可以采用此法。

观察法的优点是:第一,由于被调查者没有意识到自己正在被观察,调查结果比较真实。第二,用仪器观察和记录资料较为客观,无调查者自身偏见。

观察法的缺点是:第一,由于消费者自身的复杂心理特征和行为表现,观察法往往只能观察消费者的表象,难以了解消费者的心理活动、购买动机等。第二,与询问法相比,费用较高,耗用时间也较长。第三,调查者必须到现场才能观察到,但调查者事先往往难以预料购买活动在何时何地发生。

3. 实验法

实验法是指在给定条件下,通过试验对比,对市场经营活动中某些变量之间的因果关系及其发展变化过程,加以观察分析的一种市场调查方法。在市场调查中,实验法通常在商品质量、包装、设计、价格、广告宣传、陈列等改变时使用,借以了解这些因素的变化对销售的影响。实验法的关键在于较好地控制外部变量,使它们稳定不变,能够真正地研究试验因素对说明变量的影响。但市场营销调研目标均是社会经济问题,而经济问题本身的复杂性和变量选取及测定过程中的可能误差决定了我们难以非常准确地把握变量之间的因果关系。

实验的可靠性与有效性是实验结果能否运用于客观实际的重要标准。实验的可靠性是指在同样的试验条件下,重复多次得到的试验结果都基本上一致的特性。但事实上每次重复实验,结果可能都不一样,因为许多外部变量是难以控制的。实验的有效性分为内在有效性与外在有效性。内在有效性是衡量实验因素对实验结果影响是否显著的指标,即自变量的变化是否足以解释因变量的变化。外在有效性是指实验环境下的实验结果运用到实际环境中的可应用性。由于实验环境只是对实际市场环境的模拟,两者之间必然存在差距,因而也就制约了实验结果的实际操作性。这就要求采用实验法时应重视各种因素的影响性质与程度,力争使实验环境与实际环境达到一致。

实验法有很多实验方案,譬如,拉丁方实验、交互实验、正交实验、控制组与实验组实验等,但事实上,由于市场实验与实验室内的实验之间的差异,因而在实验运用中多采用的是类似实验法。

作为新时代的推销人员,一个非常重要的素质是用头脑推销,善于采集和把握推销信息,善于通过推销实验掌握市场需求规律,从而提高推销的成功率和推销效益。

## 三、如何处理和利用推销信息

对于收集到的市场信息,推销员还必须认真鉴别真伪,判断可靠性和准确性,掌握必要的利用信息的方法,去粗取精,去伪存真,把信息运用到推销活动过程中,实现推销信息资源向推销绩效的转变。

1. 综合加工法

综合加工法是推销人员根据推销决策对信息的使用要求,把掌握的各种散乱信息加以综合加工处理,以提炼出对解决问题有帮助作用的新信息。综合加工法绝不只是把支离破碎的数据资料简单地加以堆积,而是通过人脑或人借助于电脑等手段对资料进行再加工,是对解决推销活动中所面临的问题真正有指导性作用的信息。事实上,任何一个优秀的推销员都必须具备对信息进行综合加工的能力,只有全面综合地对推销信息进行掌握,才能很好地开展推销工作或胜任推销领导职位。例如,一个推销员在推销活动中可能了解到若干顾客对自身企业、产品方面的很多抱怨和意见，但这些抱怨和意见有些是合理的，有些并不合理，推销员必须善于综合地加以总结和归纳，提炼出客户反映的真正信息。

2. 相关推断法

相关推断法是依据因果原理，从已知相关的社会经济现象和经济指标的发展变化资料推断所关注目标的未来发展趋向的方法。例如，根据过去若干年的资料观察，某地区的社会商品零售额与社会商品购买力有关，在掌握未来社会商品购买力资料的前提下，就利用两者之间的关系估算出这一地区社会商品零售额及其变化的趋势。相关推断法主要用于分析判断市场的发展变化趋势，国家政策对市场的影响，商品的产销变化趋势等，也可进行简单的定量判断，适合于为了快速取得资料、精确度要求不高的情况。

在运用相关判断法时，首先应根据理论分析或实践经验，找出同关注目标相关的各种因素，特别是与关注目标直接有关而影响较大的主要因素；其次，依据关注目标与影响因素的相关程度与方向，对关注目标做出判断。具体包括以下两种方法：

(1)时间关系判断

某种经济现象在其他一些经济现象出现变动后，相隔一段时间必然会随之发生相应的变化，这种相关的变动关系，称为时间上的先行后行关系。时间上的先行后行关系反映了因果联系的时间顺序性，原因在前，结果在后，通常把先行的经济指标称为领先指标，后行的经济指标称为滞后指标。在推销活动中，可以根据某些经济指标或产品需求之间的先行后行关系，从已知相关的领先指标或先行产品来判断所要预测的滞后指标或后行产品的变动趋向，也可以从已知相关的滞后指标或后行产品来推断所要估测的先行指标或先行产品。

如果经济现象之间的原因与结果，先后相继出现的间隔时间很短，几乎可看成同时出现，则称两者在时间上是平行关系。例如，基本建设投资增长的同时，必然带来建筑材料等的需求量的大幅度增长。

(2)变动方向的推断

经济现象之间不仅存在时间上的先行、后行或平行关系，而且经济指标也表现出变动方向的差异。凡是两个经济指标之间的相关变动方向为同步增减的关系叫作顺相关系。从商品种类看，具有顺相关系的往往是一些连带商品，如汽车与汽油的销售量。当汽车购买数量增加时，必然带来汽油销售量的增加。凡是两个经济指标之间的相关变动方向为一增一减的关系叫作逆相关系。从商品种类上看，具有逆相关系的一般是替代商品，如随着家庭电脑的普及，许多烦琐的抄抄写写工作都被计算机等先进工具所替代，对各种书写笔的需求量必然减少。譬如，在我国城市中，随着家用小汽车的普及，以自行车或公共汽车作为空间转移工具的人将日趋减少。因此，利用经济现象之间的顺相与逆相关系，在已知某种经济现象的趋势时，就可对另一种经济现象的发展变化趋势做出质与量上的分析判断，从而掌握产品推销的先机，制定有效的推销计划。

3. 对比类推法

对比类推法是把研究目标同其他类似经济变量加以对照分析，以此来推断研究目标未来发展趋向的一种方法。根据比较对象的不同，对比类推法主要包括以下具体方法：

(1)各国之间同一经济现象的对比类推

把研究目标或事物与国外同类指标或事物的发展过程、发展趋势进行比较分析，寻找出两者之间的共同规律或发展态势，并用国外经济指标呈现的规律与趋势对研究目标的发展变化趋向做出判断。需要注意的是，这种判断以假定我国与其他国家在相同的国情上为前提，因而结论往往是比较粗糙的，推断结果也只能供推销决策参考。

(2)国内不同地区同一经济现象的类推

把某个地区所要研究的事物或经济指标同国内其他地区同类事物或指标的发展过程比较，找出某些共同的变化规律，借以对研究目标做出某种判断。这种类推法与国内外同种事物的对比类推相同，但由于是一个国家内经济变量的类推，有更多的共同性，其适用性更好些。不过，我们也应该充分注意到中国国内不同地区经济发展的不平衡性，如东西差距、城乡差距、沿海与内陆的差距等，因地制宜地制定产品推销的战略与策略。

(3)关联产品之间的类推

把拟订研究开发和推销的产品同已往生产的某种在生产条件、最终用途、分销渠道、促销手段等方面有关联的产品相互对比，以找出拟研究开发和销售产品的发展变化方向和趋势的判断方法。这种方法通常用于新产品开发及上市的预测，即通过对已知产品的市场寿命周期曲线的绘制与分析，只要认定产品与研究产品在市场销售特征上有相近或类似的规律，就可以把已知产品的寿命周期曲线近似看作新产品的市场寿命周期曲线，以了解新产品未来在市场上的销售情况和变化趋势。采取这种方法推断时，产品之间要具有一定的相似性，要考虑新产品与已知产品可能存在的销售差异，并进行修正，使之更能反映未来市场的变化趋势。

4. 追踪反馈法

追踪反馈法是利用正在和已经实施的推销计划作为源头，进行追根溯源，监测推销方案的实施及顾客消费使用的全过程，并从中收集有关反馈信息用以改进和指导推销活动的一种方法。追踪反馈法尤其适用于对顾客满意度、顾客再次购买欲望和顾客忠诚度方面的调查和分析。

5. 信息碰撞法

信息碰撞法是将表面上看似互不相干的信息加以创造性地嫁接组合，由此产生新的信息，并运用到推销活动中去的方法。碰撞法不是原始数据资料的简单相加，而是原有信息的量变积累过程，同时也是推销人员运用智慧、知识对原始资料加工处理的过程，要求发挥创造性的思维，点燃思想的火花，由此发生心灵的碰撞，当达到一定程度后即发生质变——新的信息。我们经常把这种方法称为“旧的元素，新的组合”。例如，日渐流行的“儿童电话手表”，就是将手表的计时功能与手机的通话功能、定位功能有效结合而形成新创意的结果。

## 第二节 推销环境分析

推销信息的一个重要内容是对推销环境的认识。推销活动受到推销要素自身及推销环境等因素的影响。我们把制约和影响推销活动的各种有利或不利因素的总体，称为推销环境。不同的推销环境，影响着推销活动中的推销品、推销方式、推销手段、推销观念、推销人员和推销对象。

推销环境是推销活动中最复杂，又是难以把握的因素，因而必须详尽地考察其影响作用，掌握分析推销环境的方法，并适应推销环境的变化。

## 一、环境对推销活动的影响

### （一）宏观环境对推销活动的影响

宏观环境及其主要影响包括以下几个方面：

1. 人口环境

（1）人口总量及其增长状况

在人均国民收入一定的情况下，人口总量及其增长状况决定了该国的市场容量及其发展趋势。随着我国计划生育政策的实施，人口高速增长的时代已经过去，靠人口数量增长来增加销售额已是不可能的一项战略，粗放型营销必须向集约型营销转变。

（2）人口的性别构成、年龄构成

不同的性别结构，必然造成对某些产品的不同需求，年龄构成则影响一个国家某些产品的生产与销售，如年轻型人口国家必然对文教用品、玩具等商品的需求量大，而老年型人口国家则必然对医疗用品、滋补与护理用品的需求量大。了解目标市场的人口年龄构成状况，对于分析推销的可行性有极大的帮助。

（3）目标市场的人口地理分布

目标市场的人口地理分布对消费者的消费特点有一定的影响，企业应该根据人口的地理分布特征安排推销计划。

2. 经济环境

（1）国民收入与人均国民收入

了解国民收入与人均国民收入的资料，可以掌握一个国家的经济发展水平，总体市场规模的大小，以及消费者的消费水平，为制定推销品的数量与档次决策提供了依据。

（2）目标市场顾客的购买力

购买力总量及其投向，反映了顾客的现实购买力与潜在购买力之间的分配比例。掌握了这方面的资料，就为推销品的发展方向与数量提供了决策根据，也为选定推销对象提供了依据。推销员确定的推销对象必须是对某种产品具有需求欲望且有购买能力的个人或组织，如果推销员花了很长时间与一个没有购买力的顾客接洽，就只能是浪费时间和精力，影响推销效率。

3. 社会文化环境

社会文化环境是指一个国家或地区范围内，人们的价值观、审美观、民族宗教、风俗习惯等，它们在一定程度上影响人们的消费水平、生活方式，而一定的消费水平、消费模式与生活方式又形成特定的社会文化环境。由于不同国家或地区社会文化环境的差异必然表现在消费观念与消费行为上，因而要求推销员在推销商品之前，掌握各地社会文化环境的不同特征，分别采取不同的推销对策。

4. 竞争环境

对于竞争环境的研究，不应仅仅从产品的销售方面来思考，深层次的竞争可能并不一定发生在产品的推销领域，也许在产品设计、促销、价格等方面早已是“刀枪相持”，因而企业之间的竞争是营销竞争，不只是推销的竞争。我们很难设想，一种设计不合理、使用不方便、价格高昂、信息沟通又少的产品能指望推销员推销掉，即使“骗得一时”，也难以“骗得一世”。

竞争环境主要应研究以下两方面的内容：

一是可能竞争者。一家企业也许得面对四种层次不同的竞争者，即生产完全相同产品的直接竞争者、生产同类型产品的侧翼竞争者、生产替代品的间接竞争者和争夺消费者同一项消费计划的准竞争者。弄清企业在某地域范围内的竞争者层次，推销员才能找到本企业/行业的威胁与挑战来自何方，才能在商品推销中扬长避短，及早提出实施对策，稳定老顾客，吸引某些新顾客。

二是竞争者状况。作为推销员不但要熟悉自身企业的产品，而且也应设法弄清竞争者的生产技术、生产方式、生产能力、生产成本、价格水平及广告推销的决策等。当向顾客推销商品时，顾客通常会拿你的商品与竞争品进行对比，如果你对竞争品的情况一无所知，一味只强调自身产品好，随意贬低竞争品，又缺乏有说服力的依据，那只能是“王婆卖瓜”。另外，掌握竞争品的推销手段也是很重要的一个问题，尽管不可能对竞争者的所有推销攻势都必然做出反应，但只有在了解竞争者的推销策略后，才能依据自身的目标，有选择地予以反击。如果不掌握这样的信息，只跟在竞争者的后面亦步亦趋，即使自身陷于被动，也难以在该行业有所作为。

5. 政治法律环境

政治法律环境对推销活动的影响，主要表现在国家政治制度、政府对经济干预的程度、有关经济的政策和法律法规等，它们都直接或间接地影响企业或行业的发展，从而也就影响相关产品的经营与销售。人总是在一定政治法律体系中生活，必然受其制约和影响，作为人类活动之一的推销自然也要受其影响。国家产业政策及其倾斜方向、有关企业与经济的法律都会影响某些产品推销的难易。推销人员应有较强的预测能力，能够预见所推销的国家与地区政治经济生活的稳定性，并掌握相应的法律法规，在商品推销中主动去适应环境，适应市场需要。

6. 技术环境

科学技术的发展水平及新技术的应用状况，不仅影响到企业开发新产品，而且也直接影响到推销技术的水平与发展。从一定意义上说，没有先进的科学技术，就不可能设计研制出效率高、费用低的新产品，也就难以开展顺畅的推销。技术的发展现状与趋势对推销活动的影响主要表现在：

(1)科学技术的发展水平影响和制约着推销品性能和附加值的高低

一个国家或地区的科学技术水平越高，发展新产品的性能也就越优良，越能为顾客/用户所接受，同时由于相应国家/地区人口素质越高，理解与接受推销员理智性推销的能力越强。而且，随着科学技术的发展，很多产品的功能向复合化、弹性化方向发展，如手机功能由通话向通话、短信、高清拍照、上网、微信、QQ 等转变，深受消费者的喜爱。

(2)科学技术的发展状况与发展趋势影响着推销员的推销方式

在科学技术发展的不同阶段，有着与其相应的推销方式。在科技发展的低水平时期，推销员的推销更多采用的是强力推销的方式，不管顾客的实际需要与心理，也不愿从顾客的角度去考虑问题，更不愿帮助顾客解决问题。随着科学技术的发展，推销活动更倾向于科学性和理智性，通过准确地把握顾客的心理特征，利用先进的互联网技术，即使足不出户也能将产品顺利地推销出去。此时的推销，是致力于解决问题式的智力推销。

(3)科学技术的发展也影响到推销手段的先进性

最初，推销员给人们留下的是“两条腿、一张嘴，拿着样品到处吹”的体力推销形象，推销活动强度大，工具简单，效率低下。随着科学技术的发展，一些先进的设备与手段被应用到推销活动中，如电子地图、电子名片、电子笔记本、电子支付等，这些都给推销员的推销带来了极大的便利。

**(二)微观环境对推销活动的影响**

如果说推销环境是影响推销活动的宏观因素的话，则有关商品的需求、供给、价格等商情方面的因素则是制约推销活动的微观因素。微观因素对推销活动的影响是直接的，更加灵活多变。推销员除了把握宏观环境因素的可能变化之外，更需要掌握有关市场商品需求、供给与价格等微观因素变动的信息，以做到有的放矢，正确制定推销方案，有效开展推销活动。为此，我们应该开展科学的调研工作，深刻把握市场变化的脉搏和规律，为我们的推销活动提供理论和实践指导。

1. 市场需求调研

市场商品需求，是指在一定时期、一定市场范围内，对某种商品有购买能力的需求。市场商品需求是推销员调研的主要内容，也是推销员关注的重点。市场商品需求调研主要包括以下几方面的内容：

(1)商品需求总额调研

市场商品需求必然对应着一定的需求总额，反映着市场容量，代表着实际需求的大小。商品需求总额在一定时期内，通过市场所实现的生产资料与消费资料的货币总额。生产资料需求总额是一定时期内各种生产资料购买力的累计结果，可以从各个不同的行业、部门来调查预测需求量的大小。消费品需求总额也称为社会商品零售总额，它是指在零售市场上有货币支付能力的全部商品需求。社会商品购买力是一个国家或地区消费水平的重要标志，影响和制约着市场容量的规模与结构。社会商品购买力的调研，应首先分析和监测宏观环境可能的变化；其次，了解这些因素对商品需求总量的影响，分析市场占有率数据资料，从而确定目标市场的需求总量。

(2)市场商品需求构成的调研

商品需求构成是指用途不同的各类商品在需求总额中所占的比重。要使消费需求得到满足，推销品的使用价值能为顾客所接受，不仅要调研需求的总量，而且也要调研需求的构成，即推销人员不仅需要掌握需求总额方面的信息，而且也需要掌握需求构成状况及其发展趋势方面的信息，了解推销对象对本企业产品的需求数量、质量、品种、规格、花色、型号、式样和包装等方面的意见与建议。如果推销员不了解目标市场顾客的需求量及其构成，只能是盲目推销，效率低下，既不能满足消费需求，也不能完成销售任务。

(3)市场潜在商品需求调研

潜在商品需求调研包括潜在商品需求总量及其构成状况的调研。顾客对于商品需求，可分为现实需求与潜在需求。作为一名杰出的推销人员，不仅要注重于现实需求的满足，从现有客户中获取订单，而且还要善于分析潜在需求，发现潜在顾客，寻找向新顾客、其他地区顾客推销的机会，从潜在顾客中获取订单，这样才能根据市场需求的变化，扩大自身的市场份额。在潜在需求调研中，要注重分析顾客购买意向的变化，消费与储蓄的比例等指标，从中掌握需求变动的方向。

2. 产品调研

推销员应当准确掌握推销品的有关情况，以利于向消费者进行宣传、讲解、示范操作、安装、维修、服务等，从而提高推销成功的可能性。产品方面的调查内容包括：

(1)产品自身的调研

通过设计调查问卷或销售走访，收集消费者对推销品的评价，包括顾客对产品的看法、印象、态度和要求等，同时还应掌握自身产品品质、性能、包装、价格等方面的信息。只有掌握了这两方面的资料，推销员才能做到心中有数。

(2)产品附加利益的调研

推销员应了解本企业可能提供的产品附加利益，以便与顾客洽谈时，传递这方面的信息，特别是在市场竞争白热化的商业社会，当竞争对手提供的产品基本效用相同或相差不大时，获得订单的有力手段之一就是提供产品的附加利益。

(3)产品组合的调研

推销员也应掌握本企业产品组合的状况，了解产品线的宽度、产品组合的深度与产品组合的关联度，通过企业多系列配套完善的产品规格满足各种各样顾客的购买需求，而避免出现产品断档现象，引起消费者购买上的不便。

(4)产品发展的调研

推销员也应了解本企业产品所处市场寿命周期的阶段，以及本企业产品更新换代的时机。由于市场寿命周期各阶段具有不同的市场特点，因而采取的推销方式也不尽相同。掌握了推销品的市场寿命周期，推销员就能自觉地依据寿命周期的变化规律，运用不同的推销技术与策略开展推销活动。新产品始终是市场的“宠儿”，推销员掌握产品的寿命周期，才能居安思危，并向产品开发部门反馈何时宜开发和上市新产品，何时应淘汰老产品，以保持企业经营活动的连续性和稳定性。

3. 供给调研

供给调研是指对一定时期内，可以投放市场出售的商品供给总额的调查与研究。推销员掌握市场需求方面的信息是必要的，也是最重要的，但同样不能忽视市场供给方面的信息。只有将两方面的信息结合起来，才能认清推销品的市场形势及发展趋势，根据供给与需求状况的变化来调整推销方式与推销战略。

市场商品供给调研的主要内容包括以下三个方面：

(1)市场商品供给总量及其构成的调研

社会商品供给总额是指以货币表现形式投入市场的全部商品总量。社会商品供给构成就是各大类商品在供给总额中所占的比重。通过市场调研，掌握了这些信息，并与商品需求总额及其构成进行对比分析，就可以对市场商品的供求平衡状况做出正确的判断，从而选择适宜的推销策略。

(2)市场新增商品供给量的调研

推销员考虑推销决策时，不仅要明确现实的市场供给量，即本企业所在行业的本产品现实可供量，而且也应对可能加入行业的潜在生产者的供给量进行研究，也应对可能成为本企业替代品的竞争者供给量做出分析。新增商品供给量始终是对该行业的威胁，必然加剧竞争，影响产品的市场占有率，最终影响着推销的难易程度。

(3)市场供求变化趋势的调研

市场商品供给与市场商品需求反映了一定时期、一定市场范围内，某种商品的供给量、需求量及其平衡状态。市场某种商品的畅销与滞销都是相对的，一种产品不可能永远处于畅销态势。作为推销员，不仅要调查了解目前商品供求总额与构成，而且还要分析预测供求变化的趋势走向。只有抓住了这个变化趋势,才能正确地组织商品的生产,也才可能进行较为顺利轻松的推销。市场供求变化趋势的调研,主要应从动态方面调查市场上商品的供求、库存、价格变动及竞争状况等。

4. 价格调研

价格是营销组合的4P之一,是推销活动中的一个重要手段,也是推销谈判的核心。适宜的推销品价格,不但能为顾客/用户所接受,而且也有利于节省推销时间,加速货款的回收。因而,推销人员在推销过程中应灵活把握定价的高低尺度和各种策略,既不能以过高的价格吓走顾客,也不能以过低的价格出售。对于这样一门奥妙无穷的科学与艺术,推销员必须事先进行调研、分析与推断。

价格调研方面的内容主要有:

(1)市场供求

一定的价格水平总是与一定的市场供求状况相适应,不同的供求状况,必然有不同的价格水平。了解推销品的供求状况与趋势,有利于为推销品确定一个被市场所接受和认可的价格。

(2)竞争状况

竞争也是制约某种物品价格的重要因素之一。因而推销员应掌握同行业竞争品价格的状况与态势,根据竞争状况采取灵活的价格措施。

(3)成本变动

任何商品的价格总是基于产品成本而作价,因而推销员除了了解推销品自身的生产成本、营销成本外,也应分析和预测投入要素的物价变动情况,因为投入要素价格的波动必然影响最终制成品价格的变动。

(4)购买行为

购买者的购买行为在一定程度上也会影响价格的变动,特别是在推销过程中,有可能上升为第一重要的因素。因而推销员应调查了解消费者对价格变动、折扣的反应以及消费者的预期价格等,以便为实施适宜的推销技法奠定基础。对于求新求异的消费者来说,也许价格因素不是决定购买行为的首要考虑因素,产品的新颖度和差异性也许最为重要。

(5)国家物价政策

对于某些特殊商品或劳务,国家制定有相应的物价政策,推销员应充分了解和掌握这些政策与法规,以免在推销活动中违犯国家法律。

## 二、分析推销环境的方法

从环境对企业是否有利的角度来看,外部环境因素包括机会因素(opportunities)和威胁因素(theats)。它们是外部环境对公司的发展直接有影响的有利因素和不利因素,属于客观因素,一般归属为经济的、政治的、社会的、人口的、产品和服务的、技术的、市场的、竞争的等不同范畴;从企业本身是否具有优势的角度,内部环境因素包括优势因素(strengths)和弱点因素(weaknesses),它们是公司在其发展中自身存在的积极和消极因素,属主动因素,一般归类为管理的、组织的、经营的、财务的、销售的、人力资源的等不同范畴。

### (一)机会与威胁分析矩阵

1. 机会分析矩阵

推销人员应善于辨别推销机会,即对企业的推销活动有吸引力和竞争优势的地方。推销机会的捕捉主要运用机会分析法,即根据推销业务的吸引力(如购买额的大小、长期客户的可能性、财务能力等)和机会成功的概率,将可能的机会加以分类,以便确定最佳的推销机会的过程,如图 7—1 所示。

| 吸引力 \ 成功率 | 高 | 低 |
| --- | --- | --- |
| 高 | 1 | 2 |
| 低 | 3 | 4 |

**图 7—1 机会分析矩阵**

从图 7—1 可见,企业最佳的机会出现在第 1 种情况下,第 4 种情况机会最小,第 2、第 3 种情况介于两者之间。

推销机会的成功概率不仅取决于企业产品、价格、信誉、服务等方面的竞争力,而且还取决于企业是否拥有差别化的竞争优势,只有拥有最大差别优势,且推销人员素质高、能力强,才能将此优势转化为订单。

2. 威胁分析矩阵

除了抓住一切可以利用的机会外,推销人员也应尽力避免环境可能给企业造成的威胁,即可能给企业或整个行业的营销活动形成一种不利的因素或趋势。推销威胁的识别主要采用威胁分析矩阵,即根据可能的威胁对企业的危害程度和发生概率加以分类,以便判断各种不利因素,从而采取有效措施加以避免或使损失减少到最低限度的过程,如图 7—2所示。

| 危害性 \ 发生概率 | 高 | 低 |
| --- | --- | --- |
| 高 | 风险业务 | 困境业务 |
| 低 | 理想业务 | 成熟业务 |

**图 7—2 机会分析矩阵**

从图 7—2 可以看出,风险业务发生的概率大且危害性严重,企业应高度重视这种业务的动态,提前拟订应变计划,说明威胁来临之前如何采取防范措施,使危害减少到最低限度;成熟业务发生的可能性小,危害性也小,可以不考虑其威胁;理想业务尽管发生的概率大但其危害性却很小;而困境业务则发生的机会小,但一旦发生却危害性大。对于后两种业务企业可以不需制定详细的应变计划,但应密切注意监测可能的变化,以防事态扩大。

### (二)企业内部环境分析矩阵

推销人员除了识别市场环境中有吸引力的机会外,还要分析是否具备利用此机会的能力，其差别竞争优势到底有多大。推销人员需要依据每一个机会的重要性及其企业自身优势大小分别制定不同的推销策略，如图7—3所示。

| | | 企业优势：大 | 企业优势：小 |
|---|---|---|---|
| 机会重要性 | 高 | A尽量保持 | B竭尽全力 |
| | 低 | C矫枉过正 | D影响甚微 |

**图7—3　企业内部环境分析矩阵**

由图7—3可见，A方格中的企业优势明显而且对企业来说机会很重要，企业必须尽量保持住这种相对优势；B方格中的企业无优势可言但又很重要，企业必须竭尽全力加强这方面的竞争力，提高其相对优势；C方格中的企业优势明显但机会并不重要（顾客不看重该企业的产品），说明企业在产品设计开发及包装方面有误，没有抓住顾客需求的关键点；D方格中的企业优势小且重要性也很小，说明是一些无关大局的次要因素，对商品推销活动影响甚微。

值得注意的是，推销人员在对公司及其产品的优势与弱点进行分析时，不要对所有的优势沾沾自喜，也不必对自己的所有弱点都忧虑，因为任何企业及其产品都存在别的企业所没有的优点和缺点，重要的是企业应发挥自己的优势，趋利避害，赢得竞争优势。

## 三、怎样适应推销环境

### （一）推销环境的动态稳定性

推销和其他经营活动一样，遵循着"适者生存"的规律，只有那些符合顾客需求，在竞争中取胜的企业才能赢得主动。影响商品推销活动的环境因素很多，而且它们在某一次推销活动中可能是相互影响、相互制约、相互转化的，共同制约和影响着商品的推销活动。作为推销人员，应通过对推销环境的研究，明白自身所处的推销环境对推销活动的有利与不利之处，并加强对环境系统的识别与预测，增强应变能力。

推销环境随着社会、经济、时间的变化而不断变化，不同的国家可能有着截然不同的推销环境，而不同的推销环境又必然会形成不同的推销观念、推销方式与推销手段。推销环境在改变推销观念、推销方式与推销手段的同时，也逐渐改变了推销环境自身，形成了适应新推销方式的推销环境。因此，推销环境中，人口、经济、社会文化、竞争、政治法律、科学技术等方面的各种内外因素都是在不断变化和发展中的，这种发展变化特征就是推销环境的动态性。对于推销环境的发展变化，推销人员必须在头脑中树立应变的观念，想方设法去适应推销环境的变化，并在一定程度上采取某些手段改变或控制部分环境因素。事物的发展变化总有一个从量变到质变的过程。推销环境的发展变化也总是在一定时空上实现的，总有一个转变的过程。推销环境在发生质变前，推销人员应把握住推销环境的"惯性"特征，加紧商品推销。我们把推销环境在一定时期内维持不变的特征，称为推销环境的稳定性。一旦推销环境发生了质的变化，则要求推销员主动去适应这种变化，采用新的推销方法与手段推销产品或服务。

总之，推销环境的变化是绝对的，"变是唯一的不变"，推销环境在一定时期内维持不变是相对的。推销员应充分认识到推销环境的这种动态稳定性，既要根据推销环境的改变采取新型的推销手段与推销方式，不断创新，同时推销手段的变革也不可能一下子就完成，应在推销环境未发生重大变革以前，使用切实可行的方式与手段，尽量多地扩大推销品的销售，使顾客更多地接受和认可其推销物品。

**（二）怎样适应推销环境**

面对推销环境可能给推销活动形成的威胁，企业可采取以下策略去适应环境的变化。

1. 积极防范策略

即企业抱着积极适应环境的态度，力图避免或限制不利因素的发展，使损失尽量减少。如通过沟通、游说等方式，促使政府通过某种法令或达成某项协议，或制定某项政策来改变环境的威胁。

2. 缓和化解策略

即企业通过改变营销策略与推广手段，以减轻和化解环境因素所形成的威胁。如企业通过积极认真妥善地处理顾客抱怨，把顾客的不满转化为提升企业形象的契机，以此形成良好的口碑。

3. 转移撤退策略

即企业将产品转移到其他地域市场，或进入其他盈利更多的产品行业，实行多角化经营。如美国“肯德基”家乡鸡由于国内需求的变化，减少了对“肯德基”的需求偏爱，致使公司不得不将其业务扩展到亚洲市场。

**阅读材料　　大客户销售如何开局**

在大客户销售中，所有机会似乎都具有很大的诱惑力。于是，一有销售机会，销售人员便会全力争取。然而，这种“一个都不能少”的通吃策略只会造成资源的分散和浪费，草率投入导致的项目失败也会影响销售人员的士气。

笔者总结了自己十余年的销售和培训经验，认为从客户价值和开局定位两个方面就可以对销售机会做出准确评估。

客户价值的大小会影响公司对销售项目的资源投入和最终成交条件的可能让步。对于客户价值，可以从两个维度——短期收益和长期影响——进行评估。

短期收益包括两个方面：一是销售项目可能带来的一次性销售业绩；二是对完成当期销售业绩指标的影响。长期影响是指该项目对公司整体业务发展的影响。通常来看，一次业务带来的长期影响包括以下三个方面：

第一，可能带来的后续销售机会。销售人员可以根据目标客户的业务发展趋势、业务规划、采购历史等信息，判断出在这个客户身上会有多少后续业务机会。

第二，对公司品牌和声誉的影响。在某一区域或某一行业会有一些公认的标杆企业，如果公司能成为这些企业的供应商，将对销售人员在这个区域或行业开拓新业务起到示范作用。

第三，对销售团队士气的影响。一些特别的项目会给销售团队的士气带来很大的激励作用。销售人员获得项目信息后，可以利用10分制评分表对客户价值的上述两个维度进行评分，然后根据评分结果，将接触到的所有销售项目分成四类：业务大，影响大；业务小，影响大；业务大，影响小；业务小，影响小。将销售项目进行分类后，销售人员基本上可以决定要投入的项目以及投入资源的多少。

对客户价值做出评估后，销售人员需要判断公司的开局定位，从而确定销售的具体切入口。对于开局定位，同样通过两个维度——谁的地盘和目前谁领先——进行考量。要判断某个客户是谁的地盘，只需回顾一下公司和竞争对手在同类产品上与这个客户达成的历史交易规模，谁占的份额高，谁就拥有这块地盘。因此，这个维度可以分为三种情况：我方地盘、中立地盘和敌方地盘。

就新的销售项目而言，会出现三种情况：我方领先、敌我相当和我方落后。根据这两个维度，可以将销售项目的开局分成九种情况。对于这九种开局，又可以分为三大类，即正常开局、问题开局和不正常开局。通常情况下，竞争各方的历史份额往往代表与客户的关系紧密程度，同时预示新项目的走势。

所谓正常开局，是指过去的份额与新项目的开局竞争比较一致，过去份额高、合作紧密的一方在新项目的争夺上处于领先位置，领先方需要守住领先地位。在中立地盘，任何一方领先或双方平分秋色的开局都是正常的，双方比拼的是谁的动作更快，能在相持局面下抢先取得突破。

在九种开局中，有两种开局与上述正常开局有些偏差，我们称为问题开局，即正常情况下应该领先的一方未能领先，双方形成了势均力敌的局面。所谓不正常开局，是指在正常情况下本应领先的一方，在项目开始时反而处于落后状态。之所以出现这样的局面，可能是项目中发生了一些重要的变化。对于销售人员来说，这些变化可能是重大机遇，也可能是严重危机。

（引自徐晖、齐洋钰：《商业评论网》，2013 年 10 月）

**思考：**

推销人员如何有效识别有价值的客户？如何做好大客户的顺利开局？

**案例一　　将礼服卖给老农**

同一推销员使一位老农一年之内向他购买了三件礼服，是不是很不可思议？然而确实有这样的推销员，他就是克鲁斯。

克鲁斯所在的单位是一家百货公司，公司出售的礼服销路不是太好。有一年春天，这家公司所在地的附近有个村庄要被开发成新的市镇，于是，克鲁斯趁机专向农民推销。

他敲开了一位老农的门，这位老农对他的出现很惊奇：“您到我门上干什么？”

“老伯，我今天来是请您看看我卖的礼服。”

“要我买啊，你有没有搞错？像我这样哪里需要什么礼服，通常只不过穿些普通的衣服罢了。”

“哦，当然我知道您一向是这样的，不过您可不能抱定这样的想法不变，您知道这个年月什么都在变的，而且变得很快。如您所在的地方，不久就变成市镇了，您总少不了到谁的婚礼上喝喜酒吧？到那里穿礼服才好，否则穿平时的衣服，自己会觉得很没有面子，说不定主人也会嫌您寒碜呢！”

“这么说倒也是的，虽然我不会有太多的机会用它，但还是有一件比较合适，那我就买一件吧。”

“谢谢您帮忙。”

第一笔交易做成了。

3 个月过去后，到了夏天，克鲁斯又到老农门上，老农说道：“今天又是干什么来了？”

“啊，现在已经是夏天了，您应该有一套夏天的衣服才好，上次那套只能在天气不热的时候穿。”

“上次那套礼服我还没有穿过一次呢！我就说过没有几次机会喝喜酒，要这么多礼服干什么？”

“老伯，您这么说就不对了，礼服不是非得喝喜酒时才穿呀，其他节日里穿上也很体面呀！”

“这么说，我再买一件夏天穿的。”

“多谢了，您可真够爽快的。”

又过了几个月，克鲁斯再次敲开老农的门。

“我已经够照顾你了，你怎么还来啊？”

“是的，我知道您已经够照顾我了，所以我也为您想了很多，您想您是这里最有名望的人士之一，您应该穿与您身份相符的丝质礼服，这样才会看出您对对方的尊重，而我也可以从您身上得到荣光。”

于是，接下来的几分钟里，老农终于在一年内买下了他的第三件礼服。

**思考：**

这位推销员推销成功的一个很重要的因素是得到老农所居住的村庄要改成市镇的消息，将向老农卖礼服看似不可能的事情办成了。请联系实际谈谈如何理解“机遇就在身边，关键在于有没有发现”的含义，并谈一谈如何抓住机遇。

**案例二　　如何争夺竞争对手的客户**

客户是产品销售的对象，客户的多少直接影响着产品的销量。如果不去建立新客户，客户只会越来越少，因为没有从天上掉馅饼的事。那么，作为企业生力军的推销员该如何为建立新客户而去争夺竞争对手的客户呢？下面我们就对这个问题作一了解。

一、“工欲善其事，必先利其器”

（一）十分熟悉所推销的产品

作为推销员要了解自己的产品，相信自己推销的产品的价值。有可能的话，推销员在推销以前，应当亲自试用一下产品，学会怎样欣赏产品，将产品的优点与同类竞争的产品加以比较，认识到自己产品的优点，对新产品价值有一个全面的了解。

有一个推销员上门去推销化妆品，必要的礼仪招呼打过之后，他说明了来意。对方看见化妆品包装上有果酸字样，就问他这是什么意思，有什么作用，这个推销员一听马上就懵了，吞吞吐吐谈不出个所以然，结果我们可想而知。而另一家化妆品公司的推销员，不论顾客问什么，有什么要求，他都对答如流，并尽量满足顾客的需求，销售业绩在同事中遥遥领先。

所以说，推销员一定要熟悉了解自己的产品，不论客户问什么都能解答如流，不要给客户这么一种印象：自己推销的产品自己都不懂，我们又怎么能放心使用这种产品呢？有的推销员由于对自己产品不了解，推销时没有信心，连赢得客户信任的机会都没有，谈什么争夺客户！

（二）十分熟悉和了解所在的公司

推销员要了解自己的公司。如果对公司的制度、人员配给等没有足够的了解，推销员能正常进行业务活动吗？再者，公司的产品是推销员的招牌，而公司的形象和信誉更是招牌中的招牌,名气大的公司或产品质量好的公司,会增加客户对推销员的信任感,增加推销员的信心,也有利于对客户的争夺。

吉成公司和二七化工公司服务部同是经营化工产品的公司,但两家公司的推销员在进行产品推广时,却经常遭受到不同的待遇。从属于前者的推销员只要一张口介绍自己是吉成公司的,对方马上就会给他白眼,而后者的推销员在进行业务操作时,对方不管买或不买,态度都很亲切,最起码也给推销员一种舒服的感觉。吉成公司的推销员很纳闷,为什么顾客会这样对自己?经过长期观察,他们终于了解到原来自己公司的产品经常缺斤少两或质量不好,甚至有冒牌货出现,给客户造成损失也不道歉,更不用说给客户一个合理的解释了。吉成公司在化工销售市场上可谓是"臭名远扬",给所属的推销员进行正常的业务工作带来了极大的困难。而二七化工服务部的做法却恰恰相反,不论出现什么情况都认为客户永远是正确的。对客户该赔就赔,对推销员该罚就罚,严格的销售制度使每个客户都放心使用他们的产品。

我们也许认为吉成公司的推销员很可怜,也很可悲。在同情的同时,我们不免要问,你对公司没有根本的了解,怎能轻易地去接受工作呢?

**二、洞悉竞争对手的弱点**

推销员在推销产品之前,除了对自己的产品有很深的认识外,还应充分了解竞争对手的产品及销售情况。如果他对竞争对手的销售状况及弱点有很好的了解,在争夺客户时,就会得心应手,比较容易抓住销售机会;反之,不但争夺不到竞争对手的客户,还会让客户对自己的产品产生怀疑,影响公司的形象。

有一位经理曾经说过:我不相信单纯依靠推销术被动竞争能做好生意,但我相信禁止我的推销员讨论竞争对手的情况是极大的错误。由此我们可以看出,掌握竞争对手情况的重要性。掌握对手情况主要是掌握对手的售后服务和发展速度,产品的真正价格是多少,对手在销售中的弱点,等等。三国时周瑜将船只装饰成花船大摇大摆到曹营晃了一圈,了解到曹兵的布局及人数,回到营地准备一番,然后主动发起进攻,结果大败曹军。

有心计的推销员会从竞争对手招聘推销员的广告中了解对方推销员流失的程度,然后抓住这个机会拉拢对方的客户。而有的推销员为了摸清对方的销售情况,在对方招聘推销员或其他工作人员时,作为应聘者到对方公司应聘,以便从中得到有利于自己的销售信息。当然后者是一种不道德的竞争方法,但是我们也可以从中知道了解对手情况已成为争夺对手客户的有效方法。

**三、打铁还须自身硬**

英国某化工公司生产的清漆是市场上最好的产品。位于中部地区某个小城镇的一家公司经常用该公司推销员史密斯送的货,可以说是史密斯的固定老客户。随着业务的扩展,史密斯有些看不起这个小城镇的客户,因为每次这家公司要的货都不多。他逐渐改变了送货方式,除非这家公司的高层领导请吃夜宵或塞礼品,要不就不送货。久而久之,这家公司的一位购货首席代表对史密斯的这种做法觉得太过分,简直是目中无人,但由于长期使用他的产品,对其他公司的产品了解不深,又不敢贸然进货。正好,另一家化工公司的推销员彼得来推销公司生产的清漆,他们试用了一下,质量可以,就决定使用彼得的产品。彼得有了史密斯的前车之鉴,不论客户要货数量多少,都准时送到,满足客户的要求。

我们不妨想一下,如果史密斯公平公正地对待客户,就不会有客户的流失。作为推销员,一定要提高自身的素质,做一个有公平心、公正心的营销人。

四、超越竞争对手

售后服务顾名思义就是产品售出后的服务。产品销到客户手中，并不等于就万事大吉了，推销员要想争夺到竞争对手的客户，售后服务的质量是关键。如果售后服务做得不好，客户迟早会离你而去。

某家电公司推销员小郝，主要销售电视机、洗衣机等大件家电产品，每次客户要货，小郝都会亲自送货上门，将货送到客户家里，按客户的要求放到客户认为最合适的位置，如有客户告知需要维修，小郝就会及时赶到，快速高效地修好。而另一家电公司的推销员小陈，同样也实行送货上门服务，但每一次都是把货送到门口甚至楼下就不管了，客户要求上门维修，他却迟迟不愿照面，经过三催四请终于来了，却修理不到位，修好的电视没多长时间就又开始出现毛病了。凑巧小郝的客户和小陈的客户住得不远，有一次没事聊天的时候，话题就扯到家电上面，小陈的客户一听小郝客户的介绍，感叹万分，经过介绍，小陈的客户见到了小郝，并亲自体验了一下他的售后服务。从那以后，小陈的客户每次遇到亲戚朋友需购买电器时，都会把他们介绍给小郝。前不久，他的儿子结婚添置的家电产品几乎都是从小郝的公司买的。

某油漆厂用了某化工公司推销员小张送的甲苯，结果出现了质量问题，生产出的油漆刚刷到门上就凝固了。负责人老付打电话告诉小张，让他过来看一下，小张看了之后发现就是自己的甲苯有问题，但又不想赔偿巨额损失，推脱说回去和经理商量一下解决办法，结果一去不回。无奈之下，老付将电话打到了另一家化工公司，推销员小任接到了电话，他仔细对甲苯化验后，发现里边的甲醇含量过高，就通过自己的公司将剩余几桶甲苯换了一下，之后，老付用的甲苯都是小任供给的。

五、套牢经销商

（一）与经销商搞好关系

推销员与经销商之间有一种互动利益关系。如果我是一家化妆品公司的推销员，在我去向可能经销商推销产品之前，这个可能经销商已与其他公司的推销员确定了销售关系，也有了一定的客户，当然，我还不知道经销商是何许人，见面后，这个可能经销商是我的亲戚或好朋友，那么这个“可能经销商”前面的两个字就可以去掉了。那个推销员和我相比肯定没有我和这个经销商的关系好，经销商在顾及利益的情况下会将那个公司的产品留下来，但是这种产品肯定被摆放在不起眼的位置，要么就是和我的产品柜台影响相差甚远，遇到顾客询问化妆品或购买那个推销员的产品时，经销商会亲自告诉他或手下的人按经销商的意思多将我的产品介绍一下，以促成交易成功。由此我们可以了解推销员与经销商搞好销售关系也是争夺客户的一大关键。

（二）说服高层领导直接面对经销商

中国是个礼仪之邦，礼仪意识根深蒂固，推销员要想争夺到竞争对手的客户，很重要的一个方法就是说服高层领导直接面对经销商。经销商会认为这个推销员、这个领导乃至这个公司都对自己很尊重、很重视。领导的直接造访，会让经销商产生一种心理慰藉。松下集团一分市场由于推销员操作不当引发了危机，这个推销员再三对受损害的经销商赔礼道歉，仍旧得不到经销商的谅解，眼看就要失去这位经销商，销售经理抱病亲自向经销商道歉，并对经销商的损失进行了补偿。诚意感动了经销商，经销商与公司推销员更加接近，感情也变得更加浓厚，挽回了经销商流失的危险。

小刘是一家化妆品公司的推销员，作为她的竞争对手小罗对小刘的经销商有一定的了解，小罗也曾去推销过自己公司的产品，但效果不是太好。有同事提议，何不让你的经理去试试，小罗想想也是，他把这个想法告诉了王经理，王经理对这种做法也很赞成，于是就亲自到这个可能经销商那里促进这笔业务。王经理的突然造访让经销商受宠若惊，“看人家公司多么尊重我”，提出考虑一下。两天后，这个可能经销商打电话让小罗送货，竞争成功。

作为推销员，你不妨试试也让你的领导直接去面对经销商。要知道，领导比你大，有时你做不到的事情，如果有领导出面，情况会有所改观，因为领导和推销员之间，经销商更乐意接受领导。其实不论哪个客户都是这样。

（三）利用外界因素，先下手为强

小李是甲食品公司的经销商。这天，他到甲食品公司要求做产品广告，以提高该产品的销售效率，甲公司的秘书冯小姐一见小李进来，忙放下笔将手中的资料放进抽屉，进了经理办公室。小李等了约五分钟不见冯小姐出来，就站起来四处走走，蓦然发现冯小姐没合严的抽屉里放着一份产品促销策划书。冯小姐终于出来了，她告知小李公司暂时没有做广告的打算。正好小李也是乙食品公司的经销商，他与乙公司的推销员小王的关系不错，第二天，他去拜访了小王，寒暄过后，小李问小王：“甲公司最近有没有什么动静?”小王摇了摇头。“没动静就表示有大动作。昨天我到甲公司去办事，无意中发现他们正在做产品促销策划……”小王忙将此事告诉了经理，经理马上召开紧急会议，连夜赶了份促销策划书，促销活动比甲公司提前一步进行。当天有许多甲公司的客户参与并签订了购货订单。

外界因素就像是一双无形的手，影响之大并非平时所能想象，所以一旦抓住机会就要比对手先下手，占领有效时机，把握商机。

（四）暗地笼络经销商的业务骨干

举一个简单的例子：众所周知，每一个饭店或酒店都有各种酒摆放在橱窗内以供顾客选用。小张是甲酒的推销员，小李是乙酒的推销员，服务员是孙小姐，小张和孙小姐的关系比小李近，有顾客想喝乙酒，孙小姐会怎么做呢？她肯定会说：“我们这里新到的甲酒，大家反映酒香浓厚，口感比较好，您可以品尝一下。”然后顺理成章地取出甲酒。

在市场经济中，销售关系是多方面的，接触不同的人就要跟不同的人搞好关系，利用他们的影响去争取客户，推销员也是一样，在此不一一列举。

六、利用对方内在的调整，渗透挤进

世间万物都在不断地变化着，企业也是一样。几乎每家企业每年都要进行机构或人事调整，作为推销员，要想争夺竞争对手的客户，此时是一个大好时机，因为企业在调整期往往制度不完善或人员不到位，出现漏洞，容易渗透挤进，争取到客户。

上海某食品公司由于最近发布了一个机构人员要调整的公告，弄得公司上至领导，下至员工都人心惶惶。推销员无暇顾及业务和客户，领导在日常工作中也有些心不在焉。作为另一家食品公司的推销员小耿瞅准了这个时机，对自己的业务计划做了重新制定安排，在对手无暇顾及防备时，一一进行了布局实施，结果对手的客户群减少了许多。

**思考：**

**联系案例和实际，思考如何分析竞争环境，以防止本公司客户的流失，并从竞争对手手中争夺客户。**

## 复习思考题

1. 简述推销信息的特征。
2. 简要概括推销信息采集和处理的方法。
3. 如何理解推销信息的最大功效在于减少推销活动中的不确定性?
4. 如何用“SWOT”分析法来分析推销的内部环境和外部环境?
5. 推销如何去适应不断变化的外部环境?

# 第八章

# 识别与寻找顾客

**学习目的和要求**

1. 掌握准顾客的内涵和条件
2. 掌握识别准顾客的主要方法
3. 掌握寻找准顾客的策略
4. 要求能在以后实际推销工作中准确识别与寻找准顾客，为顺利完成推销工作奠定基础

## 第一节　准顾客的内涵

只有一个总经理，那就是客户。他只要用把钱花在别处的方式，就能将公司的董事长和所有雇员全部炒了鱿鱼。

——萨姆·沃尔顿

追求卓越的重要一点就是要为客户提供最优的服务和最优的质量。

——汤姆·彼得斯

尽管实际推销活动千变万化，但是大多数有效的推销都存在一定的规律，都要经过以下一些主要的步骤：寻找准顾客并鉴定其资格，约见准顾客，接见准顾客，推销洽谈，处理异议，成交及后续工作。作为一名推销员，无论推销过程多么艰难，多么随机和难以把握，都应在明确上述基本推销步骤并熟练把握各步骤基本技巧的条件下，去随机应变，否则难以进行成功的推销。

在现代市场营销理念指导下，顾客始终是任何营销和推销活动的中心。对于企业来

说，顾客就是衣食父母，没有顾客的购买就没有企业的利润，企业就无法生存；对于推销人员来说，推销人员的工资就是顾客发的，没有顾客的认可，推销员的工作就无法顺利开展，也就无法取得事业的成功。

从营销学的角度来看，顾客就是对企业产品有购买需求且又有购买能力的现实购买者和潜在购买者。根据购买者的购买状态，我们把“顾客”划分为三种类型：一是准顾客，又称可能顾客或潜在顾客。准顾客是那些有可能购买公司产品的个人或组织。二是顾客，又称已购买者，是指购买了公司产品的个人或组织。三是经常顾客，又称忠实顾客，是指经常购买公司产品的个人或组织。

上述三类“顾客”的身份往往随着时间和推销工作的开展而不断转化，准顾客会转变为顾客，顾客会转变为经常顾客。推销员既需要维持现有顾客（包括顾客和经常顾客）再购买，也需要争取新顾客的购买。而且，推销员也会发现，向经常顾客推销要比向其他对象推销容易得多。据统计，向老客户推销使其购买的成本往往是促使新顾客购买推销成本的1/6。所以，精明的推销员手头上都掌握着一批经常顾客的名单和资料，并且这些顾客的购买占了其推销成果的大部分。

### 一、准顾客的含义

准顾客是指既有购买某种推销的商品的欲望，又有支付能力购买这种商品的个人或组织。因而准顾客是某种产品或劳务的潜在购买者，一般也称为可能的顾客。寻找准顾客是推销过程的第一个步骤。

寻找准顾客是从搜寻“引子”(lead)开始的。“引子”表示一个很有可能成为准顾客的个人或组织。推销人员在取得引子后，还需要对其进行鉴定，看其是否具备准顾客的资格和条件。如果具备，才能列入正式的准顾客名单之中，并建立相应的档案，作为推销对象。如果不具备这一资格，就不能称为一个合格的准顾客，也就不能将其列为推销对象。

### 二、准顾客的基本条件

现代推销学认为，“引子”要成为准顾客必须具备两个基本条件：一是购买商品或劳务的个人或组织能从所购买的商品中获得好处或价值。例如，消费品购买者使用购买的洗碗机节省了劳力和时间；数控车床的购买者使用该机床节约了能源、提高了生产效率和质量；购买手机能提高办公、沟通的效率等。二是不管个人或组织对推销的商品有多么强烈的需要和欲望，也不管该商品能给他们带来多大的利益和价值，他们必须有购买该商品或劳务的购买能力。在市场经济中，要成为顾客就必须有支付能力，企业只为那些有支付能力的消费者服务。

通过对“准顾客”的资格审查，把不具备上述两个条件的“引子”予以去除，既可避免推销人员精力和时间的浪费，又可有重点地拜访真正的、有潜力的准顾客，提高顾客的购买频率和购货量，从而有效地开展推销工作。

## 第二节　如何识别准顾客

现代推销学基本观念认为，作为顾客的人（man）是由金钱（money）、权力（authority）

和需要(need)这三个要素构成的,只有三要素均具备者才是合格的顾客。现代推销学中把对某特定对象是否具备上述三要素的研究称为顾客资格鉴定或顾客资格认定。顾客资格鉴定是顾客研究的关键,鉴定的目的在于发现真正的推销对象,避免徒劳无功的推销活动,确保推销工作落到实处。通过顾客资格鉴定,把不具备条件的对象予以除名,既避免了推销时间的浪费,又可以提高顾客的订(购)货率和订(购)货量,从而提高整个推销工作的效率。

## 一、顾客购买需求鉴定

顾客需求审查是指推销人员通过对相关资料的分析,判断并确定推销对象是否对推销员所推销的产品具有真正的需求(包括现实需求和潜在需求)以及需求量大小的活动过程。顾客需求审查的目的就在于选择对推销品有真正需求的准顾客,使推销工作有的放矢,避免盲目性。

人类的需求可以概括为三大类,即生存消费需求、享受消费需求和发展消费需求。推销人员要充分认识到顾客的需求内容与具体形式,将顾客需求和推销形式紧密联系起来,奉行以顾客需求为中心的指导原则,对顾客现实的、潜在的需求进行审查。顾客购买商品的主要原因在于推销品能够给购买它、拥有它、消费它的顾客带来某种益处,解决某种问题或困难从而满足某种需求。正如IBM公司前营销副总裁巴克·罗杰斯所说:"人们购买某种产品,是因为产品能够解决问题,而不是因为产品本身。IBM不出售产品,它只出售解决问题的办法。"

顾客需求不仅包括顾客客观存在并已认识到的现实需求,而且还包括顾客客观上存在但自己尚未认识到的潜在需求。估计顾客对推销品存在现实需求和潜在需求的可能性,主要取决于推销人员的推销经验以及对推销品的特性及顾客需求的认识。顾客需求多种多样,千变万化,推销人员应在把握顾客消费行为和消费心理特征的基础上,对顾客的需求进行深入细致的调查研究,分析和把握顾客不使用推销品的真正原因:可能尚未认识到推销品的真正用途;可能是受传统习惯或传统观念的影响;也可能是暂无购买力;甚至可能是对处于介绍期或成长期的新产品了解不多,尚处于等待、观望阶段;当然也可能是对本公司和公司产品存有成见等。因此,推销人员不应简单地以顾客使用或不使用推销品为标准来审查顾客需求,而应认识到消费者现在不使用推销品,不等于将来不使用;表面上不需求,不等于内心里真正不需求。所以推销员应该采取一定的推销技巧,说服具备现实需求的顾客促成购买,并与顾客建立良好关系,同时挖掘、培育、创造具有潜在需求的顾客,激发他们的购买欲望,使其相信对推销品确实存在需求。事实上,很多人类需求就是通过激发创造出来的,推销员应该加强"创造需求"方面的训练,通过创造需求来促进销售。真正优秀的推销员是在"创造需求"方面有出色表现的推销员。

此外,顾客需求审查不仅包括顾客需求可能性的审查,还应对顾客的需求量进行评价。因为有些顾客虽然对推销品的需求可能性较大,但需求数量很少且只是一次性购买,前去推销得不偿失,不能给公司带来利润甚至是负效益,这些顾客便不能成为合格的目标顾客。而那些对推销品需求数量大,又是长期需求的顾客,则是推销人员首选的并应将其列为重点的目标顾客。

顾客需求审查,要运用全面、联系、发展的观点对其进行动态的、综合的分析,既要审查顾客的现实需求,估计现实的需求量,又要考虑顾客购买的动态性以及顾客向其他顾客推荐购买的可能性。只有这样，才能对顾客的需求做出一个全面、正确的评价。

## 二、顾客购买力评价

顾客购买力评价是指推销人员通过对有关资料的分析，确定潜在顾客是否具备购买推销品的经济能力，进而确定其是否成为合格目标顾客的一种活动过程。在现实销售活动中，个人或组织的许多消费需求受购买能力的制约而不能实现或不能立即实现，也存在着由于推销员事先未对顾客购买力进行深入、细致、全面的调查分析，出现产品推销出去货款回收不良的现象。推销人员必须对顾客购买力进行认真科学的评价，不仅要把产品卖出去，更重要的是要按期按量地收回货款，保障企业和个人的经济利益。

判断潜在客户的购买能力，有两个检查要点：

一是信用状况。可从职业、身份地位等收入来源的状况，判断是否有购买能力。

二是支付计划。可从客户期望一次付现，还是要求分期付款，判断客户的购买能力。

值得注意的是，我们在对顾客进行购买力评价时，不能盲目地“以貌取人”，在与客户进行交易时，应通过多种渠道了解对方的支付能力和信用状况，防止受骗上当。

## 三、顾客购买资格审查

对推销品具有购买需求和支付能力的顾客如果不具备购买资格，也不是合格的目标顾客。因此，推销人员要对潜在顾客的购买资格进行审查，审查购买人是否具有作为市场经营主体的行为能力以及对推销品的购买是否有某些限制。

市场经营主体的行为能力是由国家法律赋予的，这种行为能力是通过有无国家行政机关颁发的相关证照来体现的。首先，一切从事经营活动的个人、组织、法人，都须持有国家工商部门颁发的营业执照，无照经营便是非法经营。持照人在经营执照规定的经营范围内从事经营活动，是国家法律赋予持照人的权利，超越规定的经营范围的经营行为是无效的、非法的，且不受国家法律保护的。

推销人员在审查市场经营主体的各种执照时，还要注意其时间效力。过期失效、吊销、撤销的执照更要引起重视，以免发生问题。

## 四、顾客购买决策权评定

顾客是否购买推销品，除了取决于其购买需求、支付能力以及购买资格外，还取决于顾客是否有权决定购买。只有拥有购买决策权力的目标顾客才能决定成交。顾客购买决策权的评定，就是评价推销对象的购买决策权状况，旨在缩小潜在顾客的范围，确定明确的推销对象，“向权力先生推销”，避免盲目推销，进一步提高推销效率。

对于以家庭或个人为消费单位和以企业或组织为消费单位的顾客购买权力评价是有区别的。

对于家庭或个人来说，购买决策权通常掌握在一家之长手里，同时，每个家庭成员的意见对最后的购买决定也会产生很大的影响。在实际生活中，要正确判断谁是购买决策权的核心人物并非易事，因为对于不同的文化背景、不同的社会经济发展水平以及不同类型的消费者来说，家庭购买决策的权威中心是不同的。美国社会学家按家庭权威中心的不同，把家庭分为四类：丈夫决定型、妻子决定型、共同决定型、各自做主型。根据消费品在家庭中的购买决策重心不同，可将其分为三类：丈夫有较大影响力的商品，如汽车、健身设备、烟酒等；妻子有较大影响力的商品，如服饰、饰品、家具、化妆品、洗衣机、吸尘器、餐具等；夫妻共同决定的商品，如住房、旅游等。

对于企业或其他各种社会团体和组织来说，购买决策权会因其所有制性质与组织结构等方面的不同而各有差异。一般来说，企业购买决策者在购买权限范围内购买产品，越权购买时，则必须向上级报请审批，有些项目的购买甚至要高层领导集体讨论后才能做出决策。作为推销人员，仅掌握一定的推销知识和推销技巧是远远不够的，还需要熟悉现代科学管理知识，了解企业或组织的组织结构、人事关系、决策运行机制、规章制度等，以便准确地评价客户的购买权力。一般而言，企业都有严格的购买决策分级审批制度，不同级别的管理者往往有不同的购买决策权限。如部门经理、副总经理和总经理就有着不同的购买权限。

## 第三节　寻找顾客的策略

现代营销学认为，顾客的需求需要挖掘、引导和激发。传统的“坐商”（坐等顾客）已经不能适应市场经济的发展。积极主动地寻找顾客，是每一个推销员义不容辞的责任。

### 一、确定推销对象的范围

在寻找准顾客之前，首先要确定推销对象的范围，也就是要进行市场细分。在市场经济高速发展的时代，顾客的消费需求日趋多样化，没有一种商品能达到如此的完美——覆盖整个消费市场，为所有的消费者所接受。每一种产品都有特定的消费市场、消费对象，不同品种、不同性能和用途的商品，其适用的对象也不相同。因此，在寻找准顾客之前，必须根据推销品的特点，确定推销对象的范围，以便有针对性地寻找准顾客，保证在一定的范围里准顾客的相对集中，从而提高寻找准顾客的效率。

### 二、选择合适的寻找途径

寻找准顾客有多种途径，究竟通过何种途径，采用何种方法，这也得结合推销品的特点来加以考虑，并根据所确定的推销对象的范围以及产品的推销区域，来选择最为合适的途径。比如，一些使用范围很窄的生产资料商品，就不宜用广为传播式的广告来寻找准顾客，而宜采用有较强针对性的广告方式或人员推销手段来向准顾客推销。对于大多数商品来说，寻找准顾客的合适途径不只有一条，而是有多条。所以，在实际工作中，往往采取几种方法并用的方法来寻找准顾客，这比仅用单一方法的收效大得多。

### 三、树立随时寻找顾客的意识

现代化大生产的发展，使得大批的商品源源不断地涌向市场，饥饿的市场渐趋饱和，而且越来越拥挤不堪，于是，出现了卖货难的局面。因此，推销工作便显得格外重要，各企业间的推销竞争亦日益激烈。作为企业推销先锋的推销员，肩负重任，要想在激烈的竞争中为本企业发掘更多的顾客，就必须培养一种随时寻找的意识，要注意培养敏锐的观察力和正确的判断力，即养成一种随时随地搜寻准顾客的习惯，只要你出了家门、出了单位的大门，就要每时每刻地眼观六路，耳听八方，不放过任何一条寻找准顾客引子的线索。因为，顾客就在你身边。在所见到的陌生人中，很可能就有你要找的厂长、经理、供应科长等。如果没有随时寻找的意识，只是在“工作时间”去寻找顾客，而在走路、吃饭、乘车等“业余时间”毫无用心，那么，许多潜在的顾客将会与你擦肩而过，使推销机会失之交臂。

被称为日本寿险界“推销之神”的原一平信奉：“保险生活化，生活保险化。人生何处不推销，将保险融入你的生活中，你就会走上经营寿险的新台阶。”一年夏天，公司组织员工外出旅游，原一平发现邻座是一位看似家庭主妇的中年女士，带着约莫三岁和六岁的两个孩子。原一平随即便有了向这位女士推销保险的念头。在列车临时停站之际，原一平买了一份小礼物送给她们，并同这位女士闲谈了起来。谈到小孩的学费时，他了解到该女士的丈夫是H公司的部门负责人，工作忙，应酬多。在后来的交流中，该女士提到未在即将前往的避暑胜地预订房间，看到女士十分焦灼、紧张，原一平主动提出可以通过朋友为她们找到住处。该女士十分感激原一平的帮助并欣然接受了他的名片。几天后，该女士的丈夫打来电话向原一平表示感谢，随后为全家四口人购买了保险，成就了原一平的幸运。

由此案例不难看出：准顾客来源于推销员日常的学习、观察与积累，寻找准顾客从培养自身的职业敏感性做起，养成良好的职业素养。所以，现代推销人员必须具备随时寻找的意识。

## 四、掌握连锁性寻找原理

现代推销人员在挖掘准顾客的过程中，一定要学会通过顾客发展顾客，即通过老顾客发展新顾客，如此不断地发展下去，犹如化学中的连锁反应，这就是连锁性原理。掌握这一原理，可以达到事半功倍的效果。

## 五、建立准顾客档案

对于已确定的准顾客，必须建立准顾客资料档案，以加强准顾客的管理。根据新掌握的实际情况，对准顾客进行分类，列出重点先后，以便有计划、有步骤地开展推销活动，使推销工作标准化、程序化、规范化，避免忙乱地、毫无头绪地推销。那种东一榔头西一棒子的古老的推销模式已经无法适应现代推销工作的需要。建立准顾客档案是现代科学推销的一项重要基础工作，也是一项细致的工作，必须踏实认真地去做。

## 六、寻找顾客的策略或方法

### （一）卷地毯式访问法

卷地毯式访问法，是指推销人员对推销对象的情况一无所知或知之甚少时，直接走访某一特定区域或某一特定职业的所有个人或组织，以寻找准顾客的方法。采用这种广泛搜寻的方法，可以捕捉到一定数量的准顾客。这一方法的理论依据是平均法则，即在推销人员走访的所有人中，准顾客的数量与走访的人数成正比，要想获得更多的准顾客，就要走访更多数量的人。

卷地毯式访问法比较形象地说明了推销人员寻找准顾客的过程，就像家庭主妇清洗地毯一样逐一检查。采用卷地毯式访问法寻找顾客，首先要挑选一条合适的“地毯”，也就是先要划定适合的访问范围。推销人员应该根据自己所推销商品的特性和用途，进行必要的推销区域可行性研究，确定一个较为可行的推销地区或推销对象范围。例如，如果你是一次性尿布的推销员，你挑选的“地毯”可能是妇幼保健院、医院等；如果你推销的是某种特效洗衣粉，你确定的"地毯"可能是某一社区的居民或宾馆客房部等。为了得到被访者的合作，走访前最好事先与之联系，此外，该种方法还需要与其他方法配合使用。这种方法操作起来费用高，颇为烦琐，一般情况下用得较少。

**（二）链式引荐法**

链式引荐法也叫"无限连锁介绍法"，就是推销人员在访问现在顾客时，请求为其推荐可能购买同种商品或服务的准顾客，以建立一种无限扩展式的链条。这是西方国家的推销人员经常使用的一种方法。

链式引荐法寻找准顾客源于链传动原理，齿链之间是一环紧扣一环的啮合状态，以此带动物体的移动。作为推销人员，就必须从现有顾客这一环去联系潜在顾客的下一环，不断延伸，以至无穷，扩大推销员与准顾客之间的联系面，使推销人员所掌握的准顾客源无限发展下去。因此，链式引荐法的关键在于推销人员首先要取信于第一个顾客，并请求引荐其余的顾客，由其余的第二链节发展更多的顾客，最终形成可无限扩大的"顾客链"。要想使"顾客链"长久运转下去，推销人员必须不断地向链传动系统添加"润滑油"以维持各链节之间的正常运转，通过链式的传动使推销品能畅通无阻地进入到客户手中。这里所说的"润滑油"就是推销员只有成功地将自己的人格和自己所推销的商品推销给现有顾客，使现有顾客感到满意，赢得现有顾客的信任，才可能取得源源不断的新顾客名单。

采用链式引荐法寻找无形产品（旅游、教育、金融、保险等）的潜在顾客尤为适合，因为在服务领域里，信誉、感情和友谊显得尤为重要。但从使用范围看，工业用品更多地使用这种方法寻找潜在用户，因为同行业的工业品用户之间通常较为熟悉，且相互间有广泛的联系。

乔·吉拉德是世界上销售汽车最多的一位超级销售员，他平均每天要销售五辆汽车，他是怎么做到的呢？链式引荐法是他使用的一个方法，只要任何人介绍客户向他买车，成交后，他会付给每个介绍人 25 美元，25 美元在当时虽不是一笔庞大的金额，但也足够吸引一些人，因为举手之劳即能赚到 25 美元。

哪些人能当介绍人呢？当然每一个人都能当介绍人，可是有些人的职位更容易介绍大量的客户。乔·吉拉德认为银行的贷款员、汽车厂的修理人员、处理汽车赔损的保险公司职员，这些人几乎天天都能接触到欲购买新车的客户，他们是合适的销售汽车的介绍人。

每一个人都会使用介绍法，但您要怎么进行才能做得成功呢？

乔·吉拉德说："首先，我一定要严格规定自己'一定要守信'、'一定要迅速付钱'。例如，当买车的客人忘了提到介绍人时，只要有人提及'我介绍约翰向您买了部新车，怎么还没收到介绍费呢'。我一定告诉他'很抱歉，约翰没有告诉我，我立刻把钱送给您，您还有我的名片吗？麻烦您记得介绍客户时，把您的名字写在我的名片上，这样我可立刻把钱寄给您'。有些介绍人，并无意赚取 25 美元的金额，坚决不收下这笔钱，因为他们认为收了钱心里会觉得不舒服，此时，我会送他们一份礼物或在好的饭店安排一顿免费的大餐。"

**（三）中心开花法**

中心开花法，是指推销人员在某一特定的推销范围内发掘出一批具有影响力和号召力的核心人物，并且在这些核心人物的协助下把该范围里的个人或组织都变成推销人员的准顾客，一般而言，这些核心人物或是推销人员的顾客，或是推销人员的朋友，前提是这些中心人物愿意合作。

中心开花法实际上也是一种链式传递介绍法，只是中心开花法是利用"核心人物"的链式关系来不断地扩大其顾客群，而不是利用普通顾客。因此，中心开花法的关键是找出核心人物，并极力说服这些核心人物，在取得他们的信任和支持后，就可以利用他们的影响力、权威性或示范效应，带动一大批潜在顾客。例如，推销教学参考书找到教师这样的核心人物，在得到教师的首肯后，你推销的书籍就有了大量的顾客——教师的学生；推销员工医疗保险，如果能说服公司董事长同意为公司购买，就不用去游说每个员工了。推销人员要想取得“核心人物”的信任和支持，首先必须让对方了解自己的工作，使对方相信推销人员的推销人格和商品，相信能为其解决实际问题并使他们得到实实在在的利益。说服核心人物，取得他们的信任和合作后，就能利用中心开花法进一步寻找准顾客。

中心开花法主要使用于金融服务、旅游、保险等无形商品及时尚性较强的有形商品准顾客的寻找。

**(四)关系拓展法**

所谓关系拓展法，是指推销人员利用自身与社会各界的种种关系寻找准顾客的方法。任何一个人都不可能在真空中生活和工作，必然要与各种各样的人发生方方面面的联系，例如，同学关系、师生关系、同事关系、上下级关系、亲属关系、老乡关系等各类人际关系。在这些关系中，有些你非常亲密和熟悉，有的较为正式，有些仅是初次结识，交往甚少，不管怎样，他们都可能是你的准顾客，你应该把他们列入你的准顾客名单。

关系拓展法也是链式引荐法的一种，只是这种方法首先开始启动的链节是推销人员自己的关系户，然后逐步扩散渗透，形成一张推销某一商品的关系网，关系网中的人员可能就是你的准顾客了。

采用关系拓展法主要是寻找日用消费品的准顾客。

**(五)个人观察法**

个人观察法也叫直观法，它是指推销人员根据自身对周围环境的直接观察、判断、研究和分析，寻找准顾客的方法。

利用个人观察法寻找顾客，关键在于培养推销人员个人的灵感和洞察力。推销人员应具备良好的观察能力与分析能力，善于从报刊、广播电视、人们的言行举止、一些闲谈中搜寻你的准顾客。在实际生活中，准顾客无处不在，有心的推销人员只要“睁大眼睛”、“竖起耳朵”，留心周围的事情，就会找到可能的买主。例如，美国一个成就卓越的推销员，整天开着一辆新汽车在住宅区街道上转来转去，寻找旧汽车，当他发现一辆旧汽车时，就通过电话与该汽车的主人交谈，并把这辆旧汽车的主人看作一位准顾客。

推销人员也可以从各种书报杂志、广播电视节目和互联网上找到自己的准顾客。

总之，推销人员只要善于观察和思考，就会从自己所见所闻的各种似乎互不相干的信息里找到潜在的顾客。

**(六)委托助手法**

委托助手法就是推销人员委托有关人员寻找顾客的一种方法，即企业推销人员雇用一些临时性推销人员(助手)寻找顾客，自己则集中精力从事实质性的推销活动。

委托助手法在实际运用时，临时性推销人员通常打着市场调查或免费提供服务等名义，对可能性比较大的推销区域发动卷地毯式的访问，一旦发现潜在的准顾客，立即通知高级推销人员安排正式访问。通常这些助手都不是企业聘用的，而是推销人员安排的探子，他们能自然而然地接触到需要购买推销人员货物和服务的准顾客，所获报酬依据提供信息后达成生意金额的多少来支付。

**(七)广告探查法**

广告探查法,是指推销人员利用各种广告媒体寻找顾客的方法。在西方国家,推销人员用来寻找顾客的主要广告媒介是直接邮寄广告(direct mail advertising)、电话广告(telephone advertising)和电子商务广告(electronic business advertising)。

广告探查法通常用于市场需求量大、覆盖面广的商品推销。推销走访前首先发动广告攻势,刺激和诱导消费需求的产生,在此条件下不失时机地派人员推销商品,把“拉引”(pull)和“推动”(push)策略结合起来,促使推销效率的提高。广告可用的媒体很多,可根据市场特点、产品特性、推销范围、推销对象和产品寿命周期综合考察后做出选择,报纸、杂志、广播、电视、互联网、邮寄目录、说明书都是可以利用的理想媒介。

通常,推销主体与推销对象之间存在着信息的阻隔,运用现代化的传播手段往往使信息传递面拓宽,使推销人员与准顾客之间的信息沟通在短期内得以完成,缩短了推销时间,拓展了市场,从而大大提高了推销效率。一则好的广告可以相当于成千上万个推销人员,产品的营销战役首先是广告的前哨战,其次才是推销人员的常规战和攻坚战。

不过,值得注意的是,广告固然有很多优点,但绝不会取代推销,它们之间是互补共存的关系。而且,广告效果的测定一直是个难题,所以有的广告主发出“我知道我的广告费30%以上是浪费了的,但不知道浪费在哪里?”这样的感叹。由此,我们在做广告时必须做好充分的广告调查,有的放矢,促成购买行为。

**(八)文案调查法**

文案调查法,是指通过收集整理现有文献资料,来寻找可能买主的方法。这种寻找准顾客的方法,实际上是一种市场调查的方法,它着重于现成资料(或称为第二手信息资料)的收集、整理和分析,以确定准顾客。

第二手信息资料来源于历史或现有的各种参考文献之中。第二手信息资料依据其资料来源可分为内部资料与外部资料两部分。内部资料是指企业内部报告系统所提供的反映企业内部情况方面的资料;外部资料是指由企业外部有关机构所保存的全部资料、年鉴、报纸杂志、电话簿,以及信息中心、行业协会、调研机构的资料等。总之,企业应建立数据库或市场营销信息系统,不断输入和更新内外部资料,以供包括推销人员在内的企业各类人员查询,寻找顾客“引子”。

**案例一　　从生活中寻找销售线索**

“破冰之旅”是国际政治中的一种说法,指的是那些打破关系僵局的外交活动(特别是访问),这种主动的行动往往会带来两国关系的突破。其实对个人来说,僵局也是会经常遇到的,一时的僵局应该不是问题,但如果是很难与人进行有效交流,那么就会影响到事业的成功和生活的质量了。在这种情况下,如何“破冰”便成了打破人生僵局、有效提高情商的首要任务了。事实上,在智商大致相当的情况下,人与人之间命运的差别更多地取决于情商的高低。“破冰”,对于推销人员来说,就显得更加重要了。

火车上的人生

有一位日本推销员,写了一篇文章,叫作《火车上的人生》,讲的是他终年奔波于各地的事情,有点儿像寅次郎的故事,一年的很多时候都是在路上、在外面。在他看来,人生有时就像坐火车一样,在很多时候都是与陌生的、不久就要分手的人度过一些时日,由于对待旅程特别是对待周围人的态度不同,“人生”的质量也就有所不同。

火车是个小舞台。对于这个舞台，人们的态度各有不同：有的人一上车就睡，醒来也是一声不吭；有的人是一直在观察、在倾听、在思考；有的人是自娱自乐，给自己找很多事做；有的人是与周围人打成一片，嘻嘻哈哈，一路下来，收获个好心情；而有的人则是有效地与周围人谈话，获得一些有价值的信息，乃至交到一些朋友。

但这位推销员却与众不同，他把乘车当作工作和生活的自然延伸，一上车就与周围人打招呼，在最短时间内拉近距离，先是天南海北地侃，然后是有的放矢地进行交流，从中得到民情、市场、时政等多方面的资讯，倾听一些行家的见解，从而为下一步工作做好积累。有时还碰巧会遇到很好的顾客，在火车上就做成了一笔生意。虽然这其中的绝大多数人都将不会再见面，但他们却给了他很大的帮助，而且由于他十分善于倾听和谈话，对方也人多得到了心理上的满足，愉快地度过了火车上的时日，皆大欢喜。

其实，我们的人生又何尝不是如此呢。从幼儿园、小学、中学到大学，从这个单位到那个单位，从这座城市到那座城市，甚至从这个国家到那个国家，我们也好像是乘火车一样，上了这列车下了那列车，周围的人不停地变换，真正能留在身边的少得可怜，即便是家人，也很难会与你永远在一起，即便是令你心颤的"漂亮眼睛"，也往往是擦肩而过，更多的时候，你需要与原本陌生的人相处和相伴。因而从某种意义上说，你与同车人（同学、同事、同伴）的关系决定着你这段旅程是否愉快和有所收获。

如果看透了这一层，你便会明白三个重要的道理：一是与同行者要尽可能地建立良好的关系，并尽可能地学习、体会和成长，同时也尽可能地使旅程愉快和轻松；二是同行者很重要，但还不至于重要到不可替代、不可放弃的地步，因为你迟早是要"换车"的，这也是这个时代的特征，因而你不需要对那些实在难以处理的关系太过在意，以至影响自己的情绪，影响赶路；三是你有必要对下一步有所计划，以使你的行程更有效率，有的时候，耽误了一步便会错过许多，更重要的是，你的心中最好能有所牵挂，无论是家人、恋人、友人，还是学业、事业、乐趣，总之要有一种能够牵引你向前的力量和希望，哪怕是一种梦幻或者美丽的回忆也好。

**聚会是一种机会**

一位心理学家曾经说过，人生有80%的时间是用来亮相的，一个人只有尽量在一切亮相的场合都玩得愉快，才会有愉快的生活和更多的机遇，因为唯有愉快自在的人才能有更好的发挥，才能吸引别人。我说了火车上的时光可以有效利用，人们也都知道在工作场合需要努力表现，但不要忘了聚会以及其他各种各样的活动也都蕴含着很多机会，可能给你带来事业上的转机，也可能会给你带来终生的幸福。

有一个朋友曾经问我，为什么在《商业周刊》等重要的商业杂志上会有高尔夫球的专题和大量报道，我告诉他，在美国，高尔夫球不仅是重要的体育运动，是商人们的第一大消遣运动，更是重要的商业活动。在不知不觉中，打高尔夫球已成为许多人做生意的一部分，也许是非常重要的一部分，那些对此颇有心得的CEO会告诉你：打高尔夫球是了解生意伙伴最好的办法，通过与他们自然的接触和交流来增进双方的了解和信任，并最终下定做生意的决心。

事实上，这种传统已经保持了一个多世纪。从19世纪末的乡村俱乐部到今天仪式隆重的销售会议，很多公司的管理者都已习惯于一边在绿草如茵的草地上挥杆，切磋球技，交流心得，一边谈在办公室里正襟危坐所未必能谈好的生意，谈笑间千万美钞落入囊中。

而心理学家则更进一步地解释说，共同的爱好本身就是一种回报，并且表明关系扩展到了对事物的态度这一领域。假如两人互有好感，交往中又发现有共同的爱好，他们的关系就是平衡关系。假如他们发现对第三者或其他事物的看法相左，他们的关系就不是平衡关系。由此可见，关系要扩展，就必须在其他领域取得某种一致。倘若双方在其他领域达成一致的意见，他们的关系就会持续，甚至会扩展；反之，关系就会因了解而中止而渐渐消失。如果说商业是主流领域的话，高尔夫球就是一个最好的"其他领域"，人们的商业关系在这里得到有效延伸和深化。

正如詹姆斯·博斯韦尔所言："我们无法确切地说出友谊是在哪一瞬间形成的。正像往盛器里一滴一滴加水，总有那么一滴使盛器里的水溢出；在一系列表示友情的行为中，总有那么一次终于使我们感动。"人际关系的发展是有赖于时间和需要过程的，这是急不得的。而慢悠悠的高尔夫球运动恰好给了人们充分认识、了解和接受的时间与过程。正是基于这种考虑，很多商人都把打高尔夫球当作了非商业聚会，看作一种潜在的商机。

其实，高尔夫球只是一面镜子，折射出美国人对聚会的一种态度，他们不仅要在聚会上尽情享受，放松身心，还把它看作一个交友的机会，视为推销自我、扩展视野的理想场合。由于聚会的边际收益巨大，美国人非常喜欢聚会，从生日"party"到同学聚会，从体育比赛到野营郊游，从鸡尾酒会到社交舞会，从办公室聚会到商业展会，不一而足，乐此不疲。

而在社交活动中，人们也非常放松，大多能自在而又自信地与人交流，即便是那些本来羞怯、内向的人，在参加过无数聚会后也不可能不发生改变。与保守的东方人不同，美国人对那些能够主动迎上来、主动推销自己的人十分欣赏，并认为"主动认识他人是真正领导特质的表现……走到你身边，并伸手说'Hello'的人，经常都是大人物"。而事实上，敢于要求我们所想要的，并且勇于表达自我，也正是事业和感情成功所必需的。

**思考：**

**商机就在生活中，商机就在我们身边，关键在于我们的推销员是否是一个有心人。结合以上案例谈谈在生活中寻找商机的策略。**

**案例二　　午餐中的商机**

2016 年 6 月 11 日由 4 名匿名竞标者通过 46 次提价后，一锤定音，最终以 345.6789 万美元拿下了 2016 年与他共进午餐的机会，全球的目光又聚焦在这个数字上。这个人是谁？谁会花如此高的款项就为一顿饭？为什么一顿午餐吸引了全球的注意力？多少人羡慕？多少人嫉妒？多少人咬牙？而他只是淡淡一笑，拿起桌上的可口可乐呷了一口，又弹起了四弦琴。

他就是巴菲特，午餐名为"巴菲特午餐"，可谓世界上最昂贵的午餐。从 2000 年开始至今，巴菲特午餐慈善拍卖会进行了 17 次，得标价格在 1.8 万美元至345.678 9万美元之间，所得款项直接交给格莱德基金会。为何投资者对与巴菲特共进午餐趋之若鹜，到底这顿午餐是物有所值，还是只求轰动效应，或出于对股神的偶像崇拜，这些答案众说纷纭。是巴菲特善于推销自己？还是投资者想在午餐中推销自己？且看看午餐中的那些商机。

**一、名人效应**

午餐吃什么不重要，和谁吃才最重要。巴菲特贵为"股神"，多年来占据世界富豪榜前列。与其共进午餐，对竞标成功者的个人品牌提升必然助力不小。"午餐"竞拍成功者将有机会和七位同伴一起，在纽约的史密斯与沃伦斯基牛排馆和巴菲特共进午餐。午餐一般持续三个小时，期间巴菲特会回答他们的各种问题。尽管巴菲特早就声明，在"午餐"过程中自己谈到的大多数问题都与投资无关，而只是与家庭和慈善相关的问题。但竞标者所考虑的是我与大师在一起交谈，可以获得人生与投资方面的经验和智慧。在很大程度上，巴菲特在商业投资上的才能、辉煌的投资战绩及其作为伯克希尔·哈撒韦公司主席的身份，是对竞拍者最大的吸引力。

**二、扩展效应**

每年的巴菲特午餐，不管中拍价格多少，都会被世界各国的媒体广泛报道。午餐的活动和影响向其他领域与地区扩展和辐射。"午餐拍卖"是一种"吸引消费者来关心"的"拉式策略"。它"制造"新闻事件和新闻热点，吸引新闻媒体的注意和报道，使之成为大众关心的话题，使媒体和消费者"主动"为此事宣传，以收到低成本、高效率提升相关品牌的功效。与巴菲特共进午餐不仅能获得人生指导，也为竞拍赢家带来了实际的利益。如中国上市公司天神娱乐中拍的新闻被国内外主流媒体(包括路透社、CNN、福布斯、新浪等)纷纷报道，同时也出现了大量评论人士的分析文章。天神娱乐公司知名度大大提高，闻名中外。这种世界级的媒体曝光度和关注度，比公司自己做广告好，价位估算则要上千万元人民币。

**三、慈善效应**

慈善效应就是为了做慈善而打动人的情感而产生的效应，是以爱为关注焦点，在爱的旗帜下聚集起来的慈善行动。我捐时间，你捐金钱，都是为了做慈善事业。这情感使大家竞相竞价，为慈善而出力，巴菲特以自己的实际行动造福人类。也许用巴菲特的投资理念来思考，他每年捐出三个小时午餐时间所引起的投资人之间的良性互动，为格莱德基金会带来的话题关注度和格莱德基金会知名度的提高大大超过他直接捐赠一大笔钱。竞拍成功者能与巴菲特共进午餐，并得以聆听其经验和指导，或许真能学到他骨子里的投资理念。巴菲特则将午餐义卖所得款项做了慈善，表明慈善行为可以联合名人向多元化发展。慈善是全人类最应具有的道德观念和良好行为，通过慈善宣传提升相关品牌的知名度，这也是做慈善的效应。当然慈善午餐重点在慈善，而不是推销商品。

**四、财富效应**

在人们心目中能与全球知名的投资大师坐在一起边吃着牛排，边谈着家庭、慈善、金钱，饭后再合个影，可以提高自己的知名度，让市场注目，无疑是一件很有面子的事情，也对自己的财富积累有正向作用。对于渴望得到巴菲特指点的人或者有其他期望的人而言，能与年逾八十的巴菲特吃午餐的机会不多了。有这样的基本面，为把握日益珍贵的每年一次的机会，在能力范围内多花点钱不应该是个问题。对于有的投资人来说，巴菲特午餐帮助他们强化价值投资理念，巩固价值投资的信心，可以产生财富效应。当然，巴菲特的人生经验与金钱观对竞标成功者的启示更是无价之宝。利用名人效应为自己所持有的股票进行造势，也是巴菲特午餐为竞标成功者提供的最直接利益。

2008 年被誉为"私募教父"的赵丹阳(竞拍成交价为 211 万美元)曾借午餐之机向巴菲特推荐物美商业股票，巴菲特一句"会考虑"，推动其股价连续四个交易日大涨近 24%，巴菲特赞赏赵丹阳的"你比我强"四个字，恐怕更是一字值万金。拥有很高的知名度与美誉度后，品牌会在消费者心中树立起极高的威望，表现出对品牌的极度忠诚。赵丹阳午宴时送给巴菲特两份颇具"特色"的礼物：东阿阿胶和国酒茅台，后期股价表现也较为喜人。

**五、时尚效应**

巴菲特作为全球金融界领袖，他的喜好对投资界也会产生影响，甚至成为一种时尚。

时尚是人们对社会某项事物一时的崇尚，这里的“尚”是指一种高度。巴菲特价值投资使不少人受益匪浅，他的投资引领潮流，与投资大师在一起品味牛排是多么时尚啊！这个时尚才能体现品味。能与巴菲特吃饭，也是一个潮流。巴菲特午餐也引入媒体感兴趣的话题，增加受众能见度。如果让大家知道慈善很时尚，那么会有很多人愿意加入，或者至少让大家知道这件事情，这些都是慈善事业所期望的。

（案例来源：朱桂平:《浙商管理评论》）

**思考：**

结合案例谈谈如何利用社交活动来寻找商机、提升形象。

**案例三　　寻找顾客的艰辛**

一杯咖啡、一份报纸、一个靠窗的位置，一个人似乎就可以打发一个下午的时光。抬头望着落地窗外川流不息的人流，与一个挎着双肩包的小伙子的目光不期而遇，继续低头阅读。

“您好，可以打扰一下吗?”抬头，刚才窗外的那个小伙子已经站在我面前，“有事吗?”“我是××大学的学生，现在进行一个项目推广……”说着小伙子拿出学生证。“对面有人吗，我可以坐下聊吗?”我点了点头。

经过他的一番详细介绍，我大致了解了他的目的，是向我推销一本出国读MBA的书籍，以完成他在学校参加的社会实践项目。我问他推销了多长时间，战绩如何。他摇摇头，一脸失望的表情。我告诉他，我没有这方面的需求和打算。他仍然把我当成他的“救命稻草”死死抓住不放，要我介绍我的学历背景和工作情况。我无奈只得跟他交代清楚。

“我认为你应该去申请啊，这个会对你的职业有很大帮助的”，他仍然坚持。我告诉他，我曾经试着去走这条路，但无论从理论上还是工作实践中都证明这条路对我来说是走不通的，也不现实。“你应该坚持自己的选择啊，马丁·路德·金曾经告诉我们‘I have a dream’”，在他的眼里我成了一个不执着于自己的梦想和目标的人。“拜托，老兄，我们都应该从现实出发，理想与现实之间是有鸿沟的，等你进入社会就知道，过于追求自己达不到的目标就是一种偏执，而不再是坚持的高贵品质。”

“好吧，你开个价吧，如果价位合适，我就卖给你了。”小伙最后无奈地说。

“老兄，我说了这么多，你怎么还不明白啊，这本书现在对我一点价值也没有。”

“你是说这本书没有价值吗?”小伙要跟我急。“不是，这本书的价值很大，但是对我来说，一点价值也没有，你懂吗?”

“好吧，那打扰了”。小伙无奈离去。

看着小伙无奈离去的背影，我有些不忍。但是，我更想让他明白人们是不会花钱购买一个对自己没有价值的东西的。推销要找准目标人群，否则就是白费力气，也不是说仅凭怀揣梦想就可以打天下的。

（案例来源：商业评论网）

**思考：**

结合案例谈谈如何寻觅和冷静地处理难得的销售商机。

**案例四　　一名化妆品推销员的经历**

我曾经是某外贸公司的办公室文员。由于公司生意不景气，我辞掉了工作，加盟雅芳公司，做了一名职业推销员。加入一个新行业，一切必须从头开始，我为自己没有客户而发愁，不得不每天挎着一个大背包，里面装满了各种眉笔、唇膏、粉饼等化妆品，一家家地敲陌生人的大门。可是能开门见我的人很少，多数人很不客气地在门里说："我不需要，快走吧！"一连几个月我的收入虽然有所提高，但仍不足以维持温饱。这深深刺痛了我那颗骄傲的心，我不相信在别人干得有声有色的行业中，自己只是一个"脓包"，我一定想办法开创自己的新天地。

我向我的同学、亲友介绍雅芳化妆品，先请她们试用，并借机向她们推销产品，我的业绩很快有了上升。之后我又请她们把我介绍给她们的同事，但是当用这些方法发展到50人时，我的业务又出现了停滞。接下来我决定先在自己的小区开展推销活动，我写了几百封信："×号的×女士，您好！我是您的邻居王小丽，在雅芳工作，我很希望与您交个朋友，能在晚上6--8点之间给我打个电话吗？我的电话号码是87654321。"并附上一些化妆品的说明书，然后把信件塞进了客户的信箱。以后几天晚上陆续接到电话，卖出了3支口红、4个保湿粉饼和1瓶收缩水。

就这样做了几个月，我的推销成绩有了很大进步，但我仍觉得销售的速度慢。怎样才能提高效率呢？我苦思冥想了很长时间，也不得要领。后来在儿子的家长会上我偶然得知有一个孩子的妈妈是某单位的工会主席，姓王，我突然有主意了，决定试一试。

机会来了。有一天下着雨，工会主席还没来，看着孩子们一个个被家长接走了，她的孩子很着急。我就主动上前安慰他，告诉他说："阿姨可以送你回家，你先给妈妈打个电话，告诉她不要着急，康明的妈妈送你回家。"孩子照办，我把他送到家，记住了她家的地址。

我们成了好朋友，我送给她全套护肤美容和化妆品，边做边讲解，并针对她的肤质提出建议。工会主席发现用雅芳化妆品后比平时漂亮多了，大家的赞美使她很高兴，自然成了我的顾客。她帮助我介绍了一些同事。在她的影响下，她们单位的不少女士也开始使用雅芳化妆品。我的顾客数量达到了300人，收入大幅增长。

王主席后来又帮我与另外几家大型企业的工会主席取得了联系，建立了友谊。通过这种方法，我发展了几家公司的大量顾客。她们中有的人买全套化妆品，有的人只买单个。不论怎样，我对她们一视同仁，不厌其烦，周到服务。大家对我非常满意。因此我的顾客群像滚雪球般越来越大，销售量直线上升，收入也有了极大提高。

**思考：**

1. 在寻找顾客的过程中，推销员王小丽用了哪些方法？
2. 你对推销员王小丽还有哪些建议？

## 复习思考题

1. 什么是准顾客和引子？
2. 简述如何对准顾客进行认定。
3. 简述连锁性寻找顾客原理。
4. 简述寻找顾客的基本方法。

# 第九章

# 约见与接近顾客

**学习目的和要求**

1. 了解约见与接近的内涵
2. 掌握接近顾客的艺术和策略

## 第一节　约见顾客

当推销员寻找和识别并获得准顾客的资料后，就应该主动约见和接近顾客。约见和接近顾客是推销的第二阶段。成功地约见和接近对顺利开展推销工作有着良好的促进作用。

### 一、约见的概念、作用与准备

#### (一)推销约见的概念、作用

1. 推销约见的概念

推销约见作为一种狭义的约见，是指推销人员在拜访前事先征得顾客同意后再行见面的过程，也是接近工作的开始。约见作为推销过程的一个环节，对整个推销活动的成败起着极为重要的作用。在推销过程中，推销人员所要拜见的顾客非常复杂，情况各异。有的顾客对推销人员的造访并不反感，而且还能表示欢迎。但也有不少顾客，尤其是一些身为主管或官员的顾客，由于工作繁忙，害怕受打扰，对推销厌恶反感，甚至拒之门外，因此，在拜访顾客时，推销人员吃“闭门羹”的现象屡见不鲜。最常见的“闭门羹”总是与“没有时间、工作很忙”有关。因此，为了成功接近顾客，顺利地开展推销洽谈，提高推销工作效率，推销人员必须重视约见这一环节。

2. 推销约见的意义

(1)节省时间和精力,少吃"闭门羹"

在快节奏的社会生活中,现代人的时效观很强,人们十分珍惜时间,注重对自己可控时间的驾驭,职务越高的人,可控制的时间越少,因此,最大限度地谋求和支配可控时间是每一个现代人的需要。为此,不浪费顾客与自己的时间和精力,少吃"闭门羹",最好的做法就是事先与顾客约定拜访。这样有助于合理安排推销时间,提高推销效率。

(2)不打搅顾客的正常工作,是推销的基本礼仪

推销人员若以不速之客的身份突然登门拜访顾客,就打乱了顾客当日的工作计划和日程安排,使顾客措手不及,这必然引起顾客的反感,导致情绪上的对立,遭冷遇就成为不可避免的事情。反之,事先有约,顾客提前调整好工作安排,在他认为比较合适的时间再去拜访他,不仅有利于面对面的接触,也有利于培养感情,加深印象,增近相互间的了解。而且,这也是推销人员的必要礼节,没有约见就进行拜访是极其不礼貌的行为。有修养的推销员即使提前到了顾客办公室的门口,为防止打扰顾客的工作,也要在约定的时间准时进入顾客办公室,给顾客留下"非常守时守信"的印象。

(3)便于双方都做较充分的准备工作

由于事先的约见沟通,顾客已对推销活动有了一定的心理准备,事先约见即使洽谈导入时间减少,亦可以尽快涉及正题,易于受到双方的重视,增强说服力。

(4)有利于整体规划

推销人员事先约见顾客,有助于制定洽谈计划,从事推销预测,制定可靠的行动方案,推动洽谈的顺利进行,为洽谈成功,进而为整个推销的成功奠定基础。

(5)争取约见本身,实际上也是一种推销活动

在争取获得约见的过程中,主要是处理各种复杂的人际关系,如推销人员与接待人员之间的关系、推销人员与顾客之间的关系等。有时,推销人员争取约见那些掌握购买大权的经理是很困难的,为此,他们更多的是与接待人员或秘书打交道,谋求与他们的合作,以求突破一道道防线,从而得到经理的约见。可见,争取获得约见是与顾客直接打交道的第一环节,对整个推销有极其重要的意义。因此,为了克服顾客的各种偏见、误解及其他心理障碍,必须掌握一定的约见技巧和方法,并加以灵活应用,只有这样,才能消除各种阻力,尽快得到顾客的约见。

**(二)约见前的准备工作**

推销人员要想赢得主动,就须在每次拜访顾客前或在每笔业务洽谈前,都要做好充分的约见准备工作。这种准备工作比以往任何时候都要具体、全面、充分。概括地讲,所谓约见拜访的准备工作,就是再斟酌一下推销拜访的各要点是否翔实,该准备的推销工具、样品是否齐全,是否做好了充分的应对准备等。为此需要做好以下六项工作:

1. 根据已经了解到的有关顾客的初步情况,做深入分析,做到知己知彼

一般来说,要了解客户行业状况、客户使用状况、竞争状况、所经营区域的市场潜力(市场饱和度、区域内客户规模的大小及数量、区域内的竞争者强弱及市场份额的比例、区域内适合销售该产品的行业多少,如学校、银行、事务所、机电生产厂等)。只有充分了解前述的几个因素,才能决定销售策略(如决定客户的拜访优先顺序和拜访频率,对不同行业客户的接触方法,对竞争产品的应对策略等)并制定销售计划,以便对区域内的潜在客户做有效的拜访。

2. 在拜访前要注意所要拜访的客户对所推荐产品需要的程度，以及成交后的要求

满足顾客需求是推销工作的宗旨，在推销访问前推销人员应站在对方的角度向自己多问问与销售相关的问题，设身处地地为顾客着想，自然就成为拜访前准备工作的重点。

3. 找出共同点

安排洽谈时间、拟订推销要点、制定业务洽谈计划，都要以买卖双方的共同点为前提，否则将一事无成。

4. 对洽谈所要达到的目的进行分析，要求具有层次性

既要有主要目标，也要有次要目标，目标要切实可行，既要考虑目标的科学性，又要使目标具有一定的弹性，留有余地。首先要尽力实现主要目标，当主要目标不能被顾客接受时，切莫形成僵局，而是要当机立断，做出某些妥协和让步，并推出次要目标。当然，这个次要目标不能过低，不能低于公司的底线，而是使洽谈不至于完全落空、双方又都能达成一致的目标。这就防止了推销人员在一旦达不到主要目标的情况下措手不及，或是得不偿失，或是前功尽弃，一无所获，导致整个交易失败，白白浪费时间。

5. 对潜在顾客进行再识别

根据购买欲望和购买能力，可将顾客分为三种：有购买欲望者；有购买能力者；既有购买欲望又有购买能力者。第一种人，虽有购买欲望，但无支付能力，购买是一句空话；第二种人，虽有支付能力，但无购买欲望，推销人员无论采取何种攻势，达成交易的可能性都很小；唯有第三种人，是购买欲望和购买力同时具备的人。推销人员只有对第三种人即潜在顾客发动攻势，才能收到预期的理想效果。

6. 争取与中断了购销关系的顾客建立联系，重新开展交易

在推销中，有许多以前曾有往来而现在却没有交易关系的顾客，有条件的话，可通过顾客档案和以往的销售记录，将这些顾客的有关资料调出来，加以熟悉后，可直接拜访，目的在于寻求与其再度交易的可能性和可行性。当然，对这些顾客的分析，应主要侧重于中止交易的原因上，这可从主观和客观两方面入手。主观方面，推销人员是否与顾客的关系不融洽；客观方面，是否已被竞争对手捷足先登，是否因销售地区发生纠纷而停止往来，是否因顾客家庭住址、工作单位变更而中断交易。当调查出交易中断的问题后，可逐步谋求改善，重新开展交易，这也是一种重要的开拓客户的渠道。

## 二、约见拜访的主要内容

作为接近的前奏，约见拜访的内容主要取决于接近和洽谈的需要。作为接近顾客的一种有效方式，约见本身又是推销拜访的准备阶段，其主要内容取决于拜访活动的客观要求。在推销中，既不能以同一种方式拜访所有的顾客，也不能用同一种方式约见所有的客户。推销人员与顾客之间的关系不同，约见内容也就有所区别：对于来往密切的常客，约见内容应力求简洁，或许只需提前打个招呼就行了，不必过多客套；对于来往不多的一般客户，约见内容应稍加详细，时时提醒顾客，加强双方联系，发展主顾关系；对于那些从未见过面的顾客，约见内容应尽量详细，安排周到，引起注意和兴趣，消除疑虑，以赢得顾客的信任和支持，给顾客留下美好的第一印象；此外，推销人员还应根据每一次推销拜访活动的特点来确定具体的约见内容，充分考虑有关顾客各方面情况。从理论上讲，约见作为一个科学概念，具有其特定的含义，它不是推销人员随心所欲的行为，而是具有一定规律的。一般来说，约见的主要内容包括下列四项。

**(一)确定拜访对象**

要进行推销拜访,就要先确定具体的拜访对象。一般来说,推销人员在开始约见之前就已经选定了拜访对象。但是,在实际推销中,推销人员往往发现自己无法直接约见拜访对象。推销人员应该尽量设法直接约见购买决策人及其对购买决策具有重大影响的要人,避免在无关或无权人员身上浪费时间。事实上,许多具有决策权的要人往往把约见、拜访这类日常性工作全权委托给公务秘书、私人秘书、部下及其他有关接待人员负责处理。推销中有句术语叫作"阎王好见,小鬼难缠"。有时推销人员必须过五关斩六将,方可见到真正的推销对象。西方推销学家认为,在约见拜访时,推销人员应该尊重有关接待人员,把他们当作同等重要甚至更加重要的要人,设法取得他们的合作和支持,绝对不可怠慢他们,更不可置他们于不顾。可以想象,若推销人员冷落或冒犯接待人员,当接待人员报告其上司说有推销人员来访时,上司心不在焉地问:"这人怎么样?"时,接下来便是接待人员的文章,其后果可想而知。为此,西方一些推销人员为了方便约见,首先不忘记给秘书小姐送上一束鲜花,有些还给门卫、仆人及其他有关人员赠礼品、送小费,甚至不惜重金收买,事成之后,推销人员还要酬谢给予合作的有关人员。他们把有影响力的要人周围的人称缓冲剂或减震剂,这些手下人的职责就是要减轻其上司的工作负担和压力。一般来说,要人的地位越显赫,其手下人就越精明能干。

对于那些训练有素的专业秘书或保安人员来说,有些推销技巧是不奏效的。要人的高级助手一般都比较忠于职守,尽量替上司挡驾或代劳。不过,他们也害怕自己错误地怠慢来宾,很少有失礼、无礼或非礼的行为,以免可能拒绝或冒犯上司想要见的贵宾。除了设法争取有关人员的支持和合作外,更重要的还是约见访问对象本人,即所谓适当的人。向权力先生推销,这是西方推销人员的基本信条之一。

**(二)明确拜访事由**

推销约见还必须向特定的拜访对象说明访问事由及目的。尽管推销拜访的目的在于向顾客推销产品,但推销人员的使命不仅仅是推销产品,还肩负着进行市场调查研究,收集、整理、传递并反馈信息,以及服务顾客和建立顾客关系等多项重任。可见,现代推销人员不仅要推销产品,而且要推销新技术、新观念、新的生活方式等。推销人员要约见拜访顾客,总应该具备一定的拜访事由。约见拜访顾客的目的和事由都是不尽相同的。理论上众说纷纭,一般来说,约见顾客的目的和事由不外乎下列六种:

1. 以进行正式推销为由

推销拜访的主要目的是直接向顾客推销产品。在约见顾客时,推销人员应该设法引起对方的注意和重视,向顾客说明拜访来意。若顾客确实需要推销品,就会欢迎推销人员的来访,并给予必要的合作。如果推销人员坚信自己的推销品有利于某一特定的准顾客,而该准顾客又拒不接见时,推销人员则可以适当运用一些推销技巧变换手法,换一种说法再约见顾客。尤其是在人们对推销人员抱有某种成见时,推销人员更有必要讲究拜访技巧,会见顾客。

2. 以从事市场调查为由

市场调查是现代推销人员肩负的重要使命之一。国内外已经有很多专门从事市场调查、预测、咨询的研究公司或信息公司。在一些比较大的公司企业里,也专门设有市场研究部门从事市场分析和产品开发,这种带有研究性质的部门一般不直接从事实际推销活动。在现代信息社会里,各类专门从事市场研究的企业服务机构发挥着越来越重要的作用，逐步发展成为一个独立的特殊行业。从理论上讲，推销人员既要为直接推销进行准备，也要为企业经营活动提供制定决策的情报依据。换句话说，现代推销人员既是企业的喉舌，又是企业的耳目；既是外交官，又是侦察员。他们奔走在市场的第一线，整天与消费者打交道，可以直接观察市场活动的动向，听取用户的意见。推销人员以市场调查为由约见顾客，也比较容易为对方所接受，这既利于收集有关资料和情报，为进一步做好推销做准备，又可以避免强行推销，甚至还可能由市场调查转变为正式推销，甚至当面推销。

3. 以提供服务为由

服务顾客是现代推销人员的又一项主要使命。在现代推销活动中，服务成为推销的保证，服务质量和产品质量一样重要，甚至比产品质量更为重要。服务最能打动顾客，服务就是竞争力。正因为服务质量在现代市场竞争中起着越来越重要的作用，所以各工商企业和推销人员都普遍重视为顾客提供各种服务，包括售前、售中、售后服务。从理论上讲，推销本身就是一种服务，推销人员就是服务人员。现代推销活动已经与各种销售服务不可分割地联系在一起。没有服务或服务不佳，推销便无从谈起。在推销中，利用提供服务作为拜访事由来约见顾客，往往比较受顾客的欢迎，这既可以完成推销任务，又可以建立推销人员的商业信誉，扩大影响，为今后的推销工作开辟道路。

4. 以签订交易合同为由

推销中，有时当面成交、当面订约、当面交货、当面付款；有时则需要进行多次推销洽谈才能达成交易。经谈判达成初步协议之后，一般还要签订正式的供销合同。推销人员可以利用签订合同为拜访事由，当面约定下次会面。

5. 以收取货款为由

人类最初的交易方式是以物易物，后来逐步发展为以货币为媒介的商品交换。推销也是一种商品交换活动，货币作为交易的媒介在推销活动中具有特别重要的意义。今天，虽然还可以看到古代以物易物的推销方式，但是现代交易方式的中间环节越来越多，有时竟很难分清究竟谁是真正的卖主和买主。以货易货方式早已不是交易的主流，与此相适应，货款的支付方式也越来越多，如现金支付、转账支付、当面支付、延期支付、信用证支付、电子支付等。一方面，推销方式越来越复杂，内销、外销、包销、代销、回销、定销、试销、赊销、经销、展销、联销、直销、传销、换销、诱销、大型连锁等，推销方式的灵活性增加了推销人员的工作负担，打破了过去那种“一手交钱，一手交货”的局面，更多的则是“先交货后交钱”。另一方面，现代银行和商业银行业的发展，信用卡和记账贸易制度普遍盛行，分期付款长达几年甚至数十年，也使得现代推销方式更加复杂。新的方式给推销人员带来了新的任务，即如何收回货款。没有收回货款的推销是失败的推销。从推销学理论上讲，推销是一种商品交换活动，推销人员交出商品就要换回商品，货币就是一种特殊的商品。至于西方推销人员所实行的“只交出不换回”的所谓“特种推销”，例如免费分发样品和赠送礼品等，从严格的理论意义上讲，只是一种促销手段，是一种商誉推销。至于捐献和资助社会公共福利事业，尽管与产品推销扯不到一块儿，但我们也可以理解为一种形象推销。

在推销中，收回货款具有重大意义，货出钱不回，久而久之，就会造成资金周转不灵，影响企业的经济效益和推销人员的推销实绩。俗话说“卖货只是徒弟，收款才是师傅”这句推销行话一语泄露天机，道破了推销界的真经。一般来说，货出手时应该约定收款日期。在推销活动中，推销人员要注意调查推销对象的购买信用，加强售后服务，并且要把握适当收款时机约见顾客。利用收款作为拜访事由约见顾客，对方不好推托，但是推销人员也应该体谅顾客的困难，既要防止出现呆账，又不要过于逼账。只要顾客不是轻言寡信，推销人员就不应该强人所难。中国著名的饮料企业娃哈哈为避免应收账款风险，实行了“联销体”制度，即经销商要经销娃哈哈的产品，必须先支付一定数量的定金，款到发货。这样，就几乎没有收款不着的风险了，不过，实施这种做法的前提是具有良好的品牌基础，不是每一个企业都可以效仿的。

6. 以走访潜在客户为由

在市场竞争日趋激烈的推销环境中，推销人员甚至公司经理常常亲自走访用户，征求意见，进行市场调查，密切主顾关系，实施顾客固定化策略。在西方工业国家里，许多大企业都设有专门的公共关系部门，其任务就是要加强企业与社会、企业与消费者及其他各方面的联系，求得人们对企业经营活动的谅解和支持，树立良好的社会形象。当然，走访用户的目的是很多的，并不一定在于直接推销产品。从长远观点来看，走访用户，有利于促进销售。具有远见卓识的推销人员，应该认识到顾客是推销之本，做好推销服务工作。利用走访用户约见顾客，既使推销人员处于积极主动的有利地位，又容易使顾客产生好感。选择适当时机走访用户，还可能使一般性的走访转变为正式推销，可谓是一举两得，甚至一举数得。

**(三)约定拜访时间**

约定拜访时间的主要目的之一就是要节省推销人员和顾客双方的时间。拜访时间妥当不妥当，直接关系到接近甚至整个推销访问的成败。本着服务顾客的推销精神，在约定拜访时间时，推销人员应尽量替顾客着想，最好是由顾客主动安排约会时间，以方便顾客为前提。在推销活动中，一方面，有些推销人员开展所谓“全天候”的地毯式扫荡推销，栉风沐雨，披星戴月，24 小时日夜兼程，连续作战；另一方面，这些推销人员也十分重视选择拜访每一位顾客的恰当时间。事实上，推销人员绝大多数拜访对象都是忙人和要人，推销人员不可以天天登门，也不可以随时造访。因此，约会的重要任务之一就是选择最佳的访问时间。因对象、目标、方式、地点和路线等方面的不同，访问的时间也就有所区别。一般来说，除了遵守约见的基本规则之外，推销人员在约定拜访时间时还应该注意下列六个方面的问题。

1. 根据拜访对象的特点选择时间

考虑拜访对象的作息时间和活动规律，尽可能避开对方工作忙碌或正在休息的时间；考虑拜访对象的心境和情绪状态，尽可能避开在对方心境不好或心情不佳时登门造访。人们的心境情绪状态是变动的，有时甚至反复无常，不可思议。推销人员应努力成为顾客的朋友和知心人，帮助顾客消除烦恼和忧虑，约见拜访的时间应尽量避开顾客心理状况不佳或失常的时候。例如，当顾客身体不适、家庭不睦、事业不成、工作不顺的时候，推销人员就不宜拜访。当然，推销人员可以改变顾客的心理状态，帮助顾客解决各种问题，而不应知难而退。患难之中见真情，推销人员应该急顾客之所急，排顾客之所难，解顾客之所忧，这才是现代推销精神的真谛。有些顾客心境不佳之际，正是推销人员用武之时。例如，当某位顾客因一位朋友刚去世而十分伤感时，就会有一位人寿保险代理前来表示安慰；当一场灾难性的暴风雪过后，建筑材料推销员就会走街串巷，向受灾遇难顾客表示关怀，送去推销人员的一片真情。总之，推销人员应该充分考虑拜访对象的个性和行动规律，设身处地为顾客着想，尊重对方的意愿，共同商定约会时间。如果在顾客忙于他事或情绪不佳时约见，尤其要小心谨慎。

2. 根据拜访的目的和要求选择时间

尽量使拜访时间有利于达到访问目的，这是约定拜访时间的一条基本准则。不同的拜访对象，应该约定不同的拜访时间。即使是拜访同一个对象，拜访的目的不同，拜访的时间也应该有所不同。如果拜访的直接目的是正式推销，就应该选择有利于达成交易的时间进行约见，紧紧抓住每一个推销机会；如果拜访的直接目的是市场调查，则应该选择市场行情变化较大或其他有利时机进行约见，及时反馈信息，广泛搜集资料，制定新的推销策略，迅速做出灵活反应；如果拜访的直接目的是为用户提供服务，就应该选择用户需要服务的时候进行约见，做到雪中送炭；如果拜访的直接目的是签订正式合同，则应该把握成交的信号，及时约见顾客不可拖延，以免错过机会；如果拜访的直接目的是收取货款，就应该了解顾客的资金周转情况，选择对方银行账户里有余额的时候约见顾客；如果是一般性的拜访，并无特别的目的，就应该把握适当的时机，见机行事，随机应变。从整个推销过程和活动来看，推销是一个带有必然性和偶然性的客观过程，推销的成功有运气和机遇的成分，但推销活动也有其内在的必然规律。推销人员就应该掌握推销工作中的辩证关系：一方面，推销人员要努力认识和运用推销活动中的客观规律，不抱“碰运气”的侥幸心理；另一方面，推销人员也要看到推销中的各种偶然因素的影响，明确目的，抓住机会，不失时机地约见访问对象。

3. 根据地点和路线选择拜访时间

推销人员在约见顾客时，应做到拜访时间、地点和拜访路线相一致。一般来说，如果约在家里见面，就应选择对方工作以外的时间；如果约在办公室，就应在对方上班工作时间；如果约在公园、电影院、游泳池、餐厅、球场或其他有关场所碰面，也要选择相应的适当时间。我们可以按照不同的推销范围和推销区域对推销对象进行划分，以便统筹安排推销计划。推销区域和范围的大小远近直接决定着拜访地点和线路的安排，也影响到拜访时间的选择：面对有些顾客，推销人员只提前几分钟给顾客打个电话，接着就驱车前往；但面对另外一些顾客，推销人员则必须提前几天甚至几个月、几年约见顾客，才能拜访对方。随着商品经济国际化的进一步发展，周游世界的推销人员越来越多，而且随着交通运输和通信手段日益改善，使推销区域不断扩大。因此，推销人员必须改变旧时的推销时间观念，适应新的推销节奏。古时郑和下西洋开辟海上丝绸之路，历尽千辛万苦，耗时数十年；张骞出使西域，开辟陆上丝绸之路，更是流传千古。现代推销之路已是海陆空并行，一日之内推销人员可往来于各大洲之间，说不定哪天推销人员还要乘坐宇宙飞船，去开展星际推销。总之，现代推销人员必须适应新的推销环境，运用新的推销手段，树立新的推销观念，才能完成新的推销任务。在约定拜访时间时，要充分考虑拜访地点、路线及交通工具等因素的影响，保证拜见时间准确可靠，双方满意。

4. 尊重拜访对象的意愿，留有充分余地

在约定拜访时间时，推销人员应该尊重顾客的意见，并要留有余地。推销人员要把困难留给自己，把方便让给顾客，宁肯自己等一小时，不让顾客等一分钟。推销中，有些推销人员完全听从顾客安排拜访时间，有些推销人员主动安排几个时间段供对方选择，最佳的办法还是双方协商决定一个妥当的时间。绝大多数的购买人员都乐于接受推销人员在约定时间进行拜访，甚至专门腾出时间与推销人员交谈。有时，推销人员很难与那些整天忙个不停的要人约定一个准确的时间，推销人员在约定时间上要留有一定的余地，同时由于各种偶然因素的存在，加上每次拜访过程本身的持续时间也难以预料，所以，除非有十足的把握和周密的安排，推销人员不应该连续约定几个不同的拜访对象，以免一旦前面的会谈延长使后面的约会落空。

5. 讲究推销信用，准时赴约

拜访时间一经约定，推销人员就应该严格守约，准时赴会。万一出现意外情况，如由于堵车、生病等各种难以预料的意外事件，造成无法在约定时间进行拜访时，推销员一定要设法通知顾客，或者推辞约会，或者改日再会，或者另行再约，做好向顾客解释的工作，真诚向顾客道歉。如果一时无法及时通知顾客，则应该在事后说明失约的原因，表示歉意。守约赴会是推销信用的一个方面，是推销道德的具体表现和文明推销的客观要求。严格守约可以提高推销信誉，给顾客一个良好的"第一印象"，顺利地由接近顾客转入正式洽谈，造成有利的推销气氛，促成交易。

6. 合理利用拜访时间，提高推销访问的效用

在现代推销理念指导下，推销人员应该把方便、把时间让给顾客，把困难、把等待留给自己。现实中，不管双方约见的时间如何明确，总难免有个先来后到，发生令人焦急不安的等待现象。就是许多时间安排得分秒不差的活动，也常常为参加者准备了各种各样的等待场所。由此可见，无论约见时间如何肯定，还是难免要等待排队，在推销人员眼里，这个世界简直就是一个排队的世界和需要耐心等待的世界。在许多情况下，等待是难以避免的，有时等待还有利于促成交易。但是，作为推销人员主观上应该认真进行准备，拟订周密的访问计划，尽量避免不必要的等待及其他时间上的浪费现象。推销人员一方面要尽量避免不必要的时间浪费，另一方面也要注意合理利用不可避免的等待时间。一旦遇到等待时刻，可以先打一个招呼，然后开始忙于自己的工作。另外，推销人员还应该学一点运筹学和排队论，科学地安排约见时间，尽量避免或减少不必要的等待时间。

总之，推销人员应该加快自己的推销节奏，选择有利时机约见顾客，合理安排和利用推销拜访时间，严格守信践约。当然，影响约见时间的因素错综复杂、千变万化，推销人员根据具体情况安排约见时间，并且要有随机应变的适应能力。一旦约定好了会面时间，除非顾客要求主动变更，推销人员不应借故加以改变。相反，推销人员应该把约见时间及时记录下来，编制拜访计划，填进推销拜访日程表。

**(四)选择拜访地点**

约见拜访的另一项主要内容是选择地点。拜访地点的选择既要视具体情况而定，又要与拜访的对象、目的、时间和方式相适应。选择拜访地点的基本原则是方便顾客，有利于推销。从总体上看，家庭推销和办公室推销仍然是主要的推销拜访方式。为了提高推销效率，在选择拜访地点时，推销人员应该遵循现代推销的基本原则，研究推销区域的推销环境及其变化趋势，综合分析，全面考虑，做出科学的决策。就推销拜访顾客而言，推销人员应该根据具体情况来选择具体拜访的地点，不同的顾客需要不同的拜访方式，就是一个顾客也不能总是以一种方式去拜访。一般来说，下述五种场所是推销人员选择的主要拜访地点。

1. 工作地点

对于工业消费品推销人员，或对于推销对象为法人组织的推销人员来说，最佳的拜访地点一般是推销对象的工作场所。因此，在拜访之前，推销人员必须全面做好拜访准备，彻底调查和了解顾客所在的工作场所和工作环境。在选择具体的推销拜访地点时，既要方便顾客，又要造成推销氛围。在可能的情况下，应该在正式推销洽谈开始之前，查看一

下拜访路线和访问地点，了解访问对象的工作环境。

2. 居住地点

一般来说，对于推销对象为个体顾客的推销员来说，最佳的拜访地点一般是推销对象的居住地点。在这种情况下，推销人员应该彻底调查了解顾客的居住地点、居住环境和居住条件等，做到有备无患。相对而言，居住地点比工作地点更复杂多变，在居住地点约见顾客比在工作地点约见顾客更困难。

3. 社交场合

办公室拜访推销和家庭拜访推销是比较传统的推销方式，现代推销人员应当创造出一些现代推销方式。在21世纪的今天，无论是生产消费品推销人员还是生活消费品的推销人员，无论是有形消费品的推销人员还是劳务推销人员，都纷纷走出办公室和小家庭，活跃在各种社交场合，现代推销人员越来越不像传统的推销人员，而是较多地利用舞会、酒会、宴会等社交场合与顾客进行交流，能够获得意想不到的推销效果。其实，这种做法走了一条“曲线推销”的路线，通过社交活动为媒介，达到沟通思想、促进销售的目的。

总之，现代推销人员不能仅仅是个推销员，要想成为一个推销明星或一个推销专家，就必须成为一个社交活动家，与顾客交朋友，要做顾客的知心人。从某种程度上来说，推销人员就是消费者的生活顾问，是新生活方式的开创者。

4. 公共场所

对于某些顾客来说，工作地点和居住地点都不便会见推销人员，并且不愿意在社交场合里抛头露面。在这种情况下，推销人员可以考虑把一般的公共场所作为约见拜访的地点。一般来说，公共场所不是理想的推销谈判场所，不过既然顾客执意要在公共场所见面，推销员也应该做好充分准备，最大限度地为顾客着想，做顾客的贴心人。

5. 其他场所

对于那些在其工作地点、居住地点、社交场所和一般公共场所都难以拜见的顾客来说，推销人员就应该设法选择其他地点如旅游景点作为约见会面的地点。

综上所述，约见拜访的基本内容就是选择并约定推销拜访的对象、目的、时间和地点；约见拜访的任务是把握最佳时机，确定最佳的推销时机和地点，拜访最佳的推销对象，提高推销效率；约见拜访的基本原则是方便顾客，有利于推销。

## 三、约见的基本方法

明确约见的主要内容和基本目的之后，接下来就是要运用适当的方式，使用各种有效的手段，达成约见拜访的目的。只有掌握了科学的约见方法，推销人员才会做到得心应手，运筹帷幄。

1. 面约拜访方式

所谓面约，是指推销人员与推销对象当面约定拜访事宜的一种约见方式。推销人员可以利用与顾客会面的各种机会进行面约。例如，在途中不期而遇时，在见面握手问候时，在起身告辞时，推销人员都应该借机面约。

面约拜访方式具有五大优点：首先，有利于发展双方关系，加深双方感情。当面约见，无形之中缩短了推销人员与顾客之间的距离，从而可以消除各种隔阂，建立起亲密无间的关系。其次，面约有助于推销人员进一步做好拜访准备。其三，面约一般比较可靠，有时约见内容比较复杂，非面约说不清楚。其四，面约还可以防止走漏风声，切实保守商业机密。最后，面约方式也是一种简便易行的约见拜访方法。当然，面约方式也有五个方面的局限性：首先，面约有一定的地理局限性。其次，效率不高。即使推销人员完全可以及时面约每一位顾客，作为一种古老的方式，也是低效率的做法。其三，面约虽然简便易行，面释疑点，却容易引起误会。其四，面约一旦被顾客拒绝，就使推销人员当面难堪，造成被动不利的局面，反而不利于下一次的接近和拜访。最后，对于某些无法拜访或接近的销售对象来说，面约方式无用武之地。尽管面约方式具有上述局限性，但仍不失为一种可行的约见方式。

2. 函约拜访方式

所谓函约，是指推销人员利用各种推销信函约见顾客的一种方式。随着互联网技术和现代邮政事业的兴起和发展，传统书信往来变得既快捷又方便，尤其是电子邮件以其快捷的优势在商业活动中得到青睐和重视，以电子邮件(E-mail)进行沟通和交流已成为企业和个人寻找商机和推销商品的重要手段。一般而言，推销约见信的写作和设计原则是简洁扼要、重点突出、内容准确。语气应中肯可信、文笔流畅。约见信的主要目的在于引起顾客的注意和兴趣，必要时可以在信里留下一些悬念，让顾客去体会言外之意，但不可故弄玄虚，以免弄巧成拙，贻误大事。

3. 电约拜访方式

所谓电约，是指推销人员利用各种电信手段约见顾客。现代电信事业的飞速发展给推销人员提供了快速约见的通信工具以开展电信推销。电信推销的最大优势就是方便快捷。就目前而言，用途最广泛的电信推销工具是电话(包括固定电话、手机)，其次是即时通信工具(QQ、微信等)、电报、传真、并网电视等。

4. 托约拜访方式

所谓托约，是指推销人员委托第三者约见顾客的一种方式。从理论上讲，所有借助他人或他物约见顾客的方法，都可以称作托约。在推销中，推销人员既可以亲自约见顾客(此即所谓亲约或自约)，也可以委托约见顾客(此即所谓托约)。托约包括留约、传约、转约、再转约等。所谓托约人，是指与推销对象本人有一定社会联系和社会交往的人士，包括对顾客本人有一定社会影响的有关人员。

5. 广约拜访方式

所谓广约，是指推销人员利用各种广告媒介约见顾客的一种方式。这里所谓的广告媒介，主要是指各种报纸、杂志、广播、电视、张贴或散发的印刷广告等。几乎所有的广告媒介都可以用来约见顾客。在约见对象不明或太多的情况下，利用各种大众传播工具进行广泛约见或无特定对象约见，收效较好。在约见对象十分明确的情况下，也可以通过各种广告媒介进行集体约见。例如，在报纸上登一则招聘人才的约见启事，在广播里播一个约见通知，在电视里播放一个约见公告，等等。总之，无论运用什么方法，共同的目的就是要约见顾客。广告约见和广告推销的基本原理完全相同，只是具体的约见方法应灵活掌握，合理运用。

## 四、运用各种约见方式时应注意的问题

上面分别讨论了面约、函约、电约、托约和广约等诸种约见方法，在具体运用这些方法时还应注意四个问题：首先，根据具体情况确定具体的约见方式。离开了约见拜访的具体内容和具体的推销环境，就谈不上什么最佳的约见方法。其次，各种约见方式可以同时并

用、互相补充。约见的具体方式各有所长,也各有所短。推销人员可以灵活运用各种方式,必要时,可以交替使用或同时并用多种方式约见顾客,确保万无一失。其三,应灵活运用各种约见方式。只要推销人员认真进行约见准备,灵活运用各种约见方法,取信于人,就一定可以成功地拜见推销对象,使推销成功。

## 第二节 接近顾客

从整个推销过程来看,在约见这一环节取得进展后,推销人员就可以进行礼节性的拜访顾客和正式接近。交易成功与否,往往取决于推销接近阶段。由于现代社会生活节奏加快等原因,有些顾客很难接近,很难取得满意的接近效果。成功的接近是成功推销的关键,推销人员要特别重视这一环节。

推销接近的初级目的是引起顾客的注意。只有当目标顾客集中注意力听推销人员讲话,才有可能达成交易。接近的中级目的是引起顾客的兴趣。注意力是瞬间的事,兴趣却能使注意力持久、稳定地保持下来,因此,接近顾客还必须引起顾客的兴趣。接近的最终目的是引导顾客洽谈,达成交易。

### 一、推销接近的准备工作

#### (一)接近准备的重要性

所谓接近准备,是指推销人员在接近某一特定准顾客之前,进一步了解该顾客情况的过程。接近准备工作的主要目的是搜集更多的准顾客的资料,为推销拜访和洽谈做好准备。其重要性表现为以下几个方面:

1. 接近准备是取得接近成功的关键

推销人员能否接近成功取决于三点:(1)掌握目标顾客最敏感的话题;(2)让目标顾客感觉到自己非同小可;(3)让目标顾客感到怡然舒适。而做到这三点的关键在于做好准备工作,找到目标顾客最敏感的问题。

2. 接近准备有利于制定接近目标顾客的策略

由于客观上存在着个体差异,不是所有的顾客都能用同样的方法去接近顾客,如有的顾客很容易接近,有的则难以接触;有的喜欢直截了当地谈交易,有的则宜采取迂回战术;有的性格外向,言语尖刻、激烈;有的性格内向,言语含蓄、缓和等。只有进行充分的前期接近准备,才能发现这些因素的诸多差异性,并以此为依据,制定接近顾客的各种策略。

3. 接近准备可使推荐的产品更具有针对性

推销人员在推荐产品时,要将产品的侧重点与顾客的兴趣相一致,才能使推荐产品活动的针对性强、效果显著。即当顾客的"买点"和推销产品的"卖点"相对接时,推销就不是一件难事了。

由上可知,接近准备是接近和洽谈的基础,在整个推销活动中占有十分重要的地位。因此必须做好这项工作。

#### (二)接近准备的内容

由于推销工作涉及多方面的人际关系和各种复杂的情况,接近准备工作的内容相当广泛,这里主要从信息资料的收集及精神、物质准备上加以分析。

1. 搜集目标顾客的各种信息资料

为了提高推销效果，在推销接近中赢得主动地位，要对目标顾客详尽地了解，充实、丰富目标顾客资料。

(1)个体顾客接近准备

个体顾客作为单个的准顾客，应收集的资料包括如下方面：姓名——一要写好，二要读准。年龄——了解顾客真实年龄有助于推销预测。籍贯——人们对乡土都有浓厚的情感，外地遇同乡有一种归属感。还有目标顾客的文化水平、兴趣爱好、居住地点、购买能力等都是推销人员所应该了解的。

(2)团体顾客接近准备

团体顾客是指除个体准顾客之外的所有准顾客，包括各种企事业单位及其他社会团体组织，其最大特点是购买人的复杂性。团体顾客的接近准备应包括五个方面的内容：组织名称、组织性质、组织所在地点、组织人事、经营状况等，推销人员必须对其有所了解。

2. 做好解决接近过程中所遇新问题的精神准备

不论推销人员获得的信息多么准确可靠，对推销接近考虑得怎样细致周密，在与顾客的实际接洽中，总不可避免地会遇到一些预料不到的问题，推销人员必须做好精神准备。就像一支优秀的球队一样，在比赛前总要演练不同的比赛方案，进行赛前动员和心理调节，这样才能打胜仗。推销员也是这样，做好推销前的方案和精神准备是极其重要的。

3. 做好必要的物质准备

物质准备工作做得好，可以向对方显示出推销人员的诚意，并可帮助其接近对象，造成一种友好、和谐、宽松的洽谈氛围。这方面的准备有两项：首先，仪表准备，一般包括容貌、服饰、姿态和举止。其次，物品准备，包括两个方面，一是推销人员接近顾客时，随身携带的物品必须有所注意，名片、笔记本、签字笔、计算器等物品都是必需的；二是销售中常用的各种票据、洽谈中常用的签字合同、推销中常用的订货单，都是推销人员应随身必备的。

**(三)接近准备的信息来源**

当在接近准备过程中决定了应当去获取某些信息后，接下来就是怎样去寻找这些信息。借助这些信息还应对目标顾客进行再判断，以便做到有的放矢。这里有8个方面的信息来源：

(1)现有顾客。通过已购产品顾客的信息反馈，可使推销人员了解到许多值得接近的新顾客。

(2)其他推销人员。从其他推销人员处获得信息，是在两种情况下进行的：第一是在非竞争性的推销人员间进行的，第二是相互竞争的推销人员有时也可以交流宝贵的信息。

(3)专、兼职信息人员。

(4)现场观察。这要视不同的推销对象，观察不同的内容，从而获得对推销本企业产品或劳务有价值的信息。

(5)阅读报纸、杂志。

(6)名人录。

(7)可查询的机构，如工商局、统计局、行业协会和商会等。

(8)顾客数据库中的顾客档案。

## 二、推销接近的技巧

接近可能买主的技巧有多种多样，运用起来又有很多方法，推销人员应掌握所有接近可能买主的技巧及方法，并加以灵活运用，以达到成功接近的目的。

### （一）接近顾客的基本原则

1. 因人制宜，灵活机动

推销人员必须学会使用不同的方式去接近不同类型顾客的技巧。不同的顾客具有不同的可以承受的购买价格、购买方式、购买动机和购买行为。不同的顾客，接近的方式也有所不同。

2. 鼓起勇气，增强信心

推销人员必须具有接近顾客的勇气和信心。在推销中，推销人员要与各种类型的顾客发生联系，就必须接近这些顾客，包括准顾客和常顾客，热情的顾客和冷漠顾客，年轻顾客和年老顾客，等等。因此，在接近顾客的过程中，推销人员可能遇到各种各样的困难，正视和克服困难，是现代推销人员必须具备的基本品质。有人把推销员的基本素质归纳为“敢想敢干，能说会写”，其中非常强调一个“勇”字。

3. 把握顾客心理，力戒强行推销

推销人员必须掌握减轻顾客心理压力的技术，避免硬性推销。从心理学角度讲，当推销人员接近时，顾客心里便会产生一种无形的推销压力，似乎一旦接近推销人员就承担了购买的义务。正是这种心理压力，使一般顾客害怕接近推销人员，从而冷淡或拒绝推销人员的接近。

4. 讲究礼仪，文明接近

推销人员应该讲究规范的推销礼仪，掌握文明接近顾客的技术。从推销学角度讲，推销人员应该培养良好的心境，训练真诚自然的职业微笑，做一个礼貌的使者，这样才会受到顾客的欢迎。

5. 控制时间，转入洽谈

推销人员必须善于运用并控制接近时间，不失时机地转入正式洽谈的技巧。从整个推销过程来看，接近只是其中的一个环节，接近的目的不仅在于引起顾客的注意和兴趣，更重要的是要转入进一步的推销洽谈。因此，在接近过程中，推销人员一方面要设法引起和保持顾客的注意力，引发顾客的兴趣；另一方面要看准时机，及时转入正式洽谈。

### （二）推销接近的基本方法

1. 介绍接近法

销售商品前，先销售自己，几乎成为推销员走向成功的第一步。有人说：“客户不是购买商品，而是购买销售商品的人。”TOYOTA 的神谷卓一曾说：“接近客户，不是一味地向客户低头行礼，也不是迫不及待地向客户说明商品，这样做，反而会引起客户逃避，当我刚进入企业做一个新销售人员时，在接近客户时，我只会销售汽车，因此，在初次接近客户时，往往无法迅速打开客户的心。在无数次的体验揣摩下，我终于体会到，与其直接说明商品不如谈些有关客户太太、小孩的话题或谈些乡里乡间的事情，让客户喜欢自己才是销售业绩的关键，因此，接近客户的重点是让客户对一位以销售为职业的业务主管抱有好感。”

从这些心得中不难说明让消费者对推销人员产生好感的重要性。适当巧妙地把自己介绍给顾客,便是让消费者认识推销人员,对推销人员产生好感的第一步。

介绍接近法,是指推销人员自行介绍或经由第三者介绍而去接近推销对象的一种方法。它主要包括口头介绍和书面介绍。在推销中,接近的对象不同,介绍的方式也有所区别。介绍接近法的具体方式有三种:

(1)自我介绍法。所谓自我介绍,就是走入可能买主的家庭、单位或办公室后主动亮明自己的身份。这种方法只能引起可能买主的轻微注意。

(2)他人介绍法。又叫第三者介绍法,就是利用与顾客十分熟悉的第三者,通过写信、打电话或当面介绍的方法来接近顾客。

(3)产品介绍法。这种方法是直接将产品摆在顾客面前,使顾客对产品产生极大的兴趣,从而让产品做无声的介绍。用产品开路的方法很简单,只需将产品摆在可能买主的面前即可。

2. 产品接近法

产品接近法也叫实物接近法,是指推销人员直接利用其推销的产品引起顾客的注意进而转入洽谈的接近方法。产品接近法的接近媒介就是推销品本身。让产品先接近顾客,让产品做无声的介绍,让产品默默地推销自己,这是产品推销法的最大优点。从心理角度讲,产品接近法符合顾客认识和购买产品的心理过程。人们在决定购买之前总希望彻底了解产品及其各种特征,包括产品的用途、性能、造型、颜色、味道、手感等。有些顾客还喜欢亲手触摸和检查产品,甚至动手试试,或者干脆拆开看个究竟。产品接近法正是利用了一般消费者的上述心理,给顾客提供了亲手操作产品的机会,充分调动顾客的积极性,直接引起顾客的注意和兴趣。

当然,在利用产品接近法时,其产品必须符合四个条件:一是产品本身必须具有一定的吸引力,有区别于一般产品的特色,能够引起顾客的注意和兴趣,才能达到接近顾客的目的。二是产品本身必须精美轻巧,便于推销人员访问时携带,也便于顾客操作或摆弄。三是推销品必须是有形的实物产品,可以直接作用于顾客的感官。四是产品本身必须质地优良,经得起顾客反复接触,不宜损坏或变质。

3. 利益接近法

利益接近法也叫实惠接近法,是指推销人员利用产品的实惠引起顾客注意和兴趣进而转入洽谈的接近方法。利益接近法的接近媒介是产品本身的实惠,而主要方式是直接陈述,告诉顾客购买推销品的好处。语言不一定要有惊人之处,但必须引起顾客对产品利益的注意和兴趣,才能达到接近的目的。从心理角度讲,利益接近法符合顾客的求利心理动机。人们总希望从购买活动中获得一定的利益,包括在一定程度上增加收入、减少成本、提高效益、保健身体等。在使用利益接近法时,推销人员应注意两个问题:一是产品利益必须符合实际,不可浮夸。二是产品利益必须可以证明,才能取信于顾客。总之,利益接近法是一种较为切实可行的接近方法。它主要适用于推销各种生产消费品或具有较大实惠的日用消费品,尤其适用于推销那些效益较大而又不为人所知的特殊产品。

4. 好奇接近法

好奇接近法,是指推销人员利用顾客的好奇心理接近顾客的方法。在推销中,推销人员可以首先唤起顾客的好奇心,引起顾客的注意和兴趣,然后从中道出推销产品的利益,才能迅速转入推销洽谈。唤起好奇心的具体办法灵活多样,应尽量做到得心应手,运用自如。当然,这种方法是在掌握人们心理规律的基础上,采用了有效的措施,达到接近目的的。好奇心是一种消费者的原始性动机，人们在日常生活中的各种行为有时多受好奇心的驱使。因此，推销人员利用好奇心来接近顾客是一种行之有效的好方法。

从理论上讲，好奇心接近法符合一般顾客的好奇心理。好奇与探索作为人类行为的基本动机之一，是一种原始驱动力。为此，推销人员应该注意三个方面：一是无论推销人员利用语言、动作还是其他方式引起顾客的好奇心理，都应该与推销活动有关。二是无论利用何种手段去引起顾客的好奇心理，必须真正做到出奇制胜。三是无论利用何种手段去吸引顾客的好奇心理，都应合情合理，奇妙而不荒诞。总之，好奇接近法是一种行之有效的接近方法。在顾客事实上已经认识到推销品利益而又拒绝接近推销人员的情况下，可以首先唤起顾客的好奇心理，以引起顾客的注意和兴趣，进而转入正式洽谈。

5. 震惊接近法

震惊接近法，是指推销人员利用某种令人惊讶或震撼人心的事物来引起顾客的注意和兴趣，进而转入洽谈的接近方法。推销中，推销人员的一句话、一个动作，都可能令人震惊，引起顾客的注意和兴趣。不过，在使用震惊接近法时，应注意四个问题：一是密切联系推销目的。无论推销人员以现有的客观事实、统计分析资料或其他手段来震惊顾客，都应该与推销目的有关。二是惊人先惊己。三是掌握震惊分寸。无论推销人员利用何种手段去震惊顾客，都应该适可而止，令人震惊而不恐惧。四是科学求实。无论推销人员利用何种手段去震惊顾客，都必须讲究科学，尊重客观事实。总之，震惊接近法作为一种比较有效的接近方法，对于少数顽固不化、漫不经心、满不在乎、自命不凡、不震不惊的顾客来说比较奏效。

6. 表演接近法

表演接近法也叫戏剧接近法或马戏接近法，是指推销人员利用各种戏剧性表演技法引起顾客的注意和兴趣，进而转入洽谈的接近方法。在推销中，表演术、经营术、招徕术，均是一种容易引起顾客注意和兴趣的技能。表演接近法作为一种比较古老的推销术，至今仍有一定的作用。在使用这一方法时，应注意四个问题：一是表演必须具有一定的戏剧效果，引起顾客的注意和兴趣。推销表演的目的在于接近顾客和说服顾客。二是表演必须自然合理，真正打动顾客的心灵。以表演而接近的成功之处就在于顾客看不出推销人员是在演戏。三是应尽量使顾客转入剧中，让顾客多参与、多体验，使顾客身临其境成为重要角色。四是剧中所使用的道具最好是推销品及其他与推销活动有关的物品，以利于推销工作的正常进行，有效地促成交易。如果利用无关物品作为剧中的道具，可能即使达到了吸引顾客的效果，也对推销商品没有什么太大的作用。总之，表演接近法是一种比较古老而又常用的接近方法。从理论上讲，推销技术既包括科学方法，也包括各种艺术手段。对于某些难以接近的顾客，可以让他们看看接近剧。利用表演接近，可以避免正面接触，绕过明显的接近障碍，曲径通幽，兜着圈子去接近顾客，这就是表演接近法的最大优点。

7. 问题接近法

问题接近法也叫问答接近法，是指推销人员利用直接提问来引起顾客的注意和兴趣，进而转入洽谈的接近方法。在推销中，问题接近法不仅可以单独使用，还可以和其他各种接近方法配合使用，如与利益接近法、好奇接近法、震惊接近法等配合使用来实现目标。在利用问题接近法时，推销人员必须注意三个问题：一是接近问题应表述明确，避免使用含糊不清或模棱两可的问句，以免顾客听来费解或误解。二是接近问题应尽量具体，做到有的放矢，而不可漫无边际，泛泛而谈。三是接近问题应全面考虑，迂回出击，而不可完全直言不讳，避免语出伤人。总之，问题接近法作为一种比较常用而又有效的接近方法，比较有利于推销人员开口说话，获取信息，接近顾客，开展重点推销，直接促成交易。

8. 陈述接近法

所谓陈述接近法，又称报告接近法、说服接近法或说明接近法，是指推销人员利用直接陈述来引起顾客的注意和兴趣，进而转入洽谈的接近方法。陈述的内容可以是一件有关商品的事实，也可以是其他顾客的评论。无论接近陈述的具体内容如何，都必须与顾客有密切的利害关系，才能引起顾客的注意和兴趣。一般来说，在利用陈述接近法时，推销人员应该注意四个问题：一是接近陈述必须高度概括，简单明了，切不可面面俱到，听来心烦。二是接近陈述必须富有新意，不落俗套，切忌任何陈词滥调。三是接近陈述必须诉诸顾客的主要购买动机，具有震撼的感染力量。只要陈述内容能深深打动人心，即便陈述方式平淡无奇，也能接近顾客。四是接近陈述必须有理有据，杜绝一切不实之词和无稽之谈。总之，陈述接近以说服方法接近顾客，传播信息，帮助顾客认识产品，当好购买参谋，这正是现代推销人员的神圣职责。

9. 馈赠接近法

所谓馈赠接近法，也叫附赠接近法或有奖接近法，是指推销人员利用赠品来引起顾客注意和兴趣，进而转入洽谈的接近方法。在推销中，推销人员可以向顾客馈赠一些价值极小的物品，作为接近顾客的见面礼。在利用馈赠接近法时，必须注意五个方面：一是慎重选送馈赠物品，投其所好。二是馈赠礼品只是接近顾客的媒介，而不是愚弄顾客的欺骗手段。三是馈赠礼品必须符合有关规定，不可借馈赠之名进行贿赂或变相贿赂。四是馈赠接近应该与馈赠广告同时进行，积极扩大产品影响。五是馈赠礼品应具有一定的实用性，能够吸引顾客，有助于顾客形成联想。总之，馈赠接近法是一种既棘手又有效的接近法，好像一朵带刺的玫瑰。

10. 调查接近法

所谓调查接近法，是指推销人员利用调查机会接近顾客的一种接近方法。在许多情况下，无论推销人员事先如何进行准备，总有一些无法弄清的问题。因此，在正式洽谈之前，推销人员必须进行接近调查，以确定顾客是否可以真正受益于推销品。一般来说，在利用调查接近法时，推销人员必须注意三个问题：一是突出推销重点，明确调查内容，争取顾客的支持和协助。二是做好调查准备，消除顾客的防备心理，达到接近顾客的目的。三是运用适当的调查方法，确保调查成功，顺利接近顾客。总之，调查接近法作为一种比较可行的接近方法，既是为生产厂家服务，也是为消费者服务，既有利于推销人员收集市场情报，又有利于顾客获得最佳的推销服务。

11. 赞美接近法

所谓赞美接近法，也叫夸奖接近法或恭维接近法，是指推销人员利用顾客的求荣、求美的心理来引起注意和兴趣，进而转入洽谈的接近方法。从理论上讲，无论是实荣还是虚荣，只要有利于接近顾客，推销人员就应该多加赞美。从心理角度讲，赞美接近法符合一般人求荣、求美的心理。在推销中，会遇到各种类型的顾客，只要推销人员不抱成见，不先入为主，总会找到一些可以赞美的地方，这就是推销学里的辩证法或称推销哲学。不过值得注意的是，赞美一定要找准“赞美点”，不可胡乱赞美他人，把缺点说成优点反而引起顾客的不满；赞美一定要真诚，发自内心，只有来自心灵深处的赞美才具有感染力；赞美必须讲究艺术，通过幽默、诙谐手段，言简意赅，赞美效果美不胜收。

12. 问候接近法

所谓问候接近法，也叫招呼接近法或搭讪接近法等，是指推销人员利用各种关系和机会主动跟顾客搭腔，进而接近顾客的一种方法。从理论上讲，构成接近圈的客观基础是人们之间具备的一定的社会联系，但推销人员的个人直接社会联系总具有一定的局限性，个人接近圈往往不能适应推销接近圈的客观需要。

13. 求教接近法

所谓求教接近法，也叫请教接近法、讨教接近法、商量接近法或咨询接近法，是指推销人员利用向顾客请教问题的机会来接近顾客，进而转入洽谈的一种接近方法。在现代推销中，推销人员会经常不断地遇到各种疑难问题，有时必须向顾客请教。

14. 聊天接近法

所谓聊天接近法，又叫闲谈接近法或闲聊接近法，是指推销人员利用聊天的机会来接近顾客的一种方法。在一定的环境下聊天接近法可以消除接近障碍，减轻顾客的心理负担，有助于推销人员接近某些难以正面接近的顾客。比如在火车上、飞机上都可以成为聊天接近顾客的场所。

15. 连续接近法

所谓连续接近法，也叫重复接近法、多次接近法或回访接近法，是指推销人员利用第一次或上一次接近时所掌握的有关情况实施第二次或下一次接近顾客的一种接近方法。在推销中，有些顾客一次接近就可以成交，有些顾客则需要多次接近才能转入实质性的推销洽谈。

总之，接近是推销过程中的一个重要环节，能否成功地接近顾客，是决定整个推销工作能否成功的第一步。寻找顾客是为接近指明方向，而顾客资格审查、接近准备和约见拜访都是接近的前奏。推销人员应灵活运用各种接近方法，以不同的方式去接近不同类型的顾客。在接近顾客时，应保持勇气、信心、耐心、礼貌、诚心和良好的心境与态度，关心顾客，消除顾客的心理压力，取得顾客的好感和信任。

**案例　　推销收银机——不同的接近方式**

业务代表A：你好，我是希望公司的业务代表王小东。在百忙之中打扰你，想要向你请教有关贵商店目前使用收银机的事情。

商店老板：你认为我店里的收银机有什么毛病吗？

业务代表A：并不是有什么毛病，我是想是否已经到了需要换新的时候。

商店老板：对不起，我们暂时不想考虑换新的。

业务代表A：不会吧！对面周老板已更换了新的收银机。

商店老板：我们目前没有这方面的预算，将来再说吧！

业务代表B：刘老板在吗？我是希望公司业务代表王小东，经常经过贵店，看到贵店生意一直都是那么好，实在不简单。

商店老板：你过奖了，生意并不是那么好。

业务代表B：贵店对客户的态度非常亲切，刘老板对贵店员工的教育训练一定非常用心，对街的张老板，对你的经营管理也相当钦佩。

商店老板：张老板是这样说的吗？张老板经营的店也是非常的好，事实上，他一直是我学习的对象。

业务代表B:不瞒你说,张老板昨天换了一台新功能的收银机,非常高兴,才提及刘老板的事情,因此,今天我才来打扰你!

商店老板:喔?他换了一台新的收银机?

业务代表B:是的。刘老板是否也考虑更换新的收银机呢?目前你的收银机虽也不错,但是新的收银机有更多的功能,速度也较快,让你的客户将不用排队等太久,因而会更喜欢光临你的店。请刘老板一定要考虑这台新的收银机。

**思考:**

结合案例和理论知识,分析业务代表B接近成功和A接近失败的原因,此案例对我们的推销接近有什么启示。

**阅读材料　　获取客户好感的六大法则**

当你对一个人有好感时,你一定会好意回应他,如此双方的面谈就会如沐春风。那么,哪些因素会影响到第一次会面的印象呢?作为推销人员,我们又该把握哪些方面呢?

(一)给客户良好的外观印象

人的外观会给人暗示的效果,因此,你要尽量使自己的外观给初次会面的客户一个好印象。一个人面部上的眼、鼻、嘴及头发都会带给人深刻的印象,虽然每个人的长相是天生的,但是也能经由自己的注意而进行相当程度的修饰。例如,有些人的眼神冷峻或双目大小不一,都会给人较不愉悦的感观,此时,他可以利用眼镜把这些不好的地方修饰好。洁白的牙齿能给人开朗纯净的好感,而头发散乱不整理则会让人感到落魄不值得授予重任。

其他如穿着打扮都是影响第一印象好坏的主要因素,一个连穿着都不能注意好的人,怎么能获得别人的信任呢?或许有些人认为这些都是小节,觉得自己超强的专业知识能给客户最大的利益,客户应该重视的是这些,不应以貌取人。但事实上客户在做决定的时候往往是感性的因素左右着理性的因素,否则"推销商品前先推销自己"这句话就不会成为一句指导推销的金玉良言了。

(二)要记住并常说出客户的名字

名字的魅力非常奇妙,每个人都希望别人重视自己,重视别人的名字,就如同看重他一样。沟通大师戴尔·卡耐基小的时候家里养了一群兔子,割青草喂食兔子成为他每日固定的工作,有时候却没有办法找到兔子最喜欢吃的青草。因此,卡耐基想了一个方法:他邀请了邻近的小朋友到家里看兔子,要每位小朋友选出自己最喜欢的兔子,然后就用小朋友的名字给这些兔子命名。每位小朋友有了以自己名字命名的兔子后,每天都会迫不及待地送最好的青草给自己同名的兔子。了解名字的魔力,能让你轻易获得别人的好感。千万不要疏忽了它,业务代表在面对客户时,若能经常、流利、不断地以尊重的方式称呼客户的名字,客户对你会很有好感的。

专业的业务代表还应该密切注意,准客户的名字有没有被报章杂志报道,若是你能带着有报道准客户名字的剪报一同拜访你初次见面的客户,客户能不被你感动吗?能不对你心怀好感吗?

(三)让你的客户有优越感

让人产生优越感最有效的方法是对于他自傲的事情加以赞美。若是客户讲究穿着,你可向他请教如何搭配衣服;若客户是知名公司的员工,你可表示羡慕他能在这么好的公司上班。有一位爱普生公司的业务代表,每天约见客户时的第一句话就是:“你的公司环境真好,能在这里上班的一定都是很优秀的人才。”通过一句简单的赞扬,一下就拉近了与客户的距离。客户的优越感被满足,初次见面的警戒心也自然消失了,彼此距离拉近,能让双方的好感向前迈进一大步。

(四)替客户解决问题

十几年前有一则宣传理光复印机的广告,大家对它的广告词一定还记忆犹新:“用普通办公用纸就能复印文件。”大家记住了这份便利,也记住了理光这个产品。十几年前机关文书的复印用纸是使用专用的纸张,对纸质要求非常高,每年政府机关为复印用纸的巨额花销头痛不已。这个问题各家复印机厂商的业务代表都很清楚,但复印机都是从国外进口的,国外有复印用纸与普通办公用纸的区别,因此进口的机器根本不能为普通办公用纸提供复印。

理光公司的一位业务代表,知道政府机关在复印上存在这个问题,因此,他在拜访某位政府机关的主管前,先去找理光技术部的人员,询问是否能修改机器,使机器能适应普通办公用纸的复印需求。技术部人员知道了这个问题,仔细研究后,认为可以改进复印机的某些设置,以适应普通办公用纸的纸质。业务代表得到这个讯息后,见到该单位的主管,告诉他理光愿意特别替政府机关解决普通办公用纸复印的问题。客户听到后,对理光产生了无比的好感,在极短的时间内,理光的这款机器成为政府机关的主力机种。由此可见,你在与准客户见面前,若是能事先知道客户面临着哪些问题,有哪些因素困扰着他,你若能以关切的态度站在客户的立场上表达你对客户的关心,让客户能感受到你愿意与他共同解决问题,他必定会对你立刻产生好感。

(五)自己保持快乐开朗

快乐是会传染的,没有一个人会对一位终日愁眉苦脸、深锁眉梢的人产生好感。能以微笑迎人,能让别人也产生愉快情绪的人,也是最容易争取别人好感的人。因此,作为业务代表的每日修炼课程之一,就是每日出发前,对着镜子笑上一分钟,使自己的笑容变得亲切、自然。同时对自己说:我很自信,我很快乐,我要成为 top sales。通过这样一种自我沟通、自我暗示的方法,先让自己愉悦起来,再用这份愉悦和活力去感染他人,这样就为你和准客户的沟通奠定了良好的基础。

(六)利用小赠品赢得准客户的好感

你应该让你的客户觉得你不是来签合约的业务代表,而是来进行业务宣传,沟通彼此关系的使者。事实上,许多国际性的知名大公司都备有可以配合本公司 CIS 形象策划宣传的小赠品,如印有公司办公大厦的小台历,拷有公司 LOGO 标志的茶杯、签字笔等,供业务代表初次拜访客户时赠送给客户。小赠品的价值不高,却能发挥很大的效用,不管拿到赠品的客户喜欢与否,相信每个人受到别人尊重时,内心的好感必然会油然而生。

以上六种方式都能使你的准客户对你立即产生好感,若你能把这六种方法当作你立身处事的方式,让它成为一种自然的习惯,相信你在哪里都会成为一位受欢迎的人物。

**【自检】**

你受准客户的欢迎程度如何?

| 检测项目 | | 得分 |
|---|---|---|
| 保持良好的个人形象 | ①发型整洁(2 分) | |
| | ②衣着得体(2 分) | |
| 记住并常说出客户的名字 | ①知道客户的业余爱好(4 分) | |
| | ②了解客户的工作成就(4 分) | |
| 让客户有优越感 | ①能有针对性地称赞客户(5 分) | |
| | ③言语得体，令客户愉悦(3 分) | |
| | ③充分尊重客户的意见(3 分) | |
| 替客户解决问题 | ①了解客户的行业特点(4 分) | |
| | ②知道困扰客户的“瓶颈”问题是什么(5 分) | |
| | ③能及时反馈产品改进方案给客户(4 分) | |
| | ④以客户为中心(3 分) | |
| 自己保持快乐开朗 | ①与客户交谈时面带微笑，亲切自然(3 分) | |
| | ②每天上班前自我沟通 3 分钟，保持愉悦自信的工作状态(5 分) | |
| | ③用友善的态度来面对客户公司的每一位员工(3 分) | |
| 利用小赠品 | ①通过小赠品传递友好的信息(2 分) | |
| | ②通过小赠品完成公司对外形象宣传(2 分) | |

得分：

45～54 分：恭喜你，你肯定是一位很受客户欢迎的业务员，你已熟练掌握了接近客户的技巧。

30～45 分：你的沟通技巧受人称道，你可以对照上表进一步完善自己的沟通技巧。

15～30 分：你的业务沟通能力已经有了一定基础，但还有很多需要改进的地方。

0～15 分：这是一个令人沮丧的得分，你的沟通能力的确不怎么样。不过别灰心，认真揣摩本课程，你会有很大进步的。

## 复习思考题

1. 简述推销约见的概念、作用。
2. 简述约见拜访的主要内容。
3. 简述约见的基本方法。
4. 简述接近准备的内容。
5. 简述接近顾客的基本原则。
6. 联系实际，谈谈推销接近的基本方法在推销工作中的应用。

# 第十章

# 推销洽谈

**学习目的和要求**

1. 掌握推销洽谈的内涵与原则
2. 能运用推销洽谈的策略与顾客进行有效的洽谈，说服顾客购买推销品

## 第一节　推销洽谈概述

### 一、推销洽谈及其形成条件

推销洽谈，是继推销接近后进行的推销员与顾客之间就各项交易条件而进行的磋商与沟通行为，也称为推销谈判。推销洽谈是推销员最重要的工作之一，它是实现成交的过程和手段。洽谈的效果如何，最后能否实现交易，往往取决于推销员在洽谈中的表现。

人人都是谈判者，世界就是我们每个人的谈判桌。生活中的洽谈就是一种信息沟通行为，推销洽谈通过买卖双方之间的信息沟通，使买方产生购买欲望，使双方意见趋于一致，最后成交。推销洽谈是推销中使用的重要方法和工具。

推销洽谈必须具备下列条件才能形成。

**(一)有无共同点是能否进行洽谈的先决条件**

洽谈能否进行，首先取决于洽谈双方(即买卖双方)的利益有没有共同点。如果一方的推销产品是另一方根本不需要的产品，那么，也就没有洽谈的必要。例如，要在海南岛推销狐皮大衣，就很难有进行洽谈的机会。同样，在北极圈向因纽特人推销电风扇，也会遭到冷遇。在推销工作中，所谓推销双方的共同点就是客户对所推销的产品是否存在着现实或者潜在的需要。换句话说，就是“买点”和“卖点”的对接。

**(二)存在分歧点是形成洽谈的主要原因**

如果双方只有共同点,你买我卖,一拍即合,意见一致,也就不需要洽谈的过程。之所以需要双方进行意见沟通,需要洽谈,就是由于双方在共同点的基础上还存在分歧点,需要经过洽谈找到双方都能接受的方案,使双方的需要都能得到满足。例如,我需要你的产品,但我认为价格太高,难以接受,那么,可以通过洽谈找到一个双方都能接受的价格。

推销人员必须清楚地了解推销洽谈形成的条件,对目标顾客进行深入细致的调查了解,才能很好地开展推销洽谈工作。

## 二、推销洽谈的类型

**(一)按照推销洽谈的性质区分**

1. 输赢式洽谈

这种洽谈的性质表现在一方得到的利益就是另一方的损失。例如,商品价格条件的谈判,买方希望以低价买进,卖方希望以高价卖出,在价格上的任何让步,都是自己一方利益的减少和对方利益的增加。输赢式洽谈是推销洽谈中最常见的一种,这种洽谈往往寸土必争,尖锐激烈。

2. 互利式洽谈

这种洽谈的性质表现在洽谈的成功对双方都有利,洽谈的结果使双方的需要都得到满足。

当然,现实中并没有纯粹的输赢式洽谈,而是两种性质的洽谈交织在一起,使洽谈变得更为复杂。作为推销洽谈人员,要能够正确认识和区分这两种性质的洽谈,并巧妙地将输赢式洽谈转化为互利式洽谈,消除洽谈双方由于利益对立而产生的敌对情绪,使洽谈得到满意的结果。要达到这一目的,一是需要双方都能够站在对方的立场重新审视所进行的洽谈,从对自己有利也对对方有利的角度考虑问题,从而对自己原来所坚持的条件进行适当的调整;二是不要一味地以谋求最大利益作为唯一目标,而是以谋求对自己满意的利益(次佳原则,没有最大化,只有满意化)为目标,这样,双方的距离就会适当缩小。例如,在推销产品中,要多陈述购买产品后给买方带来的利益,如解决生产急需,提高企业生产效率,填补该市场某一方面的空缺等。还要从生产成本出发,解释本企业制定产品价格的依据,并分析该产品的市场需求状况和购买经销该类产品给对方可能带来的利润,使买方感到购买该产品对自己是有利的,而且要价是有一定理由的。

**(二)按照推销洽谈的方式区分**

1. 一对一

一对一是指一个推销人员面对一个顾客进行洽谈的方式。这种洽谈有利于创造良好氛围,可以充分发挥推销人员的个人才干。但相应来说,推销员个人的缺点也暴露无遗和无法补救。所以,这种方式一是适合有经验的推销人员,二是适合于小宗交易,三是适用于大宗交易准备阶段的洽谈。对于经验不足的新手,需要通过业务培训和以老带新的方式提高其推销洽谈的能力。

2. 一对多

一对多是指一个推销员面对一组顾客或一个洽谈小组进行洽谈的方式。例如,参加订货会、展销会等情况。一般而言,在推销人员面对许多不同的顾客时,应该将群体顾客予以分散,转化为一对一的方式处理,如分别约定不同时间、不同地点与顾客进行洽谈。

这样做的好处是可以防止客户联手压低价格，二是有利于根据各个客户的具体情况展开有针对性的推销洽谈。如果推销人员是面对一个洽谈小组，那么推销人员就应该在洽谈中掌握冷静应变的原则，推销人员应该将对方的不同成员提出的问题归纳整理成条理化的问题，每一次将一个问题作为重点进行洽谈，将该问题解决以后再进行下一个问题的洽谈，不能同时多条战线作战。那种试图对所有问题都同时做出令对方满意的解释的洽谈方式，一是不利于我方对每一个问题进行审慎的研究，二是容易被对方抓住可能出现的漏洞，因为对方是每个成员专门负责一个问题；而我方是以一当十，一个人同时考虑许多方面的问题，极有可能出现破绽。

3. 多对一

多对一即一个推销小组面对一个顾客进行洽谈的方式。这种方式一是出现在新产品的推销中，因为需要对顾客详细介绍新产品的有关情况和了解用户对新产品的意见，所以需要产品开发、生产和其他方面的有关人员共同参与洽谈。二是所推销的产品出了问题，需要了解问题的性质，区分彼此的责任，并且找出解决问题的办法，而这些是推销人员一人所不能胜任的。

4. 多对多

多对多是指一个推销小组面对客户的一个采购小组或者一组推销人员面对一组顾客进行洽谈的方式。在一个推销小组面对一个采购小组进行洽谈的方式中，应该做好小组内的分工，进行对口洽谈，每个推销人员必须对自己负责的问题进行周密的考虑，即应该将其转化为一对一的方式，每个推销人员负责一个顾客，这样便于沟通和交流，尤其是在洽谈一些如价格折扣、数量折扣等隐蔽性的话题时，更应如此安排。

## 三、推销洽谈的特点

### （一）合作性与冲突性

由于推销洽谈是建立在双方利益既有共同点又有分歧点的基础上的，因此，从其特点来说，合作与冲突同时并存。合作性表现在双方利益共同的一面，冲突性表现在双方利益分歧的一面。作为洽谈人员要尽可能加强双方的合作性，减少双方的冲突性。但是，合作性与冲突性是可以互相转化的，如果合作性的比例加大，冲突性的比例减少，双方洽谈成功的可能性就大；反之，如果冲突的一面通过洽谈没有能够得到解决或者减少，那么，洽谈就有可能失败，洽谈人员应事先将双方意见的共同点和分歧点分别列出来，并按照其在洽谈中的重要性分别给予不同的权值和分数，根据共同点方面的分值与分歧点方面的分值比较来预测洽谈成功的概率，并决定如何消除彼此的分歧。

### （二）原则性与可调整性

原则性是指洽谈双方在洽谈中最后退让的界线，即谈判的底线。通常洽谈双方在弥合分歧方面彼此都会做出一些让步，但是，让步不是无休止的和任意的，而是有原则的，超过了原则性所要求的基本条件，让步就会给企业带来难以承受的损失，因而，洽谈双方对重大原则问题通常是不会轻易让步的，退让也是有一定限度的。可调整性是指洽谈双方在坚持彼此原则的基础上可以向对方做出一定让步和妥协。作为推销洽谈，如果双方在所有方面都坚持彼此的立场，不肯做出任何让步，那么，洽谈是难以成功的。因此，在推销洽谈中，原则性与可调整性也是同时并存的。作为洽谈人员，要从洽谈中分析双方原则性差距的大小，并分析可否通过洽谈，调整双方的这种差距，使洽谈成功。在原则性方面的差距越大，洽谈的任务越艰巨，因为原则的调整和改变是非常困难的。所以，在原则性方面差距较大的情况下，推销人员要有充分的心理准备，既要艰苦努力，采取种种手段消除或缩小这种差距，也要做好洽谈失败的应变准备。

**(三)经济利益中心性**

在推销洽谈中双方主要围绕着各自的经济利益作为洽谈的中心，推销洽谈是商业谈判的一种类型，是围绕着销售产品而进行的洽谈。作为卖方，希望以较高的价格出售而使己方得到较多的利润；而作为买方，则希望以较低的价格购买而使己方降低成本。因此，谈判的中心是各自的经济利益，而价格在推销洽谈中作为调节和分配经济利益的主要杠杆就成为洽谈的焦点和核心。

经济利益中心性是所有商业谈判的共性，它不同于政治谈判、外交谈判，需要考虑许多方面的问题，要在许多利益中进行平衡和选择，因而使谈判更为艰难。当然，推销洽谈中经济利益中心性并不意味着就不考虑其他利益，而是说相对于其他利益来说，经济利益是首要的，是起支配作用的。

## 四、推销洽谈的内容

**(一)产品条件洽谈**

推销的客体是产品，因此，推销洽谈的内容首先是关于产品的有关条件的洽谈。产品条件洽谈有的复杂，有的简单，主要取决于顾客类型和购买的数量。对于一般的个体消费者，购买的产品数量少，品种单一，所以，产品条件洽谈比较简单；对于中间商和集团用户，购买的产品数量多，品种型号也多，所以，产品条件洽谈较为复杂。一般来说，产品条件洽谈的内容包括：产品的名称、品种、型号、规格、数量、商标、外形、款式、色彩、质量标准、包装等。

**(二)价格条件洽谈**

影响价格的因素很多，如市场行情、成本因素、品牌因素、竞争对手的价格和消费者的认知等。价格条件洽谈是推销洽谈的中心内容，是洽谈双方最为关心的问题。通常，双方会进行反复的讨价还价，最后才能敲定成交价格。价格条件洽谈也包括数量折扣、退货损失、市场价格波动风险、商品保险费用、售后服务费用、培训费用、安装费用等条件的洽谈。

**(三)其他条件洽谈**

除了产品条件洽谈和价格条件洽谈之外，还有交货的时间、地点，付款方式和时间，违约的界定、违约的处罚和仲裁以及其他一些条件的洽谈。

## 五、推销洽谈的目的

洽谈必须有两方或者两方以上参加才能进行。洽谈的目的对于各方来说是不同的。从卖方来说，其目的是通过洽谈，销售商品，并在对方能够接受的情况下，为己方争取到最大的利益。从买方来说，其目的是通过洽谈，购进商品，并尽可能为买方争取到最大利益。因此，从双方的目的分析，一方要销售商品，另一方要购买商品，使双方的目的有了共同一致的一面；但双方都想谋取各自最大的利益，就使双方的目的有了冲突的方面。洽谈正是要通过彼此之间的信息沟通，来达到弥合双方分歧，形成一个双方都能接受的意见，使双方的目的都能够实现。所以，通过研究推销洽谈的目的，了解双方目的共同的一面和分歧的一面，使洽谈双方都能认识到，如果只强调和坚持自己的利益，那么分歧将不会消除，最终将使洽谈破裂，从而使双方的目的根本无法实现。

鉴于此，推销人员必须牢固树立“双赢”的推销谈判观，以顾客为中心，在满足顾客需求的前提下，实现推销人员和顾客的“双赢”。

## 第二节　推销洽谈的程序与过程分析

### 一、推销洽谈的4P

推销洽谈的4P是英国推销洽谈专家比尔·斯科特提出的[①]。它要求推销洽谈人员在进行推销洽谈时，必须先确定以下四个方面：

1. 目标(purpose)

针对某一具体的顾客，推销洽谈应该有一个明确的总体目标，指导推销人员对这位顾客进行所有的洽谈。但是，对每次洽谈，又要制定出具体的目标，以使每次洽谈都向着总体目标的实现逐步接近，同时，也使每次洽谈的任务具体化。事实上，只有把目标和任务具体化，推销才具有可操作性，推销人员也才有动力去完成每一次推销。例如，对甲顾客，这次洽谈的目标可能仅仅是摸摸对方的底；对乙顾客，这次洽谈目标是为了达成具体的协议。

2. 计划(plan)

是对洽谈的具体议程进行安排，包括要讨论的议题，以及参加的人员，双方要遵守的规则，等等。当然，计划的复杂程度取决于推销洽谈的类型，如果是对一个顾客，推销一件或少量的产品，那么，计划的内容就比较简单，甚至没有书面的计划而只需头脑当中的计划；而对于集团用户或中间商，推销数量较多的产品，计划的内容就比较复杂。但是，计划这一项工作对不论哪种推销洽谈，都是不可或缺的。

3. 进程(process)

是推销洽谈的具体时间安排。包括所需的总时间和洽谈节奏的安排，进程安排使推销工作能有条不紊地顺利开展。

4. 个人(personalities)

是指对方洽谈小组各个成员的具体情况或是双方洽谈人的具体情况。包括：姓名、职务、性别、年龄、性格特点、习惯爱好、在洽谈中的地位和作用等。

通过对推销洽谈4P的研究和确定，使洽谈能够有目的、有计划地进行，因此，它是进行推销洽谈首先要做好的基础工作。

### 二、推销洽谈的程序

推销洽谈的程序可分为三个阶段，即准备阶段、正式洽谈阶段、检查确认阶段。

**(一)准备阶段**

准备阶段包括资料准备、工具准备、仪表与心理准备、洽谈场所和人员的准备，等等。

1. 资料准备

推销洽谈进行之前，必须将在洽谈中需要用到的各种资料准备好。一般来说，洽谈当

---

① 比尔·斯科特著：《贸易洽谈技巧》，中国对外贸易出版社1988年版。

中需要用到的资料有:产品说明书、报价单、配件一览表、有关的图片、照片、数据、证明文件、名片、营业执照、专利证明、合约文件、销货发票等。推销员应将这些资料分门别类整理好,在需要用到的时候能够迅速取出,这是推销员良好素质的基本要求之一。如果一个推销洽谈人员在洽谈中需要用到某些资料,却不能马上找到,这不但使双方尴尬,而且使推销洽谈人员自信心遭受挫折,也使买方对产品的优良性能及推销人员的职业素质产生一定的怀疑。

2. 工具准备

在推销洽谈当中,除了双方口头交换意见和运用书面资料加强己方意见的说服力之外,越来越多的推销洽谈人员开始运用一些辅助工具,使洽谈更具有直观和形象的效果。这些辅助工具包括幻灯、电影、录像、录音、挂图、投影、电脑多媒体演示、现场展示与演示等。如果要在洽谈当中使用这些工具,就要将这些工具准备好。要事先对幻灯机、放映机、放像机、投影机、投影仪、便携式多媒体电脑等设备进行检查和试用。要将洽谈当中需要用到的影片、录像带、录音带、电脑软盘、电脑光盘等进行编号和做上标记。当前,由于科学技术的发展,在西方发达国家,大部分推销人员在推销洽谈当中越来越重视电脑多媒体演示,因为它体积小、重量轻。通常一部便携式多媒体电脑只有一个手提箱大小,方便携带,而且表现手段丰富,信息包容量大,便携式多媒体电脑可以播放事先加工好的多媒体演示资料而不需要其他的额外设备。同时,电脑多媒体演示资料不同于电影等,它可以图文并茂。所以,从长远来看,今后我国的大多数企业也必将使推销工作趋于现代化。

3. 仪表与心理准备

推销洽谈人员不但要做好洽谈的物质准备工作,更要做好洽谈的仪表与心理准备工作。

仪表反映一个人的个人风格、品味和修养。一个人的服饰、仪表、谈吐、行为举止直接影响到顾客对推销人员的第一印象。据统计,在影响顾客对推销人员的印象因素中,视觉占55%。身势、手势、视线的接触,以及整体的仪态与行为举止等都有助于立即产生印象。因为推销人员的一举一动和脸部表情比其所使用的词语威力要强8倍,所以必须意识到它们的力量,并予以重视。声音占38%。使用不同的语调、音高和语速,对于别人怎样理解推销人员所说的话是差别很大的。因为沟通所产生的影响有1/3是来自声音的表述的,所以必须保证自己的声音为自己想要沟通的内容增色。语言占7%。语言在您所施加的影响中所占的比例也许不高,但须记住,当视觉和声音的效果削减时,剩下的就只有语言传达的信息了。

洽谈的心理准备主要是指洽谈人员要从思想上高度重视,并对洽谈中可能出现的一些问题做好应变准备。特别是当洽谈中出现预想不到的问题和对己不利的情况时,要从不利的角度着眼,从有利的情况下手,要处惊不变,沉着冷静。例如,要事先考虑要是上门推销,对方不接受怎么办,对方态度恶劣怎么办等。

4. 洽谈场所和人员的准备

推销洽谈并非都在买方的办公室进行,如果是在卖方的公司、展销会、订货会等地进行洽谈,卖方就要对洽谈场所进行准备。洽谈场所的准备包括房间、家具、文具、需要使用的有关设备等。除了洽谈场所的准备之外,对洽谈人员的组成也需要提前准备。通常洽谈场所和人员的准备是和推销洽谈的形式紧密联系在一起的。一对一的洽谈形式主要考虑谁洽谈最为合适,如果已经知道对方洽谈人员的职务、年龄等情况,最好是派出与对方同等职务、年龄相近的洽谈人员。洽谈场所不需要太大,家具也不需要太多,例如,布置几个沙发，以创造一种亲密对等的氛围。多对多的洽谈形式在洽谈人员的准备方面要做好组织和分工，要准备供双方洽谈小组进行洽谈的长桌，在安排座位时应该特别注意双方主谈人的位置应处于正中。此外，谈判空间应清静、明亮、整洁，如有可能，可以安排一些沙发供洽谈中间休息。需要强调的是，洽谈人员的准备一定要贯彻谈判人员尤其是首席谈判职级相等或己方职级略高于对方的原则，以免使对方产生受到轻视或侮辱的感觉。

**（二）正式洽谈阶段**

1. 摸底阶段

在正式洽谈的开始，双方主要是相互摸底，希望知道对方的洽谈目标和底线。所以，在这一个阶段双方说话往往非常慎重，通常以介绍自己的来意、洽谈人员的情况（姓名、职务、分工等）、本企业的历史、产品的有关情况等为主，并倾听对方的意见和观察其反应。在这一阶段，价格这一敏感问题往往先不在谈话中涉及，而是在听了对方意见之后，然后再报价。另外，这一阶段不能只是自己一方喋喋不休地讲话，必须要给对方讲话的机会。良好的开端是成功的一半，有经验的推销人员非常注意这一阶段的行为和表现，以求给对方留下良好的印象。这一阶段中的前 30 秒，甚至是前 7 秒又是最关键的，这涉及主客双方对对方的第一印象，第一印象的好坏对以后的谈判顺利开展有着极为重要的影响。

2. 报价阶段

报价是敏感的问题，也是洽谈最关键的环节。报价阶段，要考虑的问题有：谁先开价、如何开价、对方开价（还价）之后己方如何还价等。由于该问题比较复杂，将放在价格谈判策略中做深入的研究。

3. 磋商阶段

在报价阶段之后，就进入了艰难的磋商阶段，在磋商阶段要从以下几方面着手：

（1）判断对方的分歧程度

通过报价阶段，双方都已知道了对方的初始报价，所以在磋商阶段主要是彼此讨价还价，尽力为己方争取更多利益的阶段。而初始报价已经表明了双方分歧的差距，要为己方争取到更大利益，就必须判断对方为何如此报价？他们的真实意图是什么？这些问题的解答可以通过一些谨慎的询问来获取更多的信息。例如，这一报价和购买数量的关系，有没有包括运费、零配件费用和其他费用在内，产品的成本构成是怎样的等。但是，不宜马上对对方的回答予以评论或反驳。

（2）判断分歧的类型和原因

分歧在洽谈当中是自然的，也是正常的。分歧的类型有三种：一是由于误解而造成的分歧，主要在于没有进行充分和有效的沟通所造成的。比如，在表达我方的意见时未能阐述清楚，在报价时没有解释报价的依据等。二是出于策略的考虑而人为造成的分歧，这也称为谈判中的“假僵局”。例如，卖方（买方）为了讨价还价以达到自己满意的价格的需要，在一开始报价时往往报得很高（低）。三是双方立场相差很远而形成的真正分歧，这也称为谈判中的“真僵局”。例如，买方的价格底线和卖方的价格底线差距很大，在通过多轮磋商之后仍不能一致。

4. 妥协让步阶段

在明确了分歧的类型和产生的原因之后，就可以想法消除分歧。谈判往往是和让步妥协相伴的，所以，做出适当的妥协让步既是策略的需要也是现实的选择。对由于误解而造成的分歧通过加强沟通，增进了解之后，一般是可以消除的。对出于策略的考虑而人为造成的分歧，我们通过多轮的磋商和你来我往的讨价还价之后，往往可以将分歧慢慢地缩小和解决。对双方立场相差很远而形成的真正分歧，其消除是非常困难和漫长的，需要高明的策略和技巧。当然，也有可能因为双方对交易条件的要求相差太大而无法达成交易，这也是正常现象。不过，虽然不要求推销员的每一笔交易都必须成功，但也应为成交做出最大的努力，而且，即使不能成交，"生意不成仁义在"，也应与顾客保持良好的关系。

5. 成交阶段

经过磋商，双方的成交障碍得到了解决，在交易条件方面找到了双方都能接受的均衡点，就进入了成交阶段。在这个阶段，洽谈人员应该将意见已经一致的方面进行归纳和总结，并办理成交的手续或起草成交协议文件。俗话说，"煮熟的鸭子也会飞"，所以推销人员必须注重自己的行为和举止，防止在最后的成交关键时刻顾客改变主意，从而前功尽弃。有个顾客在购买汽车准备签协议时，接到一个很是欣喜的电话，可就因为汽车推销员没有与这位顾客保持情绪的一致，没有为那位顾客一同高兴，那位顾客取消了这一次购买。由此不难看出，成交阶段仍然充满着很多的不确定因素，必须小心谨慎。

**(三)检查确认阶段**

这是洽谈的最后阶段，在这一阶段，主要应该做好以下工作：

(1)检查成交协议文件。应该对文本做一次详细的检查，尤其是关键的词句和数字的检查一定要仔细认真。一般应该采用统一的经过公司法律顾问审定的标准格式文本，如合同书、订货单等，对大宗或成套项目交易，其最后文本一定要经过公司法律顾问的审核。

(2)签字认可。经过检查审核之后，由洽谈小组组长或洽谈人员进行签字认可。

(3)对小额直接交易，在检查确认阶段，主要应做好货款点收和产品的检查移交工作。

(4)最后，无论是哪种洽谈，均应该诚恳地感谢对方并礼貌道别。

## 第三节　推销洽谈的原则

为达到推销目的，实现推销目标，推销人员可灵活采用多种方法和技巧说服顾客。但是无论采取何种方法和技巧，在洽谈中推销人员均应遵循以下基本原则。

### 一、针对性原则

所谓针对性原则，是指推销洽谈要服从推销目标，使洽谈具有明确的针对性。

坚持针对性原则，要求推销人员做到：

1. 针对顾客的购买动机开展洽谈

顾客的购买目的在于追求推销品的使用价值和解决自己的问题，其购买动机多种多样，有的求名，有的求美。在洽谈中推销人员应就推销品的使用价值和针对顾客的具体购买动机进行推销。

2. 针对顾客的个性心理进行洽谈

顾客的个性心理差别很大，不容忽视。只有针对不同个性的顾客采取不同方法，才能达到洽谈的目的。

3. 针对推销产品的特点展开洽谈

推销人员应根据推销品的特点设计方案，突出产品特色，增强洽谈说服力。

## 二、参与性原则

参与性原则是指推销员设法鼓励和引导顾客积极参与推销洽谈，促进信息的双向沟通。

坚持参与性原则，要求推销员尽量让顾客同化，以消除其心理防线。在实际推销活动中，推销人员要与顾客打成一片，急顾客所急，想顾客所想，表现出与顾客同样的爱好、同样的习惯背景等都是与顾客同化的方法，其作用在于取得顾客的认同感，消除推销阻力，提高洽谈效率。

坚持参与性原则，要求推销人员主动引导顾客参与洽谈沟通，提高洽谈的质量和效率。现代信息论和决策论的研究表明，参与活动直接影响参与者接受信息、处理信息、反馈信息和制定决策的水平。在实际推销活动中，引导顾客发表意见，请顾客回答问题或者让顾客试用推销品等都可以有效地使顾客参与洽谈。

坚持参与性原则，要求推销员让顾客发表意见，认真倾听顾客谈话。认真聆听，既是尊重顾客的起码要求，也是成功洽谈的基本技能。认真倾听，能使顾客产生心理上的一种满足感，既有利于顾客的积极参与，又能让推销员了解推销障碍是什么，谋划消除障碍的策略，促使顾客做出购买决策。

## 三、辩证性原则

辩证性原则是指推销员要用唯物辩证法来指导洽谈。

坚持辩证性原则，要求推销员全面地、发展地、联系地看待顾客和推销品。推销员应该辩证地看待顾客个体的差异，千万不要因为自己某些不愉快的经历而对某些类型的顾客抱有成见。事实上，世界上没有十全十美的顾客，也没有完全不讲理的顾客，问题的关键在于推销员是否找准了洽谈的切入点与洽谈方法。推销员自己不但应该辩证地看待推销品，而且也应该让顾客辩证地看待推销品。任何产品既不可能优越无比，也不可能一无是处，推销员应能突出推销品的优点，也能客观地承认推销品的缺点。“一分钱，一分货”，优质优价，就是突出产品质量优良而回答顾客因推销品价格过高而提出异议的最佳解决方法之一。

## 四、激发性原则

推销洽谈既是说服的艺术，也是激发鼓动的艺术，洽谈成功与否，关键在于推销人员是否能有效说服和鼓动顾客。激发性原则是指推销人员要在洽谈中用自己的信心、热情和知识去感染、激励顾客，促使顾客采取购买行动。

坚持激发性原则，要求推销人员能以自己的信心、热忱和人格魅力去感染顾客、激励顾客，为此，推销人员必须对自己及推销品充满信心，必须热爱自己的推销事业，热爱顾客。只有激发起顾客的信心和热情，才能促使顾客采取购买行动。

坚持激发性原则，要求推销人员练就富有说服力的口才，充分利用各种推销工具，造成一种能激发顾客购买的动机和态度，坚定地做出购买决策的环境氛围。

## 五、灵活性原则

灵活性原则是指推销应根据不同的对象、不同的时机与环境，具体情况具体分析，随机应变，相机行事，实施不同的推销策略。事实上，推销洽谈并没有什么固定不变的模式，灵活性既是洽谈的特征，又是推销人员应遵守的原则。

坚持灵活性原则，要求推销人员善于应变，灵活机动地处理洽谈中出现的意料之外的情况。尽管一个成熟的推销员在洽谈之前总会尽可能地预测洽谈中可能出现的情况，周密谋划应对之策，但是，俗话说，"计划没有变化快"，在实际推销洽谈中，总会出现一些意料之外的情况，因为顾客也在随时调整自己的洽谈计划、方针和态度，推销员只有以变应变，灵活处理各种情况，才能达到预期的推销目标。

上述推销洽谈的原则，只是方法论原则，是洽谈的总体指导，而不是具体的洽谈方法和技巧，推销员应理解并运用这些基本原则去指导具体的推销洽谈工作。

## 第四节 推销洽谈的策略

推销洽谈策略是指推销员在洽谈中应付各种可能出现的问题的基本对策。虽然在推销过程中，不同的顾客有不同的兴趣爱好和需求，对推销的反应也有所不同。但我们仍然可以发现，在这些不同中还是具有共性的一面，存在着某些规律性的东西，而且大部分是可以预料的。例如："价格太贵了！""市场上出售的其他同类产品比这便宜。""这不是我们可以决定的。""我们晚些时候再买。""总的来说不错，但对我们不太合适。"等等。这些问题在推销洽谈中经常会碰到，因此，对于这些基本问题，推销员可事先做好准备，拟订一些解决问题的基本措施和方法，以增加谈判的成效。

### 一、揣度顾客心理策略

即在洽谈前进行静思默想，对顾客的有关情况，诸如：顾客需要什么，该顾客在工作和生活方面有哪些奋斗目标，哪些因素有利于该顾客在工作和个人奋斗方面获得成功，哪些因素不利于其获得成功，顾客对推销员的态度如何，顾客的性格如何，等等问题进行认真的揣度，使自己在洽谈过程中心中有数。但俗话说，"人心难测"，要获得这些问题的准确答案是很难的一件事情，但人的心理活动无论多么隐蔽，最终总会或多或少从行为上反映出来。因此推销员不但要在推销洽谈前仔细揣度顾客的心理，而且必须在推销洽谈过程中不断观察对方所有细微的谈吐举动，根据对方行为表现中所获得的信息，不断修正自己的"揣度"，才能使自己的"揣度"最大限度地接近顾客的真实心理。

### 二、寻找共同点策略

该策略是指推销员在洽谈前对顾客的需要、自己的需要，以及如何将两者的需要结合在一起等问题进行深思熟虑的考虑、策划，以便能在洽谈中因势利导、控制洽谈的进度，使洽谈能按预定的设想有秩序地进行。推销人员与顾客之间的共同点可以是多方面的：穿同样颜色和款式的服装，喜欢同样的运动，有着共同的关注对象等，都可以成为缩短顾客与推销人员之间距离、增进沟通的工具。

### 三、扬长避短策略

该策略是指在洽谈中尽量突出己方的优点和长处，少谈或不谈及缺点和不足的策略。这种策略的目的是要以优遮丑，弥补在洽谈中的不利地位。例如，本企业产品在合格率和技术先进方面落后于同类产品，但是，价格便宜，大量供应，提供不合格产品的退换货制度，提供零配件供应和厂家售后维修的支持等是己方的长处。因此，就可以在这些方面下功夫，突出己方的优势，说服对方，签订合同。但扬长避短绝不意味着弄虚作假，欺骗对方，而是突出优势，弥补不足。在某些条件上己方不如别人，但在另一些条件上己方占有一定优势，甚至是绝对优势，在综合考虑下，己方并不比别人差。

## 四、兵不厌诈策略

该策略是指在洽谈的过程中，当遇到对方设置的诸如数字、假报价等陷阱时，而采用的为防止自己跌进陷阱的策略。推销洽谈，特别是涉及一些大宗商品交易的洽谈，需要推销人员给予极大的耐心和细心，既不能操之过急，也不能粗心大意，需要时时警惕谈判过程中对手设下的陷阱。例如，对于洽谈中屡见不鲜的假报价陷阱，就可以采用兵不厌诈策略，以保障己方的基本利益。所谓的假报价陷阱，就是买方利用报高价手段（或卖方利用报低价手段）排除交易中其他的竞争对手，优先取得交易权，但到最后成交的关键时刻，买方便大幅度压价（或卖主大幅度提价），这时才真正开始进行洽谈的讨价还价。在假报价情况下通常是假报价一方占便宜，另一方只好忍痛割爱。

对于假报价陷阱，可采取相应措施：要求对方先付大笔订金，使他不敢轻易反悔；给对方一个最后期限，同时与几个买方接洽等。使用虚实相左的措施，在于维护自己的基本权益。

## 五、先发制人策略

该策略是指在洽谈中由己方先提出有关的条件和合同草本的策略。例如，推销人员可以预先提出产品价格、供应数量、各种规格产品的构成比例、付款方式等的一个洽谈框架。在这种情况下，如同“您是需要红茶还是绿茶，客人就不好意思说我要咖啡”一样，对方很难另起炉灶，再提出自己的方案，只能在推销人员提出的这一方案的基础上提出自己的意见。先发制人要求知彼知己，掌握当前的市场情况和双方的力量对比，提出的条件要适度，过高则容易吓跑对方，过低则失去一定的利润。这种策略在卖方来说，多用在大企业对小买主；在买方来说，多用在供过于求，许多卖主对一个或者少数几个买主的情况。先发制人并不意味着就是一口说死，不可改变，所以，提出方案的一方还要准备应变方案，即哪些条件是可以让步的，哪些条件是不能让步的，让步可以让到什么程度，等等。如果对方采取这种策略，推销人员不应为其所动，不能被对方牵着鼻子走，应该坚信，任何条件都是可以通过洽谈改变的，所以要按照己方原定的洽谈方针进行洽谈，不能被对方方案束缚住自己的手脚，而不敢提出自己的条件和方案。

## 六、步步为营策略

在洽谈中，不是一次就提出总目标，而是先从每一具体目标洽谈入手，最后完成整个目标的洽谈策略。例如，先进行订货数量、产品规格、型号、质量标准等的洽谈，待达成一致意见后再就产品价格进行洽谈，然后，就付款方式、交货时间等进行洽谈。在每一个具体问题上都取得了成果，也就完成了总的洽谈任务。

## 七、以退为进策略

以退为进策略是洽谈桌上常用的一种制胜策略。在推销洽谈中，并不总是相互交锋、斗争激烈、据理力争的，有时也需要采取以退为进策略，为了将来的进攻暂时退让，伺机而进，以求最后取得谈判的成功。例如，某家大型的家电生产企业，想让电力公司以低价优惠供应电力，但遭到电力公司的拒绝，使洽谈陷入僵局。后来该家家电生产企业索性不谈了，声称由自己配建发电设备更合算，而决定自行配建发电设备。电力公司听到这一消息后，立即改变原先的强硬态度，主动请人从中说情，表示能给予优惠价格，于是双方达成协议。在这场推销洽谈中，家电企业采用了以退为进策略，把原先在电力公司的谈判主动权转移到自己手中，并达到了自己的目标。

## 八、肯定答复策略

试比较下面两句话："杯子的一半是满的。""杯子的一半是空的。"从逻辑上来说，这两句话的意思是一样，但从心理学的角度来说，这两句话存在着很大的区别。所以当顾客向推销人员提出某种要求，而推销员只能满足顾客的部分要求的时候，最好把精力集中在力所能及的方面。推销员应该说："这是我明天早上要办的第一件事情。"最好不要说："这件事今天办不了啦。"

如果顾客同意推销员的观点，可以采用提问式的方法开始洽谈，以引起顾客的购买兴趣。其次，要很好地组织自己所涉及的问题，可以重复几遍，用这种方法创造一个机会，促使顾客自然而然地做出肯定的回答。

如果顾客首先承认推销员在一个次要的问题上是正确的，那么他会倾向于承认推销员在第二个问题上也是正确的，然后，他就会在一系列小的方面做出某些让步，小的让步必然会导致大的让步。在此过程中，反问式提问特别有效。例如："您想保证您的生意兴隆，是吗?""您想阻止您的竞争对手突然跑到您的前面，对吧?""您需要挖掘老产品的潜力，是不是?""您已经想过使用价格比较便宜的材料，对不对?"针对这些问题，顾客一般都会做出肯定性的回答，这样就很利于进行下一步的沟通直至成交的达成。

## 九、绵里藏针策略

该策略是指在激烈的推销交锋中努力寻找缓冲时间来思考斟酌，避免因仓促而做出不当决定的策略。在洽谈中，很多时候容易因紧张而误事，"欲速则不达"，越是想急于求成往往越容易得到适得其反的结果。因此，在推销洽谈中，推销员应做到不急不躁，沉着应战，以妥善的方式有节奏地进行洽谈，切忌为赶时间而自乱阵脚，纰漏百出，以避免忙中出乱、急中出错。

## 十、最后通牒策略

该策略指出在谈判过程中，通过向对方发出最低条件、最后期限等形式的最后通牒，促使对方就关键性或实质性的问题尽快做出决定的策略。例如："这个价格已经是我们所能答应的最低价格了。""月底 30 号是最后期限，若到时还不能谈妥，签订合同，我们就要采取另一种行动方案了。"等等。一般来说，最后通牒策略要慎用少用，一来容易导致谈判的破裂，二来经常使用也会使对方识破推销员的诡计而产生不信任感，很难达成交易。

## 十一、笑到最后策略

当业务洽谈大获全胜的时候，推销员也不能认为达成交易已成定局，不能露出得意的样子。因为在洽谈成功与达成交易之间还有一定的距离。常言道"煮熟的鸭子也会飞"，而成功的洽谈仅仅是实现交易的"雏鸭"阶段，除非交易已经得到了顾客的确认，否则推销员就不能高兴得太早。因此，推销员有必要向顾客复述一遍双方达成协议的全部内容。在重复的过程中，顾客可能会提出一些反对意见。对此，推销员要认真地给予解释，打消顾客的顾虑，最终实现商品销售的目的。

**案例一　　通过询问发掘客户需求**

周欣："吴先生，您穿多大的西装？"

……

周欣："吴先生，想必您一定知道，以您的身材想挑一件合身的衣服，恐怕不容易，起码衣服的腰围就要做一些修改。请问您所穿的西装都是在哪儿买的？"

周欣强调市面上的成衣很少有买来不修改就适合吴先生穿的。他还向吴先生询问所穿的西装是在哪一家买的，借此了解他的竞争对手是谁。

吴先生："近几年来，我所穿西服都是向观奇洋服买的。"

周欣："观奇洋服的信誉不错。"

周欣从不在客户面前批评竞争对手，他总是说竞争对手的好话，或是保持沉默。

吴先生："我很喜欢这家公司。但是，周欣，正像您说的，我实在很难抽出时间挑选适合我穿的衣服。"

周欣："其实，许多人都有这种烦恼。要挑选一套自己喜欢、适合自己身材的衣服比较难。再说，到处逛商店去挑选衣服也是件累人的事。本公司有4 000多种布料和式样供您选择。我会根据您的喜好，挑出几种料子供您选择。"

周欣强调，买成衣不如定做的好。

周欣："您穿的衣服都是以什么价钱买的？"

周欣觉得现在该是提价钱的时候了。

吴先生："一般都是2 000元左右。您卖的西服多少钱？"

周欣："从1 500元到4 000元都有。这其中有您所希望的价位。"

周欣说出产品的价位，但只点到为止，没有做进一步说明。

周欣："我能给客户带来许多方便。他们不出门能就买到所需的衣服。我一年访问客户两次，了解他们有什么需要或困难。客户也可以随时找到我。"

周欣强调他能为客户解决烦恼，带来方便。周欣的客户多是企业的高级主管，他们主要关心方便。

周欣："吴先生，您很清楚，现在一般人如果受到良好的服务，会令他受宠若惊，他会认为服务的背后是否隐藏着什么其他条件。这真是一件可叹的事。我服务客户很彻底，彻底到使客户不好意思找其他的厂商，而这也是我殷勤服务客户的目的。吴先生，您同意我的看法吗？"

周欣强调"服务"，因为，他相信几乎每一位企业的高级主管都很强调"服务"。所以，周欣在谈话末了以"您同意我的看法吗"这句话来引导吴先生的回答，周欣有把握让吴先生做出肯定的回答。

吴先生："当然，我同意您的看法。我最喜欢具有良好服务的厂商。但现在这种有良好服务的厂商越来越少了。"

周欣觉得吴先生的想法逐渐和自己的想法一致。

周欣:"提到服务,本公司有一套很好的服务计划。假如您的衣服有了破损、烧坏的情形,您只要打电话,我立即上门服务。"

由于吴先生重视服务,所以周欣向吴先生提起公司有一套很好的服务计划,能解决吴先生的烦恼。

吴先生:"是啊,我有一件海蓝色西装,是几年前买的,我很喜欢,但现在搁在家里一直没有穿。因为近几年我的体重逐年减轻,这套西装穿起来就有点肥。我想把这套西装修改得小一点。"

周欣记住了吴先生的话:吴先生有一套海蓝色的西装需要修改。

周欣:"吴先生,我希望您给我业务上的支持。我将提供您需要的一切服务。我希望在生意上跟您保持长久的往来,永远替您服务。"

周欣不再犹豫,直截了当地向吴先生表示,希望吴先生买他的东西,并强调能提供良好的服务。

吴先生:"周欣,什么时候让我看看样品?"(吴先生看了看手腕上的表,向周欣暗示他的时间有限。)

周欣:"您对衣服是否还有其他的偏爱?"

吴先生想看周欣的样品,周欣虽然准备了很多样品放在包里,但他还不打算拿出来。他想做进一步的询问,希望了解吴先生的真正需要。在了解吴先生的真正需求以后,才是拿出样品的最佳时机。

吴先生:"我有许多西装都是观奇洋服出品的,我也喜欢金利来出品的西服。"

周欣:"金利来的衣服不错。吴先生,以您目前的商业地位来说,海蓝色西装很适合您穿。您有几套海蓝色的西装?"

周欣想知道吴先生对衣服的质量和价格的看法。

吴先生:"只有一套,就是先前向您提过的那一套。"

周欣:"吴先生,谈谈您的灰色西装吧。您有几套灰色西装?"

吴先生:"我有一套,很少穿。"

周欣:"您还有其他西装吗?"

吴先生:"没有了。"

由于吴先生没有主动说出他所拥有的西装,周欣只好逐一询问吴先生的每一套西装。周欣想了解吴先生的真正需求。到目前为止,周欣一直以发问的方式寻求吴先生真正的需要,同时也在发问中表现出了一切为客户着想的热忱,使吴先生在不知不觉中做了很好的配合,创造了良好的谈话气氛。

周欣:"我现在拿出一些样品给您看。如果您想到还有没提到的西装,请立即告诉我。"周欣边说边打开公文包,拿出一些样品放在桌上。

周欣向客户提出了许多问题,以寻求客户真正的需求,然后才展示商品,进行商品的销售。

**思考:**

**在从事商品销售以前,先"发掘客户的需要"是极为重要的事。"不了解客户的需求,好比在黑暗中走路,白费力气又看不到结果。"请联系案例,思考如何发掘出客户真正的需求,实现有效推销的第一步。**

**案例二　　听比说更重要**

一位西方哲人说过"上帝给了我们两只耳朵，却只给我们一张嘴巴，意思是要我们多用耳朵听，少用嘴巴说，不逾越此原则，才不致违背了上帝的旨意。"这就是说，我们对于别人的谈话要多加以谛听，对于推销员来说，更是如此。

谛听，即仔细聆听，它是面谈中促使顾客做出购买决定的一个非常很重要的手段。在与顾客进行面谈时，不少推销员总是滔滔不绝，不给顾客表达意见的机会，因而很容易引起顾客的反感。实际上，谛听比谈话更重要。依据专家的资料表明，任何一次面谈成功，约有 75% 要依赖推销员谛听功能的发挥，而只有 25% 是依赖发问谈话技巧来完成的。

面谈过程中把更多的时间留给顾客，表面上看顾客似乎是主动的意见发出者，而推销员是被动的意见接受者，前者掌握面谈的主动而后者处于不利地位。其实心理学家经过大量的研究证明"说"与"听"两者相比，听者有利。原因很简单，在交谈过程中听者思考的速度大约是说者的五倍，显然在问题思考上，谛听的推销员要比说话的顾客更有优势。在谛听过程中，推销员可以有充分的时间，对顾客的真实需要疑虑问题进行准确的判定，及时捕捉各种购买信息，同时善于聆听，投其所好，又能很快赢得顾客的注意、兴趣以及信任。所以，在面谈过程中，推销员一定要学会谛听，掌握谛听的艺术。

全神贯注、专心致志地听，是谛听艺术最重要、最基本的问题。

一方面，只有全神贯注地谛听，才能准确把握顾客所要表述的真正思想。心理学研究表明，一般人听的思考速度远快于说话时，所以说话的人话还没有说完，听话者就已基本理解了，这样，听者常常容易开小差。也许就在这时，顾客传递了一个至关重要的信息，这样就可能会由于你的大意而导致面谈的失败，因此要全神贯注地谛听。

另一方面，只有专心致志地听，才能赢得顾客的注意、好感和尊重。推销人员对此更不能掉以轻心。可以想象，如果你登门拜访某一顾客，或在顾客的办公室里，或与顾客共进午餐时，你总是不用心，东张西望，三心二意，顾客会怎么想呢？事实上他会以为你没有把他放在眼里，你的推销计划也该就此终结了。所以，如果不想引起顾客的反感，就必须用心地去听。美国汽车销售大王乔·吉拉德对谛听的理解是这样的："当你听到顾客要说什么时，你必须凑上前去以表现出急于要听的样子；当你说话时，你通常应该双眼注视着他，而当你听他说话时，你必须看着他的嘴唇，不应该东张西望；甚至在你回答问题时，也需要表情自然，双目始终注视着他。这种眼神的对视接触是重要的，它表明你在真诚仔细地听他讲述。"

**阅读材料　　推销中提问的艺术**

获得信息的一般方法就是提问。洽谈的过程，常常是问答的过程，一问一答构成了洽谈的基本部分。恰到好处的提问与答话，更是有利于推动洽谈的进展，促使推销成功。

希望本阅读材料中的一些提问技巧，能够给广大推销人员一些启迪。

**一、推销提问技巧的基本原则**

1. 洽谈时用肯定句提问

在开始洽谈时用肯定的语气提出一个令顾客感到惊讶的问题，是引起顾客注意和兴趣的可靠办法。如："你已经……吗？""你有……吗？"或是把你的主导思想先说出来，在这句话的末尾用提问的方式将其传递给顾客。“现在很多先进的公司都构建自己的局域网了,不是吗?”这样,只要你运用得当,说的话符合事实而又与顾客的看法一致,会引导顾客说出一连串的“是”,直至成交。

2. 询问顾客时要从一般性的事情开始,然后再慢慢深入下去

向顾客提问时,虽然没有一个固定的程序,但一般来说,都是先从一般性的简单问题开始,逐层深入,以便从中发现顾客的需求,创造和谐的推销气氛,为进一步推销奠定基础。

3. 先了解顾客的需求层次,然后询问具体要求

了解顾客的需求层次以后,就可以掌握你说话的大方向,可以把提出的问题缩小到某个范围以内,从而易于了解顾客的具体需求。如顾客的需求层次仅处于低级阶段,即生理需要阶段,那么他对产品的关心多集中于经济耐用上。当你了解到这些以后,就可以重点从这方面提问,指出该商品如何满足顾客需求。

4. 注意提问的表述方法

下面一个小故事可以说明表述的重要性。一名教士问他的上司:“我在祈祷的时候可以抽烟吗?”这个请求遭到上司的断然拒绝。另一名教士也去问这个上司:“我在抽烟的时候可以祈祷吗?”抽烟的请求得到了允许。因此,推销实践中,我们应注意提问的表述。如一个保险推销员向一名女士提出这样一个问题:“您是哪一年生的?”结果这位女士恼怒不已。于是,这名推销员吸取教训,改用另一种方式问:“在这份登记表中,要填写您的年龄,有人愿意填写大于二十一岁,您愿意怎么填呢?”结果就好多了。经验告诉我们,在提问时先说明一下道理对洽谈是有帮助的。

**二、几种常用的提问方式**

1. 求教型提问

这种提问是用婉转的语气,以请教问题的形式提问。这种提问的方式是在不了解对方意图的情况下,先虚设一问,投石问路,以避免遭到对方拒绝而出现难堪的局面,又能探出对方的虚实。如一推销员打算提出成交,但不知对方是否会接受,又不好直接问对方要不要,于是试探地问:“这种商品的质量不错吧,请您评价一下好吗?”如果对方有意购买,自然会评价;如果不满意,也不会断然拒绝,使双方难堪。

2. 启发型提问

启发型提问是以先虚后实的形式提问,让对方做出提问者想要得到的回答,这种提问方式循循善诱,有利于表达自己的感受,促使顾客进行思考,控制推销劝说的方向。如一个顾客要买帽子,营业员问:“请问买质量好的还是差一点的呢?”“当然是买质量好的!”“好货不便宜,便宜无好货。这也是……”

3. 协商型提问

协商型提问以征求对方意见的形式提问,诱导对方进行合作性的回答。这种方式,对方比较容易接受。即使有不同意见,也能保持融洽关系,双方仍可进一步洽谈下去。如:“您看是否明天送货?”

4. 限定型提问

在一个问题中提示两个可供选择的答案,两个答案都是肯定的。

人们有一种共同的心理,认为说“不”比说“是”更容易和更安全。所以,内行的推销员向顾客提问时尽量设法不让顾客说出“不”字来。如与顾客约会,有经验的推销员从来不会问顾客:“我可以在今天下午来见您吗?”因为这种只能在“是”和“不”中选择答案的问

题，顾客多半只会说："不行，我今天下午的日程实在太紧了，等我有空的时候再打电话约定时间吧。"有经验的推销员会对顾客说："您看我是今天下午2点钟来见您还是3点钟来？""3点钟来比较好。"当他说这句话时，你们的约定已经达成了。

**三、推销实践中的提问技巧**

1. 单刀直入法

这种方法要求推销员直接针对顾客的主要购买动机，开门见山地向其推销，打他个措手不及，然后"乘虚而入"，对其进行详细劝服。请看下面这个场面：门铃响了，一个衣冠楚楚的人站在大门的台阶上，当主人把门打开时，这个人问道："家里有高级的食品搅拌器吗?"主人怔住了。这突然的一问使主人不知怎样回答才好。他转过脸来和夫人商量，夫人有点窘迫但又好奇地答道："我们家有一个食品搅拌器，不过不是特别高级的。"推销员回答说："我这里有一个高级的。"说着，他从提包里掏出一个高级食品搅拌器。接着，不言而喻，这对夫妇接受了他的推销。假如这个推销员改一下说话方式，一开口就说："我是X公司推销员，我来是想问一下你们是否愿意购买一个新型食品搅拌器。"你想一想，这种说话的推销效果会如何呢?

2. 连续肯定法

这种方法是指推销员所提问题便于顾客用赞同的口吻来回答，也就是说，推销员让顾客对其推销说明中所提出的一系列问题，连续地回答"是"，然后，等到要求签订单时，已造成有利的情况，好让顾客再作一次肯定答复。如推销员要寻求客源，事先未打招呼就打电话给新顾客，可以说我很乐意和您谈一次，"提高贵公司的营业额对您一定很重要，是不是?"(很少有人会说"无所谓")"好，我想向您介绍我们的X产品，这将有助于您达到您的目标，日子会过得更潇洒。您很想达到自己的目标，对不对?"……这样让顾客一"是"到底。

运用连续肯定法，要求推销人员要有准确的判断能力和敏捷的思维能力。

3. 诱发好奇心

诱发好奇心的方法是在见面之初直接向可能买主说明情况或提出问题，故意讲一些能够激发他们好奇心的话，将他们的思想引到你可能为他提供的好处上。如一个推销员对一个多次拒绝见他的顾客递上一张纸条，上面写道："请您给我十分钟好吗？我想为一个生意上的问题征求您的意见。"纸条诱发了采购经理的好奇心——他要向我请教什么问题呢？同时也满足了他的虚荣心——他向我请教！这样，结果很明显，推销员应邀进入办公室。

但当诱发好奇心的提问方法变得近乎耍花招时，用这种方法往往很少获益，而且一旦顾客发现自己上了当，你的计划就会全部落空。

4. 照话学话法

照话学话法就是首先肯定顾客的见解，然后在顾客见解的基础上，再用提问的方式说出自己要说的话。如经过一番劝解，顾客说道："目前我们的确需要这种产品。"这时，推销员应不失时机地接过话头说："对呀，如果您感到使用我们这种产品能节省贵公司的时间和金钱，那么还要待多久才能成交呢?"这样，水到渠成，毫不矫揉，顾客也会自然地买下。

5. 刺猬效应

在各种促进买卖成交的提问中，"刺猬"技巧是很有效的一种。所谓"刺猬"反应，其特点就是你用一个问题来回答顾客提出的问题。你用自己的问题来控制你和顾客的洽谈，把谈话引向销售程序的下一步。让我们看一看"刺猬"反应式的提问法。顾客："这项保险中有没有现金价值?"推销员:"您很看重保险单是否具有现金价值的问题吗?"顾客:"绝对不是。我只是不想为现金价值支付任何额外的金额。"对于这个顾客,若你一味向他推销现金价值,你就会把自己推到河里去一沉到底。这个人不想为现金价值付钱,因为他不想把现金价值当成一桩利益。这时你该向他解释现金价值这个名词的含义,提高他在这方面的认识。

一般地说,提问要比讲述好。但要提有分量的问题并不容易。简言之,提问要掌握两个要点:

(1)提出探索式的问题。以便发现顾客的购买意图以及怎样让他们从购买的产品中得到他们需要的利益,从而就能针对顾客的需要为他们提供恰当的服务,使买卖成交。

(2)提出引导式的问题。让顾客对你打算为他们提供的产品和服务产生信任。还是那句话,由你告诉他们,他们会怀疑;让他们自己说出来,就是真理。

**思考:**

提问是一门艺术。结合上述材料,谈谈如何向不同类型的顾客提问以达到顺利推销的目的。

## 复习思考题

1. 简述推销洽谈的内涵及其类型。
2. 简述推销洽谈的特点。
3. 简述推销洽谈的4P。
4. 简述推销洽谈的原则。
5. 举例说明推销洽谈策略的应用。

# 第十一章

# 顾客异议的处理

**学习目的和要求**

1. 正确认识顾客异议
2. 掌握处理顾客异议的原则
3. 了解顾客异议的根源和类型
4. 掌握处理顾客异议的策略和方法

## 第一节　顾客异议的内涵

销售是从客户的拒绝开始的。

从接近客户、调查、产品介绍、示范操作、提出建议书到签约的每一个销售步骤,客户都可能提出异议;越是懂得异议处理的技巧,推销人员就越能冷静、坦然地化解客户的异议,每化解一个异议,就摒除了与客户的一个障碍,从而就越接近成交一步。处理顾客异议实际上是推销洽谈的一部分,但由于这一工作十分重要,故用一章的内容来加以介绍。

所谓顾客异议,是顾客对推销人员或其推销的产品、推销活动所做出的一种形式上表现为怀疑、否定或反面意见的反应。换言之,是顾客用来作为拒绝购买理由的意见、问题和看法。顾客在购买活动中有异议是绝对的,没有异议是相对的。也就是说,顾客对产品和公司有抱怨是非常正常的,客户有抱怨远远比客户对公司产品不闻不问情况要好得多。据统计,4%的顾客会把自己对产品和公司的异议说出来,96%的顾客会默默离开;如果对产品和公司的不满没有得到消除,90%的顾客会永远不买这个品牌或关注这家商场,这些不满的顾客会把这种不满传递给 8～12 个顾客。这 8～12 个顾客还会把这个信息传递给

20 个人；商场吸引一个新顾客的难度是留住一位老顾客的 6 倍。由此可见，处理好顾客的抱怨或异议、管理好客户关系是每一个推销人员的必备素质。

## 一、顾客异议既是成交的障碍，更是成交的信号

推销人员在推销过程中，难免会遭到拒绝。顾客在推销人员介绍和示范后，马上就购买的情况是很少见的。表面上，顾客有异议是成交的障碍，而实际上，顾客提出异议，就表明他们对你推销的产品感兴趣，反而，那些不提任何意见、无动于衷的顾客往往是没有购买欲望的。因此，顾客的异议对任何一个推销人员都是一种帮助。

对顾客来说，谁都希望买到称心如意的商品，否则就会把心里的不满发泄出来，指出这里不好，那里不行。有的顾客对使用某种商品较有经验，在挑选时就非常仔细，甚至是非常挑剔。但有经验的推销人员都知道，喜欢挑剔的顾客，往往都是诚心要买的，而且越是诚心要买，就越是对商品求全责备。假如他根本不想买，就不会下功夫去挑选。

许多推销人员总被异议表象所吓倒。其实，异议并不说明顾客将不与你合作，可能只是在某个时间、某一点上对你的想法的个别抵制。异议不仅能被克服，他还可以为人所用。只要了解造成它的原因，就容易把他作为成功的力量。真正出色的推销员，最重要的能力就是将顾客异议转化为成交。

## 二、顾客异议是顾客不求报酬的投资

顾客的异议大部分是从产品开始的，产品的性能、价格以及产品的技术含量对顾客来说，都很在意。顾客大部分的反对，不过是表达了对产品如何满足顾客的目标或解决问题的疑虑。有些反对只是误解了产品，对此，推销员就可以快速、直接地解释。但如果确实是推销员的工作问题或产品存在的问题造成的异议，那么这种异议则可帮助推销人员和决策者改进工作和产品，这等于是顾客对产品和推销员服务不求报酬的投资。

推销人员要善于发现顾客异议背后的信息，它可能暴露出许多有关顾客和自己的问题。作为推销员，应该多想想顾客为什么焦虑不安，犹豫不决；自己的推销方式在哪些方面还需要改善。

因此，对于顾客的异议，推销人员要善于倾听，对顾客表现出一种欢迎的态度，这不仅是对顾客的尊重，而且能让顾客感受到推销人员是真诚、严肃地对待自己所提出的问题，从而将有助于转变顾客的态度，建立双方的理解和信任。

不过，顾客的异议对推销人员来说，的确是一件头疼的事。顾客常见的异议有：

“我现在正巧没时间。”

“我不喜欢它的外形和颜色。”

“我喜欢它，但公司绝不会要的。”

“价格太高了吧，别人的产品怎么那么便宜。”

“费用太高，我买不起。”

“好吧，我再考虑一下。”

“我以前试过，你们的服务简直糟透了。”

“以后再说吧。”

# 第二节 处理顾客异议的原则

在推销过程中，顾客异议是顾客对推销行为、推销产品乃至推销人员的不同看法。认真听取和处理顾客的异议，是改进推销工作、提高企业信誉、改进产品质量、改善企业经营的有效途径。处理好顾客的异议，要遵守以下原则。

## 一、向顾客提供真正的价值和利益

在处理顾客异议时，推销人员要真正做到从顾客的立场出发，了解顾客的问题，在立足于满足顾客的需求和利益的前提下，去说服顾客。这时，推销人员应着重说明顾客通过购买推销品所能获得的价值和利益，并通过各种可能的方法向顾客证明购买推销品确实能够得到这种利益，让顾客眼见为实。这是推销人员能否说服顾客的关键。要做到这一点，推销人员必须设身处地地为顾客着想，与顾客来一个角色互换，进一步了解对方的感情及顾客的所想、所虑，从各方面缩小与顾客的心理距离，同时也有利于正确对待和处理顾客的异议。

## 二、欢迎顾客提出异议

任何商品都不可能是十全十美的，任何推销也都不可能是无懈可击的。因此，顾客的异议是在所难免的，而且如果顾客的异议在未消除之前，他是不会决定购买的，所以，顾客异议是不能回避的。作为推销人员应尽早让顾客提出异议并设法予以解决。但在价格问题上，不应过早提及，应放在引起顾客的注意和兴趣后，这时即使顾客有价格异议，推销人员也能凭自己商品的特点和优势在洽谈中处于主动地位。

## 三、尊重顾客的异议

提出异议是顾客的权利，顾客都希望自己的意见能够被尊重而非轻视。他们希望推销人员能够对自己提出的质疑抱以同情和理解的态度。若推销人员不能正确对待顾客的异议，甚至持厌恶、抵制的态度，就不能妥善处理顾客的异议，也就无法达成交易。顾客提出异议并不可怕，关键是能否对顾客的异议给予满意的答复，使顾客感到推销人员重视其意见，对解决异议有诚意。这样，顾客就会更易于接受推销人员的观点，易于听取推销人员的解说。

在听取顾客异议的过程中，推销人员要表现出极大的关心和兴趣，让顾客充分发表意见。推销人员不要有一丝一毫的不在意或厌烦的表示，也不要中途插话，试图辩解，打断顾客的谈话。只有认真听取，才可能弄清问题的症结，才能有针对性地回答顾客的意见，消除异议。福特汽车公司认为："顾客的拒绝正是指引推销人员认清顾客实际需求的路标，要想利用这些机会，就必须对任何反对意见持欢迎态度，并且使顾客认识到他们的意见是值得尊重的。"推销人员可以用以下的语言来表示自己的态度："我明白您的意思，我也曾这样想过。""我很高兴您提到这一点。""这真是个聪明的想法，我明白您的顾虑了。""如果换我来购买这个产品，我也会有同样的疑问。""请告诉我您对此有什么意见。"等等。

## 四、永不争辩，实事求是

推销人员应尽量避免与顾客争论，更不能够争吵。一句销售行话是："占争论的便宜越多，吃销售的亏越大。"因为对推销人员来说，主要目的是推销产品，而不是和顾客讨论是非曲直。所以推销人员在处理顾客异议时，应避免伤害顾客的感情和自尊。推销人员和顾客之间的关系一方面是买卖关系，同时也是一种融洽的合作关系，推销人员必须把顾客当作朋友，感情上去征服顾客。因此，推销人员必须加强自身的修养，能够容忍顾客刻薄的异议，面对顾客的异议和抱怨，推销人员既不能与其发生争吵，也不能够对顾客冷嘲热讽。尤其是面对一些敏感的话题，推销人员用词要谨慎，即使无意冒犯，也会引起顾客的不满。同时不要夸大或缩小顾客异议。若夸大了顾客异议，就使顾客纠缠不放，延误成交；若缩小异议，将会引起顾客的反感，可能产生新的异议。

## 五、合理选择处理时机

在处理顾客异议过程中，选择适当的时间来回答顾客的提问，对于能否或能在多大程度上使顾客接受起着决定性的作用。很多时候，同样的问题，同样的答复，只是由于回答的时间不同，产生不同的结果。因此，选择适当的处理时机是合理处理顾客异议的一个重要决策，推销人员应根据顾客异议的性质、推销会谈的情况，以及顾客的个性特征等具体情况来确定时机的选择。

1. 在异议尚未提出时就回答

这是指推销人员主动出击、先发制人，在对方尚未提出之前，主动将异议提出，并加以回答。在形形色色的推销中，经验丰富的推销人员会察言观色，能估计到顾客会提出什么问题，或推销某种产品时通常会遇到顾客的哪些异议等。如果在推销中，觉察到顾客会提出某种异议或对一些双方都明显感觉到的问题提出异议，推销员与其让顾客提出，倒不如自己来提出并回答，不仅可以使推销员避免在事后去纠正顾客的观点或反驳顾客的意见时所引起的不快情绪，而且还可以使顾客感到推销员是诚恳直率，没有隐瞒什么，把其想说而没说出来的意见都表达了，从而取得顾客的信任。而这一做法的缺点是，推销员可能会提出一些顾客没有想到的异议。所以，这种方法的关键在于准确把握顾客的心理。

2. 异议提出后马上回答

这是指对于顾客主动提出的异议，推销员马上予以答复和解释。迅速且有信心地回答顾客异议，往往能够比较容易地引起顾客的注意力，取得对方的配合与协助，使其对产品产生浓厚的兴趣和购买欲望，能较好地避免顾客因没有得到及时答复而产生报复心理或认为推销员不尊重自己而故意给推销员难堪，进而拒绝购买。一般来讲，对于影响购买决策的重要反对意见，应马上回答，以免顾客产生不信任感。

3. 异议提出后稍后回答

在某些情况下，推销员可推迟回答顾客的异议。例如，当推销员立即回答顾客异议会破坏推销计划；当推销员的回答会引起顾客不快或反感时，推销员不必马上回答，可待时机成熟后再对异议予以说明。又如，当顾客提出一些技术性、专业性的问题，推销员不能给予满意的答案时，也可把异议暂时搁置起来，待请教了有关专家或查实了有关资料后，再予以答复。但在延后回答异议的情况下，推销员应向顾客表示接纳其异议，并承诺回答。例如，"您说得对，请稍等一会儿，稍后我会说明"，以使顾客感到推销员不是信口开河、随随便便，而是慎重地处理异议，从而加强对推销员的信赖感。

4. 对顾客异议不予以回答

对于顾客的异议推销员也不必每事都予以回答，在某些情况下，不予回答可能效果更好。比如，当顾客提出一些与推销洽谈业务毫不相干的问题或当被问及竞争对手的评价与看法时，当顾客提出异议只是一种虚假借口或纯属自我表现性的问题时，当顾客提出的异议会随着双方洽谈的进行而逐渐消失时，推销员可不必回答。

# 第三节 顾客异议的根源和类型

## 一、顾客异议产生的根源

顾客异议的产生存在着多方面的原因。从经济根源上看，任何顾客在购买商品时必须付出与推销品的市场价值同等的货币，关键是要买得划算、买得满意。但由于买卖双方在信息掌握方面的不对称，现实的情况是，顾客总是处在自身支付能力有限与消费欲望无限的矛盾中，他理所当然地站在自身利益的立场上对这种"等价"的付出做出评价并考虑由此而将承受的风险后果。从这个意义上说，顾客是天生的推销异议的持有者。从社会心理上说，顾客为了保护自己会避开被接受的交往，避免充当接受别人要求的社会角色。只有在推销人员与他们建立起协调的可信赖的关系，让他们感觉到推销员及其所代表的企业能够真正给予帮助时，顾客才不会拒绝推销。

因此，顾客的异议是不可避免的，是推销活动中的正常现象。对此，现代推销学主张的是一种积极的思维方式，即人的社会心理和社会经济关系必然存在冲突，推销活动在冲突中进行，在冲突中获得成功。推销人员应树立这样的信念：我并不指望冲突减少，而是要努力去把握和化解冲突。我们越能接近顾客的立场，就越能有效地控制冲突。

对顾客异议的产生根源进行分析有助于推销人员掌握处理异议的规律和技巧。产生顾客异议的原因既有必然因素，又有偶然因素；既有可控因素，又有不可控因素。

**(一)顾客方面**

1. 顾客没有真正认识到自己的需要

由于顾客没有真正认识到自己的需要或发现自己存在的问题，没有意识到需要去改变现状而维持原来的消费方式，缺乏对新产品、新服务、新供应商的需求和购买动机。推销人员对于这类缺乏认识而产生需求异议的顾客，应通过深入了解后确认顾客的需要，并从关心与服务顾客的角度出发，利用各种提示和演示技术，帮助顾客了解自己的需要和问题，刺激顾客的购买欲望，提供更多的推销信息，使其接受新的生活方式和消费方式。

2. 顾客缺乏对商品的认识

随着现代科技的发展，产品的生命周期日趋缩短而新产品层出不穷。有些新产品，尤其是高科技产品的特点与优势并不能一目了然。而顾客的认识水平有限，从而导致了顾客异议的产生。对此，推销人员应当能够以各种有效的展示与演示，深入浅出地向顾客推荐产品，进行有关的启蒙与普及工作，以消除顾客异议。

3. 顾客的偏见或习惯

偏见或成见往往不符合逻辑，其内容十分复杂并带有强烈的感情色彩，不是靠讲道理就可以轻易消除异议的。在不影响推销的前提下，推销人员应尽可能避免讨论偏见成见和习惯的问题。在处理这类顾客时，推销人员首先要推销的是新的消费观念和消费方式，引导顾客改变陈旧的生活方式，推动社会的进步。

4. 顾客的自我表现

有些顾客为了表现自己知识丰富、有主见而会提出种种异议，反驳推销员，在他们看来这正是表现自己的机会。对此，推销员要予以理解，并注意采取谦虚的态度耐心倾听，甚至对某些有道理的意见表示赞同，使顾客的自尊心和虚荣心得到满足，这无疑会赢得顾客的好感，促进交易。

5. 顾客的借口

在洽谈过程中，顾客可能由于资金不足而不能购买；或是由于个人不能做主，不能做出购买决定；或是想比较一下，再做购买决定。但碍于面子，顾客往往不好意思说出来，而是提出一些反对意见作为借口，以达到根本不想买的目的。由于是借口，不是真正的反对意见，所以推销人员没有必要回答，因为就是消除了顾客的借口也不会达成交易。如果你认真地加以辩驳，顾客更会感到他有必要为自己的借口作辩护，从而使借口真正变为反对意见，甚至会激怒顾客。所以，推销人员如果辨别出顾客异议实为借口，就当作没听见，也可告诉顾客回头再谈。

6. 顾客是一位善于挑刺的买主

有些顾客虽然心里想买，但为了争取对自己有利的交易条件，往往对商品百般挑剔，肆意夸大商品的某些微不足道的缺点，甚至无中生有，把商品说得一无是处，这是顾客讨价还价前的一种策略。对付这类顾客，推销人员要有耐心，不要恼火，更不要被对方的虚张声势吓住，而坚定对自己产品的信心，巧妙地进行反驳。

**(二)产品方面**

1. 产品价格

价格是形成推销障碍最常见最重要的原因之一。如果顾客认为推销品的价格太贵，总是希望通过讨价还价，在取得能够接受的价格后才实现交易。顾客认为价格太贵的原因是多方面的。如顾客经济状况、支付能力的原因；顾客基于对同类产品或对替代用品价格的比较；顾客对推销品的误解等。一般来说，如果顾客认为价格太高，就可能导致顾客的价格异议和财力异议等。但是，在一定的条件下，顾客认为价格过低，也可能导致顾客的需求异议。如有些顾客自以为购买便宜货是一件有失身份的事。因此，推销人员要认真研究和掌握顾客在购买过程中的价格心理活动，有针对性地采取价格策略，以消除顾客的价格异议。

2. 产品质量

产品质量是赢得顾客好感的直接原因。顾客在决定产品购买时最主要的因素在于产品质量。常言道："买到一个没有价值的东西，即使是非常便宜买来的，也是浪费。"因此，顾客购买产品，首先关心的是推销品的实用性和适用性。推销人员在推销过程中，应该把推销品能够满足顾客某种需要的实用性和适用性放在首位。顾客购买到高质量的商品，而且最终能给顾客带来好处，那么，顾客无论在物质上还是心理上都有一种满足感。尤其对于那些已经用过该商品或经他人介绍来购买商品的顾客，他们已经对商品的质量和效用有了相当程度的了解，推销人员必须十分重视该商品在质量上的特色和创新程度。顾客对产品质量提出反对意见，常有以下几种情况：

(1)推销品确实存在着不能满足顾客需求的缺陷与不足；

(2)顾客缺乏经验或出于主观上的考虑，以质量为理由，拒绝购买；

(3)顾客所了解的关于质量的有关信息与标准已经陈旧或作废；

(4)顾客由于担忧购买不当就以质量为借口拒绝购买。

另外，还有顾客以质量为筹码进行压价，抑或由于推销人员推销不当，引起顾客对推销品的质量产生误会。

因此，推销人员不能推销质量有问题的或不能满足顾客质量需求的商品。另一方面，当顾客提出质量异议时，认真找出并确定引起顾客异议的深层原因，使顾客正确认识产品质量因素。此外，要高度重视和正确处理顾客在购买与使用推销品后提出的质量异议，对这种异议如果处理不及时，将会成为顾客不满的导火线，影响推销声誉。

3. 产品服务

产品服务是维系老顾客的一种办法，良好的服务可以成为企业竞争的利器，很多顾客购买某种商品就是看重它的服务。服务是推销整体概念的重要组成部分，服务能够为顾客带来有形和无形的利益。顾客购买某种推销品，其实质已不是购买产品本身，而是购买推销品效用和利益。如果顾客对服务产生异议，原因在于顾客对服务的依赖程度越来越强。如果推销员不能够提供比竞争对手更好的服务，给顾客更多的附加利益，或推销人员的态度不好，令顾客感到缺乏服务诚意和精神，就会提出异议。

**(三)其他方面**

1. 推销员素质低

主要是由于推销员不注意推销礼仪，不讲究推销语言艺术，缺乏必要的精神和气质。推销人员的这些表现无法取信于顾客，甚至使顾客厌恶和反感，自然遭到顾客的冷遇和拒绝。另外，在某些推销环境里，推销人员的性别、顾客对推销人员的排斥、推销人员只顾自己说话而没有给顾客表达思想的机会等，也常常引起顾客的反对意见。

2. 信誉不佳

在推销中，推销信誉不佳是导致顾客不签订单的直接原因。

在实际推销工作中，有些推销人员及其所在企业由于曾经采取不负责任的态度，如欺骗或坑害顾客，吃过亏的顾客会对这种受坑害的教训牢记在心，从而形成对某个推销人员及其企业的成见，并且在顾客之间互相传达，造成不良的连锁反应。由此，顾客就本能地对该推销人员及其企业怀有戒备并提出各种异议。对于这种情况，推销人员除了耐心地解释外，更重要的是以实际行动取得顾客的信任，重新建立良好的推销信誉。

3. 信息缺乏

在推销中，信息是推销人员制胜的法宝。在推销过程中，推销人员要向顾客发出大量的推销信息。但是，由于顾客的接受能力和理解能力的不同，也可能由于推销人员传递信息的方法不妥，表达不佳，顾客觉得进行购买决策的推销信息还不够充足而提出异议。特别是顾客认为信息失实时，更容易引起各种反对意见，甚至造成顾客的对抗心理。因此，推销人员必须掌握大量推销信息，并以顾客可以理解与接受的方式向顾客表达。

4. 推销环境不良

推销环境不良是指顾客所处的周围环境和条件不利于推销。顾客的消费需求与各种自然环境和社会环境有密切关系，并受到这些环境的影响与制约。在不同的推销环境里，顾客有着不同的购买能力和购买习惯，有着不同的消费水平和消费结构，这就要求推销人员的推销活动必须符合推销环境的要求。否则,顾客必然会提出反对意见。因此,推销人员要注意搜集不同环境下的政治、经济、文化、竞争等多方面的资料。

## 二、顾客异议的类型

顾客异议的表现形式是多种多样的。在实际推销中,常见的顾客异议有以下几种:

**(一)需求异议**

需求异议是顾客从自身出发,自称不需要某种推销品的一种异议。它往往是在推销人员向顾客介绍产品后,顾客当面拒绝的反应。例如,一位女顾客提出:“我的面部皮肤很好,不需要用护肤品。”“我们根本不需要它。”“这种产品我们用不上。”“我们已经有了。”这类异议有真有假。真实的需求异议,是成交的直接障碍。推销人员如果发现顾客真的不需要推销品,那就应该立即停止推销。虚假的需求异议既可表现为顾客拒绝的一种借口,也可表现为顾客没有认识或不能认识自己的需求。推销人员应认真判断需求异议的真伪性,对虚假需求异议的顾客,设法让他感觉到推销产品所提供的利益和服务符合顾客的需求,使之动心,再进行推销。

**(二)产品异议**

产品异议是指顾客对推销人员所推销的产品质量、式样、设计、结构、规格等方面提出的异议。这类异议往往带有一定的主观色彩,表明顾客对这种产品不够了解或存在自身的购买习惯或偏见。这时推销人员一定要对产品有充分的认识,然后通过演示增强顾客对产品质量和功能的信心。克服产品异议时,应重点指出产品能给顾客带来什么利益,以迎合顾客的心理。

对于新产品,推销人员应分析即将流行的消费趋势,使顾客了解顺应这一消费趋势的新产品的款式与功能,激发顾客的消费欲望。必要的情况下,也可将企业有关促销计划和促销预算告诉顾客,以增强他们的信心。

**(三)价格异议**

价格异议是指顾客以推销产品价格过高而拒绝购买的异议。无论产品的价格怎样,总会有人说价格太高、不合理或者比竞争者的价格高。如,“太贵了,我买不起。”“别人的价格比你低。”当顾客提出价格异议,表明他对推销产品有购买意向,只是对产品价格不满意,还需要进一步讨价还价才能做出购买决定。当然也不排除有的消费者以价格高为拒绝推销人员的借口。在实际推销工作中,价格异议是最常见的一种现象。对这类异议,推销人员应将话题的重心放在介绍产品的性能、耐用性、款式的新颖性等事关产品的价值问题上,一旦顾客认识到产品的优点多,价格就不再成为突出的问题。

**(四)推销人员异议**

推销人员异议是指顾客针对个别推销人员,表示对他们的不信任而提出的异议。顾客对推销人员的异议表现在顾客拒绝接待某一特定的推销人员和拒绝购买他所推销的产品。这类异议在一定程度上对推销人员具有一定的积极意义,它会促进推销人员改进自己的工作。

这类异议的产生一般有两种情况:一是推销人员曾向顾客推销过劣质产品或顾客并不需要的产品;二是曾向顾客做出承诺,但兑现程度较低。解决这类异议要从自身做起,不断完善自己的工作。作为推销人员,千万记住“功夫在诗外,推销产品之前先推销自己”的警示。

**（五）服务异议**

服务异议是指顾客对推销人员或所代表的企业售后服务不满意，而不愿购买其推销的产品。事实上，服务异议本身就是产品异议的一种，因为从现代营销观念来看，服务是产品整体概念的第三个层次，即附加产品，它包括送货、安装、维修等一系列内容。美国学者西奥多理维特说："新的竞争不是发生在各个公司的工厂生产什么样的产品，而是发生在其产品能够提供何种附加利益。"这里的附加利益就是指售前、售中、售后服务。在企业产品差异日益缩小的情况下，顾客选择哪个企业的产品，很大程度上取决于该企业所提供的服务是否优良。良好的售前、售中、售后服务能够消除顾客的后顾之忧，增强他们的购买决心。

对待顾客的服务异议，推销人员态度应诚恳，首先要向顾客道歉，然后问明原因，尽量解释，稳定顾客的情绪，再找出双方都能接受的处理办法。

**（六）购买时间异议**

购买时间异议是指顾客有意拖延购买时间的异议。事实上，许多顾客用拖延时间来代替说"不"。推销人员经常听到顾客说，"让我再想一想，过几天答复你"；"你先让我考虑考虑"；"我实在再需要一些时间做购买决定"。这些拒绝明显意味着顾客还没有完全下决定，拖延购买的真正原因可能是因为价格、产品或其他方面不合适。有些顾客还利用购买时间异议来拒绝推销人员的接近和面谈。不过，现实中推销员也应该给顾客做出购买决定的时间，让顾客在自由宽松的环境下理智决策。针对顾客的购买时间异议，推销人员要认真分析，有的放矢，正确处理。

**（七）权力异议**

权力异议是指顾客以缺乏购买决策权为理由而提出的一种反对意见。在业务洽谈中，有时顾客会说："我做不了主，还需要请示上级。""我们的主管不在。"权力异议有真实和虚假之分。真实的权力异议是推销活动的直接障碍，推销员应对顾客的购买权力进行认真分析，找准目标顾客；虚假的权力异议，应看作顾客拒绝推销人员的一种借口，要采取适当的转化技巧进行化解。

**（八）财力异议**

财力异议是指顾客认为缺乏支付能力而产生的异议。这类异议也有真假两种情况。一般来说，顾客不愿意让别人知道他们财力有限。当出现虚假异议时，其真正原因可能是顾客早已决定购买其他产品，或者顾客不愿动用存款，也可能因为推销说明不够而使顾客没有意识到产品的价值。如果顾客确实无力购买，推销员应暂时停止推销。

**（九）货源异议**

货源异议是指顾客对推销品的来源、品牌，甚至对推销员的来历提出的异议。在顾客对货源产生异议时，顾客可能对货源来路的真实性有疑问，或者是不愿意接受信不过或不知名的企业、品牌的推销品。顾客常常会提出："我们一直用某某厂的产品，从来没有买过你们厂的产品。""没听说过你们这个企业。""这种产品质量不好，我愿要别的厂家生产的。"等等。顾客提出货源异议，表明顾客愿意购买推销品，只是不愿从这位推销人员及其所代表的公司购买。现实中，有些顾客是利用货源异议来与推销人员讨价还价，甚至利用货源异议来拒绝推销人员的接近。因此，推销人员应认真分析货源异议的真正原因，利用恰当的方法来处理货源异议。

## 第四节 处理顾客异议的策略

### 一、购买时间异议处理策略

在推销实践中，顾客借故推托的时间异议多于真实的时间异议，处理的策略有以下几种：

1. 货币时间价值法

时间就是价值、效益和金钱。一般来说，物价的变化会随着时间的推移而上扬。推销员可以结合产品的具体情况告诉顾客，由于供求关系的变化，如果拖延购买时间将意味着花费更多的钱来购买同等数量的商品，而且还要劳心费力，多方选择必定耗费时间，不符合现代社会的时间观念。这也是为什么一些富有的人在购买一般商品时很少花太多的时间进行产品之间的比较和选择，而往往是直奔自己喜爱的品牌，快速做出购买决策的重要原因。

2. 良机激励法

这是利用对顾客有利的机会来激励顾客，使其不再犹豫不决，抛弃等一等、看一看的观望念头，当机立断，拍板成交。失去这次机会，将会产生遗憾或后悔的感觉。例如，“目前正值展销期间，在此期间可以享受20%的优惠价格”，“我们的货已经不多了，如果您再犹豫的话，就可能被别人买走了”。不过，使用这种方法必须确有其事，不可虚张声势欺诈顾客。

3. 意外受损法

这与“良机刺激法”正好相反，是利用顾客意想不到，但又必将发生的变动因素如物价上涨、政策变化、市场竞争等情况，要求顾客尽早做出购买决定。

4. 竞争诱导法

有两种情况：一是指推销员向顾客指出他的同行竞争对手已经购买了同类产品，如不尽快购买，将会在竞争中处于劣势，以此诱导顾客注意竞争态势，从而做出购买决定；二是告诉消费者本企业的产品价格与竞争对手相比已经是最低的了，此时购买，买的超值，此时不买，更待何时。

### 二、处理价格异议的策略

面对顾客的价格异议，推销人员应首先分析、确认顾客提出价格异议的动机是什么，然后有针对性地采取以下策略。

1. 先谈价值，后谈价格；多谈价值，少谈价格

一开始就谈论价格的推销人员是不明智的。推销人员可以从产品的使用寿命、使用成本、性能、维修、收益等方面进行对比分析，说明产品在价格与性能、价格与价值、推销产品与竞争产品价格中的优势，让顾客充分认识到推销品的价值，认识到购买能给自己带来的利益和方便。

推销人员必须注意：在推销洽谈中，提出价格问题的最好时机是在会谈的结尾阶段，即在推销人员充分说明了推销品的好处，顾客已对此产生浓厚兴趣和购买欲望后，再谈及

价格问题。除非是顾客急切地问到价格问题，一般情况下，推销人员不要主动提及，以免顾客把注意力过多集中到价格上，使洽谈陷入僵局。要知道，很多消费者对价格的心态是“质量一样，当然价格便宜最好；但如果能买到质量上乘、返修率低、服务上佳的产品，价格高一点也是无所谓的”。所以，推销人员千万要注意对推销品价值的推销。

2. 以退为进

在推销洽谈过程中，讨价还价是免不了的。在遇到价格阻碍时，推销人员首先要对自己的产品充满信心，坚持报价，不轻易让步。但是，推销谈判中的让步是必需的，没有丝毫让步的谈判是很难继续进行下去的。推销员采用让步的原则是：不要做无意义的让步，应体现出己方的原则和立场；做出的让步要恰到好处，一次让步幅度不能过大，让步频率也不能太快，要让对方感觉到让步不容易而产生满足心理，以免刺激顾客提出进一步要求。

3. 攻心为上

在向顾客报出价格时，可先发制人地首先说明这是最优惠的价格，暗示这已是价格底限，不可能再讨价还价，以抑制顾客的杀价念头。推销人员还可以使用尽可能小的计量单位报价，以减少高额价格对顾客的心理冲击。如在可能的情况下，改吨为千克，改千克为克，改大的包装单位为小的包装单位。这样在价格相同的情况下，顾客会感觉小计量单位产品的价格较低。

## 三、处理货源异议的策略

许多货源异议都是由于顾客的购买经验与购买习惯造成的，推销人员在处理这类异议时可采用以下策略。

1. 提供例证

在解决货源异议时，推销人员为说明推销品是名牌商品、材料优异、制作精良、款式新颖等，可出示企业资质证明、产品技术认证证书、获奖证书以及知名企业的订货合同资料，以消除顾客顾虑，获得其认可。

2. 强调竞争受益

顾客常常会提出已有供货单位，并对现状表示满意，从而拒绝推销。推销人员应指出，作为一个企业仅具备单一的货源具有很大的风险性。如果供货单位一时失去供货能力，将会导致企业因货源中断而被迫停工。而企业拥有较多货源，采取多渠道进货，会增强采购中的主动性，可以对不同货源的产品质量、价格、服务、交货期等进行多方比较，择优选购，并获得竞争利益。

3. 锲而不舍，坦诚相见

通常顾客在有比较稳定的供货单位和有过对推销员的推销服务不满意甚至上当受骗的经历时，对新接触的推销人员怀有较强的戒备心，由此而产生货源异议。推销员应不怕遭到冷遇，反复进行访问，多与顾客接触，联络感情，增进相互了解，推销人员也就有了对顾客进行针对性劝说的机会。在与顾客的接洽中，推销人员应当注意以诚相待、以礼相待，以诚挚的态度消除顾客的心理偏见。

## 四、处理顾客异议的具体方法

1. 直接否定法

直接否定法又称反驳法。这种方法是推销人员根据比较明显的事实与充分的理由直接否定顾客异议的方法。例如，顾客提出："你们的产品比别人的贵。"推销员回答："不会吧，我这里有同类产品不同企业的报价单。我们产品的价格是最低的。"推销人员采用这种方法给顾客直接、明确、不容置疑的否定回答，迅速、有效地输出与顾客异议相悖的信息，以加大说服的力度和反馈速度，从而达到缩短推销时间、提高推销效率的目的。直接否定法适用于处理由于顾客的误解、成见、信息不足等而导致的有明显错误、漏洞、自相矛盾的异议，不适合于处理因个性、情感因素引起的顾客异议。

例如，一位顾客对推销人员说："你的商品不行，你们那个地方的假冒伪劣商品是全国出了名的。"这是一种货源异议，根源在于顾客的偏见。如果推销员不明确否定顾客异议，就会使顾客由本能的抵制发展为理智的抵制，直接拒绝推销人员和推销产品。推销人员面对这种情况，就应使用直接否定法。直接而明确地指出："我公司的产品绝对是真货。这是国家质量鉴定书，产品许可证、营业执照……"又如，顾客不了解情况，提出了售后服务的异议，推销人员可说："您可能不了解情况，本公司在全国各地主要城市都建立了特约维修站，可上门服务。请看产品推销区域分布图，您所在的地区的维修站在这……"既消除误会，又避免争执。

使用直接否定法，要注意：反驳顾客的异议要站在顾客的立场上，有理有据地摆事实、讲道理，要让对方心服口服，而不是靠强词夺理压制顾客。在说明过程中，要特别注意给顾客提供更多的信息，推销员的言辞要坚定，态度要诚恳真挚、平易近人，尊重顾客。推销员反驳异议，是对事不对人，不要提高嗓门、情绪激动，不必板着脸说教，推销员应考虑到顾客的个性和与顾客的熟悉程度，对不熟悉的和个性敏感的顾客应尽量避免使用这种方法。这种方法的缺点是：容易使顾客产生心理压力和抵触情绪，甚至可能伤害顾客的自尊，引起顾客的反感或激怒顾客，造成推销洽谈气氛的紧张。

2. 间接否定法

间接否定法又称为但是处理法。人有一个通性，不管有理没理，当自己的意见被别人直接反驳时，内心总是不痛快，甚至会被激怒，尤其是遭到一位素昧平生的销售人员的正面反驳。

屡次正面反驳客户，会让客户恼羞成怒，就算推销人员说得都对，也没有恶意，还是会引起客户的反感，因此，销售人员最好不要开门见山地直接提出反对意见。在表达不同意见时，尽量利用"是的……如果"的句法，用"是的"同意客户部分的意见，用"如果"表达在另外一种状况是否这样比较好。

请比较下面的两种说法，感觉是否有天壤之别。

A："您根本没了解我的意见，因为状况是这样的……"

B："平心而论，在一般状况下，您说的都非常正确，如果状况变成这样，您看我们是不是应该……"

A："您的想法不正确，因为……"

B："您有这样的想法，一点也没错，当我第一次听到时，我的想法和您完全一样，可是如果我们做进一步的了解后……"

养成用B的方式表达不同的意见，推销人员将受益无穷。

这种方法是推销人员根据有关事实和理由间接否定顾客的异议。例如，顾客提出："这个东西太贵。"推销人员可答道："这个东西的价格是不低。不过，它还是便宜的。"采用此法时，推销人员首先应承认顾客异议的合理成分，然后用"但是""不过""然而"等转折词将话锋一转，对顾客异议予以婉转否定。这种方法适用于顾客因为有效信息不足而产生的片面经验、成见、主观意见，而且顾客能自圆其说的情况。

在推销实践中，间接否定法较之直接否定法使用得更为广泛。因为采用这种方法处理顾客异议时，推销人员首先表示对顾客的理解、同情，或者简单重复了顾客的异议，使顾客心理得到某种平衡，避免引起双方对立，也给了推销员一个回旋的余地，使其有时间分析、判断顾客异议的性质以及根源，想出处理顾客异议的方法。这种方法不是直截了当地硬碰硬，而是先退后进，一般不会冒犯顾客，有利于保持良好的推销气氛和人际关系。

3. 转化法

转化法也称太极法，是指推销人员直接利用顾客异议进行转化而处理顾客异议的方法。事实上，很多顾客的异议是为自己的拒绝找一个体面的借口，并非本质上的原因。如果此时，我们能利用顾客异议中正确的积极的一面，采用适当的表达，消除顾客的心理障碍，就能把顾客异议转化为成交。

例如，保险业推销中的转化法应用：

客户："收入少，没有钱买保险。"

销售人员："就是因为收入少，才更需要购买保险，以获得保障。"

服饰业推销中的转化法应用：

客户："我这种身材，穿什么都不好看。"

销售人员："就是身材不好，才需要加以设计，以修饰掉不好的地方。"

儿童图书推销中的转化法应用：

客户："我的小孩，连学校的课本都没兴趣，怎么可能会看课外读本？"

销售人员："我们这套读本就是为激发小朋友的学习兴趣而特别编写的。"

电脑销售中的转化法应用：

客户："我连打字都不会，还买什么电脑呀。"

销售人员："正因为您还不会打字，才需要买一台电脑在家学习呢。"

转化法是一种有效的处理顾客异议的方法。这种方法是"以子之矛，攻子之盾"，推销员可以改变顾客异议的性质和作用，把顾客拒绝购买的理由转化为说服顾客购买的理由，把顾客异议转化为推销提示，把成交的障碍转化为成交的动力，不仅针对性地转化了顾客在关键问题上的看法，而且使之不再提出新的异议。推销员直接承认、肯定顾客意见，在此基础上转化顾客异议，这样可以保持良好的人际关系和洽谈气氛。不过，如果这种方法运用不当，可能会让顾客觉得被人钻了空子或受了愚弄，从而引起顾客的恼怒和抵触，也可能会使顾客失望而提出更难解决的异议。

4. 补偿法

补偿法又称抵销处理法、平衡处理法，是推销员在坦率地承认顾客异议所指出的问题的确存在的同时，指出顾客可以从推销品及其购买条件中得到另外的实惠，使异议所提出的问题造成的损失得到充分补偿，使顾客产生产品的价格与售价一致和产品的优点对客户是重要的，产品没有的优点对客户而言是较不重要的感觉，从而使顾客得到心理平衡，增强购买的信心。

例如，顾客提出："这批羽绒服要到10月以后才销得出去，提前两个月进货，占用资金时间太长。"推销员回答："现在进货可以享受七折优惠。您想想，还是很划算的。"顾客提出的异议中，可能有不少是无可辩驳的正确观点，而产品不可能尽善尽美，推销宣传也会有疏忽和不妥当之处，与竞争对手的产品和推销人员相比较也有长短优劣。对于这些情况，推销人员不必躲闪回避，而应尊重事实，客观地对待顾客的异议，相信顾客也不会苛求到非要推销品没有任何缺陷时才决定购买。如果推销员能通过充分说理和实例证明产品虽然有缺点，但优点更多，使顾客相信产品的优点大于缺点，顾客还是会乐意购买的。

5. 询问法

询问法也叫反问处理法、追问处理法，是指推销人员利用顾客异议来反问顾客以化解异议的方法。在实际推销过程中，有的顾客异议仅仅是顾客拒绝购买而信手拈来经不起推敲和追问的一个借口，有的顾客异议甚至与顾客的真实想法并不一致，此时，如果加以礼貌地追问，可能就会让顾客所谓的异议站不住脚，从而有效化解异议。

这是一个推销复印机的案例。顾客："这台复印机的功能，好像比别家要差。"销售人员："这台复印机是我们最新推出的产品，它具有放大缩小的功能，纸张尺寸从B5到A3；有3个按键用来调整浓淡，每分钟能印20张，复印品质非常清晰……"顾客："每分钟20张实在不快，别家复印速度每分钟可达25张，有6个刻度调整浓淡，操作起来好像也没那么困难，复印品质比您的要清楚多了……"

这个例子告诉我们，销售人员若是稍加留意，不要急着去处理客户的反对意见，而是提出这样的询问，如"请问您觉得哪个功能比哪一家的复印机要差?"客户的回答也许只是他曾经碰到某某牌的复印机，具有6个刻度调整复印的浓淡度，因而觉得所推销的复印机的功能好像较差。此时，如果销售人员能多问一句，"贵企业的复印机非由专人操作，任何员工都会去复印，因此调整浓淡的刻度过多，员工往往不知如何选择，常常造成误印，本企业的复印浓度调整按键设计有3个，一个适合一般的原稿，一个专印颜色较淡的原稿，另一个专印颜色较深的原稿。"经由这样的说明，客户的异议可获得化解。

推销活动中，顾客异议的类型、性质与真实根源很难分析判断，这就是顾客异议的不确定性。顾客购买异议的不确定性为推销人员分析顾客异议，排除购买障碍增加了困难，也为询问法提供了理论依据。例如，"你们的东西价格是不贵，但是，我们现在还不想买。"推销人员无法确定产生顾客异议的真实原因，因而对顾客异议不能反驳和否定，也不能利用和转化，更不能肯定和补偿，应当争取获得更多信息以弄清顾客异议的性质和根源，以便采取有效的策略解决顾客异议。于是，推销员追问："您既然认为东西便宜，为什么现在不买呢?"

这种方法可以通过询问，使推销员掌握更多的顾客信息，为进一步推销创造条件。带有请教意见的询问还能让顾客感到受尊重，愿意配合推销员的工作，还可以使推销员从被动地听从顾客申诉异议变为主动地提出问题与顾客共同探讨。不过，这种方法如果运用不当，也可能引发顾客的反感，或在推销员的追问下产生新的异议，破坏推销气氛，阻碍成交，还可能延误时间，失去成交所需要的推销高潮。

推销人员在运用这种方法时，应注意：对顾客的询问应当及时，因为只有及时询问顾客，才能了解顾客的真实想法以把握出现购买障碍的真实根源；询问应紧紧围绕顾客的有关异议，避开次要的、无效的顾客异议，以提高推销效率；追问应适可而止，并注意尊重顾客，对于不形成购买障碍的，顾客不愿意讲的，或者根本说不清根源的异议就不要再追问。

6. 忽视法

忽视法又称不理睬法、装聋作哑法、沉默处理法、糊涂处理法，是推销员判明顾客所提出的异议与推销活动以及实现推销目的无关或无关紧要时避而不答的处理异议方法。例如，顾客说："你们厂可真不好找。"推销员随声附和一语带过，接着转入正题说："是的，我们厂的位置是有点偏。您看看我们的新产品在功能上又有一些改进。"在推销过程中，有些顾客异议是无效的、无关的，甚至是虚假的，推销人员完全可以不予理睬。忽视法常使用的方法有：微笑点头，表示"同意"或表示"听了您的话"，"您真幽默"，"嗯！真是高见"。

这种方法可以使推销人员避免在一些无关、无效的异议上浪费时间和精力，也避免发生节外生枝的争论，可以使推销员按照预定的推销计划、推销策略展开工作，把精力集中在推销的重点上，从而提高推销效率。但是，这样做可能会使顾客觉得自己的异议没有得到应有的重视而产生不满。

推销员运用这种方法时，要注意即使顾客表达的是无效或虚假的异议，也要耐心聆听，态度要温和谦恭，让顾客感到受到重视；在不理睬顾客的某一异议时，注意马上找到应该理睬的问题，避免顾客感到受冷落；有时为了沟通感情，也可以花费一点时间回答顾客一些无关紧要的问题。

处理顾客异议的方法还有很多种，如使用证据法、举证劝诱法、有效类比法等。推销人员应注意在实践中根据不同的具体情况灵活运用各种方法，并创造出行之有效的新方法，以争取创造良好的推销业绩。

**案例一　　洗耳恭听　对"症"下药**

东方厂的多功能搅拌机在某商场设有展销专柜。推销员刘明是厂方生产车间的工人，他的特点是细心、耐心。在展销会上，他不断地向顾客介绍产品的用途、使用方法和优点。一位中年男顾客看了一眼演示情况，就说这个搅拌机不容易洗干净，也不安全。刘明听了，二话没说，重新演示了一遍，并说明部件放置不到位，机器不会启动，有一定的安全保障。顾客又看了一下产品，犹豫不决地说，搅拌机功能多，是优点，但是零部件塑料制品多，容易坏。刘明拿出保修单，说明东方厂在商场所在城市设有多处特约维修点，对本产品实行"一年内不论任何原因损坏均可免费保修、包换；一年后，整机终身维修，修理费免收，零部件按成本价供应"的维修承诺。

**思考：**

1. 你认为刘明处理顾客异议时采用了哪种方法？
2. 你认为顾客异议是属于哪种类型？其根源会是什么？

**案例二　　LSCPA 异议处理技巧——一次关于电子商务培训的推销**

LSCPA 异议处理的步骤：

——Listen 细心聆听

——Share 分享感受

——Clarify 澄清异议

——Present 提出方案

——Ask for action 要求行动

LSCPA 异议处理的基本技巧：

| 客户异议：我很忙，没有时间去听课。 | |
|---|---|
| L | 不要插嘴，要等客户说完，并且不要反问客户。 |
| S | 当然了，以张总的位置，每天都要处理那么多事情，忙是很自然的！ |
| C | 除了时间外，还有没有其他原因使张总不能前来？ |
| P | 其实张总，以前我有很多客户都是因为太忙而未用点时间去了解电子商务；但当他们听了我们公司的电子商务培训后，都觉得很有兴趣，对他们了解市场发展有很大帮助，而且不会占用他们太多的时间。现在他们很多都经常打电话给我，要我早点通知他们最新的培训时间表。 |
| A | 这样吧，张总，我们下个月还有两期电子商务培训，时间分别是……您现在留下一些资料给我，等我先帮您预订位置，到时再打电话联系您，那么您的手机号是…… |

**思考：**

联系实际，应用 LSCPA 异议处理技巧处理各种不同的异议。

**阅读材料**

## 正视拒绝

被拒绝，是推销人员随时随地都会碰到的推销窘境。据统计，一次推销成功的可能性只有不到 8%。如果一个推销员一次访问了 100 位顾客，其中 8 位愿意购买他的产品就算不错了，其他 92 位会用各种各样的方式拒绝推销品。

被拒绝是一件令人沮丧的事情。尤其对于推销人员来说，它往往意味着为成交而进行的大量的前期准备工作和说服工作付诸东流，功亏一篑。一些人经不住屡遭拒绝的打击，最终放弃了这个职业。一些人虽然没有放弃这个职业，但由于对被拒绝缺乏正确的认识和科学的处理方法，在推销时畏首畏尾，生怕顾客说个“不”字；一旦顾客“不”字出口，情绪一落千丈，终日被遭受拒绝的沮丧心理所煎熬，甚至一些有丰富经验的推销员，在顾客的拒绝面前也深感不适，常常对自己的推销能力产生怀疑。

被拒绝其实并不可怕，关键是对它抱一个正确的态度，并掌握一些克服沮丧情绪的心理技巧。这里有四种行之有效的方法，在遭受拒绝时不妨一用，相信能够在较短的时间内使推销人员恢复自信和活力。

1. 吉姆斯公式

吉姆斯(GEMS)公式由英文中产品(goods)、企业(enterprise)、市场(market)和推销员(saleperson)四个单词的首字母组成。意思是说，影响推销成败的因素很多，其中产品、企业、市场和推销员最为重要。当顾客拒绝推销品时，并不一定意味着推销员做错了什么。顾客拒绝推销品，可能是因为产品本身质次价高或信誉不佳，也可能是因为推销人员所代表的公司名声不好，还有可能是因为顾客确实不需要推销品或对推销活动有成见。在这几种情况下，再优秀的推销员也难有作为。因此，推销员在遭到拒绝以后可以先从其他方面找找原因，如果问题确出在其他方面，就不要否定自己的推销才能。

了解吉姆斯公式有助于推销员树立健康的自我形象，培养正确的推销心态。

吉姆斯公式的关键是：不要否定自己。

2. 被拒绝平均所得法

被拒绝平均所得法，被许多经验丰富的推销员誉为克服被拒绝沮丧心理的妙方。这种方法实施起来很简单，只需做一些小小的计算。

有经验的推销员都知道，成功的交易是由失败堆积起来的。当然，不同的推销员由于能力高低有别，推销成功的概率是不一样的，有的成功率是10%，有的可达到20%～30%。不管成功率是多少，都可用下述三个步骤解除由于成交失败所带来的沮丧心理。

第一步，了解每一次交易大概能赚多少钱。假设每成交一笔，推销员能得300元的佣金。

第二步，估计一次推销成功的概率是多少。也就是说，估计达成一笔交易须拜访几位顾客。比如，推销成功的概率是1/10，即平均每访问10位顾客可达成一笔交易。

第三步，计算每次访问所得。如上例，每次成交得300元，每成交一笔须访问10次，则有：每次访问＝300÷10＝30(元)。

于是，我们得出结论：每次访问，尽管十有八九被拒绝，对方都说“不”，但这每一个“不”等于30元。经过这样的计算，相信每一个推销员都会明白：一个人之所以能赚300元，并非他拜访的那一位顾客带给他的，而是他拜访的十位顾客一块儿带给他的。明白了这个道理，推销员就能够坦然地去接受一个又一个的被拒绝，当然他也会因此得到一个又一个的“30”元。

3. 二见道夫的“客户拒绝分析表”

日本的推销学专家二见道夫经调查编制了下面这个“客户拒绝分析表”。

| 类　别 | 回　答 | 人　数 | 比　例(%) |
|---|---|---|---|
| A | 有很充分的理由拒绝 | 71 | 18.7 |
| B | 无正当理由但能随口编一理由拒绝 | 64 | 16.9 |
| C | 以忙为理由拒绝 | 26 | 6.8 |
| D | 无理由：条件反射式拒绝 | 178 | 47.2 |
| E | 其他 | 39 | 10.3 |

通过此表数据我们可以看出：实际上，有充分理由拒绝推销的只是很少的一部分顾客(18.7%)，大多数顾客(70.9%，即B、C、D三项之和)拒绝推销的理由并不充分或明确，他们拒绝推销往往比较随便，有时甚至只是条件反射的结果。为什么会出现这种情况呢？二见道夫应用弗洛伊德的有关理论加以解释。弗洛伊德的理论认为，人类心灵的最外层由“追求快乐的心理”所包围，“追求快乐的心理”贯穿于人的一生。但经过接受教育和人生经验的积累，人最终形成了控制自己心理的能力，使欲望受到限制，平衡的精神活动便延续一生。也就是说，在没有充分的“说服、劝导”或没有积累起足够的处世经验的情况下，人类的“本能的”行为反应是情绪化的、非理智的。它看似“毅然决然”，似乎要拒人于千里之外，实则十分任性和脆弱，是一种下意识的“心理防范”和自我保护措施。明确了这一点，也就找到了击穿顾客“心理防范”硬壳的有效武器：不因为顾客拒绝而退缩，把顾客的否定性回答视为一种异议，寻找顾客异议产生的根源，采用适当的技巧妥善地加以处理。

## 复习思考题

1. 简述顾客异议的内涵。如何理解“顾客异议既是成交的障碍，更是成交的信号”？

2. 简述顾客异议处理的原则?

3. 简述顾客异议的产生根源和类型。

4. 简述处理顾客时间、价格和货源异议的策略。

5. 联系实际谈谈处理顾客异议的六大具体方法在现实推销实践中的应用。

# 第十二章

# 成交与售后服务策略

**学习目的和要求**

1. 理解现代成交观
2. 掌握成交的基本策略
3. 掌握售后服务策略

## 第一节　现代成交观

### 一、成交的含义

在很多的实例中，我们发现一个有趣的现象。当我们询问那些没有被打动的客户，他们为什么没有进一步产生购买行为，让我们吃惊的是：他们回答说“销售人员没有请求我们这样做”。可见，在我们的销售过程中，推销人员的产品说明、展示及解决异议等只是辅助工具，目的是用来与客户达成协议，成交技巧和能力是每一个推销人员必须具备和掌握的。

成交就是推销员帮助购买者做出使双方都受益的购买决策活动的过程。成交包含两层含义：一是表示一种状态，即顾客接受推销员的劝说，接受交易条件；二是推销员在做了一系列推销工作以后，在条件成熟的前提下，建议和引导顾客立即采取成交行动的过程。一般而言，推销人员可以直接请求购买来推动和帮助购买者做出购买决定。因为在推销活动中，有些顾客即使心理很想成交，但往往不首先提出成交，更不愿主动明确地提出成交，或虽然有强烈的成交欲望，可一旦真的采取行动仍不免犹豫不决。此时，推销员应该及时判断成交信号，争取成交行动。

美国施乐公司前董事长波德·麦克考芬说，销售人员失败的主要原因是不要订单。不提出成交要求，就像您瞄准了目标却没有扣动扳机一样。这是错误的。没有要求就没有成交。

成交是洽谈所取得的最终成果，是洽谈的延续。如果在洽谈中就解决了所有的问题，则达成交易是顺其自然的事，它只不过是整个推销过程中的一个步骤而已。

成交过程可以从以下几方面来把握其内涵：

1. 成交是良好推销洽谈的积极响应

在推销过程中，一旦推销人员给顾客进行介绍说明和示范操作之后，顾客必然有所反应。如果这种反应是积极的(即有利于成交的)，则必将向最终达成交易迈进，拿到订单只是履行例行手续而已；如果顾客的反应是消极的，则可能远离订单，需要推销人员消除顾客对推销品及推销建议的疑虑，并审视自身的推销洽谈设计是否合理，在此基础上重新对推销品进行说明介绍或展示。因此，成交是对良好洽谈的积极反应和回报，是推销人员对顾客的购买建议，是顾客对推销品的认同与肯定。

2. 成交是准顾客接受推销员建议的渐进过程

成交是一个双向活动过程，除推销员向顾客做需求分析、受益说明，帮助顾客做出购买决策之外，同时也是顾客进行心理斗争，由排斥推销员及推销品到信服并最终做出购买决策，接受推销品的活动过程。这就要求推销员在洽谈中善于洞察准顾客的心理，抓住时机及时促成交易。没有较长时间的接近准备和艰苦的洽谈“斗争”，也就不会有推销努力的战果——成交。

3. 成交是顾客接受推销建议并立即购买推销品的行为

尽管成交是洽谈的后续工作，也是洽谈的努力成果，但洽谈毕竟不是成交，也不一定必然导致成交。如果推销员不善于抓住成交的良机，可能会使已经谈好的最终交易条件发生变故，进而导致顾客怀疑，改变主意，甚至最终使成交破裂。一位销售人员多次前往一家公司销售。一天该公司采购部经理拿出一份早已签好字的合同，销售人员愣住了，问客户为何在过了这么长时间才决定购买，客户的回答竟是：“今天是您第一次要求我们订货。”这个故事说明，绝大多数客户都在等待销售人员首先提出成交要求。即使客户主动购买，如果销售人员不主动提出成交要求，买卖也难以成交。

因此，推销员对准顾客的反应不应该熟视无睹，不能等待顾客向推销员“示爱”，推销员应积极地发挥主导作用，主动请求签订买卖合同，一举促成交易的达成，避免不必要的争议。

4. 成交不是推销的结束，而是下一次推销的开始

关系营销理念认为，成交不是推销或者营销的终极目的，与顾客建立良好的关系，让顾客成为企业的忠诚顾客才是真正的目的。所以，出色的推销人员总是善于把握这一现代成交观，做到“不管顾客是否购买所推销的产品，总能笑脸相迎，友善相待”。反观很多现实中的推销员，一旦发现顾客不会购买本公司的产品，便态度来个 360°的大转弯，言行无礼。事实上，没谈成生意，不等于今后不会再谈成生意。古人讲“买卖不成仁义在”，虽然没谈成生意，但沟通了与顾客的感情，留给顾客一个良好的印象，那也是一种成功——为赢得下次生意成功播下了种子。因此，销售人员要注意自己辞别顾客时的言行。在顾客没有购买商品时也应继续保持和蔼的表情，真诚地道歉，如“百忙中打扰您，谢谢”，“真不好意思，我们没能满足您的需要”，“但愿我们有下一次为您服务的机会”。

## 二、抓住顾客表现出来的成交信号

通常情况下，顾客不会主动请求购买，特别是在当前买方市场的情况下，但他们往往会有意无意地流露出某种成交信号，推销员要能正确识别这些信号，当场促成交易。

成交信号是指顾客通过表情、言语、行动等显示出来的，表明其可能采取购买行为的暗示信号。顾客的成交信号因人而异，多种多样，且受一定的推销环境和推销对象的影响。因而，推销人员应密切注意并善于捕捉顾客的成交信号。有以下四种典型的成交信号：

1. 表情信号

表情信号是顾客在洽谈过程中通过面部表情表现出来的成交信号。这是一种无声的言语，它能够表现顾客的心情与感受，其表现形式更微妙，更具迷惑性。例如，顾客在听取推销员介绍商品时，紧锁的双眉分开、上扬，表现出深思的样子，神色活跃，态度更加友好，表情变得开朗，自然微笑，客户的眼神、脸部表情变得很认真等，或者不断点头。这就说明顾客正在准备接受推销建议，推销员应抓住时机，及时提出成交。

2. 语言信号

当顾客有采购意向时，会从语言中流露出某种信号。这是成交信号中最直接、最明显的表现形式，推销员最易觉察到。如顾客对你推销的产品发生兴趣时，会对产品的一些具体问题(包装、颜色、规格)提出具体要求和意见，或用假定的口吻谈及购买、关于产品的使用与保养事项等。如："我可以再试一试你的产品吗？""你们公司的产品售后服务有保障吗？""您的产品真是太漂亮了！""我的朋友也建议我购买这种产品，说它性能非常可靠，真是这样吗？"

3. 行为信号

推销人员还可以从观察顾客的动作来识别顾客的成交意向。从心理学上讲，顾客表现出来的某些行为是受其思想支配的，是其心理活动的一种外在反应。顾客一旦完成了认识与情感过程，拿定主意成交时，他将表现出与推销人员在介绍产品时完全不同的行为。

(1)由静变动。顾客由原先不动声色地听推销员介绍，转为动手操作产品、翻动产品、频频点头、细看产品说明书与合同书等。

(2)由紧张变轻松。顾客由原来细心听推销员的介绍，身体前倾并靠近推销人员和产品，变为放松姿态，或者身体向后仰，或擦脸弄发，或做其他舒展动作，这些情绪化的动作变化表明了顾客的内心成交意愿。

(3)由单方面动作变为多方面动作。表现为：顾客由远到近，由一个角度到多个角度观察产品，仔细触摸产品，再次翻看说明书、合同书。

(4)有签字倾向的动作。如顾客开始找笔、摸口袋，甚至是靠近订货单、拿订货单看。

4. 事态信号

即与推销活动有关的事态发展所表示的购买信号。如向推销人员介绍有关购买的其他人员；提出变更推销程序；改变洽谈地点与环境，由会议室、大办公室转移到小房间或私人房间；对推销人员的态度更友好并安排食宿；乐意接受推销人员的约见等。

有时，虽然顾客有购买意向，但他仍会提出一些反对意见。这些反对意见也是一种信号，说明双方很快就有可能达成协议。例如，顾客可能会向你提出："这种产品在社会上真的很流行吗？""这种材料是否经久耐用？""如果你是我的话，你是怎样看待……"以及"你能保证产品的质量吗？""如果有事情的话，我怎样跟你联系？"这些反对意见一般来说不是根本的反对意见,顾客一般也不会把这些意见放在心上。如同做出其他任何一种决定一样,在决定拍板时,心里总是犯嘀咕,认为这是决定性的时刻,成败都在此一举。因为顾客有各种各样的顾忌,如性价比、费用、购买后出现的困难、产品使用方面的困难,有时甚至担心感情冲动而导致做蚀本生意。

有经验的推销人员会捕捉顾客透露出来的有关信息,并把它们作为促成交易的线索,勇敢地向顾客提出销售建议,积极诱导顾客,增强顾客的购买信心,从而把成交信号变为购买行为。而迟钝的或缺乏经验的推销员发现不了,理解不了顾客的外在表现,就常失去交易机会。比如,当一位顾客在商场的化妆品柜组前仔细查看了某种护肤品,并要求再看几种其他品牌,营业员却无动于衷,顾客犹豫一下就走开了。在这里,顾客仔细观察商品已发出了信号——想买护肤品,但拿不定主意,需要营业员的参考意见,而营业员不主动参与顾客购买,错过了成交的机会。

## 第二节 成交策略

推销人员与顾客打交道时,不仅要懂得引起顾客注意、接近顾客、洽谈异议的处理策略,而且要掌握一定的成交策略,针对不同的情况,适时采用不同的成交方法,从而完成推销任务。常用的成交方法主要有:

### 一、本杰明·富兰克林法

本杰明·富兰克林法由本杰明·富兰克林发明,是指用书面方式将所推销产品的优缺点展现给所推销的顾客,让顾客看后一目了然,便于做出购买决定的一种推销技巧。这种推销方法弥补了口头推销的不足,口头推销往往缺乏条理,顾客不容易记住,消耗的时间也比较多。本杰明·富兰克林法多年来已经有无数的销售人员成功地运用过。这项技巧简单、清晰、易于理解、效果明显。以下是一则关于本杰明·富兰克林法应用的案例。

地点:总经理办公室

销售人员:王总,谢谢您给出这么长一段时间,听了我们推荐的普通纸传真机的产品说明,刚才我们也看了实际的操作演示,我们可以以贵企业目前实际使用的需求状况,以贵企业的立场来评估这台传真机的优点与缺点,如果您不介意的话我们在纸上描述出来。

(取出一张纸,在中间画一条线,左边写上有利点,右边写上不利点,等待王总的许可。)

您提到过普通纸接收的传真能让您很容易地在收到的资料上进行批示;您也希望一定规格的输出纸张,便于归档,又不易遗失;30 张 A4 的记忆装置,让您不用担心缺纸而遗漏讯息;它的速度比您目前的传真机速度要快,能节省许多的长途电话费;纸张容量是 200 张,不需要经常换纸;况且纸张是放在外盒,一眼就能发现是否缺纸;普通纸的成本还不到热敏纸的 1/4,纸张成本也大大节省了。这些都是您使用后立刻能获得的好处。当然,这台机器还有一些功能,目前贵企业使用的可能较少,但相信随着贵企业业务的发展,这种需求一定日渐增加。

此外,您也提到体积较大、价格较高两个缺点。是的,这台传真机的确比您目前的那台要大一些,如果我们把它同一般的台式电脑比较起来,它还是要小很多,个人电脑在贵企业几乎人手一台，您就把它当成是多装了一台电脑。该机的价格是比一般的热敏纸机器要高，但如果我们以使用5年来看，相信王总您立刻可以发觉您在每月的国际电话费、传真纸上所节省的费用，早就可以再买一台机器了。

王总，您看(将有利点、不利点分析表再次递给王总看)。

| 有利点 | 不利点 |
|---|---|
| · 普通纸接收的传真，容易在上面书写<br>· 一定规格的输出纸张，易于存档<br>· 30张A4的记忆装置，不会遗漏商机<br>· 速度快，有利于节约电话费<br>· 不需要经常换纸，且缺纸时一眼就可以发现<br>· 节省纸张成本 | · 体积稍大<br>· 价格较高 |

您选择的这台普通纸传真机，不但能提升工作效率，费用方面还能节省，越早换机越有利。王总，是不是明天就把机器送来。

本杰明·富兰克林法是一个非常有效的方式，特别是您与关键人士之间有多次接触，彼此间建立了一些人际关系，采用此法能让客户更容易坚定地下决心，特别是您在书面写下这些信息时，能让客户感觉到您只是代表他把他的评估写在上面。

## 二、优惠成交法

优惠成交法是推销人员向顾客提供各种优惠条件来促成交易的一种成交方法。这种方法主要是利用顾客购买商品的求利心里动机，通过销售让利，促使顾客购买。例如，“这种图书如果您订购超过20本，我可以给您按七折结账。”“如果您购买我公司的羊毛衫，每买一件就送羊毛专用洗涤剂一瓶，并且免费熨一次。”

采用优惠成交法，顾客感觉到了实惠，增强了顾客的购买欲望，同时融洽了买卖双方的人际关系，有利于双方的长期合作，但是采用此法无疑会增加推销费用，降低企业的收益，运用不当还会使顾客怀疑推销产品的质量和定价。因此，推销人员应合理运用优惠条件，注意进行损益对比分析及销售预测。

## 三、保证成交法

保证成交法是推销人员通过向顾客提供售后保证促成交易的一种方法。顾客成交有多种不同的心理障碍，有的担心购买后商品质量有问题，有的担心送货不及时，无人上门安装修理等。如果不消除顾客的这些顾虑，顾客往往会拖延购买或以借口拒绝购买。推销人员针对顾客的心理，可积极采用保证成交法达成交易。例如，“张经理，这种影碟机的质量您尽管放心，开箱后一旦发现任何问题，我公司保证无条件退换。”

保证成交法是针对顾客的忧虑，通过提供各种保证以增强顾客购买的决心，利于顾客迅速做出购买决定，有利于有针对性地化解顾客异议，但这要求推销人员必须做到“言必行，行必果”，否则势必失去顾客的信任。

## 四、选择成交法

选择成交法是推销人员引导顾客在一个有效的范围内进行购买决策的方法。它的一个前提是假定顾客购买，然后提供限制一定范围的选择方案，使顾客无论选择何种答案，结果都是成交。比如，“这种款式有两种颜色，您喜欢红色还是绿色？”“您喜欢哪种环境，是面对大海，还是能远眺高尔夫球场？”

选择成交法似乎是由顾客自己做出决定，实际是推销人员运用假定的方式帮助顾客做出决定，仅把购买的选择权交给顾客，没有强加给人的感觉，因而可以减轻顾客的心理负担。同时，采用这种方法也便于推销人员真心为顾客当好参谋，利于交易的尽快完成。但是，推销人员向顾客提供的选择不能太多，否则会分散顾客的精力，使顾客举棋不定或更糊涂。推销人员应能正确分析和确定顾客的需要，提供适当的选择方案，不要给顾客拒绝的机会。同时要注意语言自然得体，态度热情诚恳，不让顾客有受人支配的感觉。

## 五、假定成交法

假定成交法是推销员假定顾客已经做出购买决策，只需对某一具体问题做出答复，从而促使顾客成交的方法。假定成交法不谈及双方敏感的话题（如是否购买），减轻顾客购买决策的心理压力。例如，一位男性顾客在柜台前挑选皮带时，营业员可以这样说：“您手中的这条皮带是名牌，非常适合您的身份，是否让我替您包装起来。”

推销人员运用此法时，应尽量创造和谐融洽的谈话气氛，注意观察顾客的成交信号。如果顾客对推销产品不感兴趣或存有疑虑时，就不能够盲目使用，以免失去顾客。而对于较为熟悉的老顾客或个性随和、依赖性强的顾客，可以采用假定成交法。对于自我意识强，过于自信或自以为是的顾客，也不适宜。

假定成交法是一种积极的、行之有效的方法，它自然跨越了敏感的成交决定环节，便于有效地促使顾客做出决策，能适当地减轻顾客的压力，节省推销时间，提高推销效率。但如果使用时机不当，就会有碍顾客的自由选择，产生强加于人、自以为是的负效应，引起顾客反感。

## 六、请求成交法

请求成交法是推销人员用简单明确的语言，直接要求顾客购买推销品的方法。一般来说，经过双方洽谈磋商后，意见已经趋于一致，成交时机已经成熟，推销人员自然就应说：“请您看看订单，我马上要把数字填到合同里去。”或者说：“既然一切谈妥了，那就请在合同上签字吧。”

很多推销人员在进行了成功的推销洽谈、商品展示后，一直等着顾客提出成交的建议，或者根本不考虑应该主动提出成交的问题，丧失了一次次良机。因而，要求推销人员应勇敢地向准顾客去追求自己的订单。但是，这种方法容易给顾客造成一种心理压力，引起顾客的抵触情绪，引发顾客的异议。因此，推销人员应注意时机和区分对象。当顾客已表现出明确的购买意向，已不再提出任何异议，但又不好意思提出购买或犹豫不决时，以及面对比较熟悉的顾客可运用此法。针对理智型顾客，请求成交法也是最有效的方法。

## 七、从众成交法

从众成交法是推销人员利用顾客的从众心理，促使其做出购买决策的成交方法。人的行为不仅受个人观念的影响，而且更受到家庭、参考群体、社会环境等的影响。因而，顾客在购买商品时，不仅会根据自己的需求、爱好、价值观来选购，而且会考虑全社会的审美观念，甚至在某些时候不得不屈从群体的压力而放弃自身的爱好，以符合大多数人的消费行为。推销人员应充分利用这种心理，促使顾客购买。譬如，计算机的推销人员说："这是今年最流行的机型，销售特别好，您是否也考虑买这款？"

从众成交法正是抓住了人们的这一心理特点，力争创造一种时尚或流行来鼓动人们随大流，促成交易的成功。主要适合于推销具有一定时尚感的商品，且要求推销对象具有从众的心理。如果商品流行性差，号召力不强，又遇到自我意识强的顾客，采用此法就不合适了。具体运用时，应注意把握：在推销商品前，先发动广告攻势，利用名人，宣传名牌，造成从众的声势；寻找具有影响力的核心顾客，把推销重点放在说服核心顾客上，利用他们的影响和声望带动和号召其他顾客。

## 八、小点成交法

小点成交法是指推销人员通过解决次要的问题，从而促成整体交易实现的一种成交方法。推销人员运用小点成交法时，要注意顾客的购买意向，慎重选择小点，以利于创造和谐的气氛，保证以小点的成交促进整个交易的实现。从顾客的购买心理来说，重大问题往往会产生较强的心理压力，顾客往往比较慎重，不轻易做出购买决策，如在购房、汽车、高档家电等方面尤为突出。而在比较小的问题上，如购买日用品，顾客往往信心十足，比较果断，容易做出成交的决定。小点成交法就是利用顾客的这种心理规律，对大型的交易，先就局部或次要问题与顾客达成交易，然后在此基础上，再就整体交易与顾客取得一致意见，最后成交。

例如，房屋推销人员向顾客推销乡村别墅，顾客以一时无法筹措全部资金为理由欲拒绝购买时，推销人员可以说："付款不是大问题，我们可以帮助您办理个人购房抵押贷款，当然你也可以采用分期付款方式，这是两种办法的具体内容，请您看一下。"待顾客阅读有关内容后，推销人员继续说："怎么样？付款不是问题了吧？我们是否可以签合同了？"这样通过与顾客在付款问题这一局部问题上先行达成一致，最后实现房屋的整体交易。

小点成交法采取先易后难的逐渐推进、步步为营的方法，避免大笔交易给顾客带来的心理压力，运用较为灵活。但运用不当，容易分散顾客的注意力，不利于突出推销品的主要优点，顾客会因此对问题纠缠不清，导致交易失败。

## 九、最后机会法

最后机会法也称最后通牒法，是推销人员向顾客提示最后成交机会，促使顾客立即购买的一种成交方法。一般人都有"机不可失，时不再来"的心理，遇到有利机会一旦错过，将会后悔莫及。最后机会法正是抓住顾客在最后机会面前的犹豫将其变为果断购买。如我们常见到："本店拆迁大甩卖，全部商品一律五折！""这种商品今天搞促销，后天开始恢复原价，今天只剩这么多了。"

最后机会法利用人们怕失去能够得到某种利益的心理，极大地刺激了顾客的购买欲望，减少了推销劝说的难度，增强了顾客主动成交的动力。但是运用时，要求推销人员必须实事求是，不能欺骗和愚弄顾客，否则会影响企业的信誉和顾客对推销人员的信任。

## 十、利益汇总成交法

利益汇总成交法是推销人员在成交阶段对顾客汇总阐述其推销品的优点，激发顾客的购买兴趣，最大限度地吸引顾客的注意力，促使交易实现的一种方法。它是在推销劝说的基础上，进一步强调推销品的良好性能和特点，把先前向客户介绍的各项产品利益，将特别获得客户认同的地方，一起汇总，扼要地再提醒客户，加重客户对利益的感受，同时要求达成协议。例如："我厂的这套不锈钢厨具不仅美观实用，价格低廉，而且送货上门，代为安装，同时3个月内若出现质量问题保证无条件退换。您看什么时候给您送货？"

还如关于推销普通纸传真机的案例。

地点：总经理办公室

销售人员："王总，这台普通纸传真机，能让您在收到的传真文件上轻松地批下各种意见，交由相关人员处理，解决以往在热敏纸上书写的困扰；输出的纸张是固定的A4或B4规格，能改善目前规格不一的裁剪纸所造成的存档和遗失的困扰；30页A4的记忆存档装置，使您不用担心纸张用完而收不到重要的信息，延误企业的商机。上面这几点，都是您感到困扰的事情，我们这台普通纸传真机能立刻解决企业的问题。同时，价格方面您也是非常清楚的，知道我们给您的价格是最优惠的价格，是否请王总在这份装机确认书上签下您的大名，好让我们安排装机的工作。"

利益汇总成交法是销售人员经常用到的技巧，特别是在做完产品介绍时，可运用利益汇总法向关键人士提出订单的要求，另外写建议书做结论时，也可以运用这项技巧。但是使用利益汇总成交法，推销人员必须把握住顾客确实的内在需求，有针对性地汇总产品的优点，不要将顾客提出异议的方面作为优点予以阐述，以免遭到顾客的再次反对，使汇总利益的劝说达不到效果。

## 十一、肯定成交法

肯定成交法是推销人员以肯定的赞语坚定顾客的购买信心，促成购买的方法。肯定的赞语对顾客而言是一种积极的动力，可以使犹豫者变得果断，拒绝者无法拒绝，从而使顾客别无选择地成交。比如说，当一位女顾客为挑选上衣的颜色而犹豫不决时，营业员肯定地说："您还是选那件黑色的上衣吧！黑色上衣配上您那白皙的皮肤更显出与众不同。""您真有眼光，这是今年最流行的式样。"

推销人员采用肯定成交法，必须确认顾客对推销品已产生浓厚的兴趣。赞扬顾客时一定要发自内心，态度诚恳，语言要实在，不要夸张，更不能说些违心的话。

肯定成交法关键是先声夺人，推销人员的由衷赞语是对顾客的最大鼓励，促进顾客购买决定的做出。但这种方法有强加于人的感觉，可能会招致顾客的拒绝，难以再进行深入的洽谈。

## 十二、哀兵策略法

俗话说，"哀兵必胜"。哀兵策略法是指推销人员降低自己的姿态，视顾客为自己的老师，十分坦诚地向顾客请教自己销售时存在哪些不足，并让顾客说出不购买的真正原因，在时机成熟时再行销售自己的产品，有时可以得到意想不到的成功。以下是一个推销汽车的案例。

业务员：白总经理，我已经拜访您好多次了，总经理对本公司的汽车性能也相当认同，汽车的价格也相当合理，您也听朋友夸赞过本公司的售后服务，今天我再次拜访您，不是向您销售汽车，我知道总经理是销售界的前辈，我在您面前销售东西实在压力很大，大概表现得很差，请总经理本着爱护晚辈的心怀希望总经理一定要指点一下，我哪些地方做得不好，让我能在日后改善。

白总经理：您不错嘛，又很勤快，对汽车的性能了解得非常清楚，看您这么诚恳，我就坦白告诉您，这一次我们要替企业的10位经理换车，当然换车一定要比他们现在的车子要更高级一些，以激励士气，但价钱不能比现在贵，否则我短期内宁可不换。

业务员：报告总经理，您实在是位好的经营者，购车也以激励士气为出发点，今天真是又学到了新的东西，总经理我给您推荐的车是由美国装配直接进口的，成本偏高，因此价格不得不反映成本，但是我们公司月底将从墨西哥OEM进来同级车，成本较低，并且总经理一次购买10部，我一定说服公司尽可能地达到您的预算目标。

白总经理：喔！的确很多美国车都在墨西哥OEM生产，贵公司如果有这种车，倒替我解决了换车的难题了！

的确，当销售人员山穷水尽，无法成交时，由于多次的拜访和客户多少建立了一些交情，此时，如果面对的客户不仅在年龄上或头衔上都比自己大时，可采用这种哀兵策略，以让客户说出真正的异议。当推销人员知道了真正的异议，有如“柳暗花明又一村”，便可确确实实地掌握住客户真正的想法，只要能化解这个真正的异议，推销人员的处境将有180°的大转变，订单将唾手可得。

实际中还存在很多行之有效的方法，如激将法、欲擒故纵法、配角赞同法、退让法等。推销人员应善于根据不同的情况灵活机智地采用合适的方法，实现交易的目的。

## 第三节　售后服务策略

现代市场已成为客户导向的市场。客户服务水平和能力决定着企业在激烈的买方市场竞争中持续发展的能力。著名的营销专家乔·吉拉德(Joe Girard)曾写过一本书：《如何向任何人销售任何东西》，他说：您所遇到的每一个人都有可能为您带来至少250个潜在的顾客。这对想开展自己事业的人们可是个再好不过的消息了。不过，根据乔·吉拉德的理论，从反面来看，当一个顾客由于不满意而离您而去时，您失去的就不仅仅是一个顾客——您将切断与至少250个潜在顾客和客户的联系，并有可能导致一个重大的损失以至于您的事业在刚刚走上轨道的时候就跌上一大跤。

售后服务是商品售出后为顾客所提供的各种服务，主要包括：送货上门、安装、调试、技术指导、提供零配件、保修期内的保修服务、保修期外的维修服务、定期拜访顾客等。在追踪跟进阶段，向顾客提供优质的售后服务，使顾客买得放心，用得安心，从而增强对企业和商品的满意感和信任感，有利于扩大企业和商品的声誉，建立良好的企业形象和商品形象，增加销售，提高推销效益。

### 一、售后服务的5S原则

所谓售后服务5S原则，就是指在售后服务过程中应该做到的几点基本要求。

(1)速度(speed)。这主要是指在对客户服务行动上的速度。快速反应与导向能力是售后服务所要求的，一旦顾客获得了快速的服务并解决了存在的问题，顾客满意度会大大增加。

(2)微笑(smile)。包括健康、体贴、心灵上的宽容。面对顾客,不管是购买还是不购买,是投诉还是赞扬,微笑面对顾客的收效都将是巨大的。

(3)诚意(sincerity)。这是人与人之间不可缺少的润滑剂,是一切事物的基本。坦诚面对顾客,会减少很多不必要的不愉快。

(4)机敏(smart)。要有敏捷、漂亮的接待方式和充分的准备及认识。机敏的行动给人以训练有素、专业敬业之感,无形中提升了顾客对推销人员的好感。

(5)研究(study)。要经常研究客户的心理和接待艺术,更要研究商品知识和未来创新的趋势,以便更好地服务顾客。

## 二、售后服务——良好客户关系的润滑剂

乔·吉拉德,号称"世界最伟大的销售人员",年均销售汽车达 1 000 辆之多。他总是坚持,"卖给我的客户一辆能用一生的汽车",他就是用这种随叫随到、保证满意的销售方式使客户每当想起买新车时总想到他。这就是他的诀窍。在他写的一本畅销书《如何向任何人销售任何东西》中,他讲到有些客户宁可等一两个小时也要向他咨询买车,而不愿意与其他销售人员接触。

每次客户完成购买时,他们的满意和不满意程度会各不相同。如果满意,那么可想而知,在将来有新的需求的时候,他们会回来找您的。但如果不满意,那么下次的购买将另找他人。

如何知道客户满意呢?方法之一就是在交易完成之后立即提供相应的售后服务。因为即使已经结束购买,客户仍在考虑自己的决策是否正确。所以,销售人员应该这样说:"这件衣服穿在您的身上真是非常美"或者"购买我们的保险,您作了非常明智的决定。无论发生什么事情,您的全家都会有妥善的安排。"这样就加强了所提供的服务。

对于使用过产品和服务的客户,及时收集反馈信息非常重要。客户对其购买是否满意呢?如果答案是肯定的,那么将来有机会再次与客户做成交易;但如果答案是否定的呢?那么应该做些什么才能让客户从不满意转为满意呢?如果能竭尽全力解决问题并让客户满意,那您就保住了客户和未来的生意机会。

事实上,如果您和客户的联系能够持续下去,最终一定会建立一种相互受益的伙伴关系。伙伴关系是基于相互信赖和相互满意的基础上,双方从中都可受益,一方取得了满意的服务,一方得到了利润。客户因为能得到高水平的服务而从中受益,缩短了决策时间,减少了冲突,节省了费用;卖者得到的好处在于销售额增加,费用降低。相互伙伴关系有一个额外的好处,它给销售人员带来了新的交易机会。通过口耳相传,您的名字会有广告效应,从而吸引更多的客户找上门来,成为一种更省钱的广告。

最好的潜在客户就是目前的客户,如果您一直坚持这一想法,那么一定会与客户建立起长期关系。虽然所有的销售人员最感兴趣的都是发展新客户,但您绝不能忽视现有的客户。与开发新客户相比,维持老客户付出的时间和精力更少、更合算。

有经验的专业人员在稳定的老客户身上能实现大部分的销售额。因此每个销售人员都需要老客户,但许多人想当然地认为老客户就是自己的客户,这不对,因为您在寻找新客户时,竞争者也同样在这样做。而且作为竞争者,您同样会想尽办法挖走对方的客户。所以,您要提供比竞争对手更好的服务留住老客户。

## 三、售后服务的具体表现

在现代推销中，售后服务是无声的推销员，是企业开拓市场，提高竞争能力的有力武器，是扩大产品销路，实现企业销售目标的重要手段，是实现企业经济效益的保证。售后服务要以多种服务形式，最大限度地方便顾客，推销人员要以良好的态度，礼貌、主动、热情、耐心、友好、和善地对待顾客，提供快捷、有效的服务，赢得更多、稳定的顾客。

1. 严格执行合同，按时交货、发货

推销人员与顾客一旦达成交易，就应严格按照合同要求，保证商品按时、按质、按量交货和发货。

2. 送货上门

对购买了较为笨重、体积庞大商品的顾客，或一次购买量比较多、自行携带不方便、有特殊困难的顾客，推销人员都有必要提供这项服务。否则，会令顾客因此打消购买念头，影响到推销工作的绩效以及企业或推销人员的形象。

3. 安装调试服务

对大型、结构复杂的工业品及技术复杂的高档消费品，推销人员要保证顾客能够及时投入正常使用，满足顾客的需求。安装调试服务可以消除顾客疑虑，增强顾客在购买时的安全感和信任感，避免顾客由于安装不当造成损失。同时，通过安装调试服务可以增进推销人员与顾客的感情，提高推销人员和企业的知名度。

4. 质量保证服务

这主要是指顾客购买后，若出现质量问题，能够及时得到检修或予以退换的服务。质量保证服务体现了对顾客的负责，能减少顾客不安的心理，坚定购买决心，这种作用在某些大型高价商品上较为明显。

5. 技术服务

包括技术咨询服务和技术培训服务，主要目的是帮助顾客解决使用产品时所遇到的种种技术问题。技术咨询服务是推销人员主动向顾客提供必要的技术数据、产品的性能特点、检测标准以及使用说明；技术培训服务是为用户培训合格的操作使用人员和维修管理人员，以帮助顾客提高使用推销品的技术力量。

6. 跟踪服务

推销人员应定期或不定期地访问顾客，了解或检查售出产品的使用情况及顾客对产品的反映等。在采访的同时，还应注意宣传企业的新产品，以激发顾客更新产品的欲望。

7. 维修服务

通过设立维修网点或采取随叫随到的上门维修方式向顾客提供维修服务。良好的维修服务可使顾客放心地购买、使用产品，推动产品的销售。通常情况下，维修服务大多由专业技术人员进行，但由于客观上推销人员和顾客的关系最为直接、密切，所以当顾客提出维修要求时，会首先联系推销人员，推销人员就不能够推给技术维修人员，而应该主动做出维修服务安排，使顾客尽快得到满意的维修结果。

8. 进行消费教育和引导

顾客大多对产品缺乏认识，因此对推销人员产生很大的依赖性，这就要求推销人员在产品出售后，提供消费教育服务。如传授一些商品日常的维修、保养和修理的简单知识，以避免使用不当所带来的产品故障或造成的人员伤害；宣传推广新观念、新习惯，以改变一些旧观念、旧习惯和旧的生活方式等。

9. 妥善处理顾客的投诉

在售出产品后，由于某种原因，难免会招致一些投诉。推销员要尽量减少顾客的投诉，在遇到投诉时，要运用一定的技巧来使顾客从不满意到满意，从而提高推销员的美誉度和知名度，不断巩固老顾客和开发新顾客。

一般来讲，处理投诉时，首先应当采取措施控制顾客的不满情绪和愤怒，如采用认真倾听、向顾客表示同情和关心、询问有关事件的经过、对投诉事件做出有效的反应、归纳和总结投诉事件并得到顾客的确认等措施，然后迅速、准确、诚恳、妥当地处理投诉，使顾客得到一个满意的解决办法。

10. 建立顾客档案

推销人员在售出产品后，应建立顾客档案，以作为对顾客进行跟踪服务、掌握顾客的使用情况、与顾客保持沟通的依据。这是提高顾客满意度、掌握顾客需求状况、争取顾客重复购买的有效手段。

## 四、增进客户的感情是一件永远增值的事情

随着消费者购买选择余地的扩大，感情消费、感性消费在所有消费中占据了很大的比例。有经验的推销人员善于对顾客进行感情投资和交流，与顾客建立良好的关系，让客户的购买变成感情投资的副产品。一般而言，以下方法可以增进顾客的感情。

1. 登门拜访

经常去拜访客户非常重要，拜访并不一定是为了销售，主要目的是让客户感觉到销售人员和企业对他的关心，同时也是向客户表明企业对销售的商品负责。销售人员拜访客户时不一定有明确的目的，也许只是为了问好，也许是顺道拜访。主要把握一个原则，即尽可能使拜访行为更自然一些，不要使客户觉得销售人员的出现只是有意讨好，更不要因拜访而干扰客户的正常生活。

2. 书信电话联络

书信、电话都是联络感情的工具，在日常生活工作中被广泛使用。当有些新资料需要送给客户时，可以附上便笺，用邮寄的方式寄给客户；当客户个人、家庭或工作上有喜忧婚丧等变故时，可以致函示意，如邮寄各种贺卡，通常，客户对收到的函件会感到意外和喜悦。用打电话的方式与客户联络也是一种很好的方式，偶尔几句简短的问候会使客户感到高兴，但对于这些友谊性的电话，要注意语言得体、适当，不能显得太陌生，也不能表现得太肉麻、离谱。

3. 赠送纪念品

这是一种常见的方法。成功的销售机构和销售人员会为其客户提供包括赠送纪念品在内的各种服务。这种方式至少可以起到两种作用：一是满足人们贪小便宜的心理；二是可以借此作为再次访问及探知情报的手段，这是成功销售的一种技巧。

4. 了解客户背景

与客户联络感情时，不管是在电话里、在办公室或在其他场所，销售人员都应该有意识地、有技巧地询问或测知客户的背景，包括其家庭背景、职业背景及社会关系。对于这些客户背景资料，销售人员应及时地加以记录、整理。通过接触许多对象，有可能会找到有益于销售的线索，因此，对客户的背景了解越多，就越能把握客户，从而增加销售机会和

成功的概率。

5. 连锁销售

老客户可以成为企业和销售人员的义务“传播者”。销售人员以真诚和热情打动客户后，客户往往愿意做一些热情的连锁介绍，这些由客户口中道出的“情报”往往具有很大的价值。因此，在开展售后服务的各种场合，除了要以售后服务的热忱让客户感觉有所便利外，应该与其探讨一些有利于连锁销售的情报。或者借售后服务的机会请客户在某一路线、某一范围内打听有价值的消息。通过这种方式获取情报应适可而止，以免引起对方的戒心和反感，并尽可能不要给客户增添许多麻烦。

总之，一切推销活动的起点是顾客，终点也是顾客。谁忘记了顾客，就意味着谁忘记了自己，忘记自己的推销使命。作为一名推销人员，永远要记住，“你怎样对待顾客，顾客就会怎样对待你”。赢得一个满意的顾客就等于多了一个朋友。一般来说，每个推销人员手中都有一批老顾客，资料显示，80%的成交来自于20%的老顾客，而老顾客是通过一次次的推销接触方式建立起来的。赢得了顾客，就等于赢得了竞争的优势，赢得了市场。

**案例一　　小狗交易术**

假如你作为一名推销小狗的推销员，你会采用什么样的推销方式和手段呢？小狗促成交易术的方法是：你让买主无偿地先把小狗带回家去。后来怎样呢？小狗用湿漉漉的鼻子吻买主的脸；睁着大眼睛温和地注视着买主；当买主给小狗一些食物时，小狗会愉快地摇摇尾巴；当买主一走开，小狗就会“汪汪”叫个不停。更重要的是，买主的孩子们喜欢小狗。几天后，当你来到买主家里的时候，他们已经不能让你把小狗带走了，也就是说，交易促成了！

对于许多产品和服务，这是一种有效的推销技巧。如果你推销的产品或服务是高质量的，只要你把这种方法应用在合适的顾客身上，顾客会自己促成交易。

例如，有一名推销机床的推销员来到一家工厂，他所推销的机器要比这家工厂正在使用的所有机器速度都快，而且用途多、坚韧度高，只是价格高出现有机器的10倍以上。虽然该厂需要这台机器，且也能买得起，但厂长是那种只买旧机器的人。所以不管机器多么好，多么有利可图，只是因为价格太高，厂长决定不准备购买。推销员说：“告诉你，除非这机器正好适合你的车间，否则我不会卖给你。假如你能挤出个地方，让我把机器装上，你可在这里试用一段时间，不花你一分钱，你看如何？”

“我可以用多久？”厂长问，他已想到可把这台机器用于一些特殊的零部件加工生产中。如果机器真像推销员说的那样能干许多活的话，他就能节省大笔劳工费用。推销员说：“要真正了解这种机器能干些什么，至少需要3个月的时间，让你使用1个月，你看如何？”机器一到，厂长就将其开动起来，只用了4天时间，就把他准备好的活加工完了。此时，这台机器被闲置在一边，他注视着它，认为没有它也能对付过去，毕竟这台机器太贵了。正在此时，推销员打来了电话：“机器运行得好吗？”厂长说：“很好。”“你还有什么问题吗？是否需要进一步说明如何使用？”厂长回答说：“没什么问题。”他本来想要怎样才能应付住推销员，但对方却没提起成交之事，只是询问机器运行情况，他很高兴，就挂了电话。

第二天，厂长走进车间，注意到新机器正在加工部件，车间主任正在干他没能想到机器能够干的活。在第二个星期里，他注意到新机器一直在运转。正像推销员所说的那样，机床速度快、用途多、坚韧性高。当他跟车间的工人谈到新机器不久就要运回去的时候，他的车间主任列出了许多理由,以说明他们必须拥有这台机器,别的工人也纷纷过来帮腔。

“好吧,我会考虑的。”他回答说。

一个月后,当推销员再次来到工厂时,厂长已经填好了一份购买这台机器的订货单,他不准备失去他车间里的“小狗”。

**思考:**

“小狗交易术”可以说是成交方法的一大创举,请结合实际,谈谈什么样的商品适合采用此种推销方法?实际操作中要注意些什么?

**案例二　　勇敢地向顾客请求成交**

一家锅具公司推出一款新产品压力锅,初期为了推广该产品,特别针对这项商品的优点与特点训练了一批推销员,准备进行上门推销。

有位推销员在下午四时左右到了一户正在准备晚餐的家庭,向主妇说明这个压力锅的特点。正当推销员头头是道地介绍压力锅的优点时,那位家庭主妇烧开水的笛声响了,这位推销员只好悻悻然地离开了。

晚餐过后,夫妻俩坐在客厅里看电视,主妇向先生提及下午推销员和压力锅的事情:“我觉得那只压力锅十分好用而且价格公道,我真想买一只。”这时丈夫疑惑地问她:“既然你这么喜欢,为什么不马上买下来呢?”太太说:“我一直在等待他要求我买一只,可是那位推销员自始至终都没有开口问我要不要买一个来用嘛。”

**思考:**

推销员在成交活动中应扮演什么角色?如何主动向顾客请求成交而又不失唐突?

**案例三　　买苹果的故事**

一家果品公司的采购员来到果园,问:“多少钱一斤?”

“8 元。”

“6 元行吗?”

目前正是苹果上市的时候,这么多的买主,卖主显然不肯让步。

“商量商量怎么样?”

“没什么好商量的。”

“不卖拉倒!”

几句说呛了,买卖双方不欢而散。

不久,又有一家公司的采购员走上前来,先递过一支香烟,问:“多少钱一斤?”

“8 元。”

“整筐卖多少钱?”

“零买不卖,整筐 8 元一斤。”

卖主仍然坚持不让。买主却不急于还价,而是不慌不忙地打开筐盖,拿起一个苹果在手里掂量、端详着,不紧不慢地说:“个头还可以,但颜色不够红,这样上市卖不上价呀。”

接着伸手往筐里掏,摸了一会儿摸出一个个头小的苹果:“老板,您这一筐,表面是大的,筐底可藏着不少小的,这怎么算呢?”

边说边继续在筐里摸着,一会儿,又摸出一个带伤的苹果:

“看!这里还有虫咬,也许是雹伤。您这苹果既不够红,又不够大,有的还有伤,无论如何算不上一级，勉强算二级就不错了。”

这时，卖主沉不住气了，说话也和气了：“您真的想要，那么，您还个价吧。”

“农民一年到头也不容易，给您6元钱吧。”

“那可太低了”卖主有点着急，“您再添点吧，我就指望这些苹果过日子呢。”

“好吧，看您也是个老实人，交个朋友吧，6元5角一斤，我全包了。”

双方终于成交了。

**思考：**

请问，为什么第一个买主遭到拒绝，而第二个买主却能以较低的价格成交？

**案例四**

## 汽车厂商售后服务发展趋势

——来自“汽车人”的感悟

记得很多年前我在报纸上看到这样一则短文：美国一家汽车研究机构宣称，汽车产业的利润20%是在汽车生产企业，80%是在汽车后市场。当时汽车刚开始发展，根本不理解什么是汽车后市场。我是从汽车修理岗位一步一步走出来的，当时认为汽车后市场就是汽车维修，同时往深想无非就是汽车的售后服务市场。“所谓一滴墨水能引发千万人的思考”，从那时起就让我不断去完善汽车售后服务市场，不断与汽车厂家签约，成为地方性的特约维修站，当然我所从事的汽车车型主要定位在商用车。我5年成为行业内高手，10年成为行业内专家，一晃就是15年，在地方、在行业内逐渐知名。

1. 一个人的改变是源于他遇到的人和事物进行的改变

很偶然的机会让我结识了宝骐汽车总裁杨爱喜先生，让我站在汽车制造厂的角度来考虑汽车后市场的维度。宝骐汽车打造的互联网新能源物流车产品，为物流“最后一公里”难题提供解决方案。新能源物流车是互联网时代的产物，最终也会成为末端物流难题的终结者。宝骐汽车将以“互联网新能源物流车”为载体，以“软件及增值服务”为手段，以“平台＋经营体”模式为组织基础，打造共生、共赢的智慧物流生态圈。从产品的研发—采购—生产—销售—使用的互联网思维缔造的传奇，同时也是汽车行业发展的一个方向、一个缩影。过去十年中国汽车市场爆炸式增长，宝骐没有分到半杯羹，是因为当时还没成立，而宝骐如今采用的互联网＋模式造车之路会使宝骐成为众多汽车公司走出来的一匹黑马。

然而作为汽车售后服务，我身背很大的压力，一直在考虑如何让用户得到更好的服务，如何引领用户得到服务带来的不一样的体验。

2. 4S店的落魄之路

一个行业的兴盛随之而来是落魄的轨迹，产能过剩，部分4S店利用资源垄断、信息垄断的条件，强制加价销售、搭配销售、维修等导致客户忠诚度降低和客户流失率的增加。如今4S店售后给予用户最大的感触是耽误时间、价格高，用户也是有苦没地方说，感觉一切都是在为你服务。用户对4S店或者汽车厂家授权的汽车特约维修站都不满意。这里又产生了一个新的问题——什么是汽车售后服务？我的理解是汽车售后服务的核心就是为用户提供最快速、最有效的维修。

很多企业感觉上做了很多的附加服务，但没有抓住汽车售后服务的核心问题，反而老问题没解决又出现新问题。

3. 互联网＋模式对汽车售后市场的影响

互联网的出现改变了传统行业，互联网必然对汽车产业链进行洗礼。作为新能源汽车制造的后起之秀，宝骐汽车采用互联网思维，将以客户为中心发挥到极致。

面对近万亿规模的汽车后市场“大蛋糕”，汽车维修O2O企业异军突起，资本涌入抢占市场。车蚂蚁、养车360、车互保、诸葛修车网力图打通从零配件生产厂商到经销商再到修理厂三个环节。其中，保证零配件的正品可追查体系成为这一经营有效运行的关键。由此，其首创的“一品一码”可追溯模式打消了车主的顾虑，也是社会维修力量参与此轮竞争的重要基础。

天猫、京东车管家、亚马孙、Z爱车等平台纷纷涉足汽车后市场，有“大数据”支撑，知名度又高，还有充足的资金，它们理所当然信心十足。O2O及B2B预示着汽车售后服务正酝酿着一场变革，业内人士将2015年定义为“汽车后市场格局重构元年”。近期交通部发布《机动车维修管理规定15号令》《新版国标GB16739实施》和《汽车维修技术信息公开实施管理办法》三大文件，涉及“维修企业开业规范”“同质配件”和“信息公开”三大方面，汽车售后市场有了一些新的机遇。至此，政策已经为后市场维修保养领域的市场化铺平了道路。

也有业内人士担忧，虽然该政策有助于行业整体发展，使行业更加细化，但也会形成强者愈强的局面：汽车售后维修行业的变革嘉年华时代已经到来，汽车产业链条上的盈利点正在加速转移。

4. 汽车售后市场的3股势力

(1)汽车制造企业的授权特约维修站的模式以及4S店的模式会逐步转型，过去拿到授权就能赚钱的时代已经一去不复返；

(2)汽车维修企业可形成一定品牌的连锁企业；

(3)互联网企业进入汽车后市场的垂直模式、平台模式。

5. 汽车厂售后服务的未来方向

因面临维修技术的公开、配件与售后市场的直通，汽车制造公司的售后服务也被迫进行转型。正如海尔张瑞敏先生所说：“怕被狼吃掉，不如与狼共舞”。

利用互联网平台让用户与厂家进行互动，引导用户需求，打破单纯的呼叫中心格局，通过网络让厂家与用户零距离接触，逐渐形成平台，就是平台思维。通过车联网功能培养用户，并建立有效的数据资产。配件、保险等可以利用现有的服务网络进行整合。

一切以用户为中心，更快、更准地打造个性化的服务，将用户、汽车维修企业、汽车制造企业整合到一起，让这三方的利益共同产生在一个平台上，就是演变的核心。这就要求汽车制造企业把自己变革成互联网企业。

在政策的推动下，汽车售后市场的战雷已经打响，一大批的创业者、互联网公司、传统车企都将在这片红海中厮杀，最后肯定会倒下一批汽车制造企业。谁能脱颖而出并不是看他的资产有多少、保有量有多大，而是要看服务变革速度有多快。

(案例来源：《世界经理人》，作者王海燕)

**思考：**

结合案例，思考互联网时代汽车售后服务的创新策略。

**阅读材料　　　　妥善处理客户投诉**

客户投诉，在法制健全的市场经济国家可以说是司空见惯的事情。客户有投诉，说明客户的需求没有得到很好的满足，企业还有一些不足需要得到改进和提高。当然，也有少数投诉是因为企业和顾客之间的误会所引起的。但不管怎样，妥善处理客户投诉，把投诉转化为改善提高的契机，是每一个致力于持续发展的企业必需的一种基本素质。

“对不起”，是您的心理反应，不是您的应变措施。

如果您常常说对不起，说久了，您就会变成一副很“抱歉”的模样。如果您真的想弥补什么，就真心诚意地对他说：“我向您道歉。”

“客户投诉”是客户对商品或服务品质不满的一种具体表现。您对外应妥善化解客户投诉，圆满解决；对内应利用客户投诉，充分检讨与改善，将其转化为提升销售素质的良机。

1. 处理客户投诉的重要性

您经常会碰到“客户投诉”，一旦处理不当，会引致不满和纠纷。其实从另一个角度来看，客户投诉是最好的产品情报，销售人员不仅没有理由逃避，而且应该怀抱感激之情欣然前往处理。

处理客户投诉，不仅仅是找出症结所在，弥补客户需要，而且还必须努力恢复客户的信赖。

假设产品的不良率只有一小部分(10%)，产品售出后客户注意到“产品不良”的只有一半(5%)，而这些不良率，由于客户太忙碌或种种原因，真正向厂商投诉的，可能只有1%而已！而这些提出投诉者，在公司处理过程中，仍然有一部分会被忽视。换句话说，企业真正能处理到的客户投诉，可说是冰山所露出的一角而已。

2. 处理客户投诉的方案

当客户有异议时，如何处理呢？客户投诉的处理，可区分为下列六点：

- 虚心接受批评。冷静地接受客户意见，并且抓住客户意见的重点，同时更清楚地明了客户的要求到底是什么。
- 追究原因。仔细调查原因，掌握客户心理。
- 采取适当的应急措施。为了不使同样的错误再度发生，应当断然采取应变措施。
- 化解不满。诚恳地向客户道歉，并且找出客户满意的解决方法。
- 改善缺点。以客户的不满为契机找出差距，甚至可以成立委员会来追查投诉的原因，以期达到改善的目的。
- 后续动作的实施。为了恢复企业的信用与名誉，除了赔偿客户精神上以及物质上的损害之外，更要加强对客户的后续服务，使客户恢复原有的信心。

3. 客户投诉处理过程

客户投诉显示了企业的弱点所在，除了要及时解决问题外，更不要让同样的错误再度发生。世界闻名的日本T牌汽车厂，将“客户投诉处理过程”分为六个阶段加以处理：

步骤一，听对方抱怨。首先不可以与客户争论，以诚心诚意的态度来倾听客户的抱怨。当然，不只是用耳朵听，为了处理上的方便，在听的时候别忘了一定要记录下来。

依情况而定，变更“人、地、时”来听的方法可使抱怨者恢复冷静，也不会使抱怨更加扩大。这种方法称为“三变法”。首先是变更应对的人，必要时请出您的主管、经理或其他领导，无论如何要让对方看出您的诚意。

其次是变更场所。尤其对于感情用事的客户而言，变个场所较能够让客户恢复冷静。

最后应注意不要马上回答，要以“时间”换取冷却冲突的机会。您可以告诉他：“我回去好好地把原因和内容调查清楚后，一定会以负责的态度处理的。”这种方法是要获得一定的冷却期，尤其客户所抱怨的是个难题时，应尽量利用这种方法。

步骤二，分析原因。聆听客户的抱怨后，必须冷静地分析事情发生的原因与重点。经验不丰富的销售人员往往似懂非懂地贸然断定，甚至说些不必要的话而使事情更加严重。

销售过程中所发生的拒绝和反驳的原因是千差万别的，而抱怨的原因也是千差万别的，必须加以分析。顾客抱怨的原因一般可分为以下三种：

- 由于销售人员的说明不够、没履行约定、态度不诚实等原因所引起的，尤其是不履行约定和态度不诚实所引起的投诉，很容易扭曲公司形象，使公司也受到连累。
- 由于客户本身的疏忽和误解所引发的。
- 由于商品本身的缺点和设备不良所引起的。这种情形虽然责任不在销售人员，但也不能因此避而不见。

步骤三，找出解决方案。客户的投诉内容总不外乎"刚买不久就这么差"或"仔细一看发现有伤痕"等几种形式。

这时，您要先冷静地判断这件事是自己就可以处理的，还是必须由公司斡旋才能解决的。如果是自己职权之外才能处理的，应马上转移到其他部门处理。此时，销售人员仍然必须负起责任，直到有关部门接手处理。

步骤四，把解决方案传达给客户。解决方案应马上让客户知道。当然在他理解前须费番工夫加以说明和说服。

步骤五，处理。客户同意解决方式后应尽快处理。处理得太慢，不仅没效果，有时会使问题恶化。

步骤六，检讨结果。为了避免同样的事情再度发生，您必须分析原因、检讨处理结果，记取教训，使未来同性质的客户投诉减至最少。

化抱怨为满意。有关研究报告显示，一次负面的事件，需要十二次正面的事件才能弥补(全天下的男士早就谙熟此道——所以他们送玫瑰都是送整打的)。

"当场承认自己的错误需具有相当的勇气和品性；给人一个好感胜过一千个理由。"

即使是因客户本身错误而发生的不满，在开始时一定要向他道歉，就算自己有理由也不可立即反驳，否则只会增加更多的麻烦。这是在应对客户投诉时的一个重要法则。

但是，一味地赔罪也是不当的，一副低声下气的样子反而会让客户误以为您承认错误罢了。最好在处理时边道歉，边用应对办法使对方理解。

销售人员要针对"客户投诉"而编制用语。

4. 客户投诉处理用语

投诉 1："刚买的时候态度还不错，现在却连个人影都找不着！"

客户心理：A. 东西已经卖出去了；

B. 销售人员只有在卖东西的时候最勤快，没信用。

注意点： A. 首先道歉，恭敬地赔不是；

B. 同时要求提供信息和服务。

应对例："真是太抱歉了！我怕常打扰您会增加您的困扰，借着这个机会我们会积极地来拜访您的，请您多多指教、照顾！"

投诉 2："刚买不久的车就这么糟！"

客户心理：A. 花了这么多钱买的，这到底是什么东西；

B. 这么糟的车子开起来真是不安全，想换另一部。

注意点： A. 具体听取原因，以便缓和对方的情绪；

B. 判断是否操作有误或车子有什么故障；

C. 陪着客户直接把出现的问题传达给技术人员；

D. 强调换车是不可能的。

应对例：“我们满怀信心地把车子介绍给您，当然也会负起责任的。真是太抱歉了！找个方便的时间到我们的保修厂好好检查一下吧！我陪您一起去，什么时候您方便呢？”

“我非常了解您的心情，但换车是不可能的。车子是由很多零件组合起来才能发动的，不理想的应只是某部位，不可能所有零件都不好。我一定负责直到令您乘坐起来满意为止，再一次到修护厂检修看看好吗？”

投诉3：“让我在您的修护厂等那么久！”

客户心理：A. 在百忙之中浪费时间；

B. 不愉快。

注意点： A. 首先道歉，以消除客户的不满；

B. 说明修护厂的结构。

应对例：“平常我们的工作宗旨就是‘顾客至上’，如今有不周到的地方真是太抱歉了。假如我是您的话，一定会有同样的心情。为了以后改进工作，可不可拜托您提供给我们一些改进意见呢？”

## 复习思考题

1. 简述现代成交观的基本内涵。
2. 如何理解“成交不是推销的结束，而是下一次推销的开始？”
3. 如何识别顾客购买的相关信号？
4. 联系实际谈谈成交策略在推销中的应用。
5. 简述售后服务的5S原则。
6. 为什么说售后服务是良好客户关系的润滑剂？
7. 联系实际谈谈如何增进客户的感情。

# 第十三章

# 推销礼仪

**学习目的和要求**

1. 掌握推销人员应该具备的基本礼仪知识和各种场合的具体推销礼仪
2. 身体力行，提升自我形象，努力成为高素质的优秀推销员

## 第一节　推销的基本礼仪

### 一、推销礼仪的特点及作用

#### (一)什么是礼仪?

清华大学历史系教授彭林解释："古代儒家把礼作为修身的最高境界，同时也把它作为做人的起码要求。在几千年的历史中，我们的先辈建立起了一系列礼仪，并逐渐完善，形成了具有东方文明特色的礼仪文化，它包括一套仪式，是人与人交往行为的规范。讲信修睦、律己修身、仁爱孝悌、敬老爱幼、尊师重教、自谦敬人，这无疑是中华传统礼仪文化的精华。"

"礼出于俗，俗化为礼。"礼仪是在人际交往中，以一定的、约定俗成的程序、方式来表现的律己、敬人的过程。涉及穿着、交往、沟通、情商等内容。

从个人修养的角度来看，礼仪可以说是一个人内在修养和素质的外在表现，一个不懂礼仪的人无法在现实社会中立足，无法取得事业的成功。

从交际的角度来看，礼仪可以说是人际交往中适用的一种艺术，一种交际方式或交际方法，是人际交往中约定俗成的示人以尊重、友好的习惯做法。可以这样说，礼仪就是人

与人之间交往的“交通规则”，没有它，人与人之间就无法进行有序和有效的交往。

从传播的角度来看，礼仪可以说是在人际交往中进行相互沟通的技巧。良好的礼仪给人美的享受，给人良好的印象，易于交流、洽谈、沟通和达成一致。

礼仪的主要功能，从个人的角度来看，一是有助于提高人们的自身修养；二是有助于美化自身、美化生活；三是有助于促进人们的社会交往，改善人们的人际关系；四是有助于净化社会风气。

**(二)推销礼仪的特点及作用**

所谓推销礼仪，是指推销员在从事产品交易的各种经济行为中应当遵循的一系列礼仪规范。它主要包括新推销员在产品推销中如何约见顾客，如何热忱地接待顾客，如何融洽地同顾客进行商务谈判，如何成功地宣传自己的产品，如何签订商务合同，如何进行售后服务，如何进行顾客关系管理等。

现代推销人员的人际关系极具开放性、竞争性。推销员与顾客关系的交往空前频繁，只有学会与顾客交往的技巧，了解并熟练掌握日常的推销礼仪，才能完成其工作职能。

1. 推销礼仪的特点

推销礼仪是推销员与顾客打交道时，推销员按照推销礼貌与顾客商谈的一种商务礼仪。一般情况下，推销礼仪有如下四个特点。

(1)具有规定性

推销礼仪，顾名思义，是指推销员在推销活动中应当遵循的各种推销程序和规则。对任何一个从事推销工作的推销人员来说，推销礼仪具有规定性、规范性，都必须自觉遵守。

(2)具有信用性

推销员推销的不仅是产品，而且包括公司信誉、信用。因此，从推销礼仪的内涵看，推销礼仪具有信用性。从事商务活动，都有双方利益上的需要，而不是单方面的利益需求，因此，在商务活动中，诚实、守信非常重要。所谓诚实，即诚心诚意参加商务活动，力求达成协议，而不是夸夸其谈，不着边际，毫无诚意。所谓守信，就是言必信、行必果。签约之后，一定履行，如果实在出了意外，而不能如期履约，那么应给对方一个满意的答复来弥补，而不应该言而不信，决而不行。

(3)具有时机性

推销员在与顾客的交往中，时机不同，推销员所采取的策略也不一样，在推销礼仪的应用上也有所差别。如在与顾客初次见面时应该客套话多一些，给对方良好印象；而在推销谈判中就不应太客套，应该注重推销效率，着重在利益推销策略方面下功夫，达到企业和顾客的双赢。商务推销的时机性很强，有时时过境迁，失去良机；有时在商务推销中，说话做事恰到好处，问题就会迎刃而解；有时商务从业人员坚持“不见兔子不撒鹰”，对方也可能被拖垮，从而失去了一次成交的机会。

(4)具有文化性

在各国商务推销中，特别是大宗的买卖，推销礼仪对推销的顺利开展越发显得重要。中国有五千年的悠久历史和灿烂文化，促成了中国历来有儒商的传统，商务活动虽然是一种经济交换活动，但是商务活动中伴随着文化、思想、理念的交流，商务从业人员要体现文明礼貌、谈吐优雅、举止大方的风貌。因此，要求员工不断提高自身文化素质，树立文明的企业形象，在商务活动中表现出文明典雅，有礼有节的风范。因此，从推销礼仪的根源分析，推销礼仪具有深厚的文化性。

2. 推销礼仪的作用

推销礼仪越来越对促进商务推销活动的蓬勃发展起着巨大的推进作用。

(1)沟通作用

推销员与顾客打交道的过程就是不断沟通的过程。商务推销活动是双向交往活动，交往成功与否，首先要看是否达到了有效的沟通，或者说，是否取得了对方的理解。而有效沟通的前提就是双方都对对方有良好的印象和感觉。推销礼仪，就像球场上的比赛规则一样，只有遵循同样的规则，比赛才有意义，也才能顺利进行下去。我们很难想象，一个完全不懂推销礼仪的推销人员怎么能够把商品顺利推销出去，推销礼仪应该成为推销人员的必修课。

(2)形象作用

推销员讲究推销礼仪的基本目的就是树立和塑造企业及个人的良好形象。任何一次推销活动，首先映入顾客眼帘的是推销员的个人形象，好的个人形象能给顾客留下良好的第一印象，也充分体现着企业的形象。所谓个人形象，是指个人在公众观念中的总体反映和评价。作为从事商务推销活动的人员，应该从我做起，从每一件小事上都注重礼仪修养，做到“内慧外秀”，才能树立起良好的个人形象。同时，从事商务推销活动的人员，必须文明经商，树立良好的企业形象，礼尚往来，赢得顾客的信任，促进信用的提高。

(3)协调作用

推销员在商贸活动和商务谈判中，难免要碰到推销不顺的事情，有时客户还可能不高兴。有些推销员在生意顺利时还能礼貌待客，但一旦生意没有做成就给顾客脸色，这不仅没有达成此次的交易，就连今后的交易也怕是没机会了。所以，面对顾客的异议和抱怨，如果处理不当，那么不仅客户对推销人员的印象不佳，而且还会影响企业的形象。而推销礼仪，能够化解矛盾，消除分歧，相互理解，达成谅解，调和人际关系。

## 二、推销人员的形象要求——推销礼仪的外在体现

推销礼仪的一个重要体现就是要求推销人员应该具有规范的富有品味的商务形象。规范是指作为商务人员在形象方面不能随便，应该着装整洁、稳重大方。比如大型百货商店和超市的营业员就要求统一服装。富有品味是指每个推销员也可以根据企业和自身的特色设计自身的形象，使推销人员的形象更好地代表企业形象，给顾客留下美好的印象。推销人员的形象主要反映在推销人员的谈吐、服饰和举止等方面。

### (一)推销人员谈吐

谈吐反映一个人的精神面貌，是一个人社交形象的核心内容。在推销工作中，推销人员必然要与顾客交谈。得体的谈吐，是尊重对方的表现，也是赢得对方尊重的前提。出色的谈吐，有助于尽快缩短推销人员与顾客之间的心理距离，消除推销工作中的障碍。

1. 以礼待客

(1)说话和气

俗话说“和气生财”。一个出色的推销人员与顾客交谈，总是态度和蔼，语音适度，以示尊重对方。放低声音要比提高嗓门让人舒服，需要说话给周围的人听，声音大小应以他们能够听清为宜，切忌哇哇大叫。说话速度要适中。要根据对方的理解能力、所说话语的重要程度来调整速度。连珠炮似的喋喋不休，唾沫四溅，显得咄咄逼人，既有损形象，又不能收到良好沟通的效果，而娓娓道来，既给人留下稳重的印象，也给自己留下思考的余地。

(2)吐字清晰

尽量不用"想""啊"之类的语气词,以免给人装腔作势的感觉。每一句话,每一层意思,语调可以有意识地高低起伏,形成抑扬顿挫,帮助对方更好地理解自己所言。生动的谈吐,有助于增强语言的感染力和对他人的吸引力。

(3)态度专一

与顾客交谈,切忌心不在焉,或一心多用。比如向顾客介绍产品,你的眼睛不是看着顾客、产品或资料,而是看着其他无关的内容;与一位顾客交谈时,又突然与另一位谈话;嘴上向某位顾客祝贺,脸上却冷冰冰的;等等。这些都会伤害顾客,使人感到你在敷衍,缺乏诚意,故作姿态。

(4)耐心倾听

在交谈中,倾听十分重要。认真听人说话,是对说话人的尊重。不应把顾客仅仅当作听众。顾客有说话的表示时,推销人员应主动让其有说话的机会,鼓励他畅所欲言。倾听有助于收集信息,更好地观察和了解顾客。对顾客而言,即使是你已经十分熟悉的话题,也要表现出极大的兴趣,还可以适时地发出赞同的表示,或有意地重复某句你认为重要、有意义的话,绝不能东张西望,或只顾做自己的事。要从顾客的话语中,体察感觉,区别出哪些是敷衍,哪些是中肯,哪些是应酬,哪些是实质,理解其真实含义。耐心倾听,必有所获,它是推销人员与人交谈中的一项重要本领。

(5)用语得体

推销人员说话,措辞要文雅,不脏不俗。文雅、文明的谈吐,既是对对方的尊重,又体现了自身的良好素质。

2. 委婉地表达意思

(1)避免与顾客过度争论。推销人员在工作中,经常会遇到这种情况:由于种种原因,不便直接讲出自己的观点、看法和要求。比如,自己的产品公认比竞争者的好,某位顾客却偏偏不这么认为,此时,用委婉或间接的方式表达自己的意思,往往比用直率的方法更好。比如,将顾客信任的某权威机构或人士对两家产品的比较,看似漫不经心地说出,点到为止。又如,需要提醒客户未能按合约如期付款,用"拖期"这个词就比用"违约"更好。拖期也是一种违约,但把问题限定在一个时间的概念里,倘若由于直露或指责对方,会伤害感情。要善于在潜移默化中影响对方改变态度,使顾客在接受你的意见时没有被动感、压迫感。

(2)多用商量的口气,不用主观武断、命令式的话语。比如,不说"聪明人才会买本公司的产品",而是说:"我们公司的产品有这样一些优点,您看如何?"

(3)必要时可对对方稍加称赞,使其感觉到你对他的敬重。比如顾客是年长者,推销人员在说出自己的意见和想法时,不妨先说:"您年长于我,阅历比我丰富,我想多听您的指教。"

3. 准确把握说话的分寸

(1)说话时要有"角色"意识

每个人在特定场合都有自己特定的身份,也就是当时所扮演的"角色"。比如一个人在家里,面对子女他是父亲,面对长辈他又是晚辈。说话时,对子女要用父亲的口吻,对老人则应以子女的口气。在推销场合,推销人员面对顾客,是企业的全权代表,每一句话都应代表企业,是企业的代言人。

(2)说话客观、准确、实事求是

交谈虽然不是做文章,需要逐字逐句斟酌推敲,但绝不能信口开河,想怎么说就怎么说。比如,介绍自己的产品"纯度高达95%",就比"本产品纯度很高"更为贴切;对一个心有疑虑的顾客大谈"你买了我的产品,包赚不赔",就不如用数字算给顾客听。推销中尤其要注意不说"最""很""极""顶尖"之类的最高级词汇,否则效果会适得其反,给人造成狂妄、欺骗的印象。

(3)说话要有善意

善意就是与人为善。推销工作的目的是让顾客了解自己的产品,并说服顾客最终购买,因此切忌使用刻薄、挖苦的话语。俗话说,恶语伤人恨难消。说话没善意,会刺激、伤害顾客,也就失去了说话的"分寸"。

4. 多用敬语、谦语和雅语

(1)敬语

敬语是表示尊敬和礼貌的用语。常用的敬语有"请""您""阁下""贵方""尊夫人"等,多用于称呼对方。还有一些习惯用法,如初次见面称"久仰",很久不见称"久违",请别人批评称"请教",求别人原谅称"包涵",表示歉意称"抱歉",称赞别人见解称"高见",托人办事称"拜托",等等。诸如"您好""请多多指教""这是一份产品说明书,请您参考""阁下使用本公司的产品以后,感觉如何?请多提宝贵意见""让您久等了,十分抱歉""贵公司认为……" 在推销人员的工作中,都是使用频率很高的一些敬语。

使用敬语要心有所思,才能口有所言。关键在于推销人员要培养尊重顾客的意识,语言是思维的外壳,是一个人修养的外显。敬人者人敬之,轻人者人轻之,尊敬顾客也就是尊敬自己。在相互尊敬气氛中,推销成功便有了基础。

(2)谦语

谦语是向人表示谦恭和自谦的一种用语,它与敬语是同一事物的两个方面,即对人使用敬语时,对己使用谦语。一位尊重顾客的推销人员,对己必是自谦的;一位狂妄自大的推销人员,也绝不会敬重顾客。

谦语的用途比敬语略少,多用于书信交往,如自称"鄙人""愚""鄙公司"等。

(3)雅语

雅语与俗语相对,是一些比较文雅的词语。我国有悠久的历史和灿烂的文化,人称"礼仪之邦"。推销人员在各种场合难免要与长辈、女性及陌生人打交道。说话时必须注意文雅,不说低俗的话。比如在顾客求助时说:"请问,我能为您做点什么吗?"而不是说:"您有什么事找我?"上茶时说"请用茶",而不是"喝茶"。多用雅语,不仅能反映一个人的修养,甚至还能提高企业、产品的层次。

5. 及时致歉和致谢

(1)及时致歉

推销人员在工作中,有时会因某种原因打扰或影响别人,给顾客带来某种不便,甚至造成某种损害或伤害。比如,打断了别人的谈话;当别人在工作时不得不上前打扰;不小心挡住了别人视线;未能及时办好顾客的委托等,都应及时致歉。"真对不起……""很抱歉,我们没向您解释清楚,给您添了麻烦""这是我们疏忽……"都是常用的歉语。

致歉不是耻辱,而是一个人襟怀坦白、深明事理、真挚诚恳和具有勇气的表现。推销人员必须牢记,顾客永远是对的;无论何时何地,都要把"对的"让给顾客。及时致歉可以协调关系、化解矛盾，更能赢得顾客的尊敬和依赖。给别人添了麻烦和不便还强词夺理，振振有词，只会自损形象并失去顾客。

(2)及时致谢

推销人员无论在何时何地，只要顾客为你提供了方便，为你付出了时间、精力或劳动，就一定要表示感激，及时致谢。致谢表明你已充分认识到顾客为你提供的帮助，是一种尊重对方付出的有礼貌的行为。否则，会使顾客产生错觉，认为你把别人的帮助看成理所当然，或你对他的帮助不满意。这些会拉大推销人员与顾客之间的心理距离，使推销工作节外生枝。

推销人员向顾客致谢，应不分事情大小、顾客是生是熟。致谢时应以热忱的目光注视对方，而不是敷衍了事，随便打发。致谢的方式有很多，如口头致谢、电话致谢及书信致谢；可以直说“谢谢”或“感激不尽”，也可备上一份薄薄的、有意义的礼物。

**(二)推销人员的服饰**

俗话说，人靠衣妆马靠鞍。推销人员的穿着，不仅反映了个人情趣、审美能力和爱好，在工作中还代表着企业形象。所以，推销是门学问，穿着则是一种艺术、一种语言。推销人员懂得这门艺术，熟悉这种语言，就会根据不同场合的特点、要求，选择适时、得体的服装及饰品，以充分显示自己的个性和文化以及自己对他人、对工作、对生活的态度，并由此反映出所在企业的精神。

1. 穿着的一般要求

穿着要讲究和谐。这要求每个推销人员应根据自己的身材、年龄、气质、肤色、身份等特点，以及服装本身的搭配和各种活动的特定场合的需要来决定。

一般来说，形体较好的人，对服装的选择范围较大，着装的重点考虑服装与肤色、气质、身份、场合的协调。若体形较胖，宜穿直条衣服，或上下一色的深色套装；裤子的长度应略长一些，裤腿略瘦，这样可显得清秀一些，但切忌衣裤过于紧窄；若是女士，忌穿连衣裙，忌用单调的横条纹。体形偏瘦的人，要尽量减少露在外面的部分，宜穿长袖衬衫、长裤、长袖立领连衣裙或横条服装以显丰满。肩窄臀宽的人，衣服注意使用垫肩，也可在肩部打褶以增加宽度，或选用束腰的服装以衬托肩部。这种体形的人忌穿插肩上装、宽大的外套和夹克衫，忌穿无袖上装、长而紧袖的上装，忌穿下摆有横条纹的衣或裙。身材瘦小的，应选择简单、直线型服装，如合身的外套或夹克，有条纹的裤子等，这样看上去显得高大一些。腰粗的人宜穿肩部较宽的衣服，以产生肩宽腰细的效果，忌把衬衫扎进裙子和裤腰。腿较粗的人，适合穿上下同宽的深色直筒裤或过膝的直筒裙，忌穿太紧的裤子、太短的裙子。腿较短的人，适合穿上衣较短、裤子稍长的服装。颈长的人应多穿领子较高的衣服。颈短的人，适合穿无领或低领的衣服。领型的变化，可以弥补颈部过长或过短的缺陷。

不同肤色的人，需要选择适合自己肤色的服装色彩。白里透红、润泽光亮的肤色，对服装色彩的选择面较宽，不论明暗、深浅都可以。肤色较深的人，适合穿浅色服装，可以给人一种健美的色彩效果；忌穿过于深或暗的服装。肤色较白的人，若穿深色服装，更能显出皮肤的细洁柔嫩。肤色发黄的人，服装应避免黄色、土黄色、紫色、青黑色，这些色彩会使肤色显得更黄。各种肤色的人穿白色服装效果都较好。

不同体型的人，对服装面料的质地、花型也有讲究。胖人穿发亮的料子、绸缎服装，会显得更胖；粗花呢、厚毛料、宽线条等，使用不当也会使胖人更胖，增加笨重感；瘦人穿则效果好。稍硬挺的面料，会使瘦人显得丰满。过于薄、透的面料，不宜用做服装，它不适合各种体形的人。一些较细软的毛料、棉织品和精纺羊毛衫，一般不会产生放大感和收缩感，适合大部分人的体形。大花型的面料有扩张效果，胖人不宜穿；小花型的面料却能使丰满的看上去苗条。

爱美之心，人皆有之。不同年龄的人，都有打扮的权利，也有不同的穿着要求。中老年人穿着深色西服或中山装，给人以成熟、稳重的感觉；年轻小伙子如此打扮，则显得老气横秋。推销人员多为年轻人，年轻人着装要表现出青春气息，多着西装、夹克衫。若是女性，着上下一色的西装套裙，既显得大方，又显得端庄，对各种年龄都是较好的选择。

2. 喜庆场合的服饰

推销人员因工作需要，经常出入一些喜庆场合，如庆典、联欢、纪念活动。不同场合，着装要求不同。在喜庆场合，不论其场面大小、布置如何，穿着都应与热烈的气氛相适应。

(1)色彩要丰富

色彩在着装中作为一种信息传递方式，影响力和感染力最强，是着装留给人的第一印象。人的视觉对色彩的刺激最敏感，不同的色彩会让人产生不同的联想。善于利用色彩的特性和人们视觉的错觉巧妙搭配，选择好服饰，不仅可以美化自身，而且能够使着装与场合、气氛更为和谐。

不同的色彩，代表的意义不同。一般来说，红色象征热情、欢乐，黄色显示华贵、明快，橙色象征温暖、华丽，绿色显示宁和、生机，蓝色象征淡雅、宁静，紫色显示高雅、冷艳，褐色显示古朴、温和，灰色显示文雅、随和，白色象征纯净、圣洁，黑色象征庄重、深沉，等等。推销人员应根据所处场合，按照自己的特点、所扮演的角色，选择合适的颜色。在正规的庆典场合，多以深色服装为宜，给人沉稳、庄重的感觉；在宾馆、酒店的晚宴上，色彩应浓重华丽，可产生雍容华贵的气派；在浏览、联欢的场合，色彩宜明快、活跃，花型、色调统一。

(2)款式要新颖

在正规的庆典场合，服装的款式要求华贵、华丽、庄重，以示对参加该项活动的重视及对主人的尊敬。男士可着西装、中山装及自己民族的传统服装。女士按照季节和活动性质的不同，可着西装、西服套裙，也可着中式上衣配长裤或裙子等。在其他的联欢、浏览等场合，着装应时尚、悠闲、宽松、洒脱和个性化，以显示自在的色彩风格和轻松闲适的心情，使气氛轻盈流畅，如夹克衫、牛仔服、休闲装等。男士可洒脱点，西装或上下一色，或上下分色，可系领带，也可不系领带。

(3)修饰要得体

在喜庆场合，得体的服装加上得体的修饰，可使推销人员更加引人注目，并在人们心目中居于有利地位。男士在这种场合，应事先刮干净胡须，梳理整齐头发，并适当地使用香水，若使用饰品，应以少而精为原则，不能花哨繁杂。女士使用饰品较多，加头饰、项饰、手饰、胸饰、腰饰等，不过首饰种类不要太多，质地和颜色应该做到“同质同色”。五光十色的纱巾，对女士更有强烈的装饰效果，因人而异采用不同的系法，给人不同的感觉。但在正规庆典场合，女士不宜佩戴发光、发亮、发声的耳环等，适当的美容和化妆，可使女士在这种场合更加容光焕发、富有活力，但在白天宜用淡妆，晚间可稍浓点，切忌浓妆艳抹。

3. 庄重场合的服饰

所谓庄重场合，是推销人员参加或主持某种仪式、宴请及会见宾客等。这种场合有较多的礼仪要求，服饰自然也不例外。

(1)按规定着装

若请柬上注明着装要求，应按规定着装。若没有明确规定，也应穿着较正式的服装。男士可着上下同色、同质的西装、中山装或民族服装；女士可着各式套装、旗袍、长裙等。这种场合，夹克衫、牛仔裤、休闲装等便服一般不宜。

(2)按规范着装

在庄重场合，着装、配装均有一定的礼仪规范。如男士着中山装，一定要扣好衣扣、领钩和裤扣，不能把衬衫领口翻出，皮带不得垂露在外。若着西装，一定要系领带；西装内有背心，还应把领带放在背心里面；衬衫领子要硬扎、挺括；穿西装一定要穿皮鞋，不能穿旅游鞋、轻便鞋或布鞋；西装的上衣袋及裤袋不宜放太多的东西，以免弄得鼓鼓囊囊；西装在穿着时可以敞开，也可以扣上第一粒扣子或"风度扣"，但不能两粒都扣上。女士不宜赤脚穿凉鞋；如果穿长袜，袜口不能露出衣裙外面。女士的纱手套、纱面罩、帽子、披肩和外套等，作为服装的一部分，按习惯在室内也允许穿戴；男士在室内，任何时候都不应戴帽子、手套。

**(三)推销人员的举止**

1. 交谈中的面部表情

在与顾客交往的过程中，推销人员不但以言语表达自己的思想、感情，而且还通过表情的变化来加强这种信息的传递。顾客不仅会听其所言，而且会观其表情，以便更准确地把握对方的思想情绪。所以，面部表情也是推销人员重要的信息传递媒介。

从礼貌的角度来讲，推销人员在社交场合应从以下方面把握面部表情：

(1)面带微笑

与人交谈，除了在极少数必须表示哀伤或肃穆的场合，面带喜色或嘴角含笑，是比较适宜的一种表情。笑，通常表示自信和友善。与人交往时面带笑容，会使对方感到你很乐意与他交往，使对方在心理上感到轻松、活跃，并增强交谈中的融洽气氛。笑时要注意掌握分寸，区别时间和地点，不该笑的时候发笑，在应该微笑的时候发出声来大笑，都会使对方产生怀疑，以为你是在取笑他。这也是一种失礼，不可不慎。

(2)神态大方

交谈中不仅语气要亲切，措辞要恰当，举止也要落落大方。为了吸引对方的注意，使言谈显得有声有色，交谈中可以加进一些手势，但动作不要过大，不要用手指人，否则会让人产生手舞足蹈、不够庄重或哗众取宠的感觉。特别要注意的是，说话时不可面露谄媚、猥琐和低声下气的表情，如企图以鄙薄自己来取悦对方。这么做，是降低自己的人格，损毁企业的形象。主观上想讨好对方，以换取对自己、对企业有利的一面，而结果却可能适得其反，换来的是对方的蔑视。只有抱着不卑不亢的态度，神情自然，才有利于平等交往，并获得对方的信任和尊重。

(3)诚挚专一

诚挚就是心口如一。嘴里在说客气话，面部就应有谦虚的表情，切不可言行相背。专一，就是交谈的神情要专注，眼睛应凝视对方的脸，耳朵应聆听对方的话，还应对对方所谈内容随时做出反应，否则，对方会认为你在有意轻慢。

2. 站有站相，坐有坐相

一个人的礼仪修养，也是其社交形象的组成部分。站有站相，坐有坐相，是我们中华民族对一个人的礼仪修养的最基本的要求。

(1)站姿

站有站相，意指站姿要正直。人的正常站姿，也就是人在自然直立时的姿势。其基本要求是：从正面看，其身形应当正直，头、颈、身躯和双腿应与地面垂直，两肩相平，两臂和手在身体两侧自然下垂；侧视，其下颚应微收，眼平视前方，胸部稍挺，小腹收拢，整个形体显得庄重、平稳。两脚间的距离，以不超过一脚为宜，太开有失雅观。站立时间较长时，可用一腿支撑、另一腿稍稍弯曲。

站立是人们在社交场合中的一种最基本的举止，优美而典雅的站姿是优雅举止的基础。在站立时，切忌无精打采地东倒西歪，耸肩勾背，或者懒洋洋地倚靠在墙上或椅子上，这会破坏自己的形象。两臂可随谈话内容适当做些手势。但在正式场合，不宜把手插在裤袋或交叉在胸前。某些下意识的小动作，如摆弄打火机、香烟盒，玩弄衣带、发辫，不但会显出拘谨，给人以缺乏自信和经验的感觉，而且有失庄重。

(2)坐姿

坐是举止的重要内容之一。推销人员不论参加会议，或是会客交谈，都离不开坐。所谓坐有坐相，就是指坐姿要端正，舒展大方。人的正常坐姿，应在其身背后没有任何依靠时，上身能够直而稍向前倾，头平正，两臂贴身自然下垂，两手随意放在腿上，两腿间距与肩宽大致相等，两脚自然着地。背后有依靠时，在正式社交场合，也不宜随便把头向后仰靠，显出懒散的样子。就座以后，不能两腿摇晃，或把一条腿搁在另一条腿上。无论男女，都不能把腿分得太开，女性尤其应注意。女性若身着裙装，一般侧坐比正坐姿势优美，但答礼时必须正坐。离座时，要自然稳当，右脚向后收半步，而后站起。

3. 举手投足的男女之别

(1)男性的举止应有阳刚之美

男子应具有“刚”的气质。在社交场合，男性的风度和动作要有力度，表现出男子汉的刚劲、强壮、英勇和威武之貌。

(2)女性的举止应当优雅得体

女子的气质贵在优雅。在社交场合，特别是在大庭广众之下，女子一定要仪态大方，同别人交谈时，要注意聆听，不要东张西望，心不在焉。

4. 人际交往的适当距离

推销人员在与顾客的交往过程中，有个保持适当距离的问题。既要使对方能够听清自己的话语，又要合乎礼仪要求。说话时离得太远，会使顾客认为你不愿向他表示友好和亲切，在敷衍了事；离得太近，又让人觉得你在套近乎，感到别扭。一般来说，在社交场合，人们的交谈按其形式可分为公众区、交流区和亲密区三个空间范围，它们反映出三种类型的人际交往，可用作推销人员与各种不同顾客交谈时，保持适当距离的参考。

(1)在公众区交谈

这是一个人同时与几个人说话的形式，谈话对象不固定也不明确。可能是一个人就某一问题发表高谈阔论，也可能是大伙随性所致地随便闲谈。此时，说话的距离也就难以规定，参与者距离的远近一般不会计较，以能听清为宜。

(2)在交流区交谈

这是两个人之间交谈的基本形式，谈话的对象是专一的，谈话的内容大多有一定的主题。你需要仔细听清对方说话的内容，并随时做出反应。对这种性质的谈话，一般以保持一两个人的距离最为合适。既使对方感到有种亲近的气氛，又保持着一定的“社交距离”，在常人的主观感受上也是最为舒服的。

(3)在亲密区交谈

通常是两个亲密者之间交谈的一种形式，交谈的对象多为亲朋好友、老熟人。这种形式的交谈，除了客观上应避免一些不雅的举止外，距离完全可以随意，面对面、肩并肩或者“交头接耳”均可，只要不使对方讨嫌就行。

5. 特殊意义的动作语言

在社交场合及推销活动中，某些动作具有特殊的礼貌意义。正确掌握这些动作，对推销人员树立良好的社交形象同样十分重要。

(1)点头

这是与人招呼时常用的礼貌举止。通常多用于迎送的场合，尤其是在迎送者有许多人时，点头可以向许多人同时致意，表示对见面的喜悦或对离别的惆怅。在其他场合也常用。

(2)举手

这也是与人招呼的礼貌举止。通常用于与对方远距离相遇，或擦身而过的时候，表示自己认出了对方，但因条件限制而无法站停施礼或与对方交谈。用这种随机的礼貌举止，可以消除对方的误会，使对方感到与正常的招呼差不多的满意。

(3)起立

位卑者向位尊者表示敬意的礼貌举止。例如，年轻者看到刚进屋或离去的年长者，坐着的男子看到站立的女子，可用短暂的起立表示自己的敬意。

(4)欠身或弯腰

向别人表示自谦的礼貌举止，相当于向对方致敬。它与鞠躬的差别，只有程度上的不同，即鞠躬要低头；而欠身或弯腰仅身体向前倾，不一定低头，两眼也仍可直视对方。

(5)抱拳

身份相仿者之间互敬的礼貌举止。

(6)拥抱

表示亲密感情的礼貌举止。通常仅用于对外交往及迎往送来的特殊场合。有时，有前嫌的双方在消除误会后，也常用此方式表达一些微妙的复杂情感。在我国，异性之间一般不用这种方式。

# 第二节　常见推销礼仪

## 一、电话礼仪

电话是一种常见的推销工具，打电话的礼仪也是推销礼仪的重要内容。

1. 接电话的礼仪

(1)电话铃一响，应尽快去接，最好不要让铃声响过五遍。拿起电话应先自报家门，如“您好，这里是××公司××部”；询问时应注意在适当的时候，根据对方的反应委婉询问。一定不能用很生硬的口气说“他不在”、“打错了”、“没这人”、“不知道”等语言。电话用语应文明、礼貌，态度应热情、谦和、诚恳，语调应平和，音量要适中。

(2)接电话时，对对方的谈话可作必要的重复，重要的内容应简明扼要地记录下来，如时间、地点、联系事宜、需解决的问题等。

(3)电话交谈完毕时,应尽量让对方结束对话,若确需自己来结束,应解释、致歉。通话完毕后,应等对方放下话筒后,再轻轻地放下电话,以示尊重。

2. 打电话的礼仪

(1)选择适当的时间。一般的公务电话最好避开临近下班的时间,因为这时打电话,对方往往急于下班,很可能得不到满意的答复。公务电话应尽量打到对方单位,若确有必要往对方家里打时,应注意避开吃饭或睡觉时间。

(2)首先通报自己的姓名、身份。必要时,应询问对方是否方便,在对方方便的情况下再开始交谈。

(3)电话用语应文明、礼貌,电话内容要简明、扼要。

(4)通话完毕时应道“再见”,然后轻轻放下电话。

3. 电话注意事项

(1)听到电话铃响,若口中正嚼东西,不要立刻接听电话,应迅速吐出食物,再接电话。

(2)听到电话铃响,若正嬉笑或争执,一定要等情绪平稳后再接电话。

(3)接电话时的开头问候语要有精神。

(4)电话交谈时要配合肢体动作,如微笑、点头。

(5)讲电话的声音不要过大,话筒离口的距离不要过近。

(6)若是代听电话,一定要主动问客户是否需要留言。

(7)接听让人久等的电话,要向来电者致歉。

(8)电话来时正和来客交谈,应告诉对方有客人在,待会给他回电。

(9)工作时朋友来电,应扼要迅速地结束电话。

(10)接到投诉电话,千万不能与对方争吵。

## 二、见面礼仪

见面礼仪包括握手礼、名片礼、脱帽礼、拥抱礼、亲吻礼等。

名片礼:初次相识,往往要互呈名片。呈名片可在交流前或交流结束、临别之际,可视具体情况而定。递接名片时最好用双手,名片的正面应朝着对方;接过对方的名片后应致谢。一般不要伸手向别人讨名片,必须讨名片时应以请求的口气,如“您方便的话,能否给我一张名片,以便日后联系”或主动递上自己的名片“很荣幸认识您,请您多加指教”。一般情况下,对方都会礼貌地给推销人员名片。

脱帽礼:见面时男士应摘下帽子或举一举帽子,并向对方致意或问好;若与同一人在同一场合前后多次相遇,则不必反复脱帽。进入主人房间时,客人必须脱帽。在庄重、正规的场合应自觉脱帽。

拥抱礼和亲吻礼流行于欧美国家。拥抱礼多用于官方、民间的迎送宾客或祝贺致谢等社交场合。两人相对而立,上身稍稍前倾,各自右臂偏上,左臂偏下,右手环拥对方左肩部位,左手环拥对方右腰部位,彼此头部及上身向右相互拥抱,最后再向左拥抱一次。

亲吻礼:行亲吻礼时,往往伴有一定程度的拥抱,不同关系、不同身份的人,相互亲吻的部位不尽相同。在公共场合和社交场合,关系亲近的女子之间可以吻脸,男子之间是拥肩相抱,男女之间一般是贴面颊;男子对尊贵的女宾可以吻手指或手背。在许多国家的迎宾场合,宾主往往以握手、拥抱、左右吻脸、贴面颊的连续动作,表示最真诚的热情和敬意。

## 三、拜访礼仪

拜访顾客是推销员的日常工作之一。

(1)拜访前应事先和被访对象约定，以免扑空或扰乱主人的计划。拜访时要准时赴约。拜访时间长短应根据拜访目的和主人意愿而定。一般而言，时间宜短不宜长。

(2)到达被访人所在地时，一定要用手轻轻敲门，进屋后应待主人安排指点后坐下。后来的客人到达时，先到的客人应该站起来，等待介绍。

(3)拜访时应彬彬有礼，注意一般交往细节。告辞时要同主人和其他客人一一告别，说“再见”、“谢谢”；主人相送时，应说“请回”、“留步”、“再见”。

## 四、接待礼仪

(1)接待人员要品貌端正，举止大方，口齿清楚，具有一定的文化素养，受过专门的礼仪、形体、语言、服饰等方面的训练。

(2)接待人员服饰要整洁、端庄、得体、高雅。女性应避免佩戴过于夸张或有碍工作的饰物，化妆应尽量淡雅。

(3)如果来访者是预先约定好的重要客人，则应根据来访者的地位、身份等确定相应的接待规格和程序。在办公室接待一般的来访者，谈话时应注意少说多听，最好不要隔着办公桌与来人说话。对来访者反映的问题，应作简短的记录。

## 五、握手礼仪

握手是在相见、离别、恭贺或致谢时相互表示情谊、致意的一种礼节，双方往往是先打招呼，后握手致意。

1. 握手的顺序

主人、长辈、上司、女士主动伸出手，客人、晚辈、下属、男士再相迎握手。

2. 握手的方法

(1)一定要用右手握手。

(2)要紧握对方的手，时间一般以1～3秒为宜。当然，过紧地握手，或是只用手指部分漫不经心地接触对方的手都是不礼貌的。

(3)被介绍之后，最好不要立即主动伸手。年轻者、职务低者被介绍给年长者、职务高者时，应根据年长者、职务高者的反应行事，即当年长者、职务高者用点头致意代替握手时，年轻者、职务低者也应随之点头致意。与年轻女性或异国女性握手，一般男士不要先伸手。

(4)握手时，年轻者对年长者、职务低者对职务高者都应稍稍欠身相握。有时为表示特别尊敬，可用双手迎握。男士与女士握手时，一般只宜轻轻握女士手指部位。男士握手时应脱帽，切忌戴手套握手。

(5)握手时双目应注视对方，微笑致意或问好，多人同时握手时应顺序进行，切忌交叉握手。

(6)在任何情况下拒绝对方主动要求握手的举动都是无礼的，但手上有水或不干净时，应谢绝握手，同时必须解释并致歉。

## 六、自我介绍礼仪

现代人要生存、发展，就需要与他人进行必要的沟通，以寻求理解、帮助和支持。介绍是人际交往中与他人进行沟通、增进了解、建立联系的一种最基本、最常规的方式，是人与人进行相互沟通的出发点。

在社交场合，如能正确地利用自我介绍，不仅可以扩大自己的交际圈，广交朋友，而且有助于自我展示、自我宣传，在交往中消除误会，减少麻烦。

自我介绍。在社交活动中，如欲结识某些人或某个人，而又无人引见，如有可能，即可向对方自报家门，自己将自己介绍给对方。如果有介绍人在场，自我介绍则被视为不礼貌的。

### (一)自我介绍的时机

应当何时进行自我介绍，这是最关键而往往被人忽视的问题。在下面场合，有必要进行适当的自我介绍。

(1)应聘求职时。

(2)应试求学时。

(3)在社交场合，与不相识者相处时。

(4)在社交场合，有不相识者表现出对自己感兴趣时。

(5)在社交场合，有不相识者要求自己作自我介绍时。

(6)在公共聚会上，与身边的陌生人组成的交际圈时。

(7)在公共聚会上，打算介入陌生人组成的交际圈时。

(8)交往对象因为健忘而记不清自己，或担心这种情况可能出现时。

(9)有求于人，而对方对自己不甚了解或一无所知时。

(10)拜访熟人遇到不相识者挡驾，或是对方不在，而需要请不相识者代为转告时。

(11)前往陌生单位，进行业务联系时。

(12)在出差、旅行途中，与他人不期而遇，并且有必要与之建立临时接触时。

(13)因业务需要，在公共场合进行业务推广时。

(14)初次利用大众传媒向社会公众进行自我推荐、自我宣传时。

### (二)自我介绍的具体形式

自我介绍时应先向对方点头致意，得到回应后再向对方介绍自己的姓名、身份、单位等。

1. 应酬式

适用于某些公共场合和一般性的社交场合，这种自我介绍最为简洁，往往只包括姓名一项即可。

“你好，我叫李强。”

“你好，我是张波。”

2. 工作式

适用于工作场合，它包括本人姓名、供职单位及其部门、职务或从事的具体工作等。

“你好，我叫李强，是百老汇电脑公司的销售经理。”

“我叫张波，我在北京大学中文系教外国文学。”

3. 交流式

适用于社交活动中，希望与交往对象进一步交流与沟通。它大体应包括介绍者的姓名、工作、籍贯、学历、兴趣及与交往对象的某些熟人的关系。

“你好，我叫李强，我在百老汇电脑公司上班。我是张波的老乡，都是北京人。”

“我叫王朝，是张波的同事，也在北京大学中文系，我教中国古代汉语。”

4. 礼仪式

适用于讲座、报告、演出、庆典、仪式等一些正规而隆重的场合。包括姓名、单位、职务等，同时还应加入一些适当的谦辞、敬辞。

“各位来宾，大家好！我叫李强，我是百老汇电脑公司的销售经理。我代表本公司热烈欢迎大家光临我们的展览会，希望大家……”

5. 问答式

适用于应试、应聘和公务交往。问答式的自我介绍，应该是有问必答，问什么就答什么。

“先生，你好！请问您怎么称呼？（请问您贵姓？）”

“先生您好！我叫李强。”

主考官问：“请介绍一下你的基本情况。”

应聘者：“各位好！我叫张波，现年 26 岁，河北石家庄市人，汉族……”

**（三）自我介绍的注意事项**

1. 注意时间

要抓住时机，在适当的场合进行自我介绍。对方有空闲、情绪好又有兴趣时，此时进行自我介绍就不会打扰对方。自我介绍时还要简洁，尽可能地节省时间，以半分钟左右为佳。为了节省时间，作自我介绍时，还可利用名片、介绍信加以辅助。

2. 讲究态度

进行自我介绍，态度一定要自然、友善、亲切、随和，应落落大方，彬彬有礼。既不能唯唯诺诺，又不能虚张声势，轻浮夸张。语气要自然平和，语速要正常，语音要清晰。

3. 真实诚恳

进行自我介绍要实事求是，真实可信，不可自吹自擂，夸大其词。

## 七、他人介绍礼仪

他人介绍，是指经第三者为彼此不相识的双方引见、介绍的一种介绍方式。他人介绍通常是双向的，即将被介绍者双方各自均作一番介绍。

1. 他人介绍的时机

遇到下列情况，有必要进行他人介绍。

（1）与家人外出，路遇家人不相识的同事或朋友。

（2）本人的接待对象遇见了其不相识的人士，而对方又跟自己打了招呼。

（3）在家中或办公地点，接待彼此不相识的客人或来访者。

（4）打算推介某人加入某一方面的交际圈。

（5）受到为他人作介绍的邀请。

（6）陪同上司、长者、来宾时，遇见了其不相识者，而对方又跟自己打了招呼。

（7）陪同亲友前去拜访亲友不相识者。

2. 他人介绍的顺序

为他人作介绍时必须遵守“尊者优先”的规则。

把年轻者介绍给年长者；把主人介绍给客人；把职务低者介绍给职务高者；如果双方年龄、职务相当，则把男士介绍给女士，把家人介绍给同事、朋友，把未婚者介绍给已婚者，把后来者介绍给先到者。

3. 介绍时应注意的事项

(1)介绍者为被介绍者介绍之前,一定要征求一下被介绍双方的意见,切勿上去开口即讲,显得很唐突,让被介绍者感到措手不及。

(2)被介绍者在介绍者询问是否有意认识某人时,一般不应拒绝,而应欣然应允。实在不愿意时,则应说明理由。

(3)介绍人和被介绍人都应起立,以示尊重和礼貌;待介绍人介绍完毕后,被介绍双方应微笑点头示意或握手致意。

(4)在宴会、会议桌、谈判桌上,视情况,介绍人和被介绍人可不必起立,被介绍双方可点头微笑致意;如果被介绍双方相隔较远,中间又有障碍物,可举起右手致意,点头微笑致意。

(5)介绍完毕后,被介绍者双方应依照合乎礼仪的顺序握手,并且彼此问候对方。问候语有"你好、很高兴认识你、久仰大名、幸会幸会",必要时还可以进一步做自我介绍。

## 八、餐饮礼仪

### (一)奉茶或咖啡的礼仪

(1)准备好杯子、杯垫、托盘、奶精、糖、抹布等器具。各项器具要洁净、完好无缺。

(2)不管份数多少,一律使用托盘端送。右手拿抹布,以便茶水或咖啡洒在桌面上时,可以立即擦拭。

(3)先将托盘放在桌面上,再端送给客人。若会客室关着门,应先敲门再进入。进入时应面带微笑,点头示意。

(4)奉茶或咖啡的顺序:客人优先;职位高者在先。

(5)留意奉茶或咖啡的动作。双手捧杯,视状况从客人的正面或斜后方奉上。奶精和糖放在大家方便取用处。

(6)双手拿起托盘,后退一步,鞠躬或致意说一句"打扰了",然后退出,把门关上。

### (二)中餐礼仪

1. 应该遵守的礼仪

(1)将餐巾放在膝盖上,不可用餐巾擦脸或嘴。完餐后,将餐巾叠好,不可揉成一团。

(2)照顾他人时,要使用公共筷子和汤匙。

(3)传染病毒携带者应自觉谢绝参加餐会。

(4)喝汤用汤匙,不出声。

(5)嘴里有食物时,不张口与人交谈。嘴角和脸上不可留有食物残余。

(6)剔牙时用手挡住嘴。咳嗽、打喷嚏或打哈欠时,应转身低头用手绢或餐巾纸捂着,转回身时说声"抱歉"。

(7)用双手举杯敬酒,眼睛注视对方,喝完后再举杯表示谢意。

(8)用完餐离座时,将椅子往内紧靠着边。

2. 不应出现的情况

(1)说话时不可喷出唾沫,嘴角不可留有白沫。不可高声谈话,影响他人。

(2)忌用筷子敲打桌面或餐饮器具。

(3)忌往桌子对面的客人扔筷子或其他餐具。

(4)忌把筷子架在杯子上,忌把筷子插在饭碗或菜盘里。

(5)忌讳筷子交叉放置、放反了、一头大一头小。

(6)谈话时不要挥舞筷子,也不要把筷子当牙签用。

(7)不要把筷子伸到他人面前,也不要插入菜盘深处。

(8)不要翻覆挑拣,也不要使筷子在菜盘上游动,不知夹什么菜。

(9)夹菜时不要一路滴汤,筷子不要沾满食物,也不要用嘴吮吸筷子。

(10)碰杯时,杯子不要高于对方的杯子。

(11)不抽烟,不往地上和桌子底下扔东西。不慎摔碎餐具,应道歉并赔偿。

(12)尊重对方的饮酒习惯和意愿,不以各种理由逼迫对方喝酒。

**(三)西餐礼仪**

1. 餐具的使用

(1)左叉固定食物,右叉切割食物。

(2)餐具由外向内取用。

(3)几道菜就放置几把餐具,每个餐具使用一次。

(4)使用完的餐具向右斜放在餐盘上,刀叉向上,刀齿朝内,握把皆向右,等待服务的侍者来收取。

2. 进食的方法

(1)主菜。用刀切割,一次吃一块。不可一次切完再逐一食用。口中有骨头或鱼刺时,用拇指和食指从紧闭的唇间取出。

(2)色拉。用小叉食用。

(3)面条和面包。面条用叉子卷妥食用。面包用手撕成小块放入口中,不可用嘴啃食。

(4)汤。用汤匙由内往外舀,不可将汤碗端起来喝。喝汤时不可出声。

(5)水果。用叉子取用。嘴里有果核,先轻轻吐在叉子上,再放入盘内。

3. 坐姿与话语

(1)坐姿端正,不可用嘴就碗,应将食物拿起放入口中。

(2)取用较远的东西,应请别人递过来,不要离座伸手去拿。

(3)嘴里有食物,不可谈话。

(4)说话文明,不要影响邻座的客人。

**(四)西式自助餐礼仪**

(1)原则上按照生菜、色拉、主食、甜点、水果顺序取菜,一次取 2 至 3 样。盘子如果堆得太满,既不雅观,又混淆原味。选用牛排、猪排、鱼排等食物时,须遵照西餐的礼仪食用。

(2)不要混用专用菜夹。用过的餐盘不可再用。

(3)既不可浪费,又不可抱着“捞本”和“不吃白不吃”的心态,暴饮暴食。

**阅读材料一 “口”外推销术**

推销是说服的艺术。如何说服顾客?一些推销员认为,只要有好口才就能说服顾客,因此在推销过程中只练“嘴功”。大量的推销案例表明,取得推销的成功,仅仅有好口才还不行,还需要用眼——认真观察,用耳——仔细倾听,用手——进行示范,用工具——提供证明。

推销需要用眼——认真观察

“一开口就谈生意的人,是二流推销员。”一位日本推销专家认为,推销是从融洽双方感情、密切双方关系、创造一个有助于说服顾客的良好气氛开始的，而要创造出这种气氛，推销员就必须仔细观察。

推销员在走进顾客办公室后，首先要用眼睛仔细观察。观察什么？就是要观察顾客办公室的布置、办公桌的摆放等；在与顾客谈话时，要观察顾客的言谈举止，以了解顾客的性格、爱好、兴趣、脾气。掌握这些信息，对说服顾客十分有益。

有一位推销员到某厂找厂长联系业务。一走进厂长办公室，发现墙上挂着几幅装裱精美的书法作品。而厂长正在小心翼翼地掸去一幅书法立轴上的灰尘。这位推销员立即意识到厂长喜爱书法，于是走上前对厂长说："厂长，看来你对书法一定很有研究。唔，这幅篆书写得好，称得上'送脚如游鱼得水，舞笔如景山飞云'，妙！看这悬针垂露之法的用笔，就具有多样的变化美。好极了……"厂长一听，此人对书法很内行便说："请坐，请坐下细谈……"这样，双方的感情迅速接近，当后来推销员谈到合同时，自然就"好说"多了。

美国一位心理学家提出这么一个公式：

一个人表达自己的全部意思＝7%的言辞＋38%的声音＋55%的表情

在推销过程中，顾客有许多真实想法并不会直截了当、明白无误地告诉推销员。这时，推销员就要仔细观察顾客的言谈举止，以洞悉顾客的内心世界，找出顾客没有说出的意思：他需要的是什么，最关心的是什么，最担忧的是什么，还需要考虑的是什么，犹豫不决的原因是什么，等等。一旦推销员掌握了顾客的内心世界，进行针对性的说服，也就掌握了主动权。

### 推销要用耳朵——认真倾听

一些推销员认为，做买卖就要有个"商人嘴"，因此口若悬河，滔滔不绝，顾客几乎没有表达自己意见的机会，这是错误的。

乔·吉拉德向一位顾客推销汽车，交易过程十分顺利。当客户正要掏钱付款时，另一位推销员跟吉拉德谈起昨天的篮球赛，吉拉德一边跟同伴津津有味地说笑，一边伸手去接车款，不料顾客却突然掉头而走，连车也不买了。吉拉德苦思冥想了一天，不明白客户为什么对已经挑选好的汽车突然放弃了。夜里11点，他终于忍不住给客户打了一个电话，询问顾客突然改变主意的理由。客户不高兴地在电话中告诉他："今天下午付款时，我同你谈到了我的小儿子，他刚考上密西根大学，是我们家的骄傲，可是你一点也没有听见，只顾跟你的同伴谈篮球赛。"吉拉德明白了，这次生意失败的根本原因是因为自己没有认真倾听顾客谈论自己最得意的儿子。

倾听，是推销的好方法之一。日本推销大王原一平说："对推销而言，善听比善辩更重要。"推销员通过听要比通过说能做成更多的交易。

### 推销要用手——进行示范

推销员只有让顾客清楚地认识到所推销的产品的确能够给顾客带来利益，才能打动顾客。然而，人们常说"耳听为虚，眼见为实"，顾客不会轻信推销员对产品的介绍，要说服顾客，推销员就需要用一定的方式向顾客证明你的产品确实具有你所说的优点。为此，推销员就要用手进行示范。

示范，就是推销员通过对商品的现场操作表演的方式，把商品的性能、特色、优点表现出来，使顾客对商品有直观的了解。

某厂开发的新产品——气功激发仪，在某商场柜台摆放了3个月无人问津。忽然有一天该商品被顾客抢购了198个。产品由滞转畅的原因是，推销员不仅向顾客介绍了商品的性能，而且现场进行表演，在一位患肩周炎的老人身上具体示范。奇迹发生了，当即这位老人的胳膊不仅能抬起，而且伸直弯曲也不疼。围观的顾客无不为之折服，纷纷解囊争购这种产品。示范的作用有两个方面：一是形象地介绍商品，有助于弥补语言对某些商品，尤其是技术复杂的商品无法完全讲解清楚的不足，使顾客从视觉、嗅觉、味觉、听觉、触觉等感觉途径形象地接受商品，起到口头语言介绍所起不到的作用；二是起证实作用，可以直观了解，胜于雄辩。

推销需要工具——提供证明

美国伽罗克公司的推销员，在推销他们的多功能大功率车床时，推销员用印有大量彩照的册子介绍商品。在图片册子的每页上，产品介绍言简意赅。利用图片册描述产品功能引起顾客的注意，顾客说："以前我不知道你们生产这种产品。"该公司所有的推销员使用图片向顾客推销后，6个月内订货就增加了300%。

通常，顾客是凭推销员对商品的介绍来购买商品的。如果推销员备有促进推销的小工具，则更能吸引顾客，激发他们的兴趣和好奇心，引发他们的购买欲。一个皮包里装满推销工具的推销员，一定能对顾客提出的问题给予令人满意的回答，顾客也会因此而信任并放心购买。

（转自荣尧、建峰：《销售与市场》1994年第5期）

**思考：**

你认为"口外"推销术在推销实践中的地位如何？如何做到"语言"推销和"口外"推销的有机结合？

**阅读材料二　　某公司员工礼仪的八大要求**

第一条　职员必须仪表端庄、整洁。具体要求是：

(1)头发。职员头发要经常清洗，保持清洁，男性职员头发不宜太长。

(2)指甲。指甲不能太长，应经常注意修剪。女性职员涂指甲油要尽量用淡色。

(3)胡子。胡子不能太长，应经常修剪。

(4)口腔。保持清洁，上班前不能喝酒或吃有异味食品。

(5)女性职员化妆应给人清洁健康的印象，不能浓妆艳抹，不宜用香味浓烈的香水。

第二条　工作场所的服装应清洁、方便，不追求修饰。具体要求是：

(1)衬衫。无论是什么颜色，衬衫的领子与袖口不得污秽。

(2)领带。外出前或要在众人面前出现时，应佩戴领带，并注意与西装、衬衫颜色相配。领带不得肮脏、破损或歪斜松弛。

(3)鞋子应保持清洁，如有破损应及时修补，不得穿带钉子的鞋。

(4)女性职员要保持服装淡雅得体，不得过分华丽。

(5)职员工作时不宜穿大衣或过分臃肿的服装。

第三条　在公司内职员应保持优雅的姿势和动作。具体要求是：

(1)站姿。两脚脚跟着地，脚尖离开约45度，腰背挺直，胸膛自然，颈脖伸直，头微向下，使人看清你的面孔。两臂自然，不耸肩，身体重心在两脚中间。会见客户或出席仪式站立场合，或在长辈、上级面前，不得把手交叉抱在胸前。

(2)坐姿。坐下后，应尽量坐端正，把双腿平行放好，不得傲慢地把腿向前伸或向后伸，或俯视前方。要移动椅子的位置时，应先把椅子放在应放的地方，然后再坐下。

(3)公司内与同事相遇应点头行礼表示致意。

(4)握手时用普通站姿，并目视对方眼睛。握手时脊背要挺直，不弯腰低头，要大方热情，不卑不亢。伸手时同性间应先向地位低或年纪轻的，异性间应是女方先向男方伸手。

(5)出入房间的礼貌。进入房间，要先轻轻敲门，听到应答再进。进入后，回手关门，不能用力、粗暴地关门。进入房间后，如对方正在讲话，要稍等静候，不要中途插话，如有急事要打断说话，也要看准机会。而且要说："对不起，打断你们的谈话了。"

(6)递交物件时，如递文件等，要把正面、文字对着对方的方向递上去，如是钢笔，要把笔尖向自己，使对方容易接着；至于刀子或剪刀等利器，应把刀尖向着自己。

(7)走通道、走廊时要放轻脚步。无论在自己的公司，还是对访问的公司，在通道和走廊里不能一边走一边大声说话，更不得唱歌或吹口哨等。在通道、走廊里遇到上司或客户要礼让，不能抢行。

第四条　正确使用公司的物品和设备，提高工作效率。

(1)公司的物品不能野蛮对待，挪为私用。

(2)及时清理、整理账簿和文件，对墨水瓶、印章盒等盖子使用后应及时关闭。

(3)借用他人或公司的东西，使用后应及时送还或归放原处。

(4)工作台上不能摆放与工作无关的物品。

(5)公司内以职务称呼上司。同事、客户间以先生、小姐等相称。

(6)未经同意不得随意翻看同事的文件、资料等。

第五条　正确、迅速、谨慎地打、接电话。

(1)电话来时，听到铃响，至少在第二声铃响前取下话筒。通话时先问候，并自报公司、部门。对方讲述时要留心听，并记下要点。未听清时，及时告诉对方，结束时礼貌道别，待对方切断电话，自己再放话筒。

(2)通话简明扼要，不得在电话中聊天。

(3)对不指名的电话，判断自己不能处理时，可坦白告诉对方，并马上将电话交给能够处理的人。在转交前，应先把对方所谈内容简明扼要告诉接收人。

(4)工作时间内，不得打私人电话。

第六条　接待工作及其要求。

(1)在规定的接待时间内，不缺席。

(2)有客户来访，马上起来接待，并让座。

(3)来客多时依序进行，不能先接待熟悉客户。

(4)对事前已通知来的客户，要表示欢迎。

(5)应记住常来的客户。

(6)接待客户时应主动、热情、大方，微笑服务。

第七条　介绍和被介绍的方式和方法。

(1)无论是何种形式、关系、目的和方法的介绍，应该对介绍负责。

(2)直接见面介绍的场合下，应先把地位低者介绍给地位高者。若难以判断，可把年轻的介绍给年长的。在自己公司和其他公司的关系上，可把本公司的人介绍给别的公司的人。

(3)把一个人介绍给很多人时，应先介绍其中地位最高的或酌情而定。

(4)男女间的介绍，应先把男性介绍给女性。男女地位、年龄有很大差别时，若女性年轻，可先把女性介绍给男性。

第八条　名片的接受和保管。

(1)名片应先递给长辈或上级。

(2)把自己的名片递出时，应把文字向着对方，双手拿出，一边递交一边清楚说出自己的姓名。

(3)接对方的名片时，应双手去接，拿到手后，要马上看，正确记住对方姓名后，将名片收起。如遇对方姓名有难认的文字，马上询问。

(4)对收到的名片妥善保管，以便检索。

## 复习思考题

1. 什么是礼仪？如何理解“礼出于俗，俗化为礼”？

2. 什么是推销礼仪？推销礼仪有什么特征？

3. 推销礼仪的作用有哪些？

4. 联系实际，谈谈如何根据推销礼仪从谈吐、服饰和举止等方面来设计和表现推销人员的外在形象？

5. 联系推销实际，谈谈电话礼仪、接待礼仪、介绍礼仪等的应用和注意事项。

# 第十四章

# 网络时代的推销

**学习目的和要求**

1. 了解网络经济时代对企业运作模式的影响
2. 掌握网络推销的概念、优点和功能
3. 了解我国网络推销的现状和存在的问题
4. 掌握网络推销对传统推销的影响以及推动企业网络推销的策略

## 第一节　网络时代背景下的推销活动

### 一、网络经济时代的背景分析

在网络经济蓬勃发展的时代，以互联网技术为代表的信息技术对企业的运作模式、人们的消费观念、营销推销手段等诸方面都带来了巨大的变革。如何在信息化浪潮中生存，是每一个民族、企业和个人都要思考的问题。

**(一)网络经济主要表征**

(1)市场全球化快速推进。随着信息技术的不断革新、全球交通和通信系统的不断改进，世界正在变小，各国间的距离“缩短”，边界也在“消失”。

现在一条新闻只需几分钟即可传遍全球，而国家间的资本流动也几乎是在瞬间就能够完成。信息与通讯技术革命及网络系统的不断完善，大大加快了经济全球化进程。中国在市场全球化浪潮中更是表现出色，受益巨大，中国企业走出去开拓国际市场，已经成为发展的新潮流。

(2)中小企业家的创新活动成为推动经济增长的主要动力。在网络经济中,增长迅速、规模相对较小的创新公司(企业)发挥着越来越大的作用。在美国,中小企业是国家自主创新的主体。美国企业创新产业中的82%来自中小企业。美国学者曾对某阶段进入市场的635项创新项目进行研究,发现就企业规模而言,中小企业创新数量是大企业的2.5倍,创新产品市场化速度快27%。大量高新技术项目也多出自中小企业。

(3)企业间的关系表现为竞争与合作共存。企业之间在某些产品开发方面可能是合作伙伴,而在另外一些产品经营方面则是竞争对手。

(4)新产业的蓬勃发展创造了许多新的就业机会,而新技术和新的经营方式同时也改造了许多原有的工作岗位。这种变化将导致居民收入差距呈现不断扩大的趋势。

(5)在网络经济中,新的工作岗位和新的公司不断产生的同时,几乎有同样多的公司倒闭。新企业成立得快,企业破产倒闭得也快,这导致工作岗位变动加快。

(6)客户导向的营销模式成为企业的现实选择。在网络经济时代,人们对购买产品的选择余地大大增加,对购买的便利性、个性化需求的满足、信贷消费等方面要求都相当高,传统的推销方式虽然仍发挥着巨大的作用,但网络销售将占据一定的份额。而且,随着人们网络消费习惯的逐步养成,网络商务在整个商务的比重将大大增加。

**(二)网络将改变企业运作模式**

1. 工业社会的企业是产品规格单一的大规模生产,而网络经济的新企业将要按照顾客的具体要求灵活地生产各种个性化产品

在工业社会,企业寻求规模经济,开办生产千篇一律产品的大型工厂,然后利用庞大的销售队伍在尽可能多的市场上把生产出来的产品推销出去。网络经济的企业将把顾客变成合伙人,给他们提供设计技术并让他们确切地提出需要什么样的产品,从而生产出适合每个顾客需要的产品。按照顾客的具体要求组织生产、提供服务将导致产品和服务的个性化,同时还可以减少浪费,因为库房里不会再有卖不出去的产品。

2. 资本和劳动力是"旧"企业的主要生产要素,而现在创新和知识正在成为企业最重要的生产要素

长期以来,固定资本存量和劳动力一直是企业从事生产经营活动最主要的生产要素。在网络经济中,创新与知识将成为企业特别是IT企业的最主要的生产要素。为企业盈利的新产品的寿命将比工业社会产品的寿命明显缩短,因为新技术使竞争对手几乎能立即赶上或超过他们,要想在开发新产品方面保持领先优势,企业必须吸引并留住最好的人才。大企业需要建立一个巨大的人才库,并加强新技术的研究与开发,才能在信息社会取得成功。小企业则需要同高等院校与科研单位合作开发新产品,以保持竞争力。吸引和留住人才不仅需要有较高的工资待遇,还需要有好的文化氛围和制度。

3. 工业社会企业的市场基本在国内,现代企业的市场在全球

尽管随着世界贸易的发展和跨国投资的增长,工业社会一些企业的销售市场已由国内市场扩展到国际市场,但是对绝大多数企业来说,其主要市场基本在国内。随着全球经济一体化的迅速推进以及信息技术和网络的发展,基于网络的经济活动将跨越国界,把空间因素的制约降到最低。因此,企业的竞争范围将扩展到全球市场。为了在竞争中取胜,企业需要更多地关心、研究国际市场上的风云变幻,及时采取正确的应对措施。另一方面,未来的公司要在全球范围内优化资源配置,一些公司可以在地球上任何一个地方成立分部,就像它们在世界各地销售其商品和服务一样。信息社会新的全球公司总部可能设

在某一个国家，但是却在别的国家编制软件，进行工程设计，加工制造产品。总部与分部通过网络连接，以使分布广泛的员工能够协同工作。现在国际上许多大的跨国公司，像IBM等都已经这样做了。

4. 工业社会企业的技术驱动力是机械化，现代企业的技术驱动力是信息技术

工业社会的企业基本上是通过机械化组织生产，降低生产成本，以提高竞争力。在网络经济时代，信息技术将是企业（公司）组织生产，降低生产成本，提高竞争力的核心技术。企业的生产经营活动和日常管理工作日益依赖计算机和网络，这既可以大大节省企业费用又可以大大提高企业效率。企业建立内部计算机网络系统，并且与国际互联网连接将是企业生产经营活动的最重要的基础设施。

5. 工业社会的企业是通过规模经济降低成本，提高竞争力，网络时代的企业将主要利用技术优势，通过创新，快速生产出廉价、高质量的产品，来加强自己的地位

在网络时代，思考的速度、行动的速度和传递信息的速度都在加快。因此人们开始用网络年（正常年的3个月）谈论技术发展，因为游戏规则正在改变。由于在网络时代从新产品的开发和生产周期到员工的调整等每一件事都在快速进行，因此决策时用太多的时间反复思考或采取官僚主义的相互推诿，将有可能导致企业在激烈的市场竞争中败下阵来。快速创新将是信息社会企业取得竞争优势的必要条件。

6. 工业社会的旧企业是官僚化的等级分明的组织形式，而网络时代的新企业将是实行网络化管理的企业

工业社会大企业内部的组织结构长期以来一直是越往上越小的金字塔，最下层是一般职工，最顶层是权力巨大的首席执行官，形成了等级分明的组织结构。现代企业（公司）把经营伙伴、雇员、外部推销商、供货商和客户，以各种不同的合作形式联接在一起，形成一个相互依存的网络系统。管理好这个网络与管理好企业内部经营一样重要。网络使组织中的每一个人从下层职员到董事长，能从任何地方即刻得到大量信息。在工业社会的专业化大生产条件下，企业只要求工人掌握一项专业技术，而网络经济时代的企业将要求职工掌握多项技术。在工业社会，大的专业化加工企业对工人的要求是掌握一项技能，因此工人参加工作后很少有机会变换工作岗位，也很少有机会再接受培训。然而，在网络经济时代，由于企业为了提高竞争力需要不断开发新产品和新的服务项目，淘汰旧的产品，新工作岗位产生和旧工作岗位消亡的新陈代谢过程加快。在这种情况下，工人需要不断地变换工作岗位，因此，企业和社会需要不断对工人进行培训，使职工掌握多项技能。在信息社会，由政府和企业合作建立一个对职工实行终身培训的体制将是大势所趋。

7. 网上交易将成为企业重要的销售渠道，而且也将促进电子商务的发展

由于国际互联网24小时不停顿地运转，使企业网上交易可以全天候地连续进行，而产销在网上直接联系，使信息交流更直接、更快捷，降低了交易成本，而且也弱化了中间层次的作用。

随着“互联网＋”战略的提出，互联网对我国各行各业的影响愈加深刻。在互联网的跨界融合过程中，各行业涌现许多新业态。在互联网金融方面，第三方支付、P2P小额信贷、众筹等概念持续火热，普惠金融时代已经开启；在互联网教育方面，依托互联网带来的大数据、人工智能、机器学习等最新技术及线上教育走向个性化和规模化；在互联网医疗方面，移动医疗创新应用遍地开花，其模式由简单的线上咨询向线上问诊、医药电商、预约挂号等O2O模式转化，患者与医生实现线上线下双向互动。2015年，我国移动互联网市

场规模同比增长76.9%，达到3 981.5亿元。

## 二、网络推销的含义

网络推销，是指在网络经济时代背景下，企业或者推销人员借助计算机网络、电脑通讯和数字交互式媒体的功能来实现推销目标的一种营销模式。具体来说，它是由企业在网络上开设自己的主页，且在主页上开设“虚拟商店”，用以陈列宣传其商品，顾客则可以足不出户通过任何一部网络计算机进入其中，从浏览、挑选、下订单到支付货款都在网上完成，之后就可等待送货上门的一种推销方式。

在被称为“e时代”的今天，互联网正在彻底改变着我们的生活。截至2015年12月，中国网民规模达6.88亿，互联网普及率为50.3%；手机网民规模达6.2亿，占比提升至90.1%，无线网络覆盖明显提升，Wi-Fi使用率达到91.8%。企业在竞争中求生存、求发展，忽略网络这一重要推销渠道，失去的不仅仅是客观的客户群体，更可能还有新一轮经济整合中抢先一步的绝佳机会。然而作为企业实体，怎样通过虚拟的网络来有效宣传自身？网络到底能提供哪些比传统媒体更经济的推销手段？这些已经成为众多老总们日益关注的问题。上网企业可以利用互联网，以较低的成本进行国内外商品信息的查询；对网上目标顾客进行产品测试与满意调查，让顾客自行设计产品，满足个性化需求；可在网上发布有关信息，进行广告、促销活动；可利用网络渠道进行直接的网上交易（主要是诸如电脑软件、电子图书、电子资料库等电子化产品，有的可使用电子货币），或配合传统的送货上门和结算完成交易过程；也可以通过网络提供各种售后服务，建立顾客档案，与顾客进行一对一的双向互动沟通。由于渠道缩短，业务人员及管理人员减少，企业内外部虚拟组织（如虚拟橱窗布置、虚拟商品、虚拟经销商、虚拟业务代表）的采用而导致的经理、代理及分店、门市数量的减少或消失，“按单制造，及时送货”所带来的库存成本及风险的减少，交易过程简化所带来的高交易效率与低交易成本，势必会大大降低企业推销成本，提高推销效率。

## 三、网络推销的优点

网络推销已经显示出许多优点，例如方便快捷，还有易于搜索信息、减少库存等。

### （一）直接，在时间和空间上不受限制

直接就是将产品通过互联网界面而“面对面”地推销给消费者，减少或取消代理商，在时间和销售空间上都可节省资源。互联网上的零售商是以信息库为特征的网上商店所组成，它的零售空间随网络体系的延伸而延伸，没有任何地理障碍，它可以使相隔万里的市场与消费者缩至咫尺之间；网上销售可以一天24小时，一年365天营业，并能迅速采集顾客购买意向，并借助数据库分析顾客的购买行为，向顾客提供咨询、采购等服务，而且能够快速更新商品信息，调整商品市场需求和流通趋势的适应性。

### （二）信息充分，内容丰富

以网络为媒体的信息内容十分丰富，网上的虚拟市场的信息往往是多媒体，有图片、动画、文字和声音等，声形并茂，其内容不仅有产品和价格的信息，还有相关的知识文化信息。经营者只需坐在办公室或家中就能向世界各地发布关于企业、产品及竞争情况的信息，用户不论在哪个地区、哪个国家，都可以从网上了解各种信息，并按照自己的要求，如价格、质量、性能和购买条件等做出选择。

**（三）广告与销售的完美结合**

一个网站要想把产品卖给消费者，广告很重要，网上促销的优点就是将广告直接与产品联在一起，不像传统的广告媒介，广告行为通常是与销售分离的，这样的广告效果当然比较差。在网上推销，也不会出现人在商场里售货员硬要塞给你商品的感觉。而且广告可以将文字、图形和声音完美地融合在一起，不会让你有稍纵即逝的遗憾，你可以反复欣赏。

**（四）减少风险**

风险是商业中的一个重要的关注点，利用网络销售，可以明显地减少风险，这在国外的一些企业中已经得到证明。网上推销的一个好处是按订单生产，减少了库存积压的风险，同时通过网络跟踪销售状况和了解市场，减少了生产风险。当然，网上促销需要在前期投入一笔不小的费用，这也是商家应该考虑的风险。

**（五）减少代理费用，增加利润**

利用网络促销来减少代理费用和店面租金，这是网络直销所带来的明显好处。像DELL和Compaq等大型计算机硬件商，通过网络促销，减少了代理，为企业增加了丰厚的利润。国内诸多企业也纷纷开展线上线下联动模式。苏宁电器于2011年推出B2C网上购物平台——苏宁易购，覆盖传统家电、3C电器、日用百货等品类。2015年，苏宁云商营业收入高达1 356亿元。

**（六）减少办公费用**

网上销售将销售点设在网络上，仓库设在生产车间，这就免去了销售场所昂贵的租金，也可以减少一些日常的办公费用，如消防、卫生、保安等诸多费用。不仅如此，网上销售还可以减少部分人力。借助于方便快捷的信息沟通，商家可以大幅度减少商品进、存、销的成本，实现真正意义上的“零库存”销售。实施网上推销，所有的推销材料就可以直接电子化后上网，并且可以在网上更新和修改，这就为企业节省了大量的开支，同时也提高了效率。

**（七）增辟了一条新的销售渠道**

网络推销向销售者许诺了平等的世界市场进入权，任何一个使用互联网的公司或个人，不受国家、地理位置、经营规模、项目等因素的限制，可与网上任何公司或个人打交道，只要上互联网，无论任何人都能得到同样质量、同样可信度的服务。目前，在全球经济呈现买方市场的情况下，开辟一条新的销售渠道和一个新的市场，是许多商家梦寐以求的，而网上促销的确给一些商家开辟了一条费用较少、风险较低，而且符合潮流的销售途径，这是许多企业上网销售的一个重要动机。

**（八）沟通更有效，目标更集中**

网络推销不再是传统的“一对多”的信息沟通，而是“一对一”的沟通，具有双向交互反馈的功能。消费者可以主动在网上随意选择有兴趣的信息、产品或服务。而企业与消费者之间的沟通更直接、更方便，也更有效；网络推销迎合了当今社会个性化、多样化的消费需求的发展趋势，从大规模无差异性向个性化集中营销转化。它将目标市场细分得更为详尽，使企业可以深入到每个消费家庭去寻找商机，提供更贴心更合口味的产品与服务。同时，网上的促销活动效果是可以计量的，向广告者收费是以访问其网址的人数为标准，从而可以了解主要消费者群的地理分布。这就使企业可以主动为想为之服务的人提供服务，具有其他方式所不具备的极强的针对性。

### 四、网络推销的功能

**(一)告知功能**

网络推销能够把企业的产品、服务、价格等信息传递给目标公众，引起他们的注意。

**(二)说服功能**

网络推销的目的在于通过各种有效的方式，消除目标公众对产品和服务的疑虑，说服目标公众坚定购买的信心。

**(三)反馈功能**

网络推销能够通过电子邮件及时收集和汇总顾客的需求和意见，迅速反馈给企业的管理层。由于网络推销所获得的信息基本上都是文字资料，信息准确，可靠性强，对企业经营决策具有较大的参考价值。具体方法为：

(1)利用电子布告栏或电子邮件提供在线售后服务或与消费者做双向沟通。

(2)提供消费者与消费者、消费者与公司在网上共同讨论区，可借此了解消费者需求、市场趋势等，以作为公司改进产品的参考。

(3)提供线上自动服务系统，可依据客户需求，自动在适当时机由线上提供有关产品和服务的信息。

(4)公司各部门人员可经由网络进行线上讨论，将有关产品构思或雏形公告于网络上，以引发全球各地有关人员的充分讨论。

(5)透过网络对消费者进行意见调查，借以了解消费者对于产品特性、品质、包装及样式等的意见，借以协助产品的研发与改进。

(6)在网上提供与产品相关的专业知识以进一步为消费者服务。此举不但可以增加产品的价值，同时还可以提升企业形象。

(7)开发电子书报、电子杂志、电子资料库、电子游戏等信息化产品，并经由网络提供物美价廉的全球服务。

(8)可利用网络设计消费者需求的产品，提供顾客化的产品与服务。

## 第二节　我国网络推销的现状、存在的问题及发展前景

### 一、我国网络推销的现状及存在的问题

随着网络经济在中国的发展，人们在感受到网上购物便利的同时，也发出了对电子商务不足的抱怨。目前，国内有6亿网民，而经常网上购物的却不足一成，许多人对此透露出对电子商务发展的失望之情。网上购物增长缓慢说明电子商务还存在很多不足，如何加快建立网络销售的规范成为社会各界共同关心的话题。

我国信息产业作为高新技术的组成部分，电子商务为中国高新技术产业发展和传统产业的改造升级提供了强大支撑，发展电子商务是中国不断解放和发展社会生产力、全面建设小康社会的战略措施。

2016年6月，中国国际电子商务中心研究院发布的《中国电子商务报告(2015)》显

示：2015 年，我国电子商务继续保持快速增长势头，交易额达到 20.8 万亿元，同比增长约 27%。网络零售总额达到 3.88 万亿元，同比增长 33.3%。其中，实物商品网络零售额占社会消费品零售总额的 10.8%。跨境电子商务交易额约 4.56 万亿元人民币，同比增长 21.7%，其中出口约 3.99 万亿元人民币，同比增长 21.9%；进口约 5 731 亿元人民币，同比增长 20.3%。2015 年，我国制造业领域电子商务采购和销售普及率进一步提升，平均达到 37.24%，部分行业接近 60%。电子商务与传统产业协同发展，成为推进供给侧结构性改革、促进新经济发展、带动创业就业的重要引擎。

## 二、我国网络推销的前景

### (一)网络推销对传统推销的影响

1. 网络推销与传统推销互为补充，相得益彰

从目前来看，网络推销要完全取代传统推销是不可能的，绝大多数人仍将通过传统的购买方式进行购物和消费。但是，一些实力强、信息化程度较高的企业都在巩固现有传统推销优势的基础上，尝试和开展网络销售，使传统商务和现代商务有机结合，共同发展。

电子邮件推销、企业网站推销、网上广告等是互联网推销的主要工具，企业中网络推销部门一般会依托这几种形式进行推销工作，而每一种工具都有丰富的内涵和多层次的内容。如网站推销，从简单的网页，到与内部系统相连的企业门户网站，到采用 CRM 系统的一对一推销网站，都是网站推销，而其具体的内容则有很大的差异。

据统计，82.2%的网民通过搜索引擎寻找自己需要的产品信息。搜索引擎在网站网址推广方面的作用是毋庸置疑的。在美国，搜索引擎目前为止已成为最为成熟的一种网络推销方法。当客户输入关键字时，实际上是在主动告知相关产品销售者自己的需求。消费行为调查显示，一般用户会点击搜索结果前 50 名的链接。实践证明，排名位置的不同对搜索推销效果的影响非常大。在成千上万条搜索结果中，你的网站出现的位置直接关系着客户接收到你产品信息的概率，搜索排名的广告价值由此产生。

就国内外主要搜索引擎的收费方式来看，目前主要有两种基本情况：比较简单的一种即收费登录，仅仅是当网站缴纳费用之后才可以获得被收录的资格；另一种则是购买关键词广告，简单来说就是在搜索引擎的搜索结果中发布广告的一种方式，当有用户检索到你所购买的关键词时，你的信息将会出现在搜索结果页面的相应显著位置。关键词广告具有较高的定位程度，并且往往可以提供即时的点击率效果，可以随时修改网站的有关信息，加之收费模式更加合理，有望成为搜索引擎推销方法的主流形式。

目前，国内已出现了一批专供商务洽谈的门户网站，如阿里巴巴、中国化工网，以及提供搜索排名服务的网站，其中百度(www.baidu.com)提供的“竞价排名”属于前面讲到的第二种方式。这项服务因其低起点、灵活性和覆盖率高而颇受企业欢迎。在缴纳少量预付金后，企业可以选择注册与自己网站相关的关键字参与竞价排名。与一般的 BANNER 广告相比，关键词检索优势在于：第一，在关键词检索页面投放广告具有较高的定位程度；第二，用户可以根据需要通过更换关键词和修改点击付费额等方式对广告效果进行控制，比一般网页上的静态广告更换要方便得多；第三，这种关键词检索的广告形式通常以 CPC(按点击付费)模式定价，大大减少了无效浏览所要付出的代价，可以真正做到“有的放矢”。精确定位自己的广告受众，根据需要决定宣传力度，并根据广告效果付费——在这个不怕做不到只怕想不到的 e 时代，网络就这样将推销的神话变成了现实。

当消费者进入网站后，接下来便是传统的推销技巧问题：顾客已经被带到你的面前，你能否成功地打动他——你的网页是否美观，信息是否详尽有效，联系方式是否醒目方便，交款取货是否快捷可靠……而最根本的一条是：你的产品能否让顾客满意。

对于许多企业来说，“网络”这一全新媒体似乎充满了神秘。其实，网络推销的秘诀与传统推销并无二致，即怎样找到你的顾客，并成功地打动他们。道理十分浅显，关键问题是，你能否找到那个最有效的手段。商场竞争如此激烈，所谓“得民心者得天下”，只有领先一步，才能克敌制胜，笑傲江湖。

2. 网络推销对传统推销人员带来的挑战——网络推销员成为新宠

从本质来看，传统推销与网络推销是相同的，都是将满足顾客需求的产品送到顾客的手中。只是双方推销和沟通的媒介不一样而已，网络推销借助了网络这一先进媒体，使推销和沟通变得更为快捷和高效。这样，网络推销给传统推销模式带来了一定的挑战。一位经营电子商务的企业老总曾说：“电子商务就是要彻底消灭中间商。”可以说，如果大量的消费者能直接在网上购买的话，这种新的销售方式必然对旧的销售方式进行侵占和排挤，那么原有的存在于生产商和消费者中间的推销员势必受到冲击，很多推销员将面临失业的危险。在各行各业已经出现这样的势头：利用网上销售的企业的推销员已逐渐减少或不复存在，像网上书店、超市、二手车市场等地方，推销员已变成网络管理员和信息处理员了。一个旅行代理商的话更反映了这种趋势——“电子商务打击最大的是较小的代理商，这引起我们的重视，迫使我们另寻高招”，以致有研究单位对美国140家人寿保险公司调查时发现，有84%的公司担心互联网抢走他们的饭碗。

看过“推销员之死”话剧的人们可能有所感触，做一个市场经济中的推销员实在太难了。但推销员又是十分必要的，他作为中介，出现在几乎所有产品和行业中，成为生产者和消费者之间重要的桥梁。传统的推销员受到冲击的同时，一种新的职业——“网络推销员”又诞生了。

什么是网络推销员？网络推销员也叫电子中介人，简单地说，就是通过网络进行产品和服务推销的专业人员。这些人的共同特点就是既懂得网上操作，又知道如何与顾客谈生意。这部分人员正在增多，他们主要来自两个方面，一是原有的推销员进行转型；二是一些原本从事网络管理、维护和信息发布的技术人员。这就是推销员的新生吧，正如一个成功的网络推销员所说：“中间商并未消亡，只是在重塑自我，如果你想成为一个网络推销员，唯一的办法只有学习。”

**（二）网上购物前途光明**

中国互联网历经多年的积累，得到政府、运营商和其他行业的企业多方支持，拥有非常好的发展环境和基础；经过近年来的宣传推广，消费者对互联网的认知度和接受度都得到了很大提高。

随着网络环境的日益改善，网上销售的前景还是十分看好，因为它的优势是传统推销方式所不具有的。网上销售同时还对传统的销售方式产生较大的影响，其中明显的变化就是推销员角色的改变。

我国电子商务的未来并不像有些人认为的那样没有前途。面对我国电子商务这几年所取得的成绩，我们应对电子商务的未来充满信心。我们应该清醒地认识到，尽管现在我国的网络消费还存在着许多问题，但电子商务因其独特的优势必将在我国有着美好的未来，随着信息化进程的加快、互联网的发展以及电子商务环境的不断改善，无论B2B还是

B2C 都将取得长足的发展。

此外，“网上购物”的概念正深入人心。对网友的一份最新调查显示：有 49.61%的网民认为电子商务将会很快深入人心，这预示着电子商务在中国将会有更进一步的发展。

从总体上看，无论电子商务的模式怎样变，要促进中国电子商务的普及，需要政府、企业和社会各界的共同支持和努力，进一步推动电子商务的发展，开创电子商务发展的新局面。

## 第三节　企业进行网络推销的策略

当前，许多企业由于长期从事传统的推销活动，对于新兴的网络推销不知如何开展，仓促上马，效果并不理想。作为一种新兴的推销手段，企业要做的事情还很多。现代推销观认为，现代推销并不是孤立存在的，它与产品、价格、渠道和其他促销手段紧密联系在一起。因此，在探讨推销策略时，应与产品、价格、渠道和其他促销手段联系起来进行一定的分析和研究。以下是企业开展网络推销的几种策略。

### 一、网页策略

在互联网上设立网站是企业进行网络推销的基础。在网络市场，企业的网站就代表着企业的形象。企业要想成功地开展网络推销，应着重以下几点：

1. 抢占优良的网址并加强网址宣传

在网络空间上，网址是企业最重要的标志，已成为企业的资源。网址的名称应简单、鲜明、易记，通常为企业的品牌或名称。由于目前网址注册的规定还不完善，注册时间是主要标准。一旦本应属于自己的域名被别人注册，则会对本企业带来不必要的损失。如麦当劳就不得不以 800 万美元的代价买回自己的网址。

2. 精心策划网站结构

网站结构设计应做到结构简单，通过建立较为便捷的路径索引，来方便访问。结构模式应做到内容全面，尽量涵盖用户普遍需求的信息。

3. 网站维护

企业建立网站是一项长期的工作。它不仅包括网站创意和网站的开通，更包括网站的维护，如网上及时更新产品目录等试销性较强的信息。网站的维护也能集中反映企业的营销个性和策略，最终都表现为为顾客提供更满意的服务。

### 二、产品策略

网络的逐渐发展，使消费者与厂商的直接对话成为可能，消费个性化受到厂商的重视，这使网络推销中产品呈现出众多新特色。企业在制定产品策略时，应从网络推销环境出发，满足网上顾客需求。

(1)企业可以通过分析网上的消费者总体特征来确定最适合在网上销售的产品。2015 年 12 月，淘宝发布中国互联网消费趋势报告。通过对 2011～2015 年淘宝数据分析发现，“移动电商时代来临”“消费力往三四级城市下沉”“28 岁以下的网购用户高速增长”是三个鲜明的消费特征。报告称，追求健康、智能、个性、时尚等消费趋势体现了国人的消费升级。

(2)要明确企业产品在网上销售的费用要远远低于其他渠道的销售费用,如电脑软件等一些产品,在网上销售要比其他渠道花费低得多,这样就无形中降低了企业成本,提高了企业产品在市场上的竞争力。

(3)产品的市场涵盖面要广,且目标国的电信业、信息技术要具有一定的水平。目前,世界上大部分国家和地区开通了互联网,市场涵盖面较为宽广,大大提高了交易机会,为企业赢得了更多的利润。

(4)企业应利用网上与顾客直接交流的机会为顾客提供定制化的产品服务,同时企业应及时了解消费者对企业产品的评价,以便改进和加快新产品的研究与开发。

## 三、价格策略

价格是网络推销中最为复杂和困难的问题之一,因为价格对于企业、消费者乃至中间商来说都是最为敏感的话题。网上销售可以使单个消费者同时得到某种产品的多个甚至全部厂家的价格以做出购买决策,这就决定了网上销售的价格弹性较大。因此,企业在制定网上销售价格时,应充分考虑检查各个环节的价格构成,以期做出最合理的价格。

(1)由于网上价格随时会受到同行业竞争者的冲击,所以企业可以开发一个自动调价系统,根据季节变动、市场供需情况、竞争产品价格变动、促销活动等因素,在计算最大盈利基础上对实际价格进行调整,同时还可以开展市场调查,及时获得有关信息来对价格进行调整。

(2)开发智慧型议价系统,与消费者直接在网上协商价格,即两种立场(成本和价格)的价格策略直接对话,充分体现网络推销的整体特点。

(3)考虑到网上价格具有公开化的特点,消费者很容易全面掌握同类产品的不同价格,为了避免盲目价格竞争,企业可开诚布公地在价格目录上向消费者介绍本企业价格制定程序,并可将本产品性能价格指数与其他同类产品性能价格指数在网上进行比较,促使消费者做出购买决策。

## 四、其他促销策略

网上促销在目前开发较为广泛,尤其是网络广告比较受欢迎。网络促销的出发点是利用网络特征实现与顾客沟通。这种沟通方式不是传统营销中“推”的方式,而是“拉”的方式,即“软”营销。这一特色是发掘潜在顾客的最佳途径。

(1)网络广告是目前较为普遍的促销方式。网络广告不像其他传统广告那样大面积地传播(“推”),而是由消费者自己本身去选择(“拉”)。网络的强大功能几乎囊括了所有媒体广告的优势。企业在做广告策划时,应充分发挥网络的多媒体声光功能、三维动画等特性,诱导消费者做出购买决策,并达到开发潜在市场的目标。

(2)利用网络聊天的功能开展消费者联谊活动或在线产品展销活动和推广活动。这是一种调动消费者情感因素,促进情感消费的方式。在这方面成功的典型是在线书店亚马孙,其在网站下开设聊天区以吸引读者,使其年销售额达到34%的递增,其中有44%是回头客,充分展示了网上促销的魅力。

(3)与非竞争性的厂商进行线上促销联盟,通过数据库资源共享,增加与潜在消费者接触的机会,这样一方面不会使本企业产品受到冲击,另一方面又拓宽了产品的消费层面。

(4)将网络文化与产品广告相融合,借助网络文化的特点来吸引消费者。如将产品广告融于网络游戏中,使网络使用者在潜移默化中接受促销活动。通过组建用户俱乐部可吸引大批的网友来交流意见,也可以实现网络文化传播的作用。企业可以将其产品和企业形象精确地渗透到每一个对产品真正感兴趣的用户,同时企业也可以通过网络交流来影响网络文化,从而制定有效的营销策略。

## 五、渠道策略

网络将企业和消费者连在一起,给企业提供了一种全新的销售渠道。这种新渠道不仅简化了传统营销中的多种渠道的构成,而且集销售,售前、售后服务,商品与顾客资料查寻于一体,因此具有很大的优势。企业在应用过程中应不断完善这种渠道,以吸引更多的消费者。

(1)结合相关产业的公司,共同在网络上设点销售系列产品。采用这种方式可以增加消费者的上网意愿和消费动机,同时也为消费者提供了较大的便利,增加了渠道吸引力。例如,计算机生产商同软件商、网络服务商等联合进行促销和销售。

(2)在企业网站设立虚拟店铺,通过三维多媒体设计,形成网上优良的购物环境,并进行各种新奇的、个性化的,能够随着一定时期、季节、促销活动、消费者类型而变化的店面布置以吸引更多的消费者进入虚拟商店购物。虚拟橱窗可24小时营业,服务全球顾客,并可设虚拟售货员或网上导购员回答专业性问题。这一优势是一般商店所不能比拟的。

(3)消费者在决定购买后,可直接进行线上购物,网上下单后网站会委托物流公司送货上门。在互联网金融越来越发达的情况下,网上支付的安全得到不断保障,网上支付的渠道和方式也愈发多样,消费者可以选择全额、分期、打白条等多种方式完成交易。

## 六、网络推销的顾客服务

互联网与其他媒体截然不同之处在于网络的"互动性",而最能发挥这种特性的是网上顾客服务。通过实施交互式营销策略,提供满意的顾客服务正是许多企业网络推销成功的关键。网上顾客服务的主要工具有电子邮件、电子论坛、常见问题解答等。

电子邮件方便快捷、经济且无时空限制,企业可用它来加强与顾客之间的联系,及时了解并满足顾客需求,为此企业必须加强对电子邮件的管理。首先应确保邮路畅通,使邮件能够按照不同的类别由专人受理,并且快速回应。电子论坛是供网上顾客自由发表评论,是企业获得顾客对本企业产品、服务等全方位真实评价材料的工具。企业的主管人员应经常主动参与讨论,引导消费者对核心业务发表意见和建议。这对企业提高服务水平,获取客户信息和捕捉商机有很大好处。常见问题解答是一举两得的服务方式。一方面顾客遇到这类问题无须费时费资地专门写信或发电子邮件咨询,而可直接在网上得到解答;另一方面,企业能够节省大量的人力物力。"常见问题解答"的页面设计要选择合理格式,既满足顾客信息需求,又控制好信息暴露度。

企业可以根据自己的情况,应用这几种策略的组合。当然,企业开展网络推销的策略远不止这些。企业可以在实践中发现和使用更好的、更有利于自己的网络推销策略,以使自己的推销工作做得更好,更有利于企业的发展。

**案例一　　适用的就是最好的**

伊漫公司的主要业务是经营各种礼品,经营方式长期以人工操作为主。为了提高工作效率，公司很早就购置了先进的电脑设备，但是由于员工的使用水平有限，电脑的许多功能没有利用起来，以至花巨资买来的电脑只能当打字机用。

随着近年来公司业务的迅速发展，传统的人工操作渐渐不能适应采购、销售、配送等多项业务同时开展的需要，制约了企业的发展。比如说，公司有时会同时接到好几笔订单，有时又经常几周没有出货，所以业务员在进货时总是担心货源不充足或者库存太多。同时客户对礼品的品质、种类也提出了更高的要求，公司在拓展货源方面面临着新的挑战。公司领导很希望能通过计算机和网络来及时了解客户需求，扩大进货渠道，同时加强进、出货管理。

像伊漫公司这样的企业应该选择什么样的电脑呢？伊漫老板经过反复对比，从性能和价格上做了详细调查，最后决定选择了联想集团为中小企业"量身定做"的互联网商用电脑——商博士6000。公司试着买了3台，在使用中发现，这款电脑操作极其简单方便、安全性能也超乎想象。

商博士6000具有实用的互联网商务应用功能，可以与联想应用服务网站"亿傲"网无缝链接，为用户提供一年免费上网和信息发布服务。伊漫公司通过商博士6000这种服务，在"亿傲"网站上制作了内容丰富的网页，及时发布商品信息，并在商务社区中与老客户交流，同时还在网上结识了一批新客户，一时间公司的影响扩大了许多，经常有人打电话、发邮件订货。半年后，公司的客户增加了40%，这就是网络带来的意想不到的效果。值得一提的是，公司签订的有史以来数额最大的订单，就是一位客户看到伊漫公司的主页后找上门来的。伊漫公司的员工说，他们终于对"电子商务"有了模糊的感受，联想商博士6000一下子就让一个信息化程度较低的中小企业体会到了网上营销所带来的商机。

**思考：**

通过伊漫公司的实例，谈谈如何使我国的中小企业走上现代网上推销之路。

**案例二　　海尔智能服务升级**

**——成立家电业首个全球用户最佳体验中心**

2016年5月，全球用户最佳体验中心揭牌仪式在青岛海尔举行。该中心是行业首个智能检测用户交互体验生态圈，致力于为行业提供领先的一站式个性化定制的智能检测用户交互体验服务解决方案。

在互联网＋、智能制造等浪潮推动下，家电产品迭代速度不断加快，产业融合趋势日趋明显。由大规模制造到大规模定制，家电业正处在创新与转型升级的关键时期。在这一背景下，如何整合专业资源、搭建开放的智能定制交互的检测平台，以最快的速度、最优质的服务、最经济的成本满足全球各地不同消费者的个性化体验需求成为时代的必然。为此，整个产业进行了诸多探索，全球用户最佳体验中心正是这些探索中最有效的落地产物。

据了解，全球用户最佳体验中心占地共计10 000平方米，拥有专业实验室66个及高、精、尖专业设备1 000余套，涉及家电、机械和电子电器等行业领域，覆盖用户体验、云检测大数据、安全、性能、可靠性等500多项标准2 000多个项目的全球化检测能力。在用户最佳体验新生态下，海尔与中家院等近30家国际权威检测认证机构紧密合作，通过并联参与和资源共享共同为用户提供专业化服务及体验解决方案，满足了100多个国家和地区不同消费者的需求。

在揭牌仪式上，全球用户最佳体验中心首次对外发布了智能检测定制交互平台 1.0 版，目标是将全球用户最佳体验中心打造成开放引领的利益攸关方，共创共赢新平台。新交互平台给行业带来的最大颠覆是改变了单体实验室符合性检测的传统模式，带来了 U-lab互联互通和智能检测个性化定制的全新体验。

具体来看，新生态的迭代主要体现在以下三个方面的升级：一是硬件和体系上，从孤立的实验室转变为互联互通的并联平台，与海尔全球五大研发中心、七大互联工厂及模块商不同节点的检测资源即时互动，通过检测大数据交互并联增值。二是在软件和服务上，从符合性标准检测转变为个性化定制检测，通过服务定制、智能检测、资源抢单及粉丝交互四大板块，一方面可以实现在线定制、自动检测、全程可视、即时交互和用户评价的闭环，另一方面针对攸关方交互中的需求课题，可以实现开放平台下的一流资源无障碍进入和在线抢单。三是打造检测创业平台，将员工从执行者转变为充满活力的全员创客。

互联网时代用户需求日益可视化，企业的最大难题已不是如何满足用户的产品需求，而是如何创造用户的产品需求，这需要企业从发展基因上向互联网转型。全球最佳用户体验中心的建立，不仅带来了高效率和最佳体验，更能将全球用户需求与全球检测资源及创客成果第一时间对接，从而更好地创造用户需求。与此同时，这也标志着海尔检测认证资源和质量口碑已经处于持续引领的水平，为海尔创造用户全流程最佳体验和互联网时代全球化品牌提供了有力保障，更好地促进家电业的技术创新、智能制造和供给侧改革转型升级。

（资料来源：海尔集团网，2016 年 5 月）

**思考：**

结合海尔智能服务升级案例，分析该案例对企业开展推销活动的启示。

## 案例三　小米手机的网络营销

高配低价的小米手机是手机行业最热的话题之一。小米手机以高端的配置卖 1 999 元 HOLD 住了大量手机发烧友。通过连贯的网络营销，小米手机达到了惊人的宣传效果。透过百度指数，小米手机关注度在 2011 年 8 月 16 日上升到 20 多万，8 月 17 日经过各大媒体对其报道，百度指数关注度上升至 36 万。

一、一万台产量的饥饿营销，引发网络热议

在小米正式销售前，有媒体爆出小米手机硬件采购的细节，发现小米手机第一批产能只有一万台，这则消息确实让不少垂涎的米粉神经立马紧张起来：如此优秀的手机居然第一批产量只有一万台！这则消息除了让消费者神经绷紧，媒体方面也出现了诸多猜测，有的说小米实力不足，有的说小米搞饥饿营销等，小米官方否定这些消息的真实性。这一万台的营销直接引发了在网络上更广泛的讨论。对于网络营销来说引发广泛讨论是必备的。找出几个有讨论价值的论点结合自己的产品，引发广泛讨论，这样的推广效果就会事半功倍。

二、公测工程机，丰富网络声音

在业内工程机就是测试机，是不允许销售的，不过这次小米破例销售工程机，效果等同于网络游戏公测或免费试用。这种公测模式与权威媒体测评不一样，因为每个人使用习惯不一样，关注的功能就不一样，这样的测试除了可以更快速、更广泛地知道产品优劣性，而且还能获得更多更全面的评价和信息，从而让大家更深入地了解这款产品。

三、网上预订购，数字的魅力

小米官网在 2011 年 9 月 5 日下午 1:00 开始第一轮预订购，半天时间已有 13 万人预订，按照每台手机 1 999 元的价格，等于半天时间就有 2 亿多元的销售额，这个数字足以 HOLD 住不少的观众。数字是一个很容易吸引人的东西，在团购网上已购买人数等同于产品的火热程度、等同于客户的认可度。在小米网站上的预订购人数，可以让预订购者更珍惜这个机会，并且能激发更多潜在的购买者。所以广告上写上销售量或者评论数，能引起消费者对该产品的关注，从而唤起购买欲望。

**思考：**

小米手机成功的网络营销给现代企业的网络营销带来什么借鉴意义？

## 复习思考题

1. 简述网络经济对企业运作模式带来的影响。
2. 何谓网络推销？它有何优点？
3. 简述网络推销的功能。
4. 请对我国网络推销的现状和存在问题进行简要分析。
5. 简述网络推销对传统推销的影响。何谓网络推销员？
6. 联系实际谈谈企业进行网络推销的策略。

# 第十五章

# 推销管理

**学习目的和要求**

1. 了解和掌握推销管理的内容
2. 了解推销人员的选拔、培训和激励
3. 了解和掌握推销绩效考核系统的建设，以及客户关系管理策略

## 第一节 推销管理的内容

对于一个企业来说，如何最大限度地发挥每一个推销人员的力量，建立科学合理的推销计划、严格执行的考核体系和能充分调动推销人员积极性的激励机制，是事关企业能否生存和发展的大事。而完成这件大事的重要途径，就是加强对推销活动的管理。

按照法约尔的组织管理理论，管理职能包括计划、组织、领导、控制和协调五大功能。管理的中心是人，管理的本质是以人为中心的协调活动。管理也是生产力。

推销管理就是关于推销的计划、组织、领导、控制和协调。事实证明，成功的推销，固然要靠推销人员的实践以及在实践中不断总结经验和吸取教训，但接受公司管理部门正确的指导与安排，也是成功的推销所不可缺少的。正如一支乐队必须有指挥一样，公司也必须注重推销管理工作。推销管理的范围相当广泛，包括编制与实施推销计划，控制推销活动，推销人员的招聘、甄选、培训、指导与激励，推销绩效的评估等。全面加强推销管理工作，无疑会促进推销目标的实现。

推销管理工作要求规划、指导和控制推销活动。推销管理部门的基本任务就是要提出推销目标、制定推销计划并监督、控制推销计划的实施。

## 一、推销计划

决策是计划的前提,计划是决策的逻辑延续。一旦企业做出了与推销有关的目标决策,接下来要做的就是将目标分解到部门、子公司、分公司直至每个人,做到目标清晰,任务明确。只要每个员工都能顺利完成各自的推销任务,整个企业的推销目标就能很好地完成。可以说,推销计划就是按时序、按部门、按个人分解目标和任务的过程。计划是执行的先导,没有计划,就没有执行的方向和纲领。当然,没有执行,再好的计划也等于零。所以,计划和执行是相依为命的,出色的企业在这两方面往往都表现出极强的能力。

推销计划就是推销管理部门根据企业的生产经营实际情况,确定推销目标、销售利润和销售费用以及实现目标的方式和步骤。推销计划是企业生产经营计划的重要组成部分,是企业推销工作得以有目的、有步骤、高效率开展的必要条件。推销计划与企业的各项生产经营计划有着紧密的联系,生产计划中的生产进度、生产数量要根据推销计划中的推销量来确定,财务计划中的利润指标也要与推销计划中的推销量、销售额相协调。

### (一)制定推销计划的依据

推销管理部门在制定推销计划时,主要的依据有:

1. 宏观经济环境

其包括国家经济运行形势、宏观调控政策、物价、利率、经济增长率、人口、技术、自然和地理环境等因素。

2. 企业的总体战略规划

其包括企业的长远规划、年度计划和实施计划的策略、方针与步骤。

3. 本行业基本动态

其包括行业内各企业的销售量、市场占有率及各自的营销目标与营销策略,竞争对手的实力和新产品开发情况。

4. 企业经营状况

其包括本企业的销售量、市场占有率、利润率、技术开发水平等。

5. 企业的促销措施

其包括广告、宣传、公关、推销、价格、分销渠道等方面的决策及其相关的促销措施。

### (二)计划的制定、分解和修正

没有调查就没有发言权,科学合理的计划都必须建立在充分调研的基础上。在制定推销计划之前,要搞好市场调查和预测。要使推销计划符合推销工作的实际情况,必须充分掌握企业的营销环境和企业内部资源情况,为编制计划提供基础资料。为了使计划能在相当一段时间内起到指导作用,还必须对市场需求及市场竞争态势做出科学的预测。在充分调研搜集资料的基础上,确定年度推销计划。

## 二、推销控制

在推销计划的执行过程中,市场格局和销售环境的变化是在所难免的,为了确保推销工作高效率地开展,企业及推销部门必须及时对推销状态进行控制。控制过程就是“纠偏”的过程,让推销活动符合推销计划以逐步实现推销目标的过程。

**(一)推销控制的含义**

所谓推销控制,就是企业将推销机构各部门、各环节的活动约束在企业经营方针及推销目标、推销计划的轨道上,对各推销要素的运动态势及其相互间的协调状况进行监督与考察、审计与评估、操纵与把握等一系列规范化约束行为的总称。推销控制的目的在于确保企业营销目标的实现,使推销活动取得最佳效益。其本质是对推销活动的操纵与把握,即通过对推销活动的每一个行为和事件的测度来检验其是否符合既定的原则、计划和指令。如果发生偏差,应立即采取调整修正措施,以保证沿着最合理的途径实现推销所预定的目标。

**(二)推销控制的程序和内容**

推销控制要按照一定的程序完成相应的工作。一般来说,推销控制的程序及其工作内容如下:

1. 确定评价对象

推销控制的系统应包括推销成本、推销收入和推销利润三个方面,测评的范围应该包括推销人员的工作绩效、新产品开发和推销成绩、广告投资效益率及市场调查的效果等。对市场调研、广告、推销、咨询及各项服务等营销活动均要通过控制来评价其效率,对新产品开发、特别促销、试销等专门项目则往往采用临时性的控制措施。

管理者在确定测评范围时,应根据各推销组织及人员的具体情况而定。在确定测评对象时,要考虑必要性和经济性。测评的业务范围越大、频率越高,所需要的费用也就越多。有的组织、个人和推销环节对企业整个推销绩效关系重大,或容易脱离计划,或情况不稳定,就需要对有关推销业务活动作全面测评,以加强控制。反之,则可以只抽查几个主要方面。

2. 确定衡量标准

它是根据已确定的、准备测评的推销业务活动来选择具体的衡量标准。科学而合理的衡量标准,是检测评价工作实绩的客观尺度,也是管理者对具体推销活动实施控制的主要依据。

控制标准有质和量两个方面的规定性。控制标准的质是指标准的特定内涵,即对标准所反映的性质的界定,通常是指一系列具有针对性的可以反映某种行为内在本质的指标规范。例如,推销人员的工作绩效可以用推销量增长率、客户年增长率等来说明;市场调查效果可以用每一次用户访问的费用表示;广告推销效果可以用记住广告内容的视听者占全部视听者的百分比来表示;等等。控制标准的量是指将指标加以定量化,即确定各项控制指标的定额。

多数企业在确定控制标准时通常采用综合性的工作绩效标准,一般来说,考虑的因素有:

(1)每个推销员所推销产品的具体特征;

(2)每个推销员推销区域内的销售潜量;

(3)每个推销员推销区域内竞争产品的竞争力;

(4)每个推销员所推销产品的广告强度;

(5)推销员的业务熟练程度;

(6)推销员的推销费用;等等。

3. 检测工作绩效

要采用各种方法检查实际工作,客观地了解和掌握测评对象的实际工作情况。检查工作可以采取直接观察的方式，也可以根据推销管理信息系统所提供的资料和各种原始记录来进行。例如，通过月度销售量资料检查推销进度，通过推销人员招待费用的报销凭证检查推销人员支用招待费用有无违规行为，通过用户购物订单检查实际销售量等。然后，将工作实绩资料与控制标准相比较，了解预期目标实现的情况。

4. 分析偏差原因，采取改进措施

工作实绩与控制标准比较的结果，如果不相符合，就说明企业推销组织或推销人员中存在问题。那么，企业就应当进一步进行绩效分析，找出出现偏差的原因。如果控制标准脱离了推销实际，就应修正控制标准；如果控制标准是科学合理的，就要从推销活动中找出具体原因，以便采取相应的措施加以克服。

**(三)推销控制的方法**

推销控制活动是连续不断、周而复始的运动过程。企业在确定了具体的控制对象和合理的控制程序后，还必须根据不同的对象科学地选用控制方法，以保证对推销活动实施有效控制。推销控制的基本方法有战略控制、过程控制和预算控制等。

1. 战略控制

战略控制的目的在于使企业的营销目标及所采用的策略与推销环境相适应，以保证企业推销任务的顺利完成。它是企业的最高管理层通过多种手段，对企业的推销环境、内部推销系统和各项推销活动定期进行全面系统的考核。战略控制的内容有三个方面：

(1)考核推销环境

考核的对象包括：

①市场状况。企业目前所面对的市场，细分市场情况、市场特性与发展前景。

②顾客情况。顾客对本企业的认识与看法，顾客做出购买决策的依据与过程，顾客当前需求状况与发展趋势。

③竞争状况。企业主要竞争对手状况，当前竞争态势与可预见的竞争趋势。

④宏观环境。可能对本企业产生影响的政治、经济、社会、法律与科技发展因素。

(2)考核企业内部推销系统

考核的对象有：

①目标。企业长、短期营销目标与销售目标是什么，目标是否明确、合理，是否全面反映了企业的竞争能力，是否把握了有利时机。

②策略。企业借以实现推销目标的核心策略是什么，其成功率有多大，企业是否能够调配足够的资源完成计划任务，各种要素的配置是否得当。

③计划。企业是否制定了完善、有效的年度推销计划，是否按期执行控制步骤以确保计划目标的实现，企业的推销情报是否能满足各级人员对推销业务进行计划与控制的需要。

④推销组织及人员。企业中从事推销活动的人员在数量、素质上是否合乎要求，各级推销人员是否有进一步培养激励或监督的必要，推销组织结构是否能适应不同产品、不同市场与各类推销活动的需要。

(3)考核各项推销业务活动

考核的对象包括：

①产品。企业的主要产品和一般产品，产品系列中应淘汰或增加哪些产品，从整体上看各项产品的情况是否正常。

②定价。产品定价是否全面考虑了成本、需求与竞争因素，价格变动可能产生的反

响，顾客对产品价格的反映。

③推销。各推销分部是否按最佳分工方式组成，是否都能实现企业目标，整个推销组织的士气、能力与成果是否相协调，评价劳动成果的目标体系是否合理。

④广告宣传。其是否有完整计划，所制定的目标是否切合实际，媒体选择是否恰当，费用支出是否合理，效果如何。

2. 过程控制

过程控制的核心在于实行目标管理，即将计划目标细分为若干小目标，分层落实，及时纠正偏差。实施过程控制的具体方法有：

(1)销售分析

其目的在于衡量与评估实际销售额和计划销售额之间的差距。常用的方法有以下两种.

①销售差距分析。这种方法主要用于判断不同因素对实现销售目标的影响程度。例如，计划3月份以10元的价格销售某种牙膏4万支，总销售额为40万元，而到3月底，仅以8元的价格售出3万支，总销售额为24万元。造成与计划额相差40%的销售差距16万元，其原因是销量不足和售价降低，但这两个原因对销售额所产生的影响是不同的，可以通过计算加以说明。

售价降低的差距=(10−8)×30 000=60 000(元)，占销售差距的37.5%

销量降低的差距=10×(40 000−30 000)=100 000(元)，占销售差距的62.5%

这说明销量降低是影响计划实现的主要原因，需进一步找出根源采取办法加以解决。

②地区销售量分析。这种方法主要用于判断导致销售差距的是哪种产品或哪些地区。例如，某企业在甲、乙、丙三个地区的计划销售量为400件、800件与1 000件，但实际销售量却分别为360件、840件和560件，与销售目标相比，销售差距分别为−10%，+5%和−44%，据此分析可得出结论：导致销售差距的原因主要是丙地区的销售业绩不佳。

(2)市场占有率分析

销售分析不能反映企业在市场竞争中的地位，而通过市场占有率的分析则可以清楚地掌握企业同其竞争者在市场竞争中的地位及相互关系。譬如，企业仅是销售额增加而市场占有率不变，其原因可能是宏观经济改善，并不说明企业竞争地位提高。企业的销售额下降而市场占有率保持不变，说明整个行业受到了宏观经济环境的不利影响。要进行市场占有率的分析，必须注意定期收集、整理全行业销售资料。

(3)销售费用率分析

实施过程控制时，要注意在确保实现销售目标的同时做到销售费用不能超支。管理人员应注意把各项推销费用限制在计划以内，重点考核广告费用与人员推销费用。

3. 预算控制

预算控制是按照事先分配给各项推销活动一定费用的计划，对推销活动实施控制。管理者可以采用效率测量的方法，分析研究企业推销资源可产生的推销效果，使推销资源产生最大效率；也可以采用制定推销预算方法，根据企业预算的目标核算完成预定目标所必须支付的费用水平，用预算防止费用超支，并对推销成效进行测量。

# 第二节　推销人员的管理

推销管理的重点在于对推销人员的管理，因为推销员是完成推销工作、实现推销目标的行为主体，是战斗在市场一线的排头兵。

优秀推销人员是企业的重要人才。推销员在外直接面对激烈的市场竞争，对内肩负着销售企业产品、实现企业产品价值的重任，在其各自负责的销售区域内，是公司的首席代表，也是与顾客联系的友好使者，这些因素使得他们在公司内外受到普遍的关注，也使他们的工作更具有重要性和特殊性。而推销工作的性质决定了推销员通常是独当一面，独自一个人在公司外工作，部门经理乃至公司高层领导不便对其作具体指导。公司在放手让推销人员外出开拓市场，为他们的工作提供种种便利条件的同时，也必须加强与规范对推销人员的管理。

推销人员管理的工作包括甄选、培训、日常管理与激励。

## 一、推销人员的招募

推销人员的招募是引进推销人才的过程。

**(一)招募的途径**

推销人员的来源主要包括两个方面：一方面是从企业内部选拔业务能力强、素质高的人充实到销售部门；另一方面是从企业外部招募。从企业外部招募主要有以下几种途径：

1. 高等院校

这是招收应届毕业人才的主要途径。各类高等院校能提供各级专门人才。单位可以有选择地去物色人才，派人到各有关学校召开招聘洽谈会。为了让学生增进对企业的了解，鼓励学生毕业后到本企业工作，征募主持人应当向学生详细介绍企业情况及工作性质与要求，最好印发公司简介小册子，或制成光盘，印制介绍图片。

2. 人才交流会

全国各地每年都要组织几次大型的人才交流洽谈会。用人单位可花一定的费用在交流会上摆摊设点，应征者前来咨询应聘。这种途径的特点是时间短、见效快。如北京市的首都体育馆、工人体育馆、北京展览馆、国际展览中心、海淀体育馆等地几乎每年都有春、秋季人才交流洽谈会，还举办特殊人才交流会，如外资企业人才招聘会。但是，在这种交流会上，小型企业特别是中小型国有企业很难招聘到优秀人才。

3. 职业介绍所

许多企业利用职业介绍所来获得所需的销售人员。但有人认为，这类介绍所的待业者多为能力较差而不易找到工作的人。不过如果有详细的工作说明，让介绍所的专业顾问帮助遴选，能使招募工作简单化，也可以找到不错的人选。随着互联网招聘的发展，智联招聘、58同城等专业机构也快速发展。

4. 各种广告

最普遍的招人广告为刊登报纸的分类广告，可吸引众多的应征者，但合格者所占比例一般较低。如果详细限定申请人的资格，则申请人数会大大减少，合格者的比例会提高，因而可节省招募费用。

另一种广告是刊登在各类专门杂志上，一般能取得较好效果，能招聘到较高级的销售人员。

还有电视招聘广告。大中型公司或前景特别诱人的公司可利用这一途径招聘到优秀人才。

5. 通过内部职员介绍

许多规模较大、员工众多的公司都可以定期让内部职员动员自己的亲属、朋友、同学、熟人介绍别人加入公司的外勤销售行列。利用这种途径有许多优点。如由于被介绍者已对工作及公司的性质有相当的了解，工作时可以减少因生疏而带来的不安和恐惧，从而降低退职率。有时因新加入者与大家比较熟悉，彼此有责任感要把工作做好，相互容易沟通，提高团队作战的效率。

6. 行业协会

行业组织对行业内情况比较了解，经常访问制造商、经销商、销售经理和推销员。如中国市场协会、高校市场营销研究会，可请它们代为联系或介绍。又如，香港管理专业协会的市场推销研究社，企业可通过它介绍或推荐而获得希望转职的销售人员。

7. 业务接触

公司在开展业务过程中，会接触到顾客、供应商、非竞争同行及其他各类人员，这些人员都是销售人员的可能来源。

**(二)如何利用报纸进行招募**

利用报纸进行招募是企业最常用也是较容易采取的一种方法。一般中小型公司或新成立单位的招聘广告多刊登在报纸上。

目前利用报纸进行招募存在以下问题：广告篇幅狭小，内容单调；位置不明显，各类广告夹杂在一起；费用也不低，并有不断上涨的趋势；招募来源数量不好估计，应聘人员素质差别较大。

为了解决以上问题，提高招募效率，追求成本的最佳组合，我们必须对刊登媒体的选择、版面的大小、刊出的日期、刊出的内容及广告文词进行严格的把关。主要应注意以下几点：

1. 刊登媒体的选择

各单位应尽量选择当地发行量大、广大读者喜闻乐见的报纸刊登广告。

2. 版面位置及大小

人事广告一般刊登在分类广告版，其他版面虽价格一样但一般效果较差，除非受到见报时间的限制，否则一般公司不愿刊登在其他版面。当然也可多花些钱刊登在一个特殊的显著版面。

版面设计要引人注目，版面越大必然越能引起人们的注意。一般来说，7.5CM×6.5CM是最佳的尺寸。位置则在右上角及左上角为最佳。

3. 刊出日期

刊出日期一般在周六、周日效果更好。因为国内各种报纸有一种倾向，周末版知识性、趣味性强，更具可读性，销量也大。从读者方面看，双休日有较多的闲暇时间，可仔细阅读。

4. 刊登内容

公司的声誉及形象、工作内容、所提供的职位，常常是引人注目的关键。如要找新人则强调不必有经验，并在收入、职务及机会上多予以说明。如果找有经验者则可注明应征职位或有升迁机会。通常注明收入的底薪及发展机会会吸引更多的有心人前来应征。文字要求明确、真实可靠，切勿做虚假或欺骗广告。

5. 刊出方式

在刊登招聘广告时，一般有两种方式：

(1)表明式招聘广告。即在刊登的广告文辞上载明公司名称及职位、应征者须具有的条件，甚至说明条件不适者请勿前来应征。一般此类广告应征者数量较少，但素质较高。不过应征主管应注意这个基本原则：先求应征者数量的增加，再求素质的提高。

(2)隐蔽式招聘广告。即不写明应征公司名称及职位，只表明某公司欲招募男女若干名、升迁机会佳、收入高、待遇好，凡有干劲能吃苦耐劳者均可报名。把工作机会写出，但不明确地说明，有意者只有亲自联系，才能获知详情。这是一般小型公司担心公司及职位不够吸引人而采取的做法。也有想多次刊登招聘广告的公司采用这种做法。如果应征公司的名称多次见报可能会破坏公司的形象，因为若非公司的问题，人员流动率高，何必经常招人？但这种方式在国外某些地区是不允许的，目前国内并未禁止。

6. 应征方式

人事广告一般应明确告示应征者如何应征。销售人员的应征与一般内勤人员的应征方式是不同的。内勤人员应征一般先寄证书、履历、成绩单等相关资料，审核通过后再通知口试或笔试，常需经过许多关的测验。应征外勤销售人员则通常以口试面谈为主，一些较具规模的公司也有一些笔试测验。一般应征方式主要有：

(1)先寄回函，再安排面谈。让应征者寄上履历，写明联系电话、地址及可以面谈的时间，以便安排面谈。其他一切待面谈时再说。

(2)电话联系即来面谈。招聘广告上注明电话及地址，以便应征者查询有关事项。此时接电话的人员需告知大略情况，不必详细说明，但要问清对方的姓名、联系电话、地址及可能来面谈的时间。一切待面谈时再说，以免一些人稍作打听即予放弃或不敢前来应征。

(3)见报即来面谈。即指明见报当天或一周内持有关证件资料前来面谈，过期不候。

7. 应征期限

应征期限依应征计划不同而稍有差别，但不宜太短也不宜过长。一般以一周至一个月为宜。一周以下会有许多愿意应征者抽不出合适时间。应征期限至少应包括一个周末，并且应征期限内的休息日不能休息，因为很多人是在有工作的同时寻找未来适合自己的工作，他们只有周末才有时间。

8. 注意事项

除上述外，在通过报纸进行招募工作时，还应注意以下事项：

(1)准备要充分，各项事宜应安排得井井有条，以免给应征者以不良的印象。预先要估计应征人数及预定录用人数，以便安排工作人员、场地、介绍资料等。

(2)场地的选择多以应征者来公司面谈为宜，但也有约定其他地点，甚至租用大宾馆、饭店、旅馆进行面谈的。各单位应根据自己的声誉、资金实力等条件决定。

(3)面谈室的布置要使人有舒畅高雅的感觉，最好把公司的产品、目录、样品、销售业绩报表及图示都摆出来，给人以身临其境的感受；气氛要亲切宜人。

(4)每次招聘广告要做好资料的收集及各项记录，以便评估分析。如刊登媒体、刊出日期、版面位置及大小、文稿、费用、应征人数、录用人数等相关资料。通过分析评估，总结经验教训。

## 二、推销人员的培训

推销人员的培训是培育推销人才的过程。

许多企业在招募到新的销售人员之后，立即派他们去做实际工作，企业仅向他们提供样品、订单簿和销售区域情况介绍等。这些企业担心培训要支付大量费用、薪金，会失去一些销售机会。但事实证明，训练有素的销售人员所增加的销售业绩要比培训成本更大。而且，那些未经培训的销售人员其工作并不理想，他们的推销工作大多是无效的。

在顾客自由选择度日益增强和产品复杂程度越来越高的今天，推销人员不经过系统的专业训练，是不能很好地与顾客沟通的。有远见的企业在招聘之后，都要进行几周乃至数月的专业推销培训。国外企业的平均培训时间，产业用品公司为28周，服务公司为12周，消费品公司为4周。培训时间随销售工作的复杂程度与所招入销售机构的人员类型的不同而有所不同。如IBM公司的新销售代表头两年是不能独立工作的，公司希望其销售代表每年用15%的时间参加额外的培训。

### （一）培训计划的制定

培训计划需要明确的问题有：培训目标、培训时间、培训地点、培训方式、培训师资、培训内容等。培训计划的设计应考虑到新人培训、继续培训、主管人员培训等不同类型培训的差异。

1. 培训目标

培训目标有许多，每次培训至少要确定一个主要目标。总的来说，培训目标包括发掘销售人员的潜能，增加销售人员对企业的信任，训练销售人员工作的方法，改善销售人员工作的态度，提高销售人员工作的情绪，奠定销售人员合作的基础等。最终提高销售人员的综合素质，以增加销售业绩，提高利润水平。

2. 培训时间

培训时间可长可短，根据需要来确定。确定培训时间需要考虑以下方面：

(1)产品性质。产品性质越复杂，培训时间应越长。

(2)市场状况。市场竞争越激烈，训练时间应越长。

(3)人员素质。人员素质越低，培训时间应越长。

(4)要求的销售技巧。若要求的销售技巧越高，需要的培训时间也越长。

(5)管理要求。管理要求越严，则培训时间越长。

3. 培训地点

依培训地点的不同可分为集中培训和分开培训。集中培训一般由总公司举办，培训对象是企业所有的销售人员。一般知识和态度方面的培训，可采用集中培训，以保证培训的质量和水平。分开培训是由各分公司分别自行培训其销售人员。有特殊培训目标的可采用此法，可以结合推销实践来进行。

4. 培训方式

培训方式有在职培训、个别会议培训、小组会议培训、销售会议培训、定期设班培训和函授等。各企业可根据实际情况选择适宜的方式。

5. 培训师资

培训师资应由学有专长和富有销售经验的专家学者担任。任教者应具备如下条件：

对于所授课程有彻底了解；对于任教工作具有高度兴趣；对于讲授方法有充分研究；对所用教材随时进行补充和修正；具有乐于研究及勤于督导的精神。

6. 培训内容

培训内容常因工作的需要及受训人员已具备的才能而异。总的来说，培训内容包括：

(1)企业的历史、经营目标、组织机构、财务状况、主要产品和销量、主要设施及主要高级职员等企业概况。

(2)本企业产品的生产过程、技术情况及产品的功能用途。

(3)目标顾客的不同类型及其购买动机、购买习惯和购买行为。

(4)竞争对手的策略和政策。

(5)各种推销术、公司专为每种产品概括的推销要点及提供的推销说明。

(6)实地推销的工作程序和责任，如适当分配时间、合理支配费用、如何撰写报告、拟订有效推销路线等。

**(二)培训方法**

常用的培训方法主要有课堂培训法、会议培训法、模拟培训法和实地培训法。

1. 课堂培训法

这是一种正规的课堂教学培训方法。一般由销售专家或有丰富推销经验的销售人员采取讲授的形式将知识传授给受训人员。这是应用最广泛的培训方法，其主要原因在于费用低，并能增加受训人员的实用知识。其缺点是此法为单向沟通，受训人获得讨论的机会较少，讲授者也无法顾及受训人的个别差异。

2. 会议培训法

这种方法一般是组织销售人员就某一专门议题进行讨论，会议由主讲老师或销售专家组织。此法为双向沟通，受训人有表示意见及交换思想、学识、经验的机会。

3. 模拟培训法

这是一种由受训人员亲自参与并具有一定实战感的培训方法，为越来越多的企业所采用。其具体做法又可分为实例研究法、角色扮演法、业务模拟法等。实例研究法是一种由受训人分析所给的推销实例材料，并说明如何处理实例中遇到问题的模拟培训法。角色扮演法是一种由受训人扮演销售人员，由有经验的销售人员扮演顾客，受训人向"顾客"进行推销的模拟培训法。业务模拟法是一种模仿多种业务情况，让受训人在一定时间内做出一系列决定，观察受训人如何适应新情况的模拟培训法。

4. 实地培训法

这是一种在工作岗位上练兵的培训方法。在新来的推销工作接受一定的课堂培训后即可安排在工作岗位上，由有经验的推销人员带几周，然后逐渐放手，使其独立工作。这种方法有利于受训者较快地熟悉业务，效果很好。

## 三、推销人员的日常管理

为了避免推销人员工作范围的重叠或疏漏，必须对推销工作进行科学而周密的分工。如企业产品差别不大且技术性能不强，推销人员的分工可采用地区分工法，即按产品推销的区域市场，把推销人员分为若干小组，每个小组负责向一个地区市场推销企业不同种类的产品。如企业产品有显著差异而且专业技术性强，推销人员的分工则可以采取产品分工法，即根据企业产品的不同类别，将推销人员相应地分成若干小组，各自完成一类产品的推销任务。此外,还可按顾客的不同类型或综合上述几种因素对推销员进行分工。

对推销人员的管理可采取的具体措施有:

1. 制定推销手册

具体解释或示范推销产品的方法以指导推销工作。

2. 组织推销会议

定期召开公司、地区、大区及全国性的会议,以加强对推销员的指导和管理,同时增进推销员之间的联系和友谊。

3. 编制简报

用定期编制业务简报、内部刊物或不定期发出信函等方式,向推销人员通报情况,并加强与他们的联系。

4. 按规定写推销报告、推销记录

企业规定推销人员填写推销报告和推销记录,可按日、周、月汇报推销工作情况及市场行情,还可要求推销员填写顾客登记卡,以便掌握顾客基本情况和推销员走访结果。

## 四、推销人员的激励

企业销售目标的实现有赖于推销人员积极努力的工作,如果推销人员的主动性、创造性得到充分的调动,就能创造良好的推销业绩。对于大多数推销人员来说,经常给予表彰和激励是非常必要的。从主观上来说,绝大多数人的本性是追求舒适轻松的工作和生活,而回避需要付出艰苦努力的劳动。只有给予物质的或精神的激励,人们才能克服与生俱来的惰性,克服种种困难,满腔热情地投入工作。从客观上来说,推销工作的性质使得推销人员常年奔波在外,脱离企业、同事和家人,极易产生孤独感;推销工作的时间没有规律,会对推销人员的身心健康产生不利影响;推销工作竞争性很强,推销人员常常和竞争对手直接接触,时时感受到竞争的压力;推销人员在工作中被顾客拒绝是常有的事,即使付出艰苦的努力也不一定能得到订单,经常受到挫败会使他们的自信心受到伤害。管理部门应当充分认识推销工作的特殊性,经常不断地给予推销人员激励,才能使推销人员保持旺盛的工作热情。另外,推销人员经常出差,不能很好地照顾家庭,可能引起家庭矛盾或导致婚姻危机,推销人员个人也会被身体健康状况或债务等多方面问题所困扰。推销管理部门也应注意到这方面问题,采取妥善的方法激励推销人员克服困难。

**(一)激励的方式**

企业可以通过环境激励、目标激励、物质激励和精神激励等方式来提高推销人员的工作积极性。

1. 环境激励

环境激励是指企业创造一种良好的工作氛围,使推销人员能心情愉快地开展工作。企业对销售人员的重视程度很重要。有些企业认为销售代表不怎么重要,有些企业则认为他们是实现企业价值的人,给他们提供许多的机会。事实证明,如果对销售代表不重视,其离职率就高,工作绩效就差;如果重视,其离职率就低,工作绩效就高。企业可以召开定期的销售会议或非正式集会,为销售代表提供一个社交场所,给予销售代表与公司领导交谈的机会,给予他们在更大群体范围内结交朋友、交流感情的机会。

2. 目标激励

目标激励是指为销售代表确定一些拟达到的目标,以目标来激励销售人员上进。企业应建立的主要目标有销售定额、毛利额、访问户数、新客户数、访问费用和货款回收等。其中，制定销售定额是企业的普遍做法。

许多公司为其销售代表确定销售定额，规定他们一年内应推销的数量，并按产品分类确定。销售定额是在制定年度市场营销计划的过程中确定的。公司先确定一个可能达到的合理的预计销售指标，然后为各地区确定销售定额，各地区的销售经理再将定额分配给本地区的销售代表。

确定销售定额有三个学派：高定额学派认为，定额应高于大多数销售代表所能达到的水平，这样可刺激销售代表更加努力地工作；中等定额学派认为，定额应是大多数销售代表所能达到的，这样销售人员会感到定额是公平的，易于接受，并增加信心；可变定额学派认为，定额应依销售代表的个体差异分别设定，某些人适合高定额，某些人则适合中等定额。

销售定额的实践经验表明，销售代表的反应是不完全一致的，其实在实行任何一种标准时均会出现此种情况。一些人受到激励，因而发挥出最大潜能，一些人感到气馁。有些销售经理在确定定额时对人的因素极为重视。一般来讲，从长远的观点看，优秀销售人员对精心制定的销售定额将会做出良好的反应，特别是当报酬制度按工作业绩作适当调整时更是如此。

对销售人员个人确定销售定额时应考虑销售人员以往的销售业绩、对所辖地区潜力的估计、对销售人员工作抱负的判断及对压力与奖励的反应等多种因素。

3. 物质激励

物质激励是指对做出优异成绩的销售人员给予晋级、奖金、奖品和额外报酬等实际利益，以此来调动销售人员的积极性。物质激励往往与目标激励联系起来使用。研究人员在评估各种可行激励的价值大小时发现，物质激励对销售人员的激励作用最为强烈。

4. 精神激励

精神激励是指对做出优异成绩的销售人员给予表扬，颁发奖状、奖旗，授予荣誉称号等，以此来激励销售人员上进。对于多数销售人员来讲，精神激励也是不可少的。精神激励是一种较高层次的激励，通常对那些受正规教育较多的年轻销售人员更为有效。所以企业负责人应深入了解销售人员的实际需要，他们不仅有物质生活上的需要，而且还有诸如理想、成就、荣誉、尊敬、安全等方面的精神需要。尤其当物质方面的需要基本满足后，对精神方面的需要就会更强烈一些。如有的公司每年都要评出“冠军推销员”“推销状元”“推销女状元”等，效果很好。

**(二)竞赛激励**

竞赛是企业常用的激励销售人员的工具。它可采取多种形式，充分发挥销售人员的潜力，促进销售工作的完成。

1. 竞赛激励设置的原则

竞争能激发销售人员求胜的意志，提高业务员的士气。销售工作是一项很具挑战性的工作，每天都要从零开始，充满艰辛和困难，所以销售主管要不时地给予加油或充电。开展业绩竞赛是一个充电的好办法。业绩竞赛虽然是强心剂，但如果用药过猛，也达不到预期效果，反而成了散心丸。有的销售主管没有一套严格的规章制度和做法，心血来潮则大奖小奖一起来，人人受奖等于没奖，结果花了大笔费用，得不到激励效果，反而影响了士气的提高。产生这种情况的主要原因是销售主管对业绩竞赛的用意及要领没能妥善掌握。竞赛奖励的目的是，要鼓励销售人员做出比平时更多的努力，创造出比平时更高的业绩。否则业务员的工作本身就是做销售拿佣金,为何还要给予竞赛奖励呢? 业务员追求可见的成功,需要主管的赞扬和鼓舞。竞赛要能创造业务员的销售热情,制造业务员不服输的拼劲,即竞赛必须制造出想赢的高潮。

我们明确了竞赛的目的和意义之后,就要有如何来设置竞赛项目及奖励办法以达到目的。一般来说,主要应注意以下原则:

(1)奖励设置面要宽,竞赛至少要设法使参加者人数的 50%~60%有获得奖励的机会。成功的奖励办法是能够鼓励大多数人的。奖励面太窄,会使业绩为中下水平的业务员失去信心,使他们无动于衷。

(2)业绩竞赛要与年度销售计划相配合,要有利于公司整体销售目标的完成。

(3)要建立具体的奖励颁发标准,奖励应严格按实际成果颁发,杜绝不公正现象。

(4)竞赛的内容、规则、办法力求通俗易懂,简单明了。

(5)竞赛的目标不宜过高,应使大多数人通过努力都能达到。

(6)专人负责宣传推动,并将竞赛实况进行适时公布。

(7)以快讯、海报等形式进行追踪报道,渲染竞赛的热烈气氛。

(8)精心选择奖品,奖品最好是大家都希望得到,但又舍不得花钱自己买的东西。

(9)奖励的内容有时应把家属也考虑进去,如奖励去香港旅行,则应把其家属也列为随行对象。

(10)竞赛完毕,马上组织评选,公布成绩结果,并立即颁发奖品,召开总结会。

2. 竞赛激励实施的方法

(1)竞赛目标的设定

竞赛费用是一般公司的常用开支,调查表明,平均销售竞赛的费用约占销售额的 2.67%~3.25%。销售主管作计划时可以按销售业绩额的 3%左右来提取竞赛奖励费用。

有了竞赛奖励费用,应设定相应的竞赛目标。有些主管设想了好多竞赛的花样,甚至构思了既响亮又吸引人的主题或标语,但却忘了设定竞赛的目标在哪里;也有些主管既想达到这种目的又想获得那种效果,弄得规则错综复杂,方法花招千奇百样,却让人搞不清到底竞赛的目标为何,预期效果又是什么。不管目标有几个或预期效果有多少样,在拟订竞赛办法时,首先要确立竞赛的目标定位。

竞赛是利器,可以制胜也可伤人,关键要看竞赛规则、办法、奖励方式与竞赛的目的是否一致。如果偏离了方向,竞赛就失去了意义,甚至造成相反的结果。下面根据实际经验,提供一些可行的竞赛目标奖励方式。

①提高销售业绩奖。达到目标、超过上次销售业绩、前五名获得者、团体销售名列前茅等都可以利用一定的积分积点予以奖励。

②问题产品销售奖。对问题产品的销售如新产品、库存滞销品,业绩较好者给予积分或加重点数予以奖励。

③开发新客户奖。对于开发新客户的数量及业绩量给予积分奖励。

④新人奖。新吸引来的销售人员中业绩高者予以奖励。

⑤训练奖。训练新人绩效最高者给奖。

⑥账目完好奖。坏账最低者、即期结账比例最高或总额最高者给予奖励。

⑦淡季特别奖。在淡季、节假日可以举行特别定期定时竞赛,优胜者给予奖励。

⑧市场情报奖,对协助公司收集市场情报最多、最准确、最快速者给予奖励。

⑨降低退货奖。对退货量最低者或占销售总额比例最低者给予奖励。

⑩最佳服务奖。根据客户反映及公司考察，对服务态度最好、服务质量最高者给予奖励。

以上列举了几种常用的竞赛目标及奖励方式。事实上，竞赛目标可能有四五十种，各销售主管应根据实际情况，巧妙运用，以达到预期目的。

在此行业的营销目标是多元化的，那么在开展销售竞赛时也会有不同的目标。比如销售工业产品的企业要经过厂家的业务员、批发商、零售商及消费者多个层次才能把产品送达使用者手中。像生产经营汽车零件、家用电器、轮胎、眼镜、钟表等产品的企业即属此类。这类企业就应建立多对象、多目标的竞赛办法。只有这样才能环环相扣，形成推动销售计划的连环力量，也才能切实实行制胜的营销策略。按行业和产品的不同，竞赛体系可以是网络式的或多层次式的。如家用电器产品是通过业务员拜访零售商店（或专卖店）销售的，所以就可用两层式的竞赛方式，即同时激励业务人员和零售商店。汽车零部件则可设立包括制造商的业务员、经销店及汽车修理厂在内的三层式竞赛办法。无论怎样，主要的精神是要把整个销售体系各有关人员同时纳入竞赛的激励对象。如果只以业务员为竞赛对象，经销商或修理厂并不会积极参与推销产品的销售，会造成反效果或形成竞赛推动的障碍。所以，最好是让大家都来参与，调动大家的积极性。

不同目标、不同对象参与的多层次竞赛方式，得奖的层次不同，对象不同，所以竞赛的标准和计算方式也不同，但奖品可以相同。如经销店可采取同期销售增长率换算成点数，积分点数高者给予奖励；业务员则以目标达成比率或与前期比较的业绩成长率计算，绩优者给予奖励。

这样的安排，每个不同层次的销售人员相互激励，层层相互激励的结果，自然就会产生较大的推动力。

(2)竞赛奖励的实施

竞赛实施需要对竞赛的主题、规则及注意事项，竞赛资格及入围标准，时段时机的选择，获奖标准及奖品的选择等做深入细致的准备。

①竞赛主题。任何竞赛都必须设计出一个主题，也就是一句标语。是新星奖、突破奖，还是南北对抗赛、周末大竞技奖。

②参赛对象。资格限制如何？只限外勤业务员还是内外勤均可？是否经销商、销售网络成员都可参加？

③入围标准。是总额累计或个人业绩增长比率，或是团体业绩总额？有否考虑特殊情况或问题？

④获奖标准。只取前几名还是凡达到标准都给奖？

⑤竞赛办法。是否有需要加以解释及说明之处？

⑥评审过程。评审要及时、合理公平。看有无漏洞及虚假之处。

⑦奖品选择。看其能否吸引参赛人员，是奖金、奖杯、奖章，还是彩券、购物券、汽车、电视机、录像机、手表、皮包、化妆品等？

3. 竞赛激励活动的管理及评估

(1)专项管理。竞赛活动是一项重要的活动，在销售主管指导下，自始至终要有专人负责管理，一旦出了问题能够及时发现和弥补。

(2)预算管理。竞赛是花钱的大事，绝不是把奖品宣布、把办法公开就算了事，先要进行成本效益分析。

(3)时间管理。竞赛要注意时间的掌握及时期长短的安排,在时机或时段上,最好要和全年度销售计划以及特殊季节、假日等因素相互配合。一般小型竞赛以2～6周为宜,大型竞赛约1～3个月。时间太长,会使大家不愿太早冲刺或中途失去兴趣。

(4)组织管理。竞赛期间,为了引起大家的注意,应不断地宣传,创造竞赛气氛。销售主管应亲自到各营业单位宣布竞赛办法及意义,以鼓励士气。在竞赛中应不时记录并公布竞赛的结果,如每日快讯、每周报道、倒计时、冲刺日报等。其他环节如存货的准备、后勤作业、送货及其他相关作业的配合都要周密安排,以免出现疏忽,影响竞赛效果。

(5)活动评估。许多主管在竞赛后仅把结果公布,成绩佳则风风光光颁奖表扬或吃喝一顿;成绩不佳则草草收场结束。竞赛结束应及时作正式的评估与分析,看目标是否达到?经验何在?教训何在?发现有作弊行为,如开假订单、报假账、联合报账等,要严格处理,树诚信之风,提倡公平竞争。

**(三)激励士气的方法**

任何一个销售集体,不论其成员多少,都是由一些同时具有优点和缺点的人组成的。所以,集体成员可能不时会出现这样或那样的问题。销售主管务必密切注意下属人员的动向,及时了解销售人员的问题,这样可以在心理上有所准备,在实际行动上有正确的应对措施。

1. 激励问题成员的方法

一个销售队伍中总会出现一些问题成员,这些成员会有较为明显的毛病或遇到较大的困难,常常需要主管予以协助和监督,才能改掉毛病,克服困难。常见的问题成员的特征主要有恐惧退缩、缺乏干劲、虎头蛇尾、浪费时间、强迫推销、惹是生非、怨愤不平、狂妄自大等。

销售主管应研究这些现象产生的原因及解决办法。下面针对不同类型的问题成员提出一些引导方法供主管参考。

(1)如何引导恐惧退缩的成员。其办法有:帮助他建立信心,消除恐惧;肯定他的长处,也指出其问题所在,并提供解决办法;陪同其销售、训练,使其从容行事,由易到难再渐入佳境;训练其产品知识与销售技巧。

(2)如何引导缺乏干劲的成员。其办法有:指出缺乏干劲的弊端;外在激励和内在激励双管齐下;陪同销售并予以辅导;更换业务销售区域;提高业务配额;以增加薪水,提供奖品做特别挑战;给予短暂休假,调养神经。

(3)如何引导虎头蛇尾的成员。其办法有:带动或陪同销售;要求参加销售演练或资料收集整理;分段式考核;多作心理调整;规定各时段各作业区域的销售目标。

(4)如何引导浪费时间的成员。其办法有:晓之以理,告之时间就是金钱,效率就是生命;动之以情,帮助他制定拜访客户的时间表及路线,分析拜访客户的次数及对客户解说的最低时间;要求制定严格的工作时间表及时间分配计划书。

(5)如何引导强迫推销的成员。其办法有:指出强迫推销的弊端及渐进式方法的好处;加强服务观念的教育,教授更多的推销技巧;改变只计佣金的计酬方式,开展多项目多层次的竞赛。

(6)如何引导惹是生非的成员。其办法有:指出谣言对个人及团体的危害;追查谣言的起源及用意,孤立造谣者,并予以教育;尽量避免无心的玩笑。

(7)如何引导怨愤不平的成员。其办法有:给予劝导及安抚,将心比心;引导他多参加团体活动并充分发表意见；用事实说话，销售绩效上比高低，使其心悦诚服；检查公司制度有无不合理之处，有则改之，若完全是队员无理取闹，则必须予以制止，尽量化冲突为理解，维系双方的关系，如果各种方法都无法奏效，到无法容忍时即可予以解聘。

(8)如何引导狂妄自大的成员。其办法有：告之山外有山，天外有天，强中更有强中手，不可学井底之蛙，夜郎自大；以事例说明骄兵必败；提高销售配额健全管理制度；肯定其成绩，多劳就多得；不搞特殊化。

2. 激励明星业务员的方法

顶尖业务高手难以驾驭是销售主管所普遍遇到的问题。但只要用心去做，还是有方法可循的。

明星业务员一般都有特长，或善于处理与客户的关系，或精通推销技巧，总之能取得优秀的销售业绩。这些明星队员虽然绝技各异，但他们也有共同的倾向和特性。现总结各行各业业务主管管理明星业务员的经验，具体如下：

(1)树立其形象。明星业务员通常追求地位，希望给予表扬与肯定，很注重自己的形象并希望得到他人的认可，热衷于影响他人。

(2)给予尊重。因为他们需要别人的尊敬，特别是主管的重视，希望别人把他们当作每件事做得好又做得对的专家，乐于指导别人。

(3)赋予成就感。起初销售人员要求的是物质上的满足及舒适，一旦钱赚到一定程度，他们更需要精神上的满足。此时，内在的激励就能够起到更重要的作用。

(4)提出新挑战。明星业务员一般有更充沛的体力，他们会不断地迎接新的挑战，去创造不可能的销售纪录。不断提出新的目标，会激发他们的行动。

(5)健全制度。明星业务员大多希望有章可循，不喜欢被别人干扰或中途放弃。制度要能够保证他们充分发挥自己的潜力。

(6)完善产品。所谓“巧妇难为无米之炊”，再能干的业务员也要以优质的产品作后盾。明星业务员一般对自己的产品具有高度的信心，如果公司的产品品质失去信誉或他们对产品有所怀疑，他们就可能跳槽。因此，应不断地完善和发展自己的产品。当然这需要产品研制和生产部门积极配合。

## 第三节　推销人员的绩效考核

推销人员的绩效考评主要包括以下几方面的内容：收集考评资料、建立绩效标准、选择考评方法和进行具体考评。

### 一、收集考评资料

考评时对推销人员的资料收集务必全面、充分，即360°地收集资料。资料的来源主要有推销人员的销售报告、企业销售记录、顾客意见以及企业内其他职员的意见等。其中，最重要的来源是销售报告。

1. 推销人员销售报告

销售报告可分为销售活动计划报告和销售活动业绩报告两类。销售活动计划报告包括地区年度市场营销计划和日常工作计划等。许多公司现在已开始要求推销人员制定销售区域的年度市场营销计划，在计划中提出发展新客户和增加与现有客户交易的方案。各公司的要求也不尽相同。有些公司要求对销售区域的发展提出一般性意见；另一些公司则要求列出详细的预计销售量和利润估计。它们的销售经理将对计划进行研究，提出建议，并以此作为制定销售定额的依据。

日常工作计划由销售人员提前一周或一月提交，说明计划进行的访问和巡回路线。管理部门接到销售代表的行动计划后，有时会与他们接触，提出改进意见。行动计划可指导推销人员合理安排活动日程，为管理部门评估其制定和执行计划的能力提供依据。

销售活动业绩报告主要提供已完成的工作业绩，如销售情况报告、费用开支报告、新业务的报告、失去业务的报告、当地市场状况的报告等。

2. 企业销售记录

企业内的有关销售记录如顾客记录、区域的销售记录、销售费用的支出等，都是评估的宝贵资料。利用这些资料可计算出某一推销人员所接订单的毛利，或某一规模订单的毛利，对于评估绩效有很大的帮助。

3. 顾客意见

评估推销人员应该听取顾客的意见。有些推销人员业绩很好，但在顾客服务方面做得并不理想，特别是在商品紧俏的时候更是如此。某公司一位推销人员负责某地区的销售事务，经常以商品紧张为由对其顾客提出一些非分要求，如要求用车等，对公司形象造成很不好的影响。收集顾客意见的途径有两方面：一是顾客的信件和投诉；另一个是定期进行顾客调查。

4. 企业内部职员意见

这一资料的来源主要来自营销经理、销售经理或其他有关人员的意见，销售人员之间的意见也可作为参考。这些资料可以提供一些有关推销人员的合作态度和领导才干方面的信息。

## 二、建立绩效标准

要评估销售人员的绩效，一定要有良好而合理的标准。绩效标准不能一概而论，管理人员应充分了解整个市场的潜力和每一位销售人员在工作环境和销售能力上的差异。绩效标准应与销售额、利润额和企业目标相一致。

建立绩效标准的方法有两种：一是为每种工作因素制定特别的标准，如访问的次数；一是将每位销售人员的绩效与销售人员的平均绩效做比较。

制定公平而有效的绩效标准是不容易的，需要管理人员根据过去的经验，结合推销人员的个人行动来制定，并在实践中不断加以调整和完善。常用的推销人员绩效指标主要有：

(1)销售量。用于衡量销售增长状况，是最常用的指标。

(2)毛利。用于衡量利润。

(3)访问率(每天的访问次数)。以衡量推销人员的努力程度，但不能表示推销结果。

(4)访问成功率。是衡量推销人员工作效率的指标。

(5)平均订单数目。多与每日平均订单数目一起用来衡量，说明订单的规模与推销的效率。

(6)销售费用。用于衡量每次访问的成本。

(7)销售费用率。用于衡量销售费用占销售额的比率。

(8)新客户数目。是开辟新客户的衡量标准,这可能是推销人员的特别贡献。

为了实现最佳评核,企业在审定评核标准时应注意以下问题:

(1)销售区域的潜量以及区域的、地理分布状况、交通条件等对推销效果的影响。

(2)一些非数量化的标准很难求得平均值,如合作性、工作热情、责任感、判断力等。

(3)在对推销人员考评时,可根据情况着重选择关键业绩指标进行考核,做到既可量化、可操作,又科学有效。

## 三、业绩考评的方法

业绩考评的方法很多,人事考核中有诸多规定,有些新的考核方法尚在不断的发展中。就推销人员的业绩考评来讲,较具代表性的方法主要有横向比较法、纵向分析法和尺度考评法。

1. 横向比较法

这是一种把各位推销人员的销售业绩进行比较和排队的方法。这里并不只是对推销人员完成的销售额进行对比,而且还应考虑到推销人员的销售成本、销售利润、顾客对其服务的满意程度等。

下面假定以销售额、订单平均批量和每周平均访问次数三个因素来分别对推销人员A、B、C三人进行业绩综合考评。如表15－1。

**表15－1　　推销人员业绩考评表Ⅰ**

| 考评因素 \ 推销人员 | | A | B | C |
|---|---|---|---|---|
| 年销售额 | 1. 权数 | 5 | 5 | 5 |
| | 2. 目标(万元) | 5 000 | 4 000 | 6 000 |
| | 3. 完成(万元) | 4 500 | 3 200 | 5 700 |
| | 4. 达成率(%) | 90 | 80 | 90 |
| | 5. 绩效水平(1×4) | 4.5 | 4.0 | 4.75 |
| 订单平均批量 | 1. 权数 | 3 | 3 | 3 |
| | 2. 目标(万元) | 800 | 800 | 600 |
| | 3. 完成(万元) | 640 | 630 | 540 |
| | 4. 达成率(%) | 80 | 90 | 90 |
| | 5. 绩效水平 | 2.4 | 2.7 | 2.7 |
| 每周平均访问次数 | 1. 权数 | 2 | 2 | 2 |
| | 2. 目标(次数) | 25 | 20 | 30 |
| | 3. 完成(次数) | 20 | 17 | 24 |
| | 4. 达成率(%) | 80 | 85 | 80 |
| | 5. 绩效水平 | 1.6 | 1.7 | 1.6 |
| 绩效合计 | | 8.5 | 8.4 | 9.05 |
| 综合效率(绩效合计除以总权数) | | 85% | 84% | 90.5% |

在表15－1中,由于年销售额是最主要的因素,所以把权数定为5,另外,订单平均批量和每周平均访问次数的权数分别定为3和2。用三个因素分别建立目标,由于存在地区差异,所以每个因素对不同地区的销售人员建立的目标是不一样的。如推销员C的销售额定为6 000万元,高于推销员A的5 000万元和推销员B的4 000万元,这是考虑到C

所处的地区潜在顾客较多,竞争对手较弱而决定的。由于推销员 A 所处的地区内有大批量的买主,所以其订单平均批量可相对订得高一些。每个推销员每项因素的达成率等于他所完成的工作量除以目标数,随后将达成率与权数相乘就得出绩效水平,再把各项因素的绩效水平相加,除以总权数 10,即可得到各个推销员的综合效率。从表 15－1中可看出推销员 A、B、C 的综合效率分别为 85%,84%和 90.5%,推销员 C 的综合绩效最佳。

2. 纵向分析法

这是将同一推销人员现在和过去的工作实绩进行比较,包括对销售额、毛利、销售费用、新增顾客数、失去顾客数、每个顾客平均销售额、每个顾客平均毛利等数量指标的分析。这种方法有利于衡量推销人员工作的改善状况。举例说明,如表 15－2 所示。

**表 15－2　　推销人员业绩考评表Ⅱ**

| 推销员:W | 所辖区域:杭州市 | | | |
|---|---|---|---|---|
| 考评因素 | 第一年 | 第二年 | 第三年 | 第四年 |
| 1. 产品 A 的销售额(元) | 376 000 | 378 000 | 410 000 | 395 000 |
| 2. 产品 B 的销售额(元) | 635 000 | 660 000 | 802 000 | 825 000 |
| 3. 销售总额(元) | 1 011 000 | 1 038 000 | 1 212 000 | 1 220 000 |
| 4. 产品 A 定额的达成率(%) | 96.0 | 92.6 | 88.7 | 85.2 |
| 5. 产品 B 定额的达成率(%) | 118.3 | 121.4 | 132.8 | 131.1 |
| 6. 产品 A 的毛利(元) | 752 000 | 75 600 | 82 000 | 79 000 |
| 7. 产品 B 的毛利(元) | 63 500 | 66 000 | 80 200 | 825 000 |
| 8. 毛利总额(元) | 138 700 | 141 000 | 162 200 | 161 500 |
| 9. 销售费用(元) | 16 378 | 13 476 | 18 665 | 21 716 |
| 10. 销售费用率(%) | 1.62 | 1.78 | 1.54 | 1.78 |
| 11. 销售访问次数 | 1 650 | 1 720 | 1 690 | 1 630 |
| 12. 每次访问成本(元) | 9.93 | 10.74 | 11.04 | 13.32 |
| 13. 平均客户数 | 161 | 165 | 169 | 176 |
| 14. 新客户数 | 16 | 18 | 22 | 27 |
| 15. 失去客户数 | 12 | 14 | 15 | 17 |
| 16. 每个客户平均购买额(元) | 6 280 | 6 291 | 7 172 | 6 932 |
| 17. 每个客户平均毛利(元) | 861 | 858 | 960 | 918 |

销售经理可以从表 15－2 中了解到推销员 W 的有关情况。W 的总销售量每年都在增长(第 3 行),但并不一定说明 W 的工作很出色。对不同产品的分析表明,W 推销产品 B 的销售量大于推销产品 A 的销售量(第 1 行和第 2 行)。对照产品 A 和 B 的定额达成率(第 4 行和第 5 行),W 在推销产品 B 上所取得的成绩很可能是以减少产品 A 的销售量为代价的。根据毛利额(第 6 行和第 7 行)可以看出,推销产品 A 的平均利润要高于产品 B,W 可能靠牺牲毛利率较高的 A 产品为代价,推销了销量较大、毛利率较低的产品 B。推销员 W 虽然在第四年比第三年增加了8 000元的总销售量(第 3 行),但其总销售额所获得毛利总额实际减少 700 元(第 8 行)。

销售费用占总销售额的百分比基本得到控制(第 10 行),但销售费用是不断增长的(第 9 行)。销售费用上升的趋势似乎无法以访问次数的增加予以说明,因为总访问次数还有下降的趋势(第 11 行),这可能与取得新顾客的成果有关(第 14 行)。但是该推销员在寻找新客户时,很可能忽略了现有客户,这可从每年失去客户数的上升趋势得到说明(第 15 行)。最后两行每个客户平均购买额和每个客户平均毛利要与整个公司的平均数值进行对比才有意义。如果W的这些数值低于公司的平均数，也许是他的客户存在地区差异性，也许是他对每个客户的访问时间不够。可用他的年访问次数与公司推销员的平均访问次数相比较。如果他的平均访问次数比较少，而他所在销售区域的距离与其他推销员的平均距离并无多大差别，则说明他没有在整个工作日内工作，也许是他的访问路线计划不周。

3. 尺度考评法

这是将考评的各个项目都配以考评尺度，制做出一份考核比例表加以评核的方法。在考核表中，可以将每项考评因素划分出不同的等级考核标准，然后根据每个推销人员的表现按依据评分，并可对不同的考评因素按其重要程度给予不同的权数，最后核算出总的得分。

## 四、推销效率考评流程

在对推销人员的推销效率进行具体考评时，一般要经过如下流程：推销人员日报表、推销效率月报表、推销效率计算表、推销效率直观图。下面分别进行简要说明。

1. 推销人员日报表

我国许多企业还没有推行推销人员日报表管理，其实推销人员日报表的作用是很明显的，它可以经常提供有关顾客、市场和竞争者等许多方面的信息，管理人员可从中了解推销人员的工作情况及目标达成情况，并发现问题和不足，为加强管理，提高推销效率提供依据。

要让推销人员填写好推销日报表，首先必须让推销人员认识到推销日报表的重要作用；其次要设计好容易填写的推销日报表。推销日报表格式应该比较固定，形式简单但内容全面。下面举例说明如何设计和填写推销日报表，如表15—3所示。

**表15—3　　推销人员日报**

<table>
<tr><td colspan="12">日期：　年　月　日　　天气：　　所辖区域：　　姓名：</td></tr>
<tr><td rowspan="2">访问顺序</td><td rowspan="2">访问对象</td><td colspan="5">访问目的</td><td colspan="4" rowspan="2">记　事</td><td rowspan="2">访问费用</td></tr>
<tr><td>开拓</td><td>估价</td><td>订货</td><td>收款</td><td>服务</td></tr>
<tr><td></td><td></td><td></td><td></td><td></td><td></td><td></td><td></td><td></td><td></td><td></td><td></td></tr>
<tr><td></td><td></td><td></td><td></td><td></td><td></td><td></td><td></td><td></td><td></td><td></td><td></td></tr>
<tr><td></td><td></td><td></td><td></td><td></td><td></td><td></td><td></td><td></td><td></td><td></td><td></td></tr>
<tr><td>合计</td><td></td><td></td><td></td><td></td><td></td><td></td><td></td><td></td><td></td><td></td><td></td></tr>
<tr><td rowspan="2">来访记录</td><td colspan="2">来客名称</td><td colspan="4">来访目的</td><td colspan="5">来访结果</td></tr>
<tr><td colspan="2"></td><td colspan="4"></td><td colspan="5"></td></tr>
<tr><td rowspan="6">时间记事</td><td colspan="2">行动类别</td><td>8～9</td><td>9～10</td><td>10～11</td><td>11～12</td><td>1～2</td><td>2～3</td><td>3～4</td><td>4～5</td><td>合计</td></tr>
<tr><td colspan="2">准　备</td><td></td><td></td><td></td><td></td><td></td><td></td><td></td><td></td><td></td></tr>
<tr><td colspan="2">交　通</td><td></td><td></td><td></td><td></td><td></td><td></td><td></td><td></td><td></td></tr>
<tr><td colspan="2">等　待</td><td></td><td></td><td></td><td></td><td></td><td></td><td></td><td></td><td></td></tr>
<tr><td colspan="2">洽　谈</td><td></td><td></td><td></td><td></td><td></td><td></td><td></td><td></td><td></td></tr>
<tr><td colspan="2">服　务</td><td></td><td></td><td></td><td></td><td></td><td></td><td></td><td></td><td></td></tr>
</table>

推销人员在每天出发前，应将计划依次访问的客户名称填写在表中，访问顺序可以事后再填写上去，因为由于交通阻塞或其他预料不到的原因，访问次序可能会发生变化。在访问目的栏中，设有开拓、估价、订货、收款、服务等项目，事后在达到目的一栏中划“√”。记事栏填写必要的信息情况。访问费用栏填写费用类别及数字。来访记录栏

填列来公司访问的客户名称、来访目的及访谈结果。在时间记录栏中上方即有时间标尺，推销人员只需依照例表把实际行动的时间用铅笔画线即可，然后将各项活动所费的时间合计出来。

2. 推销效率月报表

把推销人员每天提交的推销日报表上的主要内容转录到推销效率月报表上可以得到某推销人员当月业绩的基本情况。推销效率月报表一共可设置31行，逐日记载，每月底对各栏进行合计。如表15—4所示。

**表15—4　　推销效率月报**

| 姓名： | | | | | 所辖区域： | | | 年 | | 月 | | | |
|---|---|---|---|---|---|---|---|---|---|---|---|---|---|
| 日期 | 星期 | 销售金额 | 毛利 | 折扣额 | 折让额 | 收款金额 | 访问户数 | 洽谈时间 | 交通时间 | 等待时间 | 成交户数 | 新开发客户数 | 访问费用 |
| | | | | | | | | | | | | | |
| | | | | | | | | | | | | | |
| | | | | | | | | | | | | | |
| | | | | | | | | | | | | | |
| | | | | | | | | | | | | | |
| 合计 | | (2) | (3) | (4) | (5) | (6) | (9) | (10) | (11) | (12) | (13) | (15) | (16) |
| (1)本月销售目标 | | | (7)本月工作日数 | | | (8)本月工作时数 | | | | (14)辖区内总户数 | | | |

3. 推销效率计算表

推销效率月报表共有16项合计栏，把16个数据配合起来，就可计算出15个很有意义的推销效率。表15—5是计算推销效率的公式，其比率只要从月报表抄下这部分的数字就可计算出来。如把月报表中的(1)本月销售目标作为分母，(2)销售金额作为分子，推销目标达成率就可以计算出来。

**表15—5　　推销效率计算**

| 部门：　　姓名： | 所辖区域： | 年 | 月 |
|---|---|---|---|
| 1. 本月销售金额 | (2) | | 万元 |
| 2. 销售目标达成率 | (2)本月销售金额/(1)本月销售目标 | / | % |
| 3. 销售折扣率 | (4)折扣金额/(2)本月销售金额 | / | % |
| 4. 销售折让率 | (5)折让金额/(2)本月销售金额 | / | % |
| 5. 新开发客户数 | (15) | | 户 |
| 6. 毛利额 | (3) | | 万元 |
| 7. 平均每天访问户数 | (9)访问户数/(7)工作日数 | / | 户 |
| 8. 平均每户洽谈时间 | (10)洽谈时间/(9)总访问户数 | / | 分 |
| 9. 工作时数洽谈率 | (10)洽谈时间/(8)工作时数 | / | % |
| 10. 工作时数交通率 | (11)交通时间/(8)工作时数 | / | % |
| 11. 工作时数等待率 | (12)等待时间/(8)工作时数 | / | % |
| 12. 访问成交率 | (13)成交户数/(9)访问户数 | / | % |
| 13. 访问率 | (9)访问户数/(14)辖区内总户数 | / | % |
| 14. 销售回款率 | (6)收款金额/(2)销售金额 | / | % |
| 15. 平均每户访问费用 | (16)访问费用/(9)访问户数 | / | 元 |

4. 推销效率直观图

把推销效率计算表中的15项指标全部计算出来后，将每个推销员的推销效率指标连成一条曲线画在同一张平面图上，就可得到清楚明晰的推销效率直观图。销售经理每个月将各位推销员的业绩描绘在图表上，然后把这张图贴在休息室或公布栏内。推销员的行为将会因此而起变化，即使在经济不景气的情况下，他们的业绩可能仍会上升。这样推销员与销售经理之间也没有心理上的隔阂了，推销员一看到自己积极工作所获得的业绩和与同事间存在的差距便会自动力求改进，更加努力工作，创造佳绩。

# 第四节　客户关系管理

## 一、客户关系管理策略的内涵

在现代营销理念的指导下，推销管理除了对推销人员的管理外，对客户的管理也是至关重要的。

在信息经济时代，随着“交易式”市场营销模式向“合作式”市场营销模式的转变，客户关系管理(customer relationship management，CRM)因应而生(关于CRM的产生在本书中第四章第六节已有详细的论述，在此不再赘述)。客户关系管理策略的本质就是通过客户关系的建立、维持和改善，留住老客户，开拓新客户，增加总客户。

## 二、企业开展客户关系管理的现实意义

1. 提高客户满意度

目前，经常能听见“顾客就是上帝”的说法，一些商家也引以为经营宗旨，但仔细思考起来，究竟有多少顾客真正感受到了自己是上帝呢？事实上，“顾客是上帝”只是一种企业追求的理想状态而已，在现实生活中，不同的客户所得到的待遇是有区别的，根据客户的性质确定服务的级别和质量便成为众多企业的现实选择。比如，超市根据会员的不同类型给予不同的打折优惠；不同星级的酒店给顾客提高不同级别的服务；就连学校教育，也是贵族学校比一般学校会提供更多的教学服务……由此不难说明，笼统地提倡“顾客就是上帝”无益于我们深刻把握营销的本质和服务目标。而CRM采用“一对一营销”的方法了解和满足客户个性需求，为每个客户量身定做他所需要的产品和服务，使客户真正感受到“上帝”的待遇，从而大大提高客户的满意度。

2. 区分不同的客户群

对企业来说，不同的客户意味着不同的利润量，如果对所有客户都一视同仁，必将给企业带来损失和浪费，只有找出优质客户群，集中优势资源服务优势顾客群才能找到利润增长点。以电信运营商为例，由于中高端客户贡献的收入远高于普通消费者，因此中高端客户的争夺始终是电信运营商竞争的焦点。其中，中国移动公司价值等级还将客户分为高价值客户、战略客户、示范客户、潜力客户等类别。在同样的运营成本下，客户带来的利润额却相差甚远。著名的“二八法则”认为，企业80%的利润是由20%的客户创造的，其余80%的客户只创造20%的利润，而在这部分客户里也不全创造利润，部分客户反而消耗了利润，有人统计80%的低盈利客户要消耗20%客户创造的30%的利润，由此可见

客户并不是笼统地说越多越好，客户的质量才是企业所要追求的！因此区分不同的客户群，分析他们的特点，并提供不同的产品和服务，有助于达到合理配置企业资源的目的。

3. 为市场细分提供依据

市场细分是企业生产出适销对路的产品的前提，在企业经营中处于重要地位。企业经验和市场调研一直是市场细分的主要依据，在信息、技术和需求快速变化的今天，企业经验对市场细分的作用已越来越小，而市场调查一般采用抽样调查的方式来了解市场，它的本质决定了产生误差的可能性，再加上技术和操作的难度较大，更是容易增大误差，在高误差的情况下往往会导致市场细分的失败。利用 CRM 进行市场细分，可以对全体现有样本进行分析，了解并掌握不同个体的特点和需求，这样就可以对市场进行精确的细分，可以减少企业生产和销售的风险。

4. 提高客户忠诚度

现代客户关系管理不仅仅是简单的资料收集、客户记载和联络，更注重管理的合力。利润就像农作物，而客户就是农田，并非农田越多，农作物就长得越好，只有肥沃的土地才能长出好的农作物。市场也是这样，并非份额越大越好，胡播乱种不如精耕细作，高市场占有率并非一定能获得高利润，而更有可能形成低客户满意度。实践表明，对企业的利润贡献最大的客户是反复购买的回头客。CRM 通过与客户有效交流，了解客户新的需求取向，掌握客户最需要的东西，通过一如既往地向顾客提供良好的产品和服务，使客户对企业产生好感甚至依赖性进而锁定顾客，使客户的忠诚度提高。当然，真正能保证顾客的忠诚度也绝非易事，重要的在于诚信服务、创新产品、不断满足并超越顾客的需求。

5. 有助于企业树立品牌

企业的品牌是企业核心竞争力的重要组成部分之一。从 20 世纪 90 年代初开始，地毯式广告战略一直是创名牌的主要手段，但一些年来在消费者理性消费观念的冲击下，"广告轰炸"战略已不足以支撑企业的持续发展，广告创牌战略的成效已引起质疑。那么如今企业怎样才能树立和发展自己的品牌呢？事实上，消费者的内心才是一杆公平秤，谁能得到消费者的心，谁就拥有真正的品牌，谁的品牌也才能真正健康成长。客户关系管理是提升消费者内心满足感的利器，它从客户的各种需求出发，用特定的产品和特定的服务换取客户的满意，抓住客户的心，抓住支持品牌的根源，使品牌的根扎得更深。

## 三、CRM 在企业推销活动中的实施策略

客户资源既是一种可再生资源又是一种不可再生资源，有人统计，让一个新客户购买公司产品的成本往往是让老客户购买该产品成本的 6 倍。失去一个老客户不仅仅是失去了一个客户给企业带来的消费损失，更多的是失去了老客户的口碑传播和广告效应。所以，巩固老客户，挖掘新客户就成为了 CRM 的核心目标。CRM 已不仅是产品定位、营销、管理的参谋员，它必将成为企业可持续发展的基石和动力源。客户需求的升级带动着企业不断成长。那么，从现实层面来看，我们该做好哪些 CRM 的基本工作或者说采用一些什么样的基本策略，逐步提升企业的客户关系管理水平呢？

1. 客户关系的阶段性管理策略

首先，寻找新客户。这一阶段要求企业对潜在客户进行跟踪，并对业务线索进行记录、分类和升级，让潜在客户了解自己的企业和产品，并在一定条件下刺激客户对产品和服务的需要，使其成为自己的客户。其次，保持客户关系。据调查，一家公司每年只要将

顾客保留率多提升5%,就可提升其利润85%。客户一般都愿意跟熟悉的公司打交道,企业要用心倾听客户的声音并与之进行交流,尽力保持良好的客户关系,使他们愿意继续使用本企业的产品或服务。再次,提升客户关系。在为目标客户提供产品和服务的同时,对以往的客户资料进行归纳、分类和挖掘,了解客户的最新需求,并深化服务或不断推出新的优惠措施,以提高客户对企业的忠诚度。

2. 客户信息管理策略

客户信息管理有着两个不同的方面,一方面是对客户基本资料的记录,包括客户的名称、地址、联系方法、联系人以及业务状况等,这些资料是了解客户的基础,客户信息管理要求详细、全面并及时更新;另一方面是对客户资料进行深入调查,即通过跟踪记录客户资料,观察其目前状态(尤其应建立客户流失预警机制),进一步了解客户的最新需求,再根据客户意向推出产品和服务,满足客户的深层需求和个性需求,提高客户的满意度,使之与企业形成长期的合作关系。

3. 集约化营销管理策略

CRM的营销管理要求改变以往的"全面营销"观念。传统营销往往以笼统宣传来吸引营销对象的注意,以达到营销目的,这种粗放型的营销方式导致了大量的资源浪费,影响了企业的盈利水平;CRM提倡集约型营销,它以"一对一营销"为基本营销方式,根据掌握的详细客户资料,经分类和判别后再制定科学合理的营销计划,这样缩小了营销面,以实现对营销对象的精确定位,从而节省企业营销成本。

4. 客户服务信息化策略

客户服务信息化策略的核心是建设一套高度集成的、自动化的、协同商务平台的客户服务系统。客户服务系统是客户关系管理链正常运转最重要的一环。客户服务的主要功能有两个:第一,与客户信息交流。一方面,为客户提供全面的信息服务,使客户能尽快了解到所需要的信息;另一方面,它也是了解客户信息的平台,通过与客户的各种接触,尽量了解客户的最新状况。第二,接受投诉,安抚不满客户。客户不满,对每家企业来说都是不能避免的,一旦客户不满就会进行投诉,传统的服务把投诉看成一种痛苦,一般会采用例行公事式的解决方法,甚至想方设法拖延时间。而事实表明,客户投诉并不一定就会导致消费对象的转移,投诉越便利其满意度往往越高,企业也能够更多地了解客户需求,所以是否便于投诉是衡量客户服务系统的一个重要因素。正因为如此,呼叫中心、互动平台、BBS客户论坛、客户俱乐部等便利客户接触点的建设很受顾客的欢迎,也从一定程度上提高了顾客满意度。值得注意的是,企业还应提高针对客户投诉的快速反应与导向能力,及时圆满地处理好客户的投诉。

5. 客户情感交流策略

有专家认为,情感交流在商业中的运用是第三产业发展的推动力,确实如此,情感是人类所特有的精神财富。如果在你过生日收到亲友祝福的同时,也收到你所消费产品的厂商的祝福,并送上小礼物,想必一定会更加开心,深刻感受到该公司的人情味和浓浓暖意。雀巢婴儿奶粉曾经在母亲节时给节日中的母亲寄去贺卡并送上小礼物,表达对母亲的敬意和对婴儿的关怀,给母亲们留下了良好的印象。企业对客户的关怀也许礼物虽小,但意义却是巨大的。一方面会使客户感觉到在享受了产品和服务的同时还得到了意外的惊喜,超额满足了顾客的需求,提升了客户的满意度和忠诚度;另一方面,企业也向顾客传播了自己的企业文化,树立了企业形象,有助于通过老客户的口碑传播开拓新的客户。

## 阅读材料一 推销管理——如何赞扬与批评部下

一、赞美是提高推销人员积极性的催化剂

(一)赞美的作用

赞美他人,是我们在日常沟通中常常碰到的情况。要建立良好的人际关系,恰当的赞美是必不可少的。美国一位著名社会活动家曾推出一条原则:“给人一个好名声,让他们去达到它。”事实上被赞美的人宁愿做出惊人的努力,也不愿让你失望。

赞美能使他人满足自我的需求。心理学家马斯洛认为,荣誉和成就感是人的高层次的需求。

一个人具有某些长处或取得了某些成就,他还需要得到社会的承认。如果你能以诚挚的敬意和真心实意的赞扬满足一个人的自我成就感,那么任何一个人都可能会变得更令人愉快、更通情达理、更乐于协作。因此,作为领导者,你应该努力去发现你能对部下加以赞扬的小事,寻找他们的优点,形成一种赞美的习惯。

赞扬部下是对部下的行为、举止及进行的工作给予正面的评价,赞扬是发自内心的肯定与欣赏,赞扬的目的是传达一种肯定的讯息,激励部下。部下有了激励便会更有自信,想要做得更好。

(二)赞美的技巧

赞美部下作为一种沟通技巧,也不是随意说几句恭维话就可以奏效的。事实上赞扬部下也有一些技巧及注意点,在此提醒你留意。

1. 赞扬的态度要真诚

赞美部下必须真诚。每个人都珍视真心诚意,它是人际沟通中最重要的尺度。英国专门研究社会关系的卡斯利博士曾说过:“大多数人选择朋友都是以对方是否出于真诚而决定的。”如果你在与下属交往时不是真心诚意,那么要与他建立良好的人际关系是不可能的。所以在赞美下属时,你必须确认你赞美的人的确有此优点,并且要有充分的理由去赞美他。

2. 赞扬的内容要具体

赞扬要依据具体的事实评价,除了使用一般赞美的用语,如:“你很棒!”“你表现得很好!”“你不错!”最好再加上具体事实的评价。例如:“你的调查报告中关于技术服务人员提升服务品质的建议……谢谢你对公司提出这么有价值的建议。”

3. 注意赞美的场合

在众人面前赞扬部下,对被赞扬的员工而言,当然受到的鼓励是最大的,这是一个赞扬部下的好方式;但是你采用这种方式时要特别慎重,因为若被赞扬的表现不能得到大家的认同,其他部下难免会有不满情绪。因此,公开赞扬最好是能被大家认同。例如,业务竞赛的前三名、获得社会大众认同的义举、对公司产生重大的贡献、在公司服务25年的资深员工等,这些值得公开赞扬的行为都是公平公开竞争下产生的,或是已被社会大众或公司全体员工认同的。

4. 适当运用间接赞美的技巧

所谓间接赞美,就是借第三者的话来赞美对方,这样比直接赞美对方的效果往往要好。比如,你见到你下属的业务员,对他说:“前两天我和刘总经理谈起你,他很欣赏你接待客户的方法,你对客户的热心与细致值得大家学习。好好努力,别辜负他对你的期望。”

无论事实是否真的如此，反正你的业务员是不会去调查是否属实的，但他对你的感激肯定会超乎你的想象。

间接赞美的另一种方式就是在当事人不在场的时候赞美，这种方式有时比当面赞美所起的作用更大。一般来说，背后的赞美都能传达到本人，这除了能起到赞美的激励作用外，更能让被赞美者感到你对他的赞美是真诚的，因而更能加强赞美的效果。所以，作为一名项目主管，你不要吝惜对部下的赞美，尤其是在面对你的领导或者他的同事时，恰如其分地夸奖你的部下，一旦他间接地知道了你的赞美，就会对你心存感激，在感情上也会与你更进一步，你们的沟通也就会更加卓有成效。

赞美是人们的一种心理需要，是对他人敬重的一种表现。恰当的赞美别人，会给人以舒适感，同时也会改善与下属的人际关系。所以，在沟通中，我们必须掌握赞美他人的技巧。

**二、批评也是推销管理的有效武器**

俗话说：金无足赤，人无完人。在我们的沟通活动中，往往会发现部下的缺点和错误，当我们发现部下错误时，及时地加以指正和批评，是很有必要的。有人说赞美如阳光，批评如雨露，二者缺一不可，这是很有哲理的。我们在与下属的沟通中，既需要真诚的赞美，也需要中肯的批评。

常言道：良药苦口，忠言逆耳。有人认为，批评就是"得罪人"的事。所以有些主管从不当面指责部下，因为他们不知道如何处理指责部下后彼此间的人际关系，因而造成部下的不当行为，一直无法得到纠正。有些主管指责部下后，不但没有达到改善部下的目的，反而使部下产生更多的不平和不满。事实上，之所以会产生这样的后果，恐怕还在于我们在批评他人的时候缺乏技巧的缘故。医药发展至今，许多良药已经包上了糖衣，早已不苦口了；那么我们为什么不能研究一下批评他人的技巧，变成忠言不逆耳呢？"指责部下"是教育部下的一种方法。因此，管理者指责部下时，要讲究一些技巧。

（一）以真诚的赞美做开头

俗话说：尺有所短，寸有所长。一个人犯了错误，并不等于他一无是处。所以在批评部下时，如果只提他的短处而不提他的长处，他就会感到心理上的不平衡，感到委屈。比如一名员工平时工作颇有成效，偶尔出了一次质量事故，如果批评他的时候只指责他导致的事故，而不肯定他以前的成绩，他就会感到以前"白干了"，从而产生抗拒心理。另外，据心理学研究表明，被批评的人最主要的障碍就是担心批评会伤害自己的面子，损害自己的利益，所以在批评前帮他打消这个顾虑，甚至让他觉得你认为他是"功大于过"，那么他就会主动放弃心理上的抵抗，对你的批评也就更容易接受。

（二）要尊重客观事实

批评他人通常是比较严肃的事情，所以在批评的时候一定要客观具体，应该就事论事。要记住，我们批评他人，并不是批评对方本人，而是批评他的错误的行为，千万不要把对部下错误行为的批评扩大到对部下本人的批评。比如说，你作为一名编辑去校对清样，结果发现版面上有一个标题字错了，而校对人员却没有发现，这时你应该对他进行批评，你可以说："这个字你没有校出来。"你也可以说："你对工作太不负责任了，这么大的错误都没有校正出来。"很显然，后者是难以被对方接受的，因为你的话语让他很难堪，也许他只是一次无意的过失，你却上升到了责任心的高度去批评他，很可能把他推到你的对立面去，使你们的关系恶化，也很可能导致他在今后的工作中出更多的纰漏。

（三）指责时不要伤害部下的自尊与自信

不同的人由于经历、知识、性格等自身素质的不同，接受批评的能力和方式也会有很大的区别。在沟通中，我们应该根据不同的人采取不同的批评技巧。但是这些技巧有一个核心，就是不损伤对方的面子，不伤害对方的自尊。指责是为了让部下更好，若伤害了部下的自尊与自信，部下则难以变得更好，因此指责时要运用一些技巧。例如，“我以前也会犯下这种过错”；“每个人都有低潮的时候，重要的是如何缩短低潮的时间”；“像你这么聪明的人，我实在无法同意你再犯一次同样的错误”；“你以往的表现都优于一般人，希望你不要再犯这样的错误”。

（四）友好地结束批评

正面地批评部下，对方或多或少会感到有一定的压力。如果一次批评弄得不欢而散，对方一定会增加精神负担，产生消极情绪，甚至对抗情绪，这会为以后的沟通带来障碍。所以，每次的批评都应尽量在友好的气氛中结束，这样才能彻底解决问题。在会见结束时，你不应该以“今后不许再犯”这样的话作为警告，而应该对对方表示鼓励，提出充满信心的希望，比如说“我想你会做得更好”或者“我相信你”，并报以微笑。让部下把这次见面的回忆当成是你对他的鼓励而不是一次意外的打击。这样会帮他打消顾虑，增强改正错误、做好工作的信心。

（五）选择适当的场所

不要当着众人面指责，指责时最好选在单独的场合。你的独立的办公室、安静的会议室、午餐后的休息室，或者楼下的咖啡厅都是不错的选择。

每个人都会犯错，你要有宽广的胸襟包容部下的过失，本着爱护部下的心态，同时注意上面的几个要点。当部下需要指责时，不要犹豫，果敢地去做。正确、适时的指责，对部下、对部门都有正面的效果。

## 阅读材料二　现代企业推销人员的工作质量管理

现代企业通过持续的顾客关系建设，创造出强大的销售能力。所以，推销人员的工作质量是企业提供给顾客的服务价值的最直接影响因素。现代企业推销人员已不仅是销售产品的角色。他们的贡献不仅是产品制造之后把产品销售出去，而是扩张到产品制造之前和产品销售之后；不仅要具有外部营销的能力，还要有内部营销的能力。当顾客对产品不满意时，推销人员必须像顾客那样表示不满意并进行处理。现代企业的推销人员必须在帮助企业向目标顾客提供高质量的商品和服务时发挥重要作用。除销售产品外，他们至少在以下6个方面承担主要责任：

(1)正确识别顾客的需要和要求；

(2)确保顾客的要求正确地传达给产品设计者；

(3)确保顾客的订货正确并及时得到满足；

(4)检查顾客在产品使用方面得到适当的指导、培训和技术帮助；

(5)售后必须与顾客保持接触，以确保他们的满足能持续下去；

(6)收集顾客有关改进产品服务方面的意见，并将其反馈给企业的有关部门。

### 一、现代企业推销人员工作质量管理原则

1. 快速反馈

这一原则是指对推销过程中推销人员所发出的信息和要求以及对其工作当期成效的考评反馈要迅速。因为推销人员工作的主要战场就是市场，市场情况千变万化，特别是与

竞争对手的推销人员进行面对面竞争时，更需要部门和企业团队的支持。由于推销工作竞争性强，在工作中被顾客拒绝和被对手抢先的事情常常发生，常会遇到挫折和困难，快速反馈的原则能保证他们的努力及时得到确认和奖赏，以使他们保持旺盛的工作热情。

2. 重结果、轻过程行为的考评

这一原则是由推销工作的特殊性决定的，同时也是快速反馈原则所要求的。因为推销结果的指标容易获得，而过程行为指标对于推销人员而言较难获取。这一原则体现了企业放手让推销人员开拓市场、为他们的工作提供便利条件的管理意志。

3. 基于滚动的考评而非当期静态

这一原则提出了一个在新市场环境下推销人员工作绩效评价的新思路。由于推销工作越来越重视现有客户的维系和信息源功能，他们的工作绩效中客户满意、对企业开发新产品和提高服务质量的支持等占有越来越重要的地位。这使推销人员的工作成效最终反映到销售量和利润上产生一个滞后期，但又必须坚持第1和第2两个传统原则，所以把推销人员工作奖励分为两部分：第一部分是即期销售奖励，第二部分才是真正的工作绩效奖励。第二部分远远大于第一部分，这反映企业适应新环境、重视提高服务质量的导向。第一部分的考核周期短（通常是按月）；第二部分考核周期长，如每年考核一次。第二部分的评价即按照滚动考评的思路，每次考评时选取最近3年的销售数据，以科学的方法分析总销售量的变化及趋势、销售增长的原因、客户维系率和流失率及其变化等，最终实现能根据现代企业对推销人员工作质量管理的要求进行评价。

**二、现代企业推销人员工作质量控制指标**

通过各种工作成效指标，最终实现对推销人员的工作质量控制。这些指标可分为三类：

第一类是销售效果指标，反映推销人员的直接工作成果。不论是提供信息支持还是做好客户服务，最后的效果都体现在个人的销售业绩指标上。这些指标看似是短期指标，一定程度上也能反映推销人员的长期工作成效。过分强调这些指标，可能造成推销人员短期行为盛行。这类指标主要包括推销产出指标（推销量、推销额）、推销投入与效率指标（推销费用、销售利润）、推销风险指标（货款回收率）。

第二类是客户开发与维系类指标。企业为了增加利润和销售额，必须花费大量的时间和资源搜寻新的顾客。为了使推销人员的这一工作更有效，必须制定预期客户访问标准，如有的公司要求推销人员把25%的时间用于预期客户，并规定预期客户访问3次都不见成效，就应放弃该客户，并评价推销人员每一时期新客户增加数和新客户销售量比率。后者是指新客户的销售额占该推销人员总销售额的比率。当然，该指标并不是越大越好，是一个参考评价指标。仅仅吸引新顾客是不够的，企业必须能够留住他们，所以必须确定和衡量推销人员的顾客维系率，并分析客户流失的原因和去向。当然，期望顾客维系率为100%是不可能的。除了推销人员的因素外，企业和行业因素也会影响维系率的高低，还必须研究行业维系率的标准。

第三类是信息指标。除了销售和客户服务，推销人员的另一个重要角色就是市场情报员。他们能通过个人观察、顾客抱怨等途径获得大量的市场情报，为企业新产品开发、提高服务质量、市场营销策略调整等诸多方面提供信息。为了充分利用这一点，可专门设立考核推销人员提供有价值情报数量的参考指标，并专门设立推销人员合理化建议奖。一条信息只有被采用并带来适当行动才会产生效益，所以信息的价值很难评价，这类控制指标只能是参考性的。如果产生了效益，必须进行正式且公平的奖励。

（郭新宝:《经济理论研究》2006 年第 7 期）

**思考:**

现代企业对推销人员的工作质量要求有哪些？如何有效提升推销人员的工作质量?

## 复习思考题

1. 推销管理应该包括哪些内容?
2. 简述推销计划的重要性以及如何制定科学合理的推销计划。
3. 如何理解推销控制就是"纠偏"的过程?
4. 推销人员的管理是推销管理的核心,联系实际谈一谈如何对推销人员进行激励?
5. 简述如何建设一个科学有效的推销人员绩效考核体系。
6. 简述 CRM 在企业推销活动中的实施策略。

# 参考文献

REFERENCE


1. 吴健安:《现代推销学》第四版,东北财经大学出版社 2014 年版。

2. 汤姆·霍普金斯、本·卡特,杨晓瑜译:《当客户说“不”》,中信出版社 2016 年版。

3. 胡春才:《零售之道与术:未来中国零售业超越和蜕变之路》,东方出版社 2013 年版。

4. 张雁白等:《现代推销学》第二版,中国人民大学出版社 2014 年版。

5. 龚荒:《现代推销学——理论·技巧·实训》,人民邮电出版社 2015 年版。

6. 韩光军等:《现代推销学》第六版,北京首都经济贸易大学出版社 2014 年版。

7. 张秋林:《现代推销理论与实务》,南京大学出版社 2008 年版。

8. 章瑞华:《推销的艺术》,复旦大学出版社 2004 年版。

9. 郑锐洪:《推销学》,中国人民大学出版社 2011 年版

10. 彭先坤、梅艺华等:《推销技巧》,北京理工大学出版社 2011 年版。

11. 蒂姆·康纳:《软销术》,辽宁教育出版社 2000 年版。

12. 吴之为:《现代推销学——理论·实务·案例》,首都经济贸易大学出版社 1999 年版。

13. 杨宜苗:《现代推销学》,东北财经大学出版社 2010 年版。

14. 张注:《知彼制胜的推销技巧——成功销售的模式与程序》,广东经济出版社 2003 年版。

15.(美)克尔茨:《实用推销学》,重庆出版社 2010 年版。

16.(英)艾莉森·吉斯曼、吉尔·伍德:《营销客户沟通》第二版,经济管理出版社 2011 年版。

17. 易开刚:《营销伦理学》,浙江工商大学出版社 2010 年版。

18. 肖胜萍:《顶尖推销术:高效的推销技巧》第二版,中国纺织出版社 2011 年版。

19.(美)阿瑟·米勒:《推销员之死》,上海译文出版社 2009 年版。

20.(美)梅拉尔德·L.曼宁、巴里·L.里斯:《销售学:创造顾客价值》,北京大学出版社 2009 年版。

21. 丁振宁:《瞬间掌握销售口才》,北京大学出版社 2011 年版。

22.(美)奥格·曼狄诺:《世界上最伟大的推销员》,世界知识出版社 2003 年版。

23.(美)小唐纳德·W.杰克逊:《推销——市场营销中的个人力量》,中国经济出版社 1996 年版。

24. 郭伟刚:《推销与谈判》,浙江工商大学出版社 2011 年版。